KB266411

살인자의 정신

살인자의 정신
A Mind For Murder

유나보머,
하버드의 살인자

올스턴 체이스 지음
김현우 옮김

글항아리

에버그린 파크 고등학교 1958년 졸업 앨범 사진의 테드 카진스키. 그는 수학, 음악, 역사에서 탁월했다. 또한 합창단, 생물학, 체스, 독일어, 수학 모임 소속이었고, 밴드에서 연주했다.(AP/Wide World Photos)

전략사무국 대령 시절의 헨리 A. 머리. 1946년 초 이 사진을 찍은 직후 머리는 하버드로 돌아왔고, "이원성" 연구에 착수했다.(Psycology Archives, 애크런대학)

1960년대 후반, 버클리의 캘리포니아대학 수학과 조교수 시절의 테드 카진스키. 이때쯤 그는 이미 가르치는 일을 그만두고 야생으로 도피해, '미워하는 누군가를 죽이기로' 결심했다.(AP/Wide World Photos)

몬태나 링컨 인근에 있는 카진스키의 가로 3미터 세로 3.6미터의 오두막. 범죄 현장을 알리는 테이프가 전면에 보인다. 언론 보도와 달리, 이곳은 몬태나 기준으로는 외진 곳이 아니었고, 사실상 교외 지역이었다.(FBI 사진)

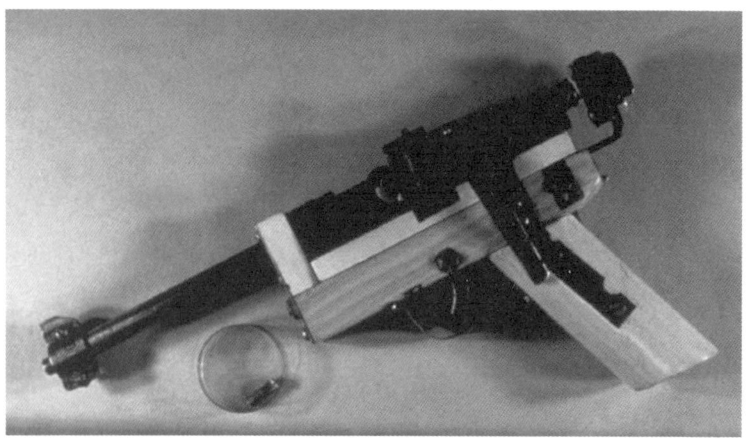

1980년 카진스키가 잡동사니로 만든 권총. 그의 비밀 일기에 따르면 이것을 "살인 무기"로 사용할 예정이었다.(FBI 사진)

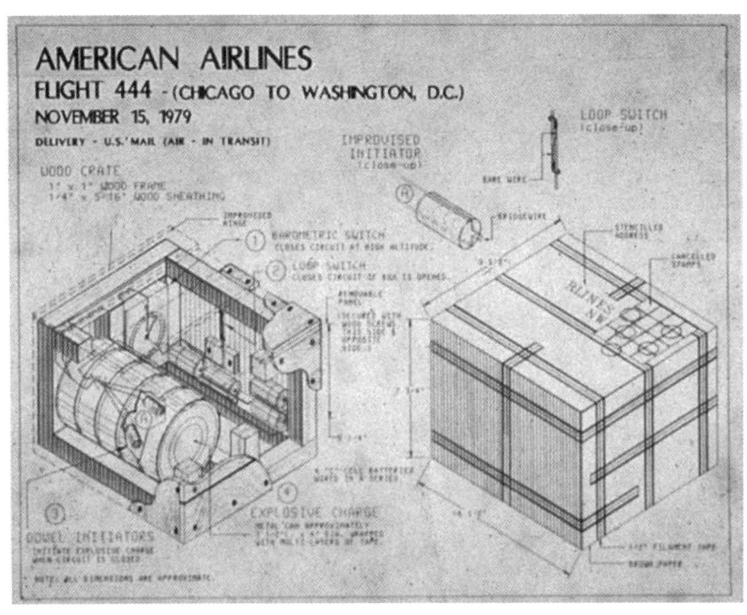

1979년 11월 15일 아메리칸 에어라인 444편에 화재를 일으킨 3번 폭탄에 대한 FBI의 도표. 독창적이고 정교한 디자인─기압계를 고도계로 활용한 점, 다중 기폭 장치와 지뢰 메커니즘─이 연방 폭파 전문가들에게 인상을 남겼다.(FBI 사진)

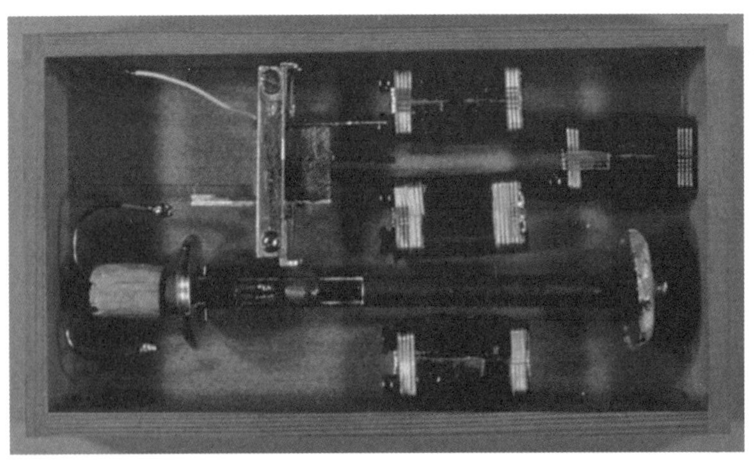

1993년 6월 24일 예일대학 교수 데이비드 겔런터 교수를 살해한 폭탄을 FBI 과학수사연구소에서 재구성한 것. 카진스키는 마침내 "완벽한 기폭 장치"를 찾아냈다.(FBI 사진)

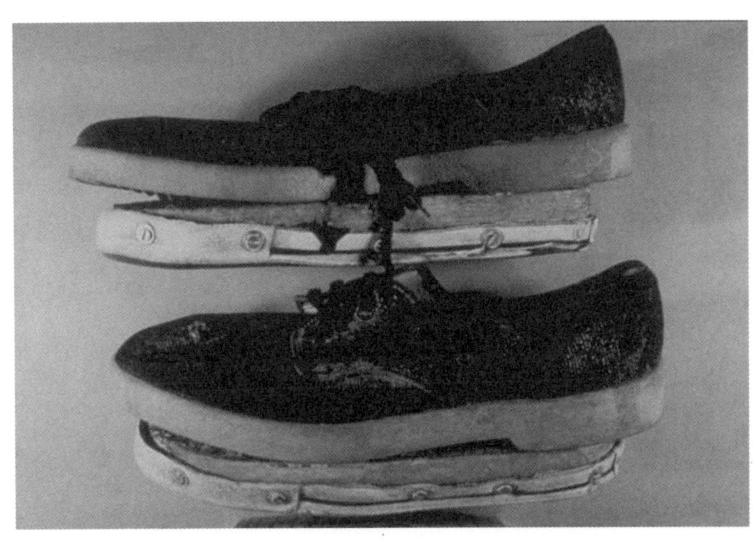

카진스키가 자신의 족적을 지우고 수사에 혼선을 주기 위해 고안한 이중 밑창 신발. 그의 방대한 위장 도구 중 일부이며, 그가 발각을 피하기 위해 들였던 노력의 예라고 할 수 있다.(FBI 사진)

카진스키가 소장한 "항공" 선글라스. 1987년 2월 20일, 유타주 솔트레이크시티 캠스의 컴퓨터 상점 뒤에 12번 폭탄을 설치할 때 착용한 것과 유사하다.(FBI 사진)

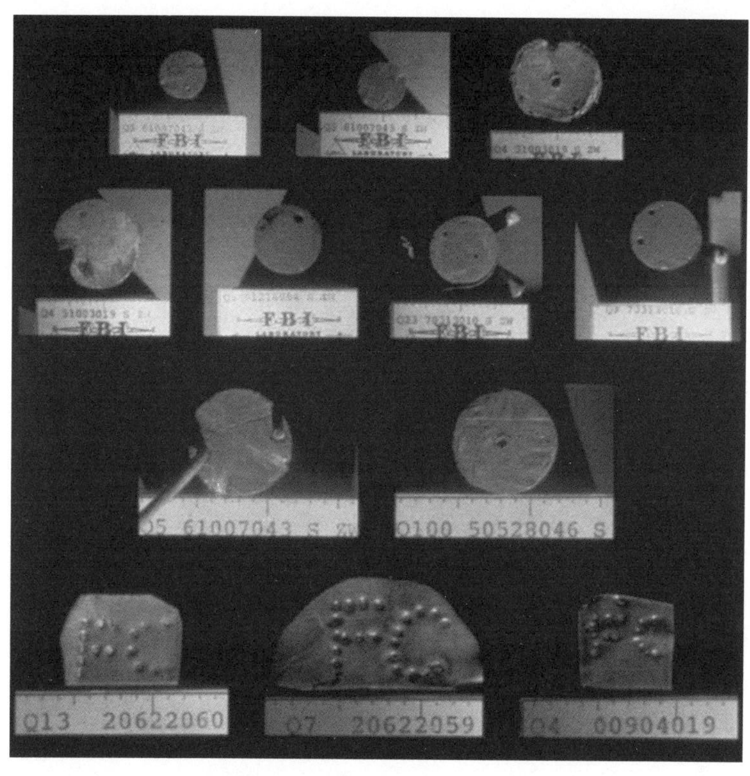

유나보머의 "FC" 서명이 들어간 철제판. 다수의 폭탄에 포함되었고 폭발에도 살아남았다. 나중에 그는 "FC"는 "자유 집단Freedom Club"을 뜻한다고 밝혔다.(FBI 사진)

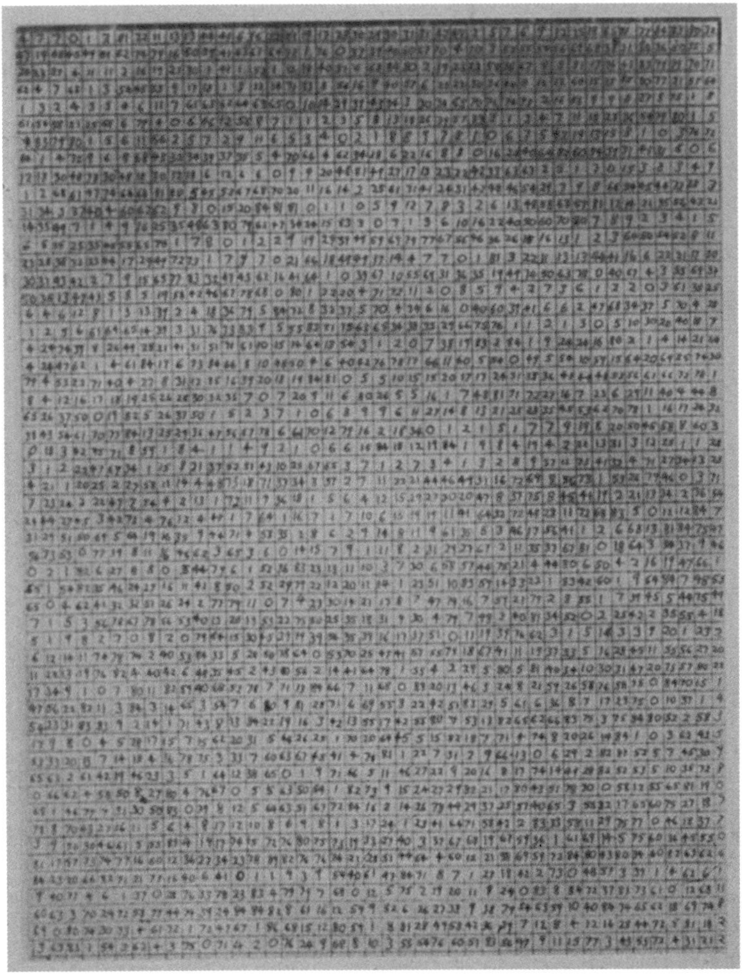

카진스키의 일기에서 암호화된 페이지 혹은 "매트릭스". FBI 전문가는 카진스키의 해독 단서를 찾지 못했다면 이 암호는 사실상 "해독 불가"였을 거라고 밝혔다.(FBI 사진)

LIST OF MEANINGS

0 = for
1 = be (all present tense forms, including am, is, are, etc.)
2 = be (all past tense forms)
3 = be (future tense; i.e., will be)
4 = the
5 = a or an
6 = have (all present tense forms)
7 = have (all past tense forms; i.e. had)
8 = have (future tense)
9 = ed, or, when tagged onto the end of any verb, indicates the past tense, even if the past tense of that verb is not indicated by "ed" in ordinary English.
10 tagged onto the end of any verb indicates the future tense of that verb.

11 = ing	29 = I, me, mine, my	47 = E	68 = W
12 = er	30 = you, your, yours	48 = F	69 = X
13 = ly	31 = he, she, it, him, her, his, hers, its	49 = G	70 = Y
14 = tion		50 = H	71 = Z
15 = there	32 = word spacer	51 = I	72 delete
16 = then	33 = word spacer	52 = J	73 delete
17 = and	34 = period	53 = K	74 = ch
18 = but	35 = comma	54 = L	75 = sh
19 = or	36 = question mark	55 = M	76 = th (unvoiced)
20 = to	37 = parenthesis (	56 = N	77 = th (voiced)
21 = from	38 = parenthesis)	57 = O	78 delete
22 = toward	39 = A	58 = P	79 = OM
23 = of	40 = A	59 = Q	80 = PLOD
24 = in	41 = B	60 = R	81 = ILL
25 = out	42 = C	61 = R	82 = ETONA
26 = no	43 = D	62 = S	83 = " (quotation marks)
27 = big	44 = D	63 = S	84 = when
28 = small	45 = E	64 = T	85 = where
	46 = E	65 = T	86 = what
		66 = U	87 = st
		67 = V	88 = that
			89 delete

Class 1. Hide carefully far from home.
Class 2. Hide carefully, far from home, but can be destroyed at a pinch.
Class 3. Hide carefully, far from home, but can be burned at a pinch
Class 4. Burn away from home
Class 5. Burn in stove, eventually.
Class 6. Burn with glass jars
Class 7. Destroy
Class 8. Treat to make safe
Class 9. Burn in stove, then dispose of remains
Class 10. Dump in trash far from home

QQ Super queer
Q Very queer
R Moderately queer
S Slightly queer

[B] Burnable

[NB] Not Burnable

카진스키의 오두막 내부. 서적, 폭탄 재료, 수제 의자가 보인다.(FBI 사진)

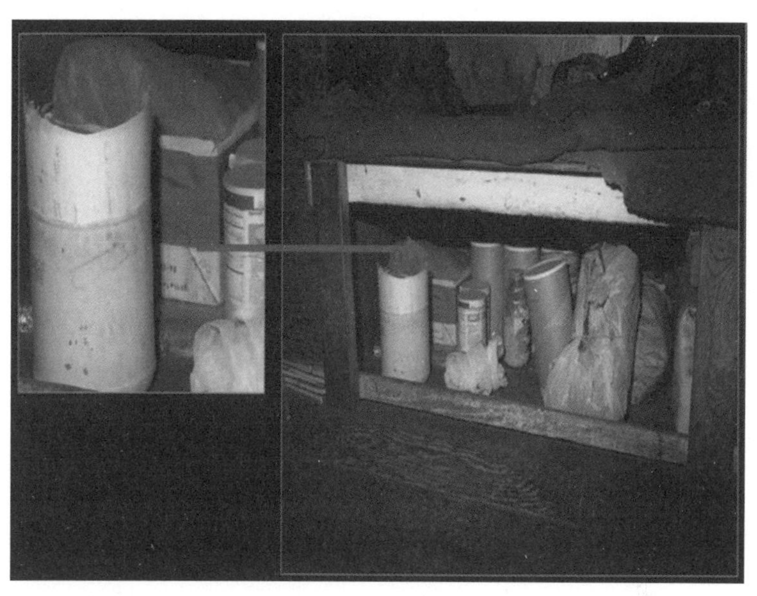
침대 아래에서 발견된 17번 폭탄.(FBI 사진)

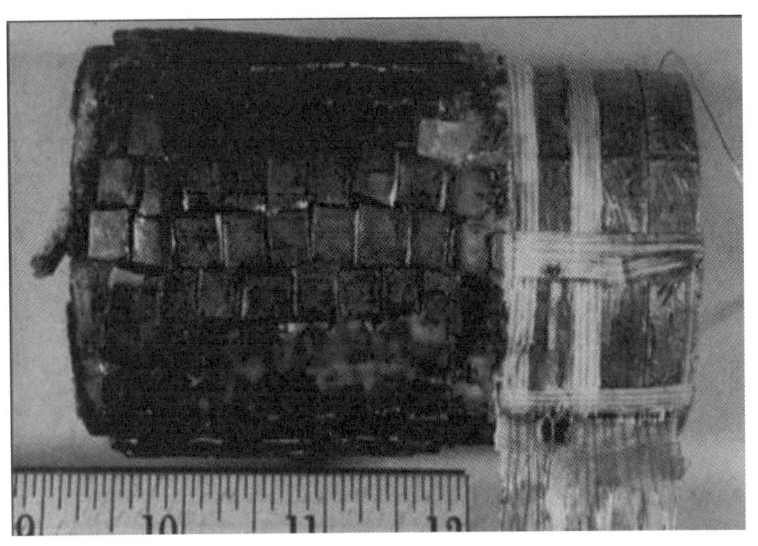

폭발물로 가득한 17번 폭탄 내부. 살상력을 높이기 위해 파편을 정교하게 붙여놓은 것에 주목하라.(FBI 사진)

카진스키의 오두막 내부. 침대 아래에서 요원들은 조립을 마친 17번 폭탄이 비닐 쇼핑백과 은박지에 싸여 있는 것을 발견했다. 길버트 머리를 살해한 폭탄과 동일한 것이었다.(FBI 사진)

1996년 4월 4일, 몬태나주 헬레나 연방법원에서 인정 절차 후 연방보안관에게 연행되는 카진스키.(폴 딕스)

1942년 5월 필리핀 코레히도르섬에서 일본군에 포로로 잡히고,

1944년 10월 다른 일본군 포로 1800명과 함께

음식과 물, 공기가 부족했던 "지옥의 배" 아리산 마루에 갇히고,

1944년 10월 24일 포로 이송선이라는 표식도 없이

인간 화물을 일본의 강제노동수용소로 이송 중이던 아리산 마루가

미국 잠수함의 공격으로 침몰할 때 함께 사라진,

나의 삼촌, 리드 그레이브스 미 육군 중령을 기억하며,

그리고

1994년 당신이 사망하실 때까지 그와의 기억을 지키며 지냈던

그의 아내이자 나의 숙모,

루이즈 올스턴 그레이브스를 기억하며,

두 분의 사랑과 용기와 희생에 감사하며

차례

3부

카진스키의 혈통과
현대 테러리즘의 이데올로기

1. 하버드 살인자

유럽 전체가 커츠를 만들어내는 데 일조했던 거야. 그는 재능 있는 사람이었다네. 전반적으로 천재였지…… 바보는 악마를 상대로 자신의 영혼을 거래하지 않아.
—조지프 콘래드, 『암흑의 핵심』. 카진스키의 오두막 서가에서

많은 하버드 졸업생처럼 나도 가끔 케임브리지로 돌아갈 때면 교정을 서성이곤 하는데, 옛 시절을 떠올리며 내 인생이 스스로 바라고 기대했던 모습과 얼마나 다르게 돼버렸는지 생각에 잠기게 된다.

최근에는 그곳에 갈 때면 교정 북쪽의 디비니티가에 간다. 거리의 막다른 끝에 육중한 빅토리아식 건축물 피보디 박물관이 자리 잡고 있다. 어린 시절이던 1943년, 내 어머니가 그곳에서 열린 화려한 유리 꽃 전시회에 데리고 가주셨다. 그때의 인상이 몹시 강렬하게 남아, 10년 후—이제 고등학교 졸업반이었다—나는 하버드에 지원하는 운명적인 한 걸음을 내디뎠다. 모퉁이를 돌면 철학과의 친절했던 래피얼 데모스 교수님이 사셨던 집이 있는데, 1953년 신입생이었던 나는 자주 그 집을 방문해 차를 마시곤 했다.

하지만 이번에 다시 찾은 이유는 향수가 아니라 호기심 때문이었다. 디비니티가 7번지는 현재 여러 층의 현대적인 사무실 건물로, 대학의 생화학과와 분자생물학과가 입주해 있다. 하지만 1959년에 그 자리에는 가정집처럼 보이는 건물이 서 있었다. "별관" 혹은 "치료소"라 불렸던 그곳은 사회관계학부 직원들이 인간에 대한 연구를 수행하는 연구실이었다.

1959년 가을부터 1962년 봄까지, 저명한 심리학자 헨리 A. 머리가 이끄는 하버드 연구진은 그곳에서 스물두 명의 학부생을 대상으로 윤리 면에서 의문점이 있는 실험을 수행했다. 대상이 된 학생들의 익명성을 보장하기 위해 실험에서는 그들을 암호명으로만 불렀다. "로풀Lawful"이라고 불렸던 학생이 시어도어 카진스키였다.[1] 훗날 악명 높은 유나보머가 된 그는, 열여섯 개의 우편물 폭탄을 우편으로 부치거나 직접 전달했으며, 스물세 명에게 중상을 입히고, 세 명의 목숨을 앗아갔다.

—

그 주 초, 나는 하버드 아카이브와 고故 머리 박사 본인의 이름을 딴 머리 연구센터를 방문했다. 그리고 그의 실험이 의도했던 여러 목적 가운데 사람들이 스트레스 상황에서 어떻게 반응하는지를 측정하는 것도 있었음을 알게 되었다. 머리는 아무것도 모르는 학생들을 대상으로 강도 높은 심문을 진행했는데, 머리 본인이 "격렬하고, 맹렬하며, 개인적으로 모멸적"[2]이라고 한 공격을 통해 피실험자의 자아와, 그가 가장 아끼는 이상이나 신념을 공격했다.

나의 탐구는 구체적으로 이 실험이 카진스키에게 어떤 영향을 미쳤는가를 파헤치는 데 있고, 이는 하버드가 카진스키에게 어떤 영향을 미쳤는가 하는 더 큰 질문에서 파생된 것이었다. 1988년 살인 혐의로 재판을 받을 당시 카진스키는 법원의 명령에 따라 법정신과 의사 샐리 C. 존슨의 검진을 받았다. 진단서에서 존슨은 카진스키가 "자신의 두 가지 신념 체계, 즉 사회는 나쁘며 자신이 거기에 맞서 항거해야 한다는 믿음, 그리고 자신을 부당하게 대한 가족을 향해 강력한 분노를 뒤섞어놓은 상태"라고 적었다. 이 두 신념이 하나로 합쳐지며 유나보머가 탄생했다. 그리고 그 둘이 맨 처음 표면화되어 만난 곳이 하버드였다고, 존슨은 암시했다.

대학 시절 그는 원시적인 삶에 대한 환상을 지니고 있었고, "대중을 자극해 혁명적 폭력으로 이끄는 선동가"로서 자신에 대한 환상도 있었다. 그는 이 시기에 평범한 사회에서 벗어나는 것에 대해 생각하기 시작했다고 주장했다.[3]

카진스키가 기술의 사악함이란 개념을 처음 접한 곳도 하버드였는데, 이는 중학생 시절부터 그가 느낀 분노를 정당화하며, 더 두드러지게 하는 효과를 불러일으켰다. 그리고 그러한 개념을 자신만의 혁명 이념으로 발전시킨 곳도 하버드였다. 하버드에서 카진스키는 복수에 대한 환상을 품기 시작했고, 야생으로의 도피를 꿈꾸기 시작했다. 또한 선과 악이라는 이분법적 사고와 수학적 인지 방식에 고착된 곳도 하버드였다. 그 수학적 인지 방식 때문에 그는 본인의 이성으로 절대적 진리를 찾아낼 수 있다고 생각하게 되었다.

그렇다면 한 범죄학자가 "미국이 낳은 가장 지적인 연쇄살인범"[4]이라고 부른 유나보머는 하버드가 만들어낸 것일까?

이 질문에 답하려면 하버드를 지나 훨씬 더 멀리까지 가봐야 한다. 그리고 그 과정에는 놀라운 일들이 있을 것이다. 카진스키의 대학생활은 확실히 그의 인생에서 하나의 전환점이었다는 것을 나는 알게 되었다. 하지만 그는 이념을 위해 살인을 저지른 테러리스트이기도 하다. 그리고 그의 사고 패턴은 현대 문명을 괴롭히고 있는 다른 테러리스트들의 사고 패턴과 무척 닮았다. 따라서 그를 이해하려면 그의 개인사와 정신 상태를 면밀히 살펴야 할 뿐 아니라, 그런 이념들의 기원도 알아봐야 한다. 그 기원은 하버드보다 훨씬 더 다양한 곳에 흩어져 있을 것이다. 그것은 그가 성장한 시대의 지적·사회적 분위기뿐 아니라, 특히 냉전이 미국 문화에 미친 영향에 따른 것임을 나는 밝혀낼 것이다.

카진스키의 과거에 대한 조사는 따라서 미국의 과거에 대한 탐사이기도 할 것이다. 그 과정을 통해 이 하버드 출신 살인자뿐 아니라 현대 테러리즘 자체의 초상이 부각될 것이다. 하버드는 카진스키를 둘러싼 의문을 풀어주는 열쇠가 될 테지만, 하나의 열쇠일 뿐—비록 카진스키 수수께끼를 푸는 데 있어서는 핵심적이지만—더 큰 맥락에서 보면 그것은 카진스키의 경우에 그랬듯이, 현재 전 세계적으로 일어나고 있는 이념에 기반한 폭력에 대해서도 많은 이야기를 해줄 수 있을 것이다.

—

나는 카진스키에게 특별히 흥미를 느꼈다.

오랫동안 그와 나는 어느 정도 평행적인 삶을 살았다. 우리 둘 다 공립학교를 나와 하버드에 들어갔고, 나는 1957년에, 그는 1962년에 졸업했다. 하버드에서 우리가 들은 수업은 같은 교수의 것이 꽤 많았다. 우리 둘 다 1960년대에 대학원에 다니며 조교를 했다. 나는 옥스퍼드에서 공부하고 프린스턴에서 박사 학위를 받은 후 오하이오 주립대학 교수가 되었고, 나중에 미네소타의 매캘리스터 칼리지 철학과장을 맡았다. 카진스키는 1967년 미시간대학에서 수학 박사 학위를 받고 버클리 수학과에 강사로 합류했다. 거의 같은 시기에 우리는 각자 학계를 떠나 몬태나의 야생으로 들어왔다.

1971년, 카진스키는 몬태나주 그레이트폴스로 이주했다. 같은 해 여름 그는 그레이트폴스에서 남쪽으로 128킬로미터 떨어진 링컨 외곽, 동생 데이비드와 함께 사두었던 땅에 오두막을 짓기 시작했다. 1972년, 나와 아내는 그레이트폴스에서 남쪽으로 88킬로미터 떨어진 낡은 농장 주택을 구입했다. 3년 후 우리는 가르치는 일을 접고 온전히 몬태나에서만 살기로 했다. 우리 집에는 전화도 전기도 들어오지 않았다. 가장 가까운 이웃집은 16킬로미터 떨어진 곳이었다. 겨울이면 눈 때문에 몇 달씩 발이 묶였다.

문명에서 벗어나려는 욕망에 대해서라면 카진스키와 나는 외롭지 않았다. 다른 많은 이가 비슷한 탈출을 모색했다. 카진스키를 야생으로, 그리고 살인으로 몰아간 것이 무엇일지 나는 궁금했다. 그의 동기는 우리 중 많은 이가 자연 속에서 위안을 얻게 했던 그 소외감의 극단적 형태에 불과했던 걸까? 그의 도피와 범죄를 설명하는 데는 그의 반기술 철학만으로 충분한 것일까?

이 마지막 질문이 특히 나의 호기심을 자극했다. 대학교수로서 내 전공은 개념사, 특히 개념들이 과학과 교육에 미친 영향이었다. 5년 동안 나는 미네소타 과학학술원의 과학사 및 과학철학사 부문 의장을 맡기도 했다. 나는 국립 과학학술원과 시그마 사이Xi, 그리고 과학연구회에서 발간한 과학발전사 집필에 참여했다. 그리고 하버드를 비롯해 여러 대학의 교과과정 변천사에 대해서도 폭넓게 글을 써왔다. 카진스키가 자신의 반기술 철학을 표명한 「유나보머 선언」에 담긴 개념들은 내게는 익숙한 것이었다. 그리고 사실상 그 개념들은 모두 카진스키가 학부생이던 무렵, 하버드를 비롯한 기타 인문학과의 대학생들이 강의와 독서 목록에서 마주쳤던 것들이다. 그 개념들이 유나보머 철학의 원천이었을까? 나는 궁금했다.

많은 미국인은 자신들이 이미 카진스키 이야기를 알고 있다고 생각한다. 카진스키가 시카고 교외 지역에서 2세대 폴란드 이민자의 아들로 성장한 것. 고등학교에서 명석한 학생이었으며 1958년 열여섯 살의 나이로 하버드에 입학하고, 거기서 수학을 전공하고 1962년에 졸업한 것. 1967년 미시간대학에서 박사 학위를 받은 것, 버클리 캘리포니아대학에서 2년 동안 수학과 조교를 하다가, 1969년에 갑자기 그만둔 것. 1971년 몬태나주 링컨으로 이주해 야생 속에서 혼자 오두막을 지었고, 그로부터 몇 년 후 폭탄을 만들기 시작한 것까지.

초기의 피해자들이 대학이나 항공사와 관련된 사람들이었다는 이유로 "유나보머the Unabomber"*로 불리게 된 카진스키는 점점 더 치명적인 테러 행위를 이어갔다.[5] 1978년 5월 26일, 첫 번째 폭탄이 터지며 노스웨스턴대학의 안전요원 테리 마커가 경미한 부상을 입었다.[6] 마지막 폭발은 1995년 4월 24일에 있었는데, 그가 우편으로 부친 폭탄에 캘리포니아 산림연합 의장 길버트 머리가 사망했다.

1995년까지 그의 폭탄은 발전을 거듭해 더 정교해졌고, 갑자기 말이 많아진 그는 신문이나 잡지, 타깃이 된 인물, 그리고 피해자들에게 편지를 썼다. 같은 해 9월, 『워싱턴포스트』와 『뉴욕타임스』는 카진스키가 작성한 3만5000단어 분량의 기술문명 비판을 게재했다. 본인을 "FC"라고 밝힌 카진스키는 그 글에 "산업사회와 그 미래"라는 제목을 붙였고, FBI는 "선언문"이라고 했다.

선언문의 작성자가 카진스키임을 알아본 그의 동생 데이비드가 FBI에 신고했고, 1996년 4월 3일 카진스키는 자신의 몬태나 오두막에서 체포되었다. 그해 말, 여러 범죄 중 캘리포니아에서 있었던 두 건의 인명 피해 폭발 사건에 대한 재판에 출석하기 위해 카진스키는 캘리포니아로 이송되었다. 1998년 1월 8일, 심신상실에 근거해 변호하려는 변호사들을 설득하는 데 실패하고, 담당 판사인 갈런드 E. 버렐 주니어 판사를 설득해 변호사를 교체하려는 시도도 실패한 후, 카진스키는 직접 자신을 변호하게 해달라고 요청했다.

요청을 받은 버렐 판사는 샐리 존슨에게 카진스키의 감정을 명령하며, 그가 스스로 변호할 수 있을지 판단해달라고 했다. 존슨은 편집성 정신분열증이라고 "잠정적"인 진단을 내렸지만, 그럼에도 카

---

* 대학University과 항공사Airline, 폭파범bomber의 합성어.

진스키는 직접 스스로를 변호할 능력이 있다고 결론지었다. 버렐은 카진스키의 요청을 거부했다.

카진스키는 자신의 혁명 이론을 피력할 수 있는 공개 재판을 원했다. 하지만 변호사들이 자신을 정신병자로 묘사하고, 자신의 철학도 미친 사람의 장황설로 치부할 것이 두려웠던 그는 굴복하고 말았다. 사형 판결을 내리지 않는다는 정부 측 조건에 대한 대가로, 카진스키는 세 명이 사망하고 두 명이 중상을 입은 열세 건의 연방 폭파 범죄에 대해 공식적으로 유죄를 인정했는데, 정부의 양형각서에 따르면 1978년부터 1995년 사이에 있었던 열여섯 건의 폭발 사건에 대해 모두 "책임을 인정"한 것으로 되어 있다.[7] 1998년 5월 4일, 그는 가석방 없는 종신형을 받았다. 본인이 직접 항소서를 작성해 미국 제9순회 항소법원에 새로운 재판을 요청했다. 순회법원에서 요청을 거부하자 이번에는 대법원에 항소했고, 2002년 3월 대법원이 최종적으로 그의 사건에 대한 청취를 거부하면서 그의 노력에 종지부를 찍었다.

―

이런 사실의 많은 부분이 널리 알려졌기 때문에 거의 모든 사람이 카진스키에 대한 의견을 가지고 있다. 그는 은둔자, 괴짜, 천재, 그리고 환경 관련 순교자 혹은 변절자 등으로 그려졌다. 그리고 이런 견해는 모두 잘못된 것이다.

대부분의 미국인은 단순히 그가 미친 거라고 믿고 있다. 알 수 없는 이유로 "편집성 정신분열증" 환자가 된 지저분한 은둔자라는 것이다. 특히 전국적인 미디어들이 보기에 카진스키는 정신병자이고,

유나보머 선언문은 망상적인 리포트에 불과하며, 그에게서 더 이상
흥미로운 점은 없었다.

하지만 누군가에게는 똑같은 이 선언문이 정신이상이 아니라 철
학적 천재성을 보여주는 것이었다. 환경보호론자 커크패트릭 세일
은 『뉴욕타임스』 기고문에서 유나보머는 "이성적인 사람이며, 그의
핵심 주장은, 전혀 주류가 아니지만, 전적으로 합리적이다"[8]라고 주
장했다. 제임스 Q. 윌슨 UCLA 교수 역시 『뉴욕타임스』 기고문에 그
선언문은 "세심하게 공들여 논의를 전개하고 있으며, 괴짜들의 거친
주장이나 비이성적인 추측과는 전혀 비슷하지 않다. (…) 만약 이 글
을 정신병자가 쓴 거라면, 장 자크 루소, 토머스 페인, 카를 마르크
스 등 많은 정치철학자의 글도 이보다 더 정상이라고 할 수 없을 것
이다"[9]라고 적었다.

또 다른 이들에게 카진스키는 자신들이 사랑하는, 혹은 증오하는
이념을 대변하는 인물이다. 몇몇 급진적 환경운동가와 무정부주의
자는 그를 "전쟁 포로"[10]로 여기고 있는데, 그가 저지른 범죄라고는
세계를 구하려고 노력했던 것뿐이라고 한다. 우파는 대부분 그를 극
단적 좌파의 화신으로 보고 있으며, 극단적 운동들이 우리 사회를
어디로 몰고 가는지를 잔인할 정도로 명확하게 예시하고 있다고 한
다. 우파 평론가 토니 스노는 유나보머가 앨 고어, 즉 환경보호론자
를 빙자한 악마의 사제와 쌍둥이 형제 관계라고 한다. 산쑥 반란군
Sagebrush rebel*의 론 아널드는 카진스키가 "생태 테러리스트"[11]에 불

---

* 1980년 전후에 활동했던 미국 서부의 지역 단체. 연방 정부 소유의 토지를 지역 정부에
이관해야 한다고 주장했다.

과하며, 그의 끔찍한 행위는 환경보호론이 불가피하게 살인과 무정부 상태로 이어질 수밖에 없음을 보여주는 것이라고 한다. 그리고 표면적으로는 모두 카진스키가 "1960년대의 산물"이라고 굳게 믿고 있는 것 같다.

과연 카진스키에 대해 어떤 감정을 느끼는가 하는 문제는, 많은 이에게 그 격동의 시대에 대한 입장을 드러내는 리트머스 시험지 같은 것이다. 그 시기가 정치적 급진주의와 문화적 쇠퇴의 시기였다고 믿는 사람들은 카진스키를 가리키며 "결국 그는 시대가 낳은 모습이다"라고 말한다. 그 시대가 정치적 이상주의의 높은 파고를 대변했다고 믿는 이들은, 마치 카진스키가 너무 나가버린 이념적 혈육이라도 되는 양 그의 행동에 당혹스러워하는 듯하다.

『보스턴글로브』는 카진스키의 행동이 "1960년대의 과열된 열정에 뿌리를 두고 있는" 것으로 보인다고 암시했다.[12] 『US뉴스앤월드리포트』는 그가 폴 굿맨의 『바보 어른으로 성장하기』, 즉 "1960년대에 있었던 '체제' 비판, 과학의 '지배'와 인간을 자연으로부터 소외시켜버린 그 영향에 대한 고발"[13]에서 영향을 받았다고 생각했다.

『USA투데이』는 캘리포니아 주립도서관 사서 케빈 스타의 말을 인용하며, 버클리의 "극단적 급진주의"가 카진스키에게는 "자신의 직업과 인생 자체를 전적으로 거부하는 촉매제"가 되었다고 전했다.[14] 윌리엄 J. 브로드는 『뉴욕타임스』에 기고한 글에서 "자신이 가르친 학생들이 원자폭탄을 만드는 사람이 될 수도 있다는 두려움 때문에 테드는 버클리에서 강사직을 시작하고 2년 만인 1969년에 그 일을 그만두었다"라고 해석했다.[15] 해버퍼드 칼리지의 교수이자 FBI 자문인 로저 레인은 카진스키가 "1960년대에 독서를 한 인물로, 분명 1960년대에 교육을 받고 거기에 고착되었다"라고 언급했다.[16] 카진스키 사건 피해자 가운데 한 명인 데이비드 겔런터는 『삶을 그리다: 유나보머 사건에서 살아남기』에서 역사가 폴 존슨을 인용하며, 유나보머의 이념적 뿌리는 1960년대, 즉 "현대사에서 1790년대에 버금갈 만큼 중대했던 그 시기"에 걸쳐 있다고 주장했다.[17]

일단 카진스키에 대한 생각을 정한 후에는—그가 제정신이든 아니든, 심오한 철학자든 길을 잘못 든 공론가든, 혹은 1960년대를 대변하는 인물이든 아니든—많은 사람이 그에 대한 관심을 잃어버렸다. 그레이트풀 데드나 「스타 트렉」 같은 대중문화의 부스러기에 대해서는 기꺼이 세미나를 열곤 했던 대학의 학자들도 카진스키의 선언문은 사실상 무시했고, 그 결과 선언문이 등장한 후에 이를 다룬 글은 내가 찾아본 바로 두 건밖에 없었다. 보수주의자들은 카진스키가 또 한 명의 급진적 환경보호론자라고 결론지은 뒤로는 입을 닫아버렸다. 어스 퍼스트!Earth First! 같은 활동가 집단에서는 생태학적 "성전"이라는 자신들의 수사를 실제로 진지하게 받아들인 인물 앞에서 당혹스러워했다. 주류 환경보호론자들은 그에 대해서는 이야기하지 않으려 했다. 요컨대 모두들 카진스키가 그대로 사라지기를 원했다. 그를 면밀히 들여다보기보다는 제정신이 아닌 사람으로 무시하는 것이 그들에게는 더 쉬운 일처럼 보였다.

하지만 이런 견해는 핵심을 놓치고 있다. 카진스키는 그런 견해에서 암시되는 것보다는 훨씬 더 복잡하다—또한 더 **흥미롭다**. 사람들이 그 자신이나 그의 범죄에 대해 알고 있다고 생각하는 내용은 사실상 모두 잘못된 것이다. 그의 이념은 1960년대가 아니라

1950년대에서 유래되었다. 야생으로 물러나고, 테러리즘 활동에 착수하기로 한 결정은 나중에 버클리에서가 아니라 하버드를 졸업한 직후에 내린 것이었다. 그는 혁명적 영웅도, 독창적인 철학자도, 진정한 환경보호론자도 아니었다. 그의 선언문은 탁월한 것도, 정신병의 징후도 아니다. 그것은 수백만 명의 미국인이 공유하고 있던 걱정을 드러내는 철학 및 환경보호론과 관련된 식상한 표현들을 요약한 것에 불과하다.

그리고 그의 정신 상태는 훨씬 더 모호하다. 그는 나중에 알려진 것처럼 극단적인 외톨이가 아니었고, 의학적으로 정신이상이었다는 분명한 증거도 없다. 불행했던 어린 시절도 다른 많은 이의 불행했던 어린 시절과 두드러지게 다르지 않았다. 학교와 대학에서의 사교생활은 보통이었다. 거의 모든 면에서 카진스키는 보통이었다.

그렇다면 왜 이 낯설고 상징적인 인물은 살인으로 돌아섰을까?

법정신과 의사 로버트 I. 사이먼은 자신의 책 『악인은 선인이 꿈꾸는 것을 행동에 옮긴다』에서, 살인자와 법을 준수하는 시민의 차이는 단순히 정도의 문제일 뿐이라고 지적했다. 평범한 사람들도 살인자와 똑같이 두려움과 욕망을 지니고 있다. 후자는 그런 욕망과 두려움에 더 쉽게 굴복하는 것일 뿐이다. 그는 다음과 같이 주장했다.

파괴성과 폭력이 악한 남녀들에게만 있고 선한 사람들의 생각 속에는 없다는 것은 초보적인 오류다. 32년 동안 치료 및 법정신과 의사 경험을 통해, 나는 범죄자 일반과 보통의 올바른 시민들의 정신 상태 사이에 대단한 심연 같은 건 없다고 절대적으로 확신하게 되었다. 어두운 면은 우리 모두의 내면에 존재한다…… 사회적으로 악인 혹은 선인으로 여겨지는 사람들의 차이는 질적이라기보다 정도의 차이이며, 악인들은 어두운 충동을 어두운 행동으로 옮기는 능력이 있을 뿐이다.[18]

아돌프 아이히만, 유대인 수백만 명의 죽음에 책임이 있는 그 무색무취한 관료는 모든 정신과 보고서에서 정상적이고 평범한 결과를 나타냈는데, 이는 사이먼에 따르면 다음과 같은 점을 잘 보여준다.

보통 사람들, 보통의 일을 하고 보통의 삶을 살아가는 사람들이 커다란 악을 행할 수 있다…… 나치 처형자들 중 다수가 여성과 아이, 노인들을 처형하는 일과를 보낸 후, 집으로 돌아가서는 가족의 품에서 안락한 일상을 보냈다. 그들은 좋은 음식을 먹고, 클래식 음악을 듣고, 고상한 책을 읽고, 아내와 사랑을 나누고, 자녀들을 쓰다듬고 안아주었다.[19]

카진스키 역시 보통의 노동계급 가정 출신으로, 대학을 다녔고, 교수로 봉직했고, 자연을 사랑했고, 기술의 위험성과 야생 파괴라는 널리 공유된 근심을 품고 있었다. 하지만 그는 연쇄살인범이 되었다.

이어서 사이먼은 그런 평범함이 폭력으로 이어지는 일은 드물지 않다고 암시한다. 한나 아렌트는 아이히만이 "악의 평범성"을 보여주었다고 지적했는데,[20] 카진스키는 그 평범성을 구체적으로 보여주었다고 할 수 있다. 유나보머의 폭파 범죄가 이어졌던 17년간, 즉 1978년에서 1995년 사이에 미국에서는 38만8000건의 살인 사건이 있었고, 2만2000건의 폭발 사고로 386명이 사망하고 3634명이 부상을 입었다. 같은 기간에 400만 명이 범죄 때문에 다쳤다. "2초마다 미국인은 맞거나, 칼에 찔리거나, 총에 맞거나, 강도를 당하거나, 강간 혹은 살해를 당한다"고 사이먼은 적었다.[21] 테러리즘, 즉 항공기 납치나 낙태 병원 폭파 등 이념에 기반한 폭력 행위는 흔한 일이 되었고, 수백 명의 생명을 앗아가고 있다. 또한 고등학생이나 회사원이 자신이 부당한 대우를 받았다며 갑자기 흥분해 같은 학교 친구나 회사 동료를 살해하는 사건도 매우 익숙한 일이 되어버렸다.

—

카진스키는 하버드 출신으로 살인을 저지른 최초의 인물도 아니다. 지난 150여 년의 역사에서 진홍색* 하버드 복장을 한 사람들이 저질렀거나, 그렇게 의심되는 요란한 살인 사건들이 있었다.

1850년, 하버드 교수 존 화이트 웹스터가 의과대학 동료 조지 파크먼에게 돈을 빌린 후 갚을 수 없게 되자 그를 살해했다. 파크먼의 유해 일부가 웹스터의 연구실 아래 쌓인 벽돌 더미 뒤에 시멘트로 발라져 있는 것을 관리인이 발견했다. 수사관들은 나중에 그의 연구실 여기저기에 흩어져 있는 나머지 유해들을 찾아냈다.[22]

1906년, 하버드 중퇴생 해리 켄들 소가 매디슨스퀘어가든의 오

---

* 진홍색Crimson은 하버드대학의 상징 색상이다.

래된 식당 옥상 정원에서 열린 음악회 '맘젤 샴페인' 공연 중 저명한 건축가 스탠퍼드 화이트를 총으로 살해했다. 소는 자신의 아내가 결혼 전에 화이트와 잠자리를 가졌다는 이유로 분개한 상태였다.[23]

1977년의 검찰 측 자료에 따르면, 하버드 케네디스쿨의 전 연구원 아이라 아인혼이 여자친구인 홀리 매덕스를 때려죽였는데, 망치로 모두 열세 차례 가격했다. 그런 다음, 자료에 따르면, 아이라는 그녀의 시신을 여행 가방에 담아 자신의 옷장 안에 보관했다. 형사들은 여행 가방에 든 매덕스의 시신을 18개월 후에야 발견했다. 외국으로 탈출한 아인혼은 20년 이상 도망자로 지냈고, 1993년 필라델피아에서 열린 결석재판에서 유죄 판결을 받았다. 2001년 7월, 그는 프랑스에서 추방되었고 같은 혐의로 다시 재판을 받았다. 2002년 10월 17일, 그는 두 번째로 유죄 판결을 받았다.[24]

1995년 5월 28일, 스무 살의 에티오피아 출신 하버드 학부생 시네두 타데시가 베트남 이민자 룸메이트 트란 호를 살해했는데, 이유는 트란이 자신을 거부할까봐 두려웠기 때문이다. 타데시는 자고 있던 트란에게 접근해, 살인을 위해 구입한 등산용 칼로 마흔다섯 차례 찔렀다.[25]

이런 살인은 금전 문제나 질투, 탐욕, 그리고 분노나 거부 때문에 발생한 것들이다. 그리고 바로 거기에 차이점이 존재한다. 카진스키는 이념을 위해 살인을 저질렀다고 주장했다. 우연찮게도, 그는 또한 언론에 의해 정신병자로 낙인찍힌 최초의 하버드 출신 인물이었다. 아마도 하버드 사람들은 이념을 그렇게 진지하게 받아들이지 않는다는 전제가 있는 것처럼 보였다.

또한 카진스키는, 사이먼이 언급한 연쇄살인범들과 마찬가지로,

많은 이가 그 근처까지 가긴 하나 넘지는 않는 어떤 선을 넘어버렸다. 그가 그렇게 한 것은 어떤 면에서는 보통 사람이 아니었기 때문이다. 그는 심각하게 소외된 지식인이었다—영국 작가 콜린 윌슨은 이를 "아웃사이더"라고 일컬었다. 이 점이 그의 정신 상태를 분류하기 어려운 이유다. 아웃사이더들은 쉽게 정상-비정상의 범주에 맞아들어가지 않는다.

대성공을 거둔 윌슨의 철학 책 『아웃사이더』는 카진스키가 하버드에 입학하기 2년 전인 1956년에 출간됐다. 역사적으로 가장 크게 환멸을 느꼈던 지식인들의 초상을 그려낸 이 책은 즉시 베스트셀러가 되었고, 전 세계 평론가들의 환호 속에서 순식간에 12개 이상의 언어로 번역되었다. 윌슨은 유명인이 되었고 『아웃사이더』는 하버드를 비롯한 여러 대학에서 폭넓게 인기를 끌었다.

윌슨은 아웃사이더란 신체적으로나 감정적으로, 그리고 지적으로 사회 바깥에 존재하는 사람으로서 대단히 고독한 개인이라고 했다. 아웃사이더는 "깊이 보는" 사람이며, "스스로는 병들었다는 사실을 모르는 사회에서 자신이 병들었음을 알고 있는 사람"이다.

"아웃사이더는 좌절하고 신경과민이기 때문에 그렇게 된 걸까?"라고 윌슨은 물었다.

그가 신경증적인 것은 그를 고독으로 몰아넣는 어떤 깊은 본능 때문이 아닐까?…… 사회에 저항하는 아웃사이더의 항변은 매우 명확하다. 모든 남녀는 이렇게 위험하고 이름 붙일 수 없는 충동을 지니고 있지만, 그들 스스로는 물론 다른 사람들 앞에서 어떤 가장假裝을 유지한다. 그들의 체면, 철학, 종교는 모두 야만적이고 무질서하며 비이성적인 것들을 문명화되고 이성적인 것처럼 보이게 만들려는, 겉치레를 위한 시도다. 그가 아웃사이더인 이유는 그가 '진실'의 편에 서 있기 때문이다.

아웃사이더는 안락하고 절연된 부르주아 세계에서는 살 수 없으며, 자신이 보고 만지는 것을 현실로 받아들인다. 그는 "너무 깊이, 그리고 너무 많이" 보는 사람이며[앙리 바르뷔스의 소설『지옥』에 등장하는 아웃사이더 영웅의 말을 직접 인용하자면], 그가 보는 것은 본질적으로 혼돈이다…… 부르주아의 안일한 수용에 맞서 아웃사이더가 무정부주의적인 감정을 주장한다면, 그것은 그의 감정을 건드리는 세속적인 관행을 멸시하거나 조소하려고 하기 때문만이 아니라, **어떠한 희생을 치르더라도 진리는 전해져야 한다**는 것과 그러지 않으면 궁극적인 질서 회복은 바랄 수 없다는, 어쩔 수 없는 감정으로부터 나오는 것이다…… 아웃사이더는 깨어나서 혼돈을 본 인간이다.[강조는 원문][26]

"자신이 건강하지 않고 신경과민이라는 반론에 대해", 아웃사이더는 H. G. 웰스의 "맹인들의 나라에서는 한쪽 눈만 있는 사람이 왕이다"라는 말로 대답한다고, 윌슨은 이어서 말한다. 근대 서구 문명의 위대한 작가와 예술가, 사상가, 혹은 소설가들이 만들어낸 가상의 인물 중 다수가 아웃사이더라고 윌슨은 암시했다. 거기에는 영국 역사가이자 공상과학소설가인 H. G. 웰스, 프랑스 철학자 장폴 사르트르, 프랑스 소설가 알베르 카뮈, 독일어권 작가 헤르만 헤세, 프란츠 카프카, 토마스 만, 독일 철학자 프리드리히 니체, 아르투어 쇼펜하우어와 오스발트 슈펭글러뿐 아니라, T. S 엘리엇, 헨리 제임스,

어니스트 헤밍웨이, 윌리엄 블레이크, T. E. 로런스, 쇠렌 키르케고르, 빈센트 반 고흐, 니진스키 등 다양한 인물이 포함되며, 특히 가장 중요한 아웃사이더로는 러시아 소설가 표도르 도스토옙스키가 있었다.

이들 각각이 윌슨이 말하는 소위 "아웃사이더스러움"의 다양한 영역을 탐사하고 구체화했다.

일부는 고독이라는 영역을 탐사했다. "나는 혼자 산다. 온전히 혼자 산다. 나는 결코 누구와도 말을 하지 않는다. 나는 아무것도 받지 않고, 아무것도 주지 않는다."(사르트르의 『구토』에 등장하는 반영웅) "그는 자기 자신에게 너무나 깊이 빠져들었고 다른 사람들과의 접촉을 꺼렸으며, 주인 여자뿐 아니라 그 누구와도 마주치는 것을 두려워했다. 그는 가난에 짓눌려 있었다."(도스토옙스키, 『죄와 벌』)

일부는 자유라는 영역을 탐사했다. "그리고 갑자기, 치아 상태가 나쁘고 눈이 희번득한 도스토옙스키의 벌레-인간이 이렇게 외친다, '여러분의 체제는 꺼지라고 해. 나는 내가 하고 싶은 대로 행동할 권리를 원하는 거야.'"(윌슨은 도스토옙스키의 소설 『지하로부터의 수기』에 등장하는 장면을 묘사하고 있다.) T. E. 로런스는 "이념의 선지자였으며…… 그의 힘은 **이념에 사로잡힐 수 있는** 인간의 능력이었다."(강조는 윌슨 본인) "나만의 체제를 만들어야 한다, 그렇지 않으면 다른 사람들의 체제에 종속될 것이다."(블레이크)

일부는 무신론과 사악한 의지를 강조했다. "'오늘이다.' 그가 나직이 중얼거렸다. 자신이 아직 약하다는 것을 알고 있었지만, 고도로 집중된 정신력 덕분에 힘과 자신감을 얻었다."(도스토옙스키, 『죄와 벌』) "극단적 무신론이 반드시 자기실현이 될 필요는 없다, 그 목적

은 단지 의지를 시험해보는 것에 지나지 않기 때문이다."(헤르만 헤세에 대한 윌슨의 언급)

일부는 그저 계단 아래의 어두운 공간에 대해 깊이 생각했다. "인간 뒤에는 심연과 무無가 놓여 있다. 아웃사이더는 이 점을 알고 있다"고, 윌슨은 도스토옙스키의 『카라마조프가의 형제들』을 언급하며 말했다. "아웃사이더의 일은 강철 같은 발톱으로 삶을 깊이 움켜쥐는 것, 무관심한 부르주아들보다 더 힘껏 삶을 붙잡고, 그 심연에도 불구하고 뭔가를 세워나가고, 의지를 키우는 일이다."

그리고 일부는 살인이라는 영역을 탐사했다. "가장 세련된 방식으로 살육을 일삼았던 자들이 거의 예외 없이 가장 문명화된 사람이었음을 여러분은 알아차렸을 것이다…… 인간의 일이란 모두 자신이 톱니바퀴가 아니라 한 명의 인간임을 증명하는 것뿐이다."(도스토옙스키, 『지하로부터의 수기』) "나는 사람을 죽인 것이 아니다, 원칙을 죽인 것이다!"(『죄와 벌』) "대부분의 인간은 인간답게 죽는 것이 아니라 짐승처럼 죽는다."(어니스트 헤밍웨이, 『죽은 자들의 자연사』) "내가 덜 외롭다고 느끼기 위해서 내게 남은 소원은 다만, 내가 사형 집행을 받는 날 많은 구경꾼이 모여들어 증오의 함성으로 나를 맞아주었으면 하는 것뿐이었다."(카뮈의 『이방인』에 등장하는 반영웅 뫼르소, 살인죄로 처형받기 전날 밤의 말)

콜린 윌슨의 아웃사이더처럼, 카진스키는 자신이 보기에는 병든 사회에서 벗어나 극도의 고독과 궁핍함 속에서 지냈다. 그는 스스로를 맹인들의 나라에 사는 눈이 하나밖에 없는 자라고 믿었다. 그는 자유에 대한 강박이 있었고, 맹렬한 의지를 지닐 필요를 느꼈다. 그리고 그는 이념을 위해 살인을 저질렀다. "오직 아웃사이더의 혁명만이 문명을 구할 수 있다”고 그는 선언문에 적었다.

이러한 “아웃사이더스러움” 때문에 카진스키의 정신 상태에 대한 의학적 진단은 더 어려웠다. 아웃사이더는 이성적인 통찰을 통해 비이성적으로 보이는 행동을 하는 사람이기 때문에 일반적인 정신분석학 범주에는 맞지 않는다. 치료와 관련된 심리학적 용어들도 아웃사이더의 철학 세계에서는 거의 적용될 수 없다. 아웃사이더는 이 두 학문의 경계를 잇는 역할을 하기도 하지만, 어느 쪽도 그들을 완벽하게 설명할 수는 없다. 정신과 의사들이 정신병이라는 진단을 내리는 상태에 대해, 철학자들은 “너무 깊게 너무 많이” 보는 능력이라고 말할 수도 있다. 아웃사이더에게 동의하지 않는 사람들은 그들을 미쳤다고 하겠지만, 동의하는 사람들은 그들이 단지 “강렬하고 깊은 통찰”을 지니고 있는 것뿐이라고 말할 것이다. 그런 이유로 사람들은 카진스키에 대한 자신들의 생각을 분명히 정할 수가 없었다. 누군가는 심리학적 척도를 적용해 그가 미쳤다고 했고, 다른 누군가는 철학적 범주를 들며 그가 혁명적이라고 했다.

G. K. 체스터턴은 “광인이란 자신의 이성 외에 모든 것을 잃어버린 사람이다”라고 했다.[27] 카진스키의 가족, 언론, 그리고 변호사가 그의 정신 상태를 강조한 덕분에 사람들은 카진스키를 이해하는 데 더 중요하다고 할 수 있는 또 다른 측면, 즉 그의 지성을 보지 못했다. 그는 수학자였고, 광범위한 독서를 했으며, 몇몇 외국어까지 할 수 있었다. 그는 명문대 졸업생이고, 그곳에서 특이하면서도 끔찍한 경험을 했다. 비이성적이지 않고, 누구보다 이념을 진지하게 받아들이는 사람이었다. 그는 이성의 **과잉**으로 고통받고 있다. 카진스키는 평범한 부류였지만, 이념의 힘 앞에서는 보통 사람보다 취약했

다. 그는 지식인이자 살인자다. 그리고 그 둘을 이어준 것은 하버드였다.

—

　내가 머리의 실험에 대해 처음 들은 것은 카진스키 본인으로부터였다. 우리는 1998년 7월, 그러니까 새크라멘토에서 열린 연방 재판에서 유나보머 범죄에 대해 그에게 종신형을 내리고 두 달이 지난 시점부터 서신을 주고받았다. 나는 카진스키가 지칠 줄 모르는 편지 상대임을 곧 알게 되었다. 어떤 때는 편지들이 너무 빨리 쇄도해서 이전 편지에 답장을 쓰기도 전에 다음 편지가 날아오기도 했다. 뛰어난 유머와 지성, 배려가 담긴 편지들이었다. 그리고 나는 그가 나름 매력적인 편지 상대이기도 하다는 것을 알게 되었다. 그는 셀 수 없을 정도로 많은 사람과 방대한 양의 서신을 주고받았고, 종종 그런 우편물을 통해 깊은 우정을 쌓기도 했다.

　동시에 카진스키의 편지들은 지적인 오만함, 자신의 지적·도덕적 우월성에 대한 절대적 확신 같은 어두운 면을 드러내기도 했다. 영리한 사람으로서 인생의 대부분을 자신보다 덜 지적인 사람들과 함께 보냈던 그는, 다른 사람들을 얕보는 태도를 취했다. 고도로 훈련된 그의 수학적 두뇌는, 철학자들이 "이분법적 논리"라고 부르는 것, 즉 모든 것은 참 혹은 거짓이라는 논리만을 인정했다. 회색 영역은 없었다. 오직 자신만이 절대 거짓말을 하지 않았고, 어떤 실수도 하지 않았다고 믿는 듯했다. 카진스키는 또한 신경질적이고 비판에 매우 민감했다. 누군가 잘못된 말을 하거나 글을 쓰면, 그는 그 사람이 거짓말을 하는 것으로 여겼다. 누군가 자신에게 동의하지 않으면, 그 사람은 단순히 실수한 게 아니라 논리적 착오를 범한 것이 되었다.

따라서 카진스키와 서신을 주고받는 과정에서 상대는 그가 아주 작은 오타를 잡아내고, 의도치 않은 모순이 드러날 때면 비판한다는 것을 알게 되었다. 그리고 그는 분명 진정한 우정에 목말라하면서도 다른 사람들을 자신의 이해관계에 따라 (아마 무의식적으로) 통제하고, 아주 사소한 이유로 그들에 대한 평가를 친구에서 적으로, 다시 친구로 바꾸는 태도에서 벗어나지 못했다.

하지만 카진스키의 정확한 기억력은 인정해줄 만했다. 나를 포함해 그를 알고 지냈던 이들의 경험에 따르면, 그가 총체적 진실을 말하는 것 같지는 않았지만(종종 자신의 목적에 맞게 중요한 세부 사항을 생략했다), 대부분은 오직 사실만을 이야기했다. 사실과 관련된 그의 주장은, 적어도 내가 확인한 바로는, 대부분 검증 가능했다.

그리고 이러한 사실과 관련된 주장 가운데 일부는 하버드에서 있었던 실험에 관한 것이었다. 카진스키는 머리 연구센터가 해당 연구의 심리학적 평가서를 자신의 변호사에게 제공하길 거부했다고 내게 감질나게 이야기했다. 조사관에 따르면 센터에서 해당 연구에 참가했던 심리학자들에게 카진스키의 변호인단과는 접촉하지 말라는 지침을 내렸다고 했다. 카진스키에 따르면, 실제로 그중 한 명은 변호인단의 조사관을 만나 만약 정보를 흘리면 자신의 경력이 망가질 것 같아 두렵다고 시인했다고 한다.

아마 머리의 연구에 윤리적으로 불미스러운 부분이 있기 때문에 참가자들이 "**오메르타**omertà, 즉 침묵 서약"을 지킬 수밖에 없을 거라

고, 카진스키는 수수께끼처럼 말했다.[28]

그렇게 자극적으로 말머리를 뗀 다음, 카진스키는 머리의 실험에 대해 공식적으로 발표된 자료에서 찾을 수 있는 것보다 더 많은 이야기를 내게 해주었다. 머리의 아내 니나 여사는 내 질문에 제대로 대답해줄 수 없었다. 내가 만났던 많은 연구 조수는 머리에 대한 비판에 주저하는 모습을 보였다. 그리고 머리 센터의 공식 입장은, 카진스키가 말해준 것처럼, 의심쩍고 은밀했다. 내 요청을 검토한 연구위원회에서는 실험 기록, 즉 실험 참가자들의 이름을 암호명으로만 표시한 데이터 뭉치를 열람하도록 허가했다. 하지만 그때쯤엔 카진스키의 동지들이 언론에 알려진 상태였고, 그의 개인 정보는 밝힐 수 없었기 때문에 카진스키와 관련된 자료는 볼 수 없었다. 그리고 내가 연구소에서 작업했던 일주일 동안 직원들은 줄곧 나를 면밀히 감시했고, 심지어 옆방에 있는 공중전화에서 통화할 때 엿듣기까지 했다.

2000년 6월 『애틀랜틱』에 기고한 글에서 내가 카진스키를 대상으로 한 실험을 처음으로 언급하자, 비밀을 지키려는 하버드의 노력도 더 강화되었다. 7월에 머리 센터는 카진스키의 파일이 "영구 기밀"로 지정될 거라고 발표했다. 센터의 감독관 아네메타 소렌슨은 교내 신문 『하버드 크림슨』과의 인터뷰에서 (그대로 옮기자면) "어떤 상황에서도 카진스키의 파일은 공개할 수 없습니다"라고 말했다.[29] 같은 기간 『애틀랜틱』 편집부에는 해당 기사를 공격하는 전도유망한 심리학자들의 항의 편지가 쇄도했다.

처음에는 그런 반응이 모순처럼 보였다. 진실 추구와 이념의 자유로운 교환에 헌신하는 저명한 대학 하버드가, 그 둘을 모두 억압하는 것 같았다. 하지만 심리학계가 머리를 보호하려는 점도 마찬가지로 이해는 할 수 있었다. 결국 하버드가 해당 연구소의 이름을 그에게서 따온 것도 우연은 아니었다. 현대 성격 이론의 창시자로서, 그는 심리학자들 사이에서는 거의 신에 버금가는 지위를 점하고 있었다. 그의 전직 조수들이 현재는 주요 대학의 명망 있는 자리를 차지하고 있었다. 머리에 대한 공격은 곧 그런 자리에 대한 공격으로 받아들여졌다.

그럼에도 대학과 기존 심리학계가 그렇게 떼지어 시위하는 것은 엄청난 과잉 반응처럼 보였다. 그런 불안함은 어디서 기인한 것일까?

이어진 2년 동안 나는 머리와 그의 실험을 계속 파고들었다. 그 실험이 카진스키에게 어떤 영향을 미쳤는지 알고 싶기도 했지만, 한편으로는 왜 그렇게 저명한 대학과 유명한 학자들이 한패가 되어 내 요청에 대해 거품을 무는지 궁금하기도 했다. 나는 머리의 지인 수십 명을 취재하고, 카진스키 변호인단의 조사관들과 이야기를 나누고, 국회도서관, 내셔널 아카이브, 워싱턴 연방기록원, 조지워싱턴 대학 국가안보기록원, 록펠러 재단 도서관 등에 보관된 자료를 파헤쳤다.

그 조사를 통해 그렇게 많은 심리학자가 『애틀랜틱』 기사에 경기를 일으켰던 이유를 알 수 있었다. 심리학자들이 40년 이상 굳게 잠가두었던 벽장의 문을 바로 그 기사가 가리키고 있었던 것이다. 그 옷장에는 수많은 유골이 담겨 있고, 그중 일부는 오래되지 않은 유골이었다. 두려움의 정체는 내가 그 문을 열어버릴지도 모른다는 것이었다. 그리고 이 책에서 나는 그 문을 열고 있다.

"우리 대부분은 내면에 어느 정도의 유나보머를 지니고 있다"라고 로버트 라이트는 1995년『타임』지 기고문에서 카진스키의 선언문을 언급하며 말했다.[30] 범죄로 돌아서기 전까지 카진스키의 삶은 여러 면에서 그의 세대를 대표하는 것이었다. 그의 성장 배경은 냉전 시대에 자란 세대에게는 전형적이었다. 그는 1969년 학계를 떠나 야생으로 돌아갔고, 당시에는 다시 '땅으로 돌아가기back-to-the-land' 운동이 전국적으로 이뤄지고 있었다. 심지어 그의 소외, 그리고 자신이 동의하지 않는 "체제"에 맞서 기꺼이 폭력을 사용하는 것도 완전히 드문 일은 아니었다.

카진스키와 다른 많은 사람의 차이라면 그가 더 극단적이었다는 점, 이념을 더 진지하게 받아들이고 폭력을 사용할 준비가 되어 있었다는 점일 것이다. 오랫동안 교육을 받았고, 또한 이념에 민감했기 때문에 그는 학교와 대학이 소외와 절망, 때로는 폭력을 길러낸다는 점을 극적으로 보여주는 선도자 역할을 맡게 되었다. 엘리트 교육의 산물이었던 그는 바로 그 교육의 결점을 돋을새김처럼 분명히 드러내는 일종의 확대경이었다.

그리고 이 이야기의 연결 지점이 하버드였다. 그건 그 학교가 "사악"했기 때문이 아니라, 카진스키와 마찬가지로 그 학교 역시 하나의 전형典型이었기 때문이다. 카진스키가 철학적 아웃사이더의 정점에 있다면, 하버드는 미국의 지적인 삶의 핵심에 자리 잡고 있다. 하버드는 유사한 기관이 보여줄 수 있는 미덕과 결함을 모두 강조해서 드러내는, 전범이 되는 대학이다. 고등교육의 선두 주자로서 하버드는 종종 특정 연구나 교육과정을 최초로 소개했고, 시간이 흐르면서 다른 칼리지나 대학이 그 뒤를 따랐다. 그리고 앞으로 보겠지만, 하버드는 카진스키가 훗날 자신의 선언문에 담게 되는 이념들을 최초로 접한 곳이기도 하다. 연방정부를 위한 연구를 수행해온 오랜 전통을 지닌 하버드는 냉전 시대에도 눈에 띄는 역할을 맡았고, 국가방위 체계와 학계의 협업을 선도하는 본보기였다. 그리고 카진스키가 머리 교수와 심리연구소를 처음이자 마지막으로 대면한 곳도 바로 하버드였다.

따라서 유나보머 이야기는 단순히 카진스키에 대한 이야기에 그치지 않고 그가 살았던 시대, 궁극적으로는 지식인들이 물려받은 사악함에 대한 이야기이기도 하다. 이 이야기는 배움을 좋아했던 그의 성향, 그리고 학생과 교수로서 보낸 23년의 시간이 그를 아웃사이더 살인자로 변모시킨 것에 관한 내용이다. 이것은 카진스키가 겪었던, 그리고 현재까지 우리가 겪고 있는 망가진 고등교육 환경에 관한 이야기다. 그런 환경이 카진스키의 소외를 낳았고, 오늘날에는 킵 킨켈*이나 컬럼바인 살인자 에릭 해리스와 딜런 클레볼드 같은 청소년을 살인자로 변모시켰다.**

이것은 냉전 시대가 낳은 황폐한 전망에 깊은 영향을 받은 미국인 세대에 대한 이야기다. 거의 40년 동안 이어졌던 냉전의 갈등으로 인해 탄생한 기관들이 여전히 우리 삶의 조건을 형성하고 있다.

---

* 1998년 부모를 죽인 후 자신이 다니던 고등학교에서 총기를 난사해 2명의 사망자와 25명의 부상자를 낳은 범인.
** 1999년 컬럼바인 고등학교 재학생이던 에릭 해리스와 딜런 클레볼드는 중화기로 무장한 채 교내에 들어가 50분 동안 13명을 살해하고 20여 명에게 부상을 입혔다.

이것은 그 전쟁에서 정부와 협력하여 싸웠던 대학에 대한, 결국은 교육 체계 전반으로 퍼져나가고 만 절망 문화를 낳은 철학적 분파에 대한 이야기다. 그런 절망 문화가 교육 기관을 변모시켰고, 오늘날까지도 이어지는 여러 형태의 폭력을 자극했다. 그리고 이것은 머리 교수가 행한 실험의 목적과 그 실험이 카진스키에게 미쳤을 수도 있는 영향에 대한 이야기다.

마지막으로 이는 지성과 폭력, 그리고 문명의 주변부가 아니라 그 중심에 놓여 있는 현대적 사악함의 어두운 핵심에 대한 이야기다. 카진스키는 지식인이면서 동시에 살인자였고, 그와 그의 범죄를 이해하려면 우리는 이 두 사실을 이어주는 고리를 찾아야만 한다.

1부

유나보머: 범죄와 질문들

미제 사건은 많지만 이 건은 18년 동안 이어졌고, 살인자는 아직
잡히지 않은 채 여전히 거리를 활보하며 자신의 범죄 활동을 계속하고
있다. 그건 엄청나게 영리해야 할 수 있는 일이다.
—제임스 폭스, 노스웨스턴대학 형법학과 학장

만약 혼돈, 암흑, 저주, 이런 모든 것을 도표에 따라 계산할 수
있다면…… 인간은 자기 고집을 꺾지 않기 위해서라도 일부러
미치광이가 될 것이다.
—표도르 도스토옙스키, 『지하로부터의 수기』

2.　　배운 사람

문명의 이야기는…… 공학의 이야기다…… 문명은 세계와 자연을
지배하는 것이며, 이 세계에서 이익을 얻는 실력이다. 그것은
친절함이나 솔직함, 혹은 평화와는 아무 관련이 없다.
—L. 스프레이그 드 캠프, 『고대의 공학』. 카진스키의 오두막 서가에서

1996년 3월 말, 나의 작은아들 시드니 고돌핀은 헬레나의 라스트 챈스 굴치에 있는 사무실에서 전화 한 통을 받았다. 전화를 건 남자는 자신이 연방수사국FBI 특별요원이라며, 시드니가 상업용 부동산을 취급하는지, 그리고 지금 사무실 공간 매물이 있는지 물었다.

두 질문에 대한 대답은 모두 "예"였지만, 시드니는 이미 한 블록 떨어진 잭슨가의 아케이드 건물에 사무실을 가지고 있는 FBI가 왜 추가 공간을 필요로 하는지 궁금했다. 아들은 근사하고 역사적인 다이아몬드 블록에 자신의 회사가 관리하는 사무실이 있다고 설명했다.

다이아몬드 블록에 도착한 시드니가 처음 발견한 것은 건물 앞

에 세워진 흰색 포드 브롱코 차량이었다. O. J. 심프슨과 알 카울링이 비슷한 차를 타고 경찰과 추격전을 벌인 지 얼마 지나지 않은 시점이었고, 아들이 맨 처음 떠올린 생각은 "아니야, 아무 관련이 없을 거야"였다.*

심프슨과 카울링이 아니라, 네 명의 요원이 차량에서 내렸다. 그들은 낚시 여행에 나선 증권 중개인처럼 보였지만, 헤어스타일은 더 단정하다고 시드니는 생각했다. 입고 있는 옷들은 L. L. 빈과 에디 바우어**였다. 모두 삐삐를 차고 있었고 지퍼 달린 가방을 매고 있었다.

요원들은 6개월 임대 계약을 맺었다. 이튿날, 브롱코와 포드 익스플로러 차량이 줄지어 도착했다. 다이아몬드 블록에 고급 아웃도어 복장을 한 요원들이 붐볐다. 모두 필수품처럼 지퍼 달린 가방을 맨 채 전자 장비가 든 상자를 옮겼다. 기술팀에서는 방음 장치와 통신 장비, 그리고 전화선을 설치했다. 잠시 후 건물 옥상에 "흰색 막대기" 초단파 안테나가 설치되었고 이는 헬레나 시내 어디서든 볼 수 있었다. 더 많은 FBI 요원과 재무부 조사관, 우편물 감식반 직원들이 새로운 본부에 모여들기 시작했다.

유나봄 전담팀이 도착한 것이다.

—

북쪽으로 96킬로미터 떨어진 링컨에서, FBI 특별요원 돈 색틀번

58

은 세븐업 산장의 라운지에 앉아 "또 시작이네"라고 생각했다.[1] 수십 번이나 유력한 용의자로 여겨지는 사람을 찾았지만, 모두 확고한 알리바이가 있었다. 색틀번은 이번에도 실망하게 될까봐 두려웠다.

사실 유나보머라는 별명의 남자를 쫓는 FBI의 수사는 가망 없는 추적이라기보다, 장님이 코끼리 만지는 격에 가까웠다. 상당수의 요원이 투입되었지만(어느 시점에는 130명도 넘었다), 각자 한 번에 아주 작은 임무만 맡았고(특정 인물을 조사한다든가, 특정 지문을 추적한다든가), 이 때문에 각자는 퍼즐의 작은 조각만 알고 있었다. 또한 수사가 너무 오래 이어지면서 처음에 배정되었던 다수의 요원이 은퇴하고, 초기의 폭발 사건에 익숙지 않은 다른 요원들로 대체되었다. 새로운 요원들은 살인자에 대해 새로운 추리를 펼치고 있었다(예를 들어 초기의 폭발 사건을 수사했던 일부 요원은 범인이 정교한 '역할극' 놀이를 하는 거라고 가정했고, 카진스키가 체포된 후에도 거기에 집착했다).

FBI의 매우 효율적인 폭탄 전담반이 수사 주도권을 쥐고, 범인이 사용한 장치의 기술적 측면에 집중했다. 그러는 동안 수사팀에서 고용한 한 무리의 심리학자 프로파일러가 매우 다양한 범인상像을 제공했는데, 그것들을 모두 모으면 혼란스럽기만 했다.

큰 그림을 보는 사람은 거의 없었다. 대부분의 수사는 심리학적이고 물리적인 연관관계만 찾고 있었다. 그들은 폭파범이 피해자들을 알고 있었거나 근처에 살았을 거라는, 그리고 뭔가 상상의 모욕감을 느끼고 그들에게 개인적으로 화가 났을 거라는 직감을 파고들었다. 아니면 그가 신체적 장애를 지니거나 혹은 동성애자여서 세상에 분노했던 거라고 생각했다. 이 때문에 수사진은 핵심적인 면, 즉 카진스키의 범행에는 심리적 요인뿐 아니라 지적인 요인도 있다는 점을 놓쳤다. 노스웨스턴대학 형법대 학장이자 연쇄살인범 전문가인 제임스 폭스는 카진스키가 현대사에서 가장 지적인 살인범이며, 여느 연쇄살인범들과는 달리 쾌락을 위해서가 아니라 이념을 전파하기 위해 살인을 저지른 거라고 지적했다.

폭스는 『새크라멘토 비』에서 이렇게 말했다. "유나보머는 산업사회에 맞서는 자신의 활동에서 인명 손실은 필요악이라고 봤다. 그는 자신만의 장점—통제력, 능력, 우월함—을 발견했고, 자신이 아는 것에 대해서는 다른 누구보다 잘 알고 있다고 확신했…… 오랫동안 그는 FBI보다 우위에 있었다."[2]

카진스키는 왕성한 독서가였으며, 대부분은 출판되지 않았지만 열성적으로 글과 편지를 쓰는 사람이었고, 폭넓은 관심사를 가지고 있었다. 그는 학술 논문과 단편소설을 썼다. 유창한 스페인어와 독일어 실력을 지녔고, 핀란드어와 러시아어, 프랑스어, 이집트어뿐 아니라 중국어까지 공부했다. 그의 오두막 서가에는 수백 권의 책과 학술 논문이 꽂혀 있었는데, 분야는 아주 다양해서 헤로도토스와 타키투스의 『역사』, 프레스콧의 『멕시코 정벌기』, 상대성이론에 대한 논문, 유엘 기번스의 『야생 아스파라거스 스토킹』, 조지 오웰의 『1984』, 제임스 페니모어 쿠퍼의 『모히칸족의 최후』, 그리스 신화나 독일어 및 인도유럽어 역사에 관한 책들이 있었고, 이뿐만 아니라 콘래드, 도스토옙스키, 스타인벡, 디킨스, 셰익스피어, 조지 엘리엇, 그 외에 스페인과 독일 작가들의 고전도 있었다. 카진스키는 또한 도서관 상호대차를 통해 제목을 읽기도 어려운 특이한 책들을 주문해 링컨 도서관 직원들을 바쁘게 만들었다. 그는 헬레나의 앤트 보니스 서점을 정기적으로 방문해 자신이 다 읽은 책들은 다른 책으

로 교환하기도 했다.[3]

카진스키는 어원학과 심리학, 사회학에 정통했고, 독서 목록을 볼 때 가장 깊은 관심사는 역사와 문학이었다. 그런 것들이 그가 감지하는 현실의 씨줄과 날줄이 되었고, 트로이 전쟁에서 냉전까지, 바퀴의 발명에서 유전자 조작까지 끊임없이 이어지는 현실을 구성했다. 역사와 문학은 명확한 경계가 없는, 서로를 보완해주는 것들이었다. 그리스 역사에 대해서는 호메로스를 읽어도 헤로도토스를 읽을 때만큼이나 잘 알 수 있으며, 중세 말기에 대해서라면 그의 서가에서 발견된 하버드 교재, 즉 조지프 R. 스트레이어와 데이나 칼턴 먼로의 『중세, 395-1500년』뿐 아니라 세르반테스의 『돈키호테』에서도 많은 것을 알 수 있다.

혹은 서로 다르지만 똑같이 가치 있는 것들을 배울 수도 있다. 역사는 큰 그림을, 문학은 조연들을 보여준다. 역사에서 우리는 일라이 휘트니가 조면기를 발명해 산업혁명에 불을 댕겼고, 그 혁명을 통해 도시가 성장하고 막대한 부가 탄생했지만, 가난과 도시의 질병도 함께 퍼져나갔음을 배운다. 디킨스와 도스토옙스키, 콘래드 같은 작가들은 이 "진보"에 직접적으로 영향을 받은 개인들, 즉 올리버 트위스트나 벌레-인간(『지하로부터의 수기』), 라스콜니코프(『죄와 벌』), 위니 벌록(콘래드의 『비밀요원』) 같은 허구의 인물들을 보여준다.

따라서 역사와 문학은 서로를 보완해주는 것으로, 한쪽이 대우주라면 다른 쪽은 소우주, 인류의 진보와 그에 따른 의도치 않은 부작용이었다. 한쪽이 "사실"이고 다른 쪽은 "허구"로 알려져 있지만, 그 둘을 조합했을 때에만 실제의 진실이 드러난다. 함께 묶였을 때, 그 둘은 농업의 도래에서부터 유전자 복제에 이르기까지 끊이지 않는 하나의 이야기를 전할 수 있다. 그리고 카진스키는 자신도 이 이야기 속의 등장인물이라고 생각했다.

모순적이게도 그는 스스로를 과학자로 여겼으며, 철학계에서 논리실증주의—오직 경험으로(즉 과학적 실험을 통해) 검증될 수 있는 명제만이 의미를 지닌다는 이론—라고 부르는 것을 받아들였다. 뿐만 아니라 그는 실증주의와는 접점이 없는 윤리학 이론도 신봉했다. 그는 종종 "도덕정서설"이라고 불리는 주장, 즉 도덕적이거나 영적인 판단은 과학적으로 검증할 수 없기 때문에 "인지적으로는 무의미한" 감정 표현일 뿐이라는 주장도 굳게 믿었다. 그에게 있어 종교적이거나 윤리적인 가책은, 사회적 조건 혹은 그가 "세뇌"라고 부른 작업을 통해 만들어진 감정적 태도에 불과했다. 자신의 폭탄을 제조하는 과정에서 카진스키는 과학적 방법을 맹목적으로 따랐다. 그는 연구 노트를 썼는데, 거기서 폭발 장치 245개의 디자인과 제조, 설치 과정을 스페인어를 섞어가며 꼼꼼하게 기록했다. 강제수용소 피해자들을 대상으로 가학적인 실험을 진행했던 나치 의사들처럼, 카진스키도 인간을 대상으로 한 자신의 폭탄 범죄를 하나의 "실험"이라고 불렀다.

요컨대 카진스키의 살인은 학식 있으면서 동시에 과학적인 활동이었다. 바사대학 영문과 교수이자 문장 감정literary forensic* 전문가인 도널드 포스터는, 훗날 카진스키 재판 준비 단계에서 연방 검찰의 의뢰로 유나보머가 작성한 글을 검토한 후, 그가 "문학적인 지향점"에 의존하고 있으며, "명백히 허구를 활용함으로써 스스로의 불

---

* 글쓴이의 문체와 단어 선택에 기반해 문서의 저자를 밝혀내는 작업.

행한 삶을 납득하는 일에 도움을 받았다"라고 적었다.[4]

카진스키의 행위는 그저 고만고만한 예술이 아닌 고전들을 모방했다. 역사와 문학은 무자비한 살인을 저지를 능력을 키워주었는데, 그가 보기에는 그런 고전들이 자신의 행위를 정당화해주었다. 그는 스스로를 이 거대한 역사적, 문학적 드라마 속의 한 인물이라고 상상한 것 같다. 그건 마키아벨리의 『군주론』에서부터 테드 R. 거의 『미국 폭력사』까지, 시드니 페인터의 『프랑스 기사도』에서 빅토르 위고의 『레 미제라블』까지, 루이스 G. M. 소프의 『샤를마뉴의 두 인생』에서 자크 엘륄의 『기술사회』까지, 디킨스의 『두 도시 이야기』에서 아서 케스틀러의 『한낮의 어둠』까지 이어지는 드라마였다.

활자화된 단어가 그의 우주였고, 심지어 그의 피해자들도 그 속에 등장하는 인물이었다. 그는 그 피해자 개개인 혹은 (대부분의 경우에) 그들이 속한 기관을 직접 알았기 때문에 선택한 것이 아니라, 그들이 대변하는 **이념들** 때문에 선택했다. 그는 그들이 쓴 글을 읽었고, 도서관의 참고문헌 틈에서 그들을 찾았다. 그에게 있어 그 피해자들은 소설에 등장하는 인물, 혹은 역사적 상상력을 통해 추상화된 지위를 지닌 사람들이었다.

그리고 카진스키를 그렇게 잡기 어렵게 만든 것 역시 똑같은 학문적 습관이었다고 해야 할 것이다. 그는 범죄학 서적과 지문 해독에 대한 과학 서적들을 읽었다. 그는 자신의 노트를 암호문으로 작성했는데, FBI의 암호 해독자들 중 한 명은 그의 오두막에서 찾아낸 힌트가 없었더라면 "아무도, 심지어 나사의 컴퓨터로도 해독할 수 없는 암호"였다고 내게 말했다.[5] 그는 매우 주도면밀했다. 폭탄을 제조할 때는 장갑을 꼈고, 하나씩 완성할 때마다 콩기름과 소금물에 담가 지문을 모두 지웠다. 배터리의 포장재를 벗겨 수사관들이 배터리 구입처를 파악할 바코드를 없애버렸다. 폭탄 재료는 구입하지 않고 버려진 자동차나 쓰레기장에서 확보했다. 심지어 폭탄에 쓰인 파이프도 고철 더미에서 주운 것들이었다.[6]

폭탄을 설치하거나 우편물을 부치기 위해 이동할 때, 혹은 고철을 찾아 쓰레기장을 다닐 때면 카진스키는 정교하게 위장했다. 머리를 염색하고, 안경을 자주 바꿨으며, 얼굴의 윤곽을 변형하기 위해 입술 안쪽에 껌을 붙이고, 코에 밀랍을 바르거나 휴지를 끼웠다. 다양한 가발이나 모자를 썼으며, 가끔은 실제보다 더 뚱뚱해 보이게 레인코트 안에 두툼한 코트나 재킷을 껴입기도 했다. 우표는 자동판매기에서 샀고, 몬태나 집에서 멀리 떨어진 곳에 있는 우체통에 넣어 쉽사리 자신을 추적할 수 없게 만들었다. 심지어 자신의 일기에 적었듯이, 엉뚱한 단서를 흘리기도 했다.

얼마 전 미줄라 버스 정류장의 세면대에서 체모 두 개를 확보했다. 그중 하나를 두 조각으로 잘라서 폭탄 안쪽의 전선 연결부를 감싼 절연 테이프에 붙였다.* 경찰이 그 체모의 주인을 폭탄 제조범으로 오인하게 만들기 위해서였다.[7]

그리고 카진스키는 자신을 쫓는 사람들과 언어유희를 벌였는데, 문학적·철학적, 혹은 어원과 관련된 단서들을 일부러 남겨놓고는, 경찰은 그런 것을 읽어낼 만큼 충분한 지식을 갖고 있지 못할 거라

---

* 카진스키는 자신의 연구 노트에 설명과 함께 정교한 그림을 첨부해두었다.—원주

고 오만하게 생각했다. 정부 요원들이 그 단서들을 놓치면, 그는 그들의 무식함과 어리석은 수사를 비웃었다.

예를 들어 "우드wood"라는 단어를 보자. 초기에 FBI와 언론은 그가 그 단어로 말장난하고 있음을 알아차렸다. 다만 그게 어떤 게임인지를 몰랐을 뿐이다. 단 한 명의 기자를 제외하고는 아무도 그 의미를 알아내지 못했다.

"우드"는 유나보머의 활동에 반복적으로 등장하는 소재였다. 폭탄은 나무 상자에 담긴 채 전달되었다. 세 번째 피해자의 이름은 퍼시 우드였고, 레이크 포레스트에 살고 있었다. 열 번째 피해자는 앤 아버에, 열다섯 번째 피해자는 애스펀 드라이브에 살고 있었다.* 열여섯 번째 피해자 길 머리는 캘리포니아 산림연합에서 일했고, 결국 그를 사망케 한 폭탄은 캘리포니아주 오클랜드에서 발송되었는데, 발신인 부분에는 "클로짓 디멘션"이라는 가공의 목재 가공업체 주소가 적혀 있었다. 수사에 혼선을 일으키기 위해, 범인은 여섯 번째 폭탄을 보낼 때 실존 인물인 브리검영대학의 리로이 우드 비언슨 교수를 발신인으로 적었다. 폭발이 이어지던 시기에 『샌프란시스코 크로니클』의 기자 제리 로버츠는 유나보머가 보낸 편지를 받았는데, 발신인 이름은 "아이작 우드"였고, 답장을 보낼 주소는 "캘리포니아주 우드레이크, 우드가 549번지"였다. 1993년 6월 24일, 『뉴욕 타임스』도 유나보머의 편지를 받았는데, 범인은 자신의 사회보장번호가 553-24-4394이며, 나중에 자신이 다시 편지를 보낼 때는 그

---

* 앤 아버의 지명에 들어간 'arbor'는 라틴어로 '나무'라는 뜻이며, 애스펀aspen에는 '사시나무'라는 뜻이 있다.

정보를 통해 알 수 있을 거라고 했다. 그 번호는 펠리컨 베이에 있는 캘리포니아 주립교도소의 현재는 쓰지 않는 번호로 밝혀졌다. 범인은 또한 자신의 팔뚝에 **원목PURE WOOD**이라는 글씨를 문신으로 새겼다고 자랑했다.[8]

범행 초기에 언론은 유나보머가 환경보호론자이며 숲을 보호하는 일에 사로잡혀 있다고 결론지었다. 하지만 그들은 좀더 조사를 했어야 했다. 어원학 전문가였던 카진스키는 영어와 노르딕 언어의 역사를 꿰고 있었고, 그 지식을 활용했다. 『뉴욕프레스』1995년 7월호에 기고한 윌리엄 모너핸만이 그 점을 알아차렸다. 범인은 자신을 쫓는 자들에게 고어古語 영어로 메시지를 전하고 있었다.

"유나보머 사건에서 16년 동안 빠짐없이 이어진 요소는 '우드'라는 단어다"라고 모너핸은 적었다. "'유나보머' 폭탄에는 늘 '우드'가 포함되어 있었다. 그것은 그 폭탄이 유나보머의 것임을 알게 해주는 요소였다. 나무는 폭탄을 구성하고, 포장하고, 위장하는 물질이었다. 또한 '우드'는 목표물을 정할 때도 중요한 **의미론적** 요소였다."(강조는 모너핸)

모너핸은 옥스퍼드 영어사전을 인용하며 말을 이었다. 고대 영어에서 "우드"라는 단어는 "제정신이 아닌, 미친, 광적인"이라는 의미로 쓰였다. 초서의 예문을 보면, "사람들이 우드하게 되는 것은, 보통은 속임수를 당했기 때문이다―그러니까 래리가 치즈에 손을 대기도 전에 컬리는 게거품을 물고 우드해지는 상황 같은 것이다.* '우

---

* Curly와 Larry는 1930년대 미국의 코미디 「세 조연Three Stooges」에 등장하는 인물들이다.

드'라는 단어는 지적으로 우월한 사람에게 속임수를 당해서 당혹감을 느끼는 상황에 빠지지 않고 쓰였다".

모너핸은 대학의 영어 전공자라면 누구나 알고 있듯이, "우드해진다"에는 세 가지 의미가 있는데, '속임수 당한 것에 화가 나다' '정신적 외상으로 멍해지다' 그리고 '발기하다'라는 뜻이라고 설명한다. "초서가 쓴 '우드'는 난해한 것이 아니라 오래된 농담, 영문과에서는 거의 상식 같은 것이다…… 초서를 읽은 사람이면 누구나 그 농담을 알고 있다."

그리고 그것은 언어유희의 일부일 뿐이었다고 모너핸은 암시했다. 예를 들어 뉴저지의 토머스 J. 모서를 죽인 폭탄에는 발신인이 가공의 인물인 "H. C. 위켈Wickel"로 되어 있다. 고어 영어에서 "위커wicker"는 나무wood를 뜻한다. 또한 "H. C. 어위커Earwicker"는 제임스 조이스의 『피네간의 경야』에 자주 등장하는 인물인데, 종종 북구의 신 우든Wooden 행세를 한다. 그리고 "위커"는 "귀ear"를 잃었는데, 마치 또 한 명의 분노한 인간, 빈센트 반 고흐와 비슷하다.

"이자에게는 말이 전부다"라고 모너핸은 결론지었다.[9]

수사관들은 불완전한 단서들을 가지고 범인을 잡으려 했다. FBI의 기술적 작업은 일류였지만, 심리학적 프로파일링은 대부분 쓸모없었고, 문장 분석은 (선언문 발표 전까지는) 시도하지도 않았다. 철학적 탐정이었다면 그를 더 빨리 잡았을까? 아마 그랬을 것이다. 선언문이 나오기 전까지 카진스키의 이념은 그의 가족관계 바깥으로는 거의 알려지지 않았다. 그렇지만 전혀 알려지지 않은 것도 아니었다. 그는 편지를 통해 자기 견해를 다른 사람들과 공유했다. 예를 들어 『기술사회』의 저자 자크 엘륄, 『어스 퍼스트! 저널』의 편집진, 그리고 그가 속해 있는 러다이트 모임의 회원들이 그 대상이었다.

결국 이러한 지적 요소를 무시했던 것은 카진스키에 대한 대중의 인식에 가장 큰 영향을 미쳤다. 수사관들의 간과는 수많은 실수의 시작일 뿐이었고, 결국 그런 것들이 쌓이면서 유나보머는 열정적인 철학자라기보다 별난 외톨이일 뿐이라는 잘못된 이미지가 형성되었다. 그 이미지는 보편적으로 받아들여진다. 망치를 든 사람에게는 모든 것이 못으로 보이게 마련이다. 심리학자들 틈에 묻혀 지낸 연방 요원들에게는 모든 범죄자가 사전에 마련된 성격 유형에 들어맞아 보인다. 그리고 우리 사회처럼 치료에 중독된 사회에서는 모든 종류의 잔인하거나 평범하지 않은 행동이 정신병의 징후로 비친다. 수사 도구로서 프로파일링에 지나치게 의존함으로써 연방 요원들은 자신들의 활동을 심리학적 부산물로 축소시켜버렸다. 언론도 비슷했다.

—

따라서 1996년 3월, 특별요원 돈 색틀번이 회의적인 건 당연했다. 17년 동안 유나보머는 자신의 폭탄 제조 기술을 가다듬어왔고, 마침내 진정한 죽음의 사자가 되었다. 그리고 막대한 노력에도 불구하고 정부가 그를 체포하는 일은 요원해 보였다. 수백만 달러를 쓰고 수십 명의 요원을 투입했다. 유나봄 전담팀을 구성하고 모든 단서와 용의자를 추적했다. 요원들이 고철 쓰레기장을 이 잡듯 뒤지고, 폭탄에 쓰인 일부 재료가 의족에서 나왔음을 알게 된 후로는 보철 만드는 공장을 모조리 방문해 종업원들을 조사했다. 1993년 이후로 범인 체포 및 기소로 이어지는 정보를 제공한 사람에게 100만 달러의 포상금이 걸렸다. 신고용 직통전화도 설치했다. 모두 허사였다.

심리학 프로파일은 자꾸만 달라졌다. 처음에는 범인이 망상에 빠지고 강박적인 백인 남성, 육체노동을 하고 자주 옮겨다니는 사람이라고 했다. 폭탄 제조 능력을 볼 때 목수 혹은 기계 기술자이며, 옷을 대단히 단정하게 입고 다니는 사람일 거라는 가설을 세웠다. 나중에는 범인이 대학교수일 거라고 결론 내렸다. 선언문이 나온 뒤로 수사 당국은 범인이 40대이며, 아마 대학교수이고, 사회과학 계열 전공자이며 과학사에도 정통한 인물일 가능성이 크다고 했다. 그들은 저명한 범죄학자 로버트 오블록이 1993년에 내놓았던 범인상, 즉 그는 아마 "논리적으로 사고하는 사람"일 것이며, "사교적인 상황을 싫어하고", 비록 "학계와 관련 있었지만", 현재는 거기서 소외된 사람일 거라는 견해는 무시했다.[10] 심지어 수사 당국은 자신들의 수사관 중 한 명이었던 샌프란시스코 지국 소속의 빌 태포야 요원의 견해에도 주의를 기울이지 않았다. 그는 유나보머가 아마 "공학 같은 '본격 과학' 분야에서 높은 학위를 가지고 있을 것"이며, 베이에어리어가 아니라 훨씬 더 외진 곳에 살고 있을 거라고 했다.

1987년 솔트레이크시티의 컴퓨터 매장 주차장에서 유나보머로 여겨지는 남자가 폭탄을 두는 것을 봤다는 목격자 증언 후에 수사팀은 또 다른 몽타주를 제작했다. 몽타주 속 남자는 콧수염을 길렀고, 아르마니 제품처럼 보이는 선글라스를 쓰고, 후드 셔츠를 입고 있었는데, 메트로액티브라는 인터넷 사이트에 따르면 "힙합 그룹 보이스 인 더 후드 스타일의 후드"라고 했다.[11] 보충 설명에 따르면 범인은 30대 후반의 백인이며, 머리칼은 붉은빛이 도는 금발이었다. 그는 변장한 카진스키였고, 아무도 그를 알아보지 못했다.

1993년 새크라멘토에서 두 건의 폭발 사고가 벌어진 후에 당국은 범인이 아마 북부 캘리포니아에 살고 있을 거라고 했다. FBI는 샌프란시스코의 새로운 사무실에 45명의 요원을 추가로 투입했다. 이때쯤엔 단독 범행이 아니라 혁명을 꾀하는 모임이 벌였을 수도 있다는 의심을 품었고, 수사팀은 베이 에어리어를 이 잡듯 뒤지며 "좌파들", 특히 급진적인 환경보호론자들을 찾아나섰다.

1993년, 단서가 있으면 직통전화("1-800-701-BOMB")로 신고해 달라는 FBI의 요청이 나간 뒤 5만 통 이상의 전화가 왔고, 일단 목록을 추린 후 800명 이상의 용의자를 수사했다.

범인은 30, 40대가 아니고, 이동이 잦은 블루칼라 노동자나 대학교수도 아니며, 과학사가도 아니고, 집단도 아니었으며, 심지어 은둔자라고도 할 수 없다고 예측한 전문가는 단 한 명도 없었다. 1996년에 체포된 범인은 내성적인 54세의 하버드 졸업생이자 전직 대학교수였으며, 캘리포니아가 아니라 몬태나에 살고 있었다.

3.　　과학적인 방법

가치의 문제는 객관적 분석이라는 우리의 학문적 전통에는 잘 맞지 않는, 어색한 주제다.
—데릭 복, 1979년 하버드 총장 보고서

나 스스로에게 도덕을 논리적으로 정당화할 수 없었다는 사실이, 내 자질과 관련해 아주 중요한 점을 보여준다고 할 수 있다…… 내게는 스스로를 기만하는 경향이 대부분의 사람보다 훨씬 더 적다.
—시어도어 J. 카진스키, 일기

FBI의 첫 번째 추적은 1979년 11월 15일, 일류 폭탄 전문가 제임스 C. "크리스" 로니가 상사인 스튜어트 케이스의 전화를 받고부터 시작되었다.

"당장 덜레스 공항으로 가봐", 케이스가 지시를 내렸다. "폭탄이 실린 비행기가 곧 착륙할 예정이야."[1]

로니가 활주로에 도착했을 때 공항 보안요원들이 연기 나는 미국 우체국 소유의 커다란 우편물 컨테이너를 항공기에서 내리는 중이었다. 의료진이 옆에서 연기를 흡입한 열 명 남짓의 승객을 치료하고 있었다.

아메리칸 항공 444편은 시카고 오헤어 공항을 출발해 워싱턴 내셔널 공항으로 이동 중이었다. 기장이 뭔가 '쿵' 하는 소리를 들었고 기내의 기압이 떨어지는 것을 알아차렸다. 잠시 후 기내에 연기가 가득 찼다. 기장은 덜레스로 방향을 바꾸고 비상 착륙했다.

컨테이너 안에서 로니는 시카고에서 부친, 세심하게 제작된 수제 폭탄을 발견했다. 너무나 정교하게 공들여 만든 폭탄이라 놀라웠지만, 어느 공구점에서나 구할 수 있는 평범한 재료들로만 만들어진 물건이었다. 거기에는 기내의 기압과 고도 변화를 측정할 수 있게 변형된 싸구려 아네로이드 기압계도 포함되어 있었다. 폭탄은 항공기가 고도 2000피트에 도달할 때 폭파하도록 맞춰져 있었다. 추가로, 포장을 열면 점화되도록 하는 장치도 붙어 있었다. 커다란 주스 캔에 담긴 작약은 주로 무연 화약과 폭죽 재료였다. 신관信管은 네 개의 "C" 배터리와 기압계 스위치를 전선으로 연결한 것이었는데, 그런 게 모두 수제 나무 상자에 들어 있었다. 포장용 상자에는 1달러짜리 "유진 오닐" 우표와 "미국의 빛은 진실과 이성으로 밝혀진다" 우표가 여러 장 붙어 있었다.

로니는 즉시 시카고 지부의 토머스 E. 배럿 특수요원에게 연락해, 지역 수사 당국에서 비슷한 폭탄을 본 적이 있는지 알아봐달라고 했다. 에번스턴의 노스웨스턴대학 보안팀에서 즉각 답신이 왔다.

학교 당국의 설명에 따르면 여섯 달 전인 1979년 5월 9일, 에번스턴에 있는 대학 기술연구소 회의실에서 존 해리스라는 대학원생이 비슷한 폭탄에 부상을 입었다고 했다. 해리스는 두 줄로 늘어선 열람석 사이의 탁자에 "필리스" 담배 상자가 놓여 있는 것을 발견했다. 호기심에 그는 상자를 열어봤고, 커다란 폭발과 함께 방 안에 불이 났다. 가벼운 자상과 화상을 입은 해리스는 에번스턴 병원으로 옮겨져 치료를 받았고, 한 시간 후 병원에서 나왔다.[2]

그 폭탄이 처음이 아니었다고, 노스웨스턴대학 당국은 배럿에게 말했다. 1년 전인 1978년 5월 25일, 메리 구티에레즈라는 여성이 일리노이대학 시카고 서클 캠퍼스의 과학/공학관 인근 주차장에서 갈색 소포를 발견했다. 뉴욕주 트로이에 있는 렌슬레어 폴리테크 인스티튜트의 로켓과학 교수 E. J. 스미스 앞으로 보내는 소포였다. 발신인은 노스웨스턴대학 테크놀로지 인스티튜트의 컴퓨터공학 교수 버클리 크리스트 주니어였다. 소포에는 "유진 오닐" 우표 열 장이 붙어 있었고, 그대로 부치기만 하면 되는 상태였다.

발신인이 소포를 부칠 예정이었던 거라고 생각한 구티에레즈는 그대로 우체통에 넣으려 했다. 하지만 크기가 맞지 않았다. 그녀는 에번스턴 근처에 살았기 때문에 크리스트 교수에게 돌려주기로 마음먹었다. 이튿날 교수에게 전화를 했고, 교수는 물건을 받으러 사람을 보내겠다고 했다. 소포의 내용을 몰랐던 크리스트 교수는 학교 보안요원에게 연락했다. 테리 마커 경관이 포장을 풀자, 장치가 폭발했고 그는 경상을 입었다. 학교 측은 주류, 담배 및 화기 단속국 ATF에 신고했다. 폭탄 잔해의 목록을 작성한 후 ATF 요원은 증거를 파기했고, 보고서를 낸 후에는 사건을 잊어버렸다.[3]

이제 로니는, 세 개의 폭탄이 몇몇 부분에서 차이를 보이지만, 그럼에도 같은 계열임을 알게 되었다. 크리스트 폭탄은 지름 3센티미터, 길이 23센티미터의 강철 파이프를 사용했고, 양쪽 끝부분은 목재 마개로 막았으며, 안은 무연 화약과 성냥 머리 부분으로 채워져 있었다. 아메리칸 항공 폭탄은 파이프가 아니라 커다란 주스 캔(64온스)에 작약을 채운 것이었고, 해리스 폭탄은 철제 용기를 전혀 쓰지 않고 일종의 판지 튜브를 활용했다.

그런 유사성은 놓치기 어려웠다. 모두 공들여 만든 나무 상자에 들어 있었고, 주요 작약으로는 무연 화약을 사용했으며, 가정에서 쓰는 평범한 재료들로 만들어진 것이었다. 기폭 장치는 상당한 상상력을 보여주었다. 항공기 폭탄과 마찬가지로 해리스 폭탄에서도 C-셀 배터리가 손으로 깎은 나무못으로 된 기폭 장치에 이어져 있었고, 각각의 나무못은 다시 전선을 통해 작약에 이어져 있었다. 포장을 열면 전기회로가 완성되고, 성냥 머리 더미에 심어둔 가는 전선에 열이 발생하고, 그렇게 성냥 머리에 불이 붙으면 이어서 폭약이 폭발한다. 크리스트 폭탄에는 전기 기폭 장치가 아니라 물리적인 기폭 장치가 사용되었다. 상자를 열면 고무줄이 튕기면서 못이 파이프 끝으로 날아가고, 거기서 성냥 머리에 불이 붙고, 이어서 무연 화약이 폭발하게 되어 있었다.

요컨대 일부 차이가 있기는 하지만 조립 솜씨나 상상력, 디자인을 볼 때, 세 개의 폭탄은 FBI가 연쇄 폭파범을 상대하고 있음을 암시하고 있었다. FBI는 크리스 로니를 수사 책임자로 배정했다.

이상하다고, 로니는 생각했다. 기술적으로 보면 초보적인 장치였지만, 대단히 공들여 만든 것이었다. 상자들은 아름답게 제작되었다. 왜 직접 손으로 깎아서 목제 기폭 장치를 만들었을까? 더 나은 나사형 마개를 어느 공구점에서나 살 수 있는데 왜 파이프 마개도 직접 만들었을까? 이 범죄들의 동기는 뭘까?

그리고 왜 "유진 오닐" 우표일까? 그 우표는 유통되지 않은 지 꽤

되었는데 말이다.[4]

———

FBI는 오닐 우표에 뭔가 의미가 있다고 의심했지만, 정확한 의미는 절대 알 수 없었다. 하지만 카진스키에게 오닐은 적절하면서도 역설적인 상징이었다. 그와 이 극작가는 둘 다 억압받고 주변부로 밀려난 사람이라는 공통점이 있었다. 둘 다 기술과 물질주의를 경멸했고, 둘 다 단순한 삶을 동경했다. 하지만 유사성은 거기까지였다. 카진스키는 폭력이 유일한 해결책이라고 믿는 전투적인 무신론자였다. 반면 가톨릭으로 개종한 오닐은 미국의 기술 숭배가 종교적 신념의 쇠퇴를 나타내는 것이라고 봤고, 그 신앙을 되살리는 것이 유일한 구원이라고 믿었다.

오닐은 극작가로 성공하기 전에 실망스러운 일을 경험했다. 1학년 말에 프린스턴에서 퇴학당한 후 그는 이곳저곳에서 육체노동을 했다.[5] 온두라스에서 금광 채굴업자로 일했고, 아르헨티나를 비롯한 여러 곳에서 다양한 일을 했고, 상선 선원으로 여러 해를 보내기도 했다.[6] 그사이에 그는 쫓겨나고 억압받는 사람들과 자신을 동일시했고, 현대 미국의 물질주의에 대해 철저한 거부감을 갖게 되었다.

이러한 주제는 그의 희곡에서도 드러난다. 『털북숭이 원숭이』(1922)는 해를 끼치고 비인간화하는 기술의 기능을 극화한 것이다. 『위대한 신 브라운』(1925)은 물질주의와 영적으로 공허한 삶을 조롱하며 유일한 구원은 신의 사랑에서만 나온다고 재확인한다. 오닐이 "회상 희극"이라고 했던 『아, 윌더니스!』(1932)는 세기 전환기 미국

소도시의 정신을 재현하고자 했던 작품이다.

하지만 인간이 기술을 신으로 만들었고 결국 그것이 인간을 파괴할 거라는 오닐의 믿음이 요약된 작품은 『다이나모』(1928)였다. 일반적으로는 오닐의 작품 가운데 최악으로 여겨지는데, 나중에 친구에게 말한 바에 따르면, 첫 번째 결혼에 문제가 생기고 "뇌가 증오로 뒤엉켜 있을 때" 썼던 작품이라고 한다.[7]

『다이나모』는 10대 소년 루벤 라이트의 삶과 죽음을 그린 작품이다. 교조적이고 고압적인 목사의 아들인 그는 아버지의 신앙에 반항하고 대신 전기를 종교로 받아들인다. 무신론자 수력발전소 감독관의 딸 에이다에 대한 갈망과, 자신의 신 전기와의 순수하고 이상적인 합일—전기는 이내 그의 "여신 다이나모"로 변모한다—을 이루려는 욕망 사이에서 갈등하던 루벤은, 에이다를 살해하고 자신을 다이나모의 품에 던져 감전사한다.

이 희곡은 기술에 맞서는 장황한 사설이라기보다 루벤 같은 사람, 즉 "전기의 신이라는 악마"에게 유혹당한 이가 종교적 신념을 잃으면 어떻게 되는지를 보여주는 조심스러운 이야기다. "이 모든 움직임에도 중심이 있을 거예요, 그래야만 하지 않을까요?" 루벤이 감독관의 아내 메이에게 묻는다. "다른 것들에는 있잖아요! 그렇다면 그 중심은 영원한 삶의 여신, 전기여야만 해요. 다이나모는 지상에 나타난 여신의 이미지고요. 여신의 발전소가 새로운 교회인 거예요!" 루벤은 진심으로 기술을 믿게 된다. 그리고 이내 죽음을 맞는다.

과학적 방법의 충직한 사도였던 카진스키는, 오닐처럼 영적인 삶에 호소하는 주장을 전혀 받아들이지 않았다. 그렇다고 해서 오닐 희곡의 반기술적인 메시지까지 받아들이지 않은 것은 아니었다. 카진스키는 "열매만 따 먹는 사람"이어서, 자신이 좋아하는 이념을 받아들이고 나머지는 버렸다. 그는 정기적으로 문학에서 반기술적인 주장을 빌려왔지만, 그런 작품들이 대부분 담고 있는 영적인 메시지는 무시했다. 그는 종교 부흥에 관심이 없었다. 그는 혁명을 원했다.

카진스키는 나중에 자신의 일기에 1978년 5월 시카고로 돌아온 이유에 대해 다음과 같이 적었다.

과학자, 사업가 등등을 좀더 안전하게 살해하기 위해서라는 한 가지 주된 이유에서였다…… 폭탄을 일리노이대학 시카고 서클 캠퍼스로 가지고 가, 과학기술관 근처 주차장에 있는 차량들 사이에 몰래 내려놓았다. 어떤 학생이—과학 혹은 공학 전공이면 적절하겠지만—그것을 주워들고, 선량한 시민으로서 소포를 우체국에 들고 가 렌슬레어에 부칠 수도 있고, 혹은 직접 소포를 열어보고 손이 날아가거나 사망할 수도 있었다…… 나에게는 내가 누군가를 죽이거나 불구로 만들 수 있다는 확신이 필요했다.[8]

두 번째 폭탄에 대해서는 이렇게 적었다.

피해자가 눈이 멀거나, 손이 잘리거나, 어떤 식으로든 불구가 되기를 바랐다…… 적어도 그를 병원에 보내는 것이 아무 일도 없는 것보다는 나았다. 하지만 나를 만족시키는 것만으로는 충분하지 않다. 뭐, 살다보면 배운다. 더 이상 성냥 머리 폭탄은 쓰지 않는다. 다이너마이트를 구할 방법을 알게 된다면 좋을 것 같다.[9]

그리고 세 번째 폭탄,

노트 어딘가에 사회에 복수하는 계획을 언급했다. 운행 중인 항
공기를 폭파하는 계획이었다…… 아쉽게도 항공기는 폭파되지
않았다. 폭탄이 너무 약했다.[10]

—

이 폭탄들을 통해 카진스키는 결국 선을 넘고 말았다. 미시간대
학 대학원생이던 1966년 이후로 그는 줄곧 누군가를 죽이겠다고
여러 번 결심했다. 하지만 그때까지는, 마지막 순간에 운명적인 한
발을 내딛기 전에 물러섰다. 동시에 그의 살인 계획은 한 가지 철학
과 결합했다. 선언문의 전조라고 할 수 있는 1971년의 제목 없는 에
세이에서 그는 "과학과 기술의 발전이 계속되면 개인의 자유는 필
연적으로 소멸할 것"이라고 경고했다.[11]

"개인에 대한 사회의 통제력이 최근 빠르게 확대되고 있으며, 가
까운 미래에 더 급속도로 확대될 것으로 예상된다."

카진스키에 따르면 이러한 통제 기술에는 "광고와 이미지 메이킹
기술"도 포함된다. "교육자들 사이에 아이들의 감정 발달에 대한 '지
도指導'가 강조되고 있으며, 이는 교육에 대한 과학적 접근이 증가하
는 경향과 결합하고 있다." 생체 자기 제어 등을 활용한 "작동성 조
건 형성" "뇌에 화학 전극 삽입", 약물, "유전자 조작", 컴퓨터 그리
고 "감시 장치" 등이 그러하다.

글은 계속된다. "기술의 주된 영향은 집단으로서 사회의 능력을

늘리는 것이다." 이렇게 강해진 사회적 위력은 "이제 사회라는 기계를 활용해 자신의 선택을 보편적으로 강요할 수 있게 된다…… 이어지는 결과는 단 하나의 가치 체계만 존재하는 세계다". 이러한 괴물은 반드시 막아야만 한다. 단지 "특정한 자유주의적 철학을 제시하고 널리 알리는" 것만으로는 해낼 수 없는 일이다. 그 철학은 "구체적인 행동 계획과 병행되어야만 한다".

카진스키는 그 시기에 "구체적인 행동 계획"을 세웠지만, 실행에 옮기는 용기를 짜내기까지는 오랜 시간이 걸렸다. 1972년 크리스마스 당일에 그는 일기에 다음과 같이 적었다.

> 1년 반쯤 전에 나는 과학자를 죽이는 계획을 세웠다. 조직사회 일반, 특히 기존의 기술 체제에 대한 복수의 일환이었다. 아쉽게도 겁을 먹고 물러났다. 나는 그런 일을 해낼 담력이 없었다.[12]

대신 그는 급진적 환경보호론자들이 "멍키렌칭monkeywrenching"이라고 부르는 전술을 모방하기 시작했다. 불도저를 망가뜨리고, 나무에 못을 박고, 나무들 사이에 전선을 묶어 스노모빌 타는 사람들을 쓰러뜨리는 일 등이었다.

이제 크리스트, 해리스, 그리고 아메리칸 항공 폭탄을 통해 그는 일을 저지르고 말았다. 돌아올 수 있는 길은 없었다.

—

크리스 로니는 다음 폭탄이 터질 때까지 오래 기다릴 필요가 없었다. 다음 6월, 시카고 교외의 세련된 레이크 포레스트에서 유나이티드 항공의 사장 퍼시 우드는 이닉 피셔라는 사람이 보낸 편지를 받았다. 편지에서는 "공공복지에 영향을 미치는 중요한 결정을 내리는 모든 사람이 읽어야만 하는 책"을 우드에게 보내주겠다고 했다.

며칠 후인 1980년 6월 10일―우드의 생일이었다―그는 슬론 윌슨의 소설 『얼음 형제』가 들어 있는 것으로 보이는 소포를 받았다. 사실 책 표지 아래쪽은 비워진 대신 폭탄이 있었다. 우드가 소포를 열자 장치가 폭발했고, 그는 얼굴과 왼쪽 다리 윗부분에 심각한 상처를 입었다.[13]

그 폭탄은, 로니가 보기에, 이전 폭탄들과 마찬가지로 신중하게―심지어 애정을 담아―조립되었고, 평범한 가정용품들을 사용한 것이었다. 속이 파인 책 안쪽에 범인은 무연 화약을 채운 후 D셀 배터리 두 개로 만든 신관을 연결한 파이프 폭탄을 끼워두었다. 책 표지를 열면 전기회로가 완성되며 기폭 장치가 작동했다.

『얼음 형제』를 통해 범인은 어떤 메시지, 즉 피해자를 "얼려"버리겠다는 의도를 전한 것이다. 또한 그가 이 책을 고른 것은, 슬론 윌슨이 내게 암시했던 것처럼, 519페이지의 이 책이 "폭탄을 넣을 만큼 충분히 컸기" 때문이다.[14] 하지만 다른 이유도 있었을 거라고 윌슨은 덧붙였다. 그의 초기작은 모두 화에 차 있었고, 카진스키도 화가 나 있었다. 1979년에 출간된 『얼음 형제』에는 깊은 적개심이 스며 있다.

만약 인생이 모두 그렇게 썩었다면, 젊어서 죽는 일이 뭐가 나빴단 말인가?…… 싸움이라는 생각에는 어느 정도 매력이 있었다―그의 마음에 들지 않았던 것은 패배라는 생각, 지는 것, 부상을 입거나 전사하는 것뿐이었다. 승리는 근사할 거라고 그는 확신했다. 비록 그는 의심의 여지 없이 똑같이 따분한 삶, 전쟁이 구원해주지 않았다면 분명 그의 몫이 되었을 그런 삶으로 돌아와야만 했을 거라는 사실에도 불구하고 말이다.[15]

우드의 『얼음 형제』를 보냄으로써, 카진스키는 윌슨의 좀더 유명한 작품 『회색 플란넬 정장을 입은 남자』(1953)를 간접적으로 언급한 셈이었다. 윌리엄 H. 화이트의 1956년 베스트셀러 논픽션 『조직 인간』(FBI가 카진스키의 오두막에서 발견하게 되는 책이다)과 마찬가지로, 『회색 플란넬 정장을 입은 남자』도 중산층 삶의 함정들에 대해 이야기한다. 교외에 거주하는 야심 많은 젊은이 톰 래스는 월급을 많이 준다는 이유로 어느 회사 홍보부의 일자리를 잡지만, 자신이 그 일을 싫어한다는 것을 알게 될 뿐이다. 이 소설은 특히 카진스키에게 울림이 있는 주제, 즉 광고계 사람들이 여론을 조작하고, 현대의 삶은 감옥이 되어버렸다는 주제를 다룬다.

FBI를 더 당황하게 한 것은 문학과 관련된 수수께끼가 쌓이고 있었다는 점이다. "유진 오닐" 우표, 그다음엔 『얼음 형제』, 그리고―퍼시 우드 폭탄에서와 마찬가지로―로니는 세 번째 단서, 카진스키가 철제 이름표에 찍어둔 "FC"라는 문자를 발견했다. 폭탄을 만든 사람은 폭파 후에도 이름표가 붙은 자리는 상하지 않을 것임을 알고 있었다. 그 의미는 아무도 몰랐다.

우드 폭파 사건 이후로 로니의 수사에 공식 명칭이 주어졌다. 목표물이 대학이고 두 개의 항공사였기 때문에 그들은 유나봄Unabom

전담팀이 되었다—대학university의 "Un", 항공사airline의 "a", 그리고 폭탄bomb의 "bom"이었다.[16]

우드 폭파 사건은, 이전 사건들과 마찬가지로 카진스키를 실망시켰고, 그는 곧이어 자신의 오두막 인근에서 작업하던 벌목공들의 오토바이 타이어를 찢고 연료 탱크에 설탕을 넣음으로써 대혼란을 불러일으키는 데 성공했다. 이 파괴 행위에 대해 일기에는 이렇게 적었다.

도발에 대한 즉각적이고 직접적인 반응이라는 점에서 특히 만족스러웠다. [몬태나에서 그를 괴롭혔던] 항공기 소음에 대한 나의 복수 시도와는 대조적이다. 나는 오랫동안 항공기에 대해 짜증과 분노를 느껴왔다. 복잡한 준비 끝에 유나이티드 항공사 사장에게 부상을 입히는 데 성공했지만, 그자는 제트 엔진에 대해 직접적으로나 간접적으로 책임이 있는 사람들 무리 중 한 명일 뿐이다. 따라서 그 복수는 도발에 비해 많이 지연되고, 대상이 애매하며, 부적절한 것이었을 뿐이다. 그런 이유로, 변화를 위해 즉각적이고 직접적으로 반격할 수 있었던 건 기분 좋은 일이다.[17]

—

1981년 10월 8일, 범인이 다시 공격했다—이번에는 솔트레이크시티였다. 유타대학 베니언 홀 경영대학 건물을 나서던 한 학생이 복도에서 커다란 소포를 발견했다. 소포를 집어드는 순간, 아래쪽에서 나무 막대기의 일부분이 떨어졌다. 폭탄일지 모른다는 두려움에 학생은 즉시 교내 보안팀에 연락했다. 대학 당국이 경찰의 폭발물 처리반을 불렀고, 아래층 여자 화장실에서 해체했다.

아메리칸 항공사 폭탄과 마찬가지로, 일상적인 재료를 천재적으로 활용해서 만든 폭탄이었다. 이번에도 조심스럽게 깎은 나무 마개로 양쪽 끝을 막은 파이프 안에 전선을 설치하고 무연 화약을 채워넣은 장치였다. D셀 배터리가 일반 가정에서 쓰는 점등 스위치와 연결되어 있고, 목재 맞춤못이 이어져 있었다.

폭탄을 들어올리면 맞춤못이 상자 아래 구멍으로 떨어지며 회로가 완성되고, 성냥 머리와 무연 화약에 불이 붙으며, 이어서 휘발유에 불이 붙고, 일종의 화염병이 터지게 되는 구조였다. 이번에도 수사관들은 "FC"라고 찍힌 철제 이름표를 발견했다.

기술사회에 대한 나의 복수에는 돈이 많이 든다…… 지난가을 나는 폭파를 시도하며 폭탄 재료비와는 별도로 교통비와 모텔비, 변장을 위한 의복비 등으로 거의 300달러를 썼다. 하지만 이번에도 그 물건은 터지지 않았다. 젠장, 유타대학 경영대학의 컴퓨터 관련 물건들이 있는 방 앞에서 발견된 폭발물이었다.[18]

그사이 카진스키는 문학적 탐사를 이어갔다. 그는 특히 우루과이 작가 호라시오 키로가를 좋아하게 되었고, 그의 작품을 적어도 두 편 이상 영어로 번역하기까지 했다. 바사대학 교수이자 연방검찰 자문인 도널드 포스터에 따르면, 카진스키가 번역한 작품들 중에 『후안 다리엔』도 포함되어 있다.[19] 작품의 제목이기도 한 주인공은 수줍음 많고 학구적인 소년인데, 거친 머리칼과 수줍음 많은 성격 때문에 학교 친구들에게 괴롭힘을 당한다. 하지만 사실 그는 인간으로 변장한 호랑이였다. 더 이상 괴롭힘을 참을 수 없게 된 그는 인간의 모습을 벗어던지고 호랑이 훈련사에게 복수하는데, 훈련사를 대나무 숲으로 끌고 가 몸에 불을 지르고, 다른 호랑이들과 함께 그 인간이 불에 타 부스러질 때까지 지켜본다.

—

유타대학 사건 이후 로니는 자신이 쫓는 범인이 시카고 건만 저지른 것이 아님을 깨달았다. FBI는 수사 단계를 높였고, 이제 수사 범위는 전국이었다.

이 사실을 인정하기라도 하듯 유나보머는 자신의 활동 영역을 더 넓혔고, 테네시, 버클리, 워싱턴주, 그리고 미시간에 한층 더 정교해진 폭탄을 보냈다.

1982년 5월 5일, 밴더빌트대학의 컴퓨터 전문가 패트릭 피셔 교수 연구실에 우편물이 도착했고, 발신인은 브링검영대학의 또 다른 컴퓨터 전문가 리로이 우드 비언슨이었다. 폭탄은 유타주 프로보의 브링검영대학 우체국에서 부친 것이었고, 익숙한 "유진 오닐" 우표가 붙어 있었다. 하지만 범인은 옛날에 나온 도서관 참고문헌을 보고 피셔의 주소를 찾았고, 피셔가 밴더빌트에 오기 전에 근무했던 펜스테이트대학으로 우편물을 보내는 실수를 범했다. 펜스테이트대학이 해당 우편물을 테네시주 내슈빌로 다시 보내주었다.

소포가 도착할 때 피셔는 연구실에 없었다. 그의 비서 재닛 스미스가 대신 우편물을 열어봤다. 폭탄이 그녀의 얼굴 앞에서 폭발했고, 심각한 화상과 눈 부상을 당한 그녀는 병원으로 이송되었다. 거기에도 테러리스트의 "FC" 서명이 붙어 있었다.

수사관들은 여전히 피셔 혹은 그가 살거나 일했던 곳과 관련이 있는 인물들을 찾고 있었다. 하지만 그건 너무 무모한 수사라고 피셔는 생각했다. 이 공격에 개인적인 요소는 전혀 없다고, 그는 훗날 『워싱턴포스트』와의 인터뷰에서 말했다.[20] 피해자들은 기술에 저항하는 활동에서 그저 상징에 불과한 인물들이었다.

패트릭 피셔라는 컴퓨터 전문가에게 폭탄을 보냈다. 그의 비서가 열어봤다. 어떤 신문에 따르면 그녀가 병원에 있다고? 팔과 가슴에 베인 상처가 있지만 양호한 상태라고 한다. 다른 신문에 따르면 폭탄이 터지면서 나뭇조각이 그녀의 피부에 박혔다고 한다. 하지만 영구 장애를 입었다는 암시는 보이지 않는다. 내가 치명적인 폭탄을 만들지 못했다는 좌절감이 든다.[21]

두 달 후인 1982년 7월 2일, 버클리의 캘리포니아대학 전기연구소 감독관 디오게네스 앙겔라코스는 코리 홀 수학관 빌딩 411호 바닥에 손잡이가 달리고 이상하게 생긴 소포가 놓여 있는 것을 발견했다. 학생이 놓고 간 물건이라고 생각한 그는 손잡이를 잡고 들어올렸다. 폭발로 앙겔라코스의 오른손이 날아가고 팔이 찢어졌으며, 심각한 화상을 입었다.

유타대학 폭탄과 마찬가지로 이번 장치도 변형된 화염병이었고, 피해를 키우기 위해 휘발유를 사용했다. 수사관들은 "FC" 이름표를 발견했고, 거기에 더해 "우─ 제대로 됐네! 될 거라고 했잖아.─RV"

라고 적힌 메모도 발견했다. 코리 홀 교수진 중 누군가가 다른 교수진에게 보낸 것처럼 보이는 이 메모는("WU"와 "RV"는 실제로 거기서 일하는 사람들이었다) 수사에 혼선을 주기 위해 의도한 여러 가짜 단서 중 하나였다. 범인은 추격자들을 가지고 놀고 있었다.

버클리의 캘리포니아대학에 가서 컴퓨터과학관 건물에 파이프 폭탄과 휘발유 통으로 된 폭탄을 놓고 왔다. 신문에 따르면 컴퓨터과학과의 부학장이 그걸 집어들었다고 한다. 그는 "손가락을 모두 잃을" 위험에 처했고, 손의 뼈와 힘줄을 살리는 추가 수술을 받아야 한다고 한다. 파이프 폭탄은 터졌지만 휘발유에는 불이 붙지 않았던 것으로 보인다. 이해가 되지 않는다. 좌절했다. 그런 공격에 필요한 교통비는 나의 빈약한 재정 상태에는 아주 큰 부담이다.[22]

거의 3년의 공백기가 있었다. 그리고 1985년 5월 15일, 미 공군 특별임무부대 대위이자 버클리의 컴퓨터공학과 대학원생인 존 하우저가 코리 홀 컴퓨터과학관 건물 264호에 들어섰다. 방 한가운데에 있는 탁자에 플라스틱 파일 상자가 놓여 있고, 그 위에 검은색 나선형 바인더가 있었다. 다른 학생의 물건이라고 생각한 그는 이름이 적혀 있는지 확인하기 위해 바인더를 집어들었다.

불꽃이 튀며 그는 앞을 볼 수 없었다. 오른팔이 뒤로 격하게 튀어나갔다. 그리고 퍽! 하우저는 자신의 팔에서 피가 뿜어져 나오는 것을 봤다. 손가락 몇 개가 날아갔다. 공군사관학교 졸업 반지가 어찌나 빨리 날아갔던지, 석고로 된 벽에 깊게 파인 자국이 남을 정도였다. 사방에 피가 튀었다. 자신이 과다 출혈로 사망할지도 모른다는 두려움에 하우저는 복도로 뛰쳐나갔다. 대학원생 몇 명과 마주쳤지만, 그의 모습을 본 학생들은 두려움에 반대 방향으로 달려갔다.

우연의 일치인지, 유나보머 폭탄의 이전 희생자인 디오게네스 앙겔라코스가 하우저를 구해주었다. 이전 폭탄의 희생자였던 이 노인은 어떻게 해야 할지를 알고 있었다. 그는 지혈대로 출혈을 막은 후 병원에 연락했다.

이 노트에 적었던 수많은 실패 후에 마침내 성공했다. 일 년 반 동안 집중적으로 노력했고, 효율적인 폭탄을 개발하기 위해 다른 활동은 대부분 접어야 했다…… 5월 8일, 작은 폭탄을 버클리 컴퓨터과학관에 설치했다. 내 노트의 순서에 따르면 83번 실험, 2번 장치다.

버클리 폭탄은 크기에 비해 썩 잘 작동했다. 하우저라는, 26세의 공군 조종사가 작동시켰다…… 파편이 몸에 박히는 위치에 서 있었다면 그는 아마 사망했을 것이다. 목격자들은 "팔 전체가 날아갔다" "사방에 피가 튀었다"라고 증언했다. 어떤 신문에서는 팔이 "짓이겨졌다"라고 했고, 다른 신문에서는 "산산조각" 나서 팔과 손을 완전히 회복하는 것은 절대 불가능할 거라고 했다. 한쪽 눈에도 부상을 입었다…… 이 남자의 팔을 못 쓰게 만든 일에 관한 한 내 기분도 좋지는 않다고 인정해야만 할 것이다. 나를 아주 많이 괴롭히는 문제다. 이런 감정이 난처한 것은, 내 감정이 부분적으로는 안쓰러움에서 나온 것이지만, 대부분은 우리가 받은 교육과 선전, 그리고 세뇌에서 비롯된 것이기 때문이다. 특정한 일에 대한 생각에서 겁먹도록 우리를 조종해온 것들 말이다. 그런 세뇌에 휘둘리는 것은 수치스러운 일이다. 내가 한 행동을 후회하지는 않는다. 좌절된 분노를 풀어놓는 느낌이 불편한 양심을 능가한다. 나는 그 모든 일을 다시 똑같이 할 것이다. 빈약하고 비효율적인 폭탄들이 실패하면서 나는 좌절감에 빠져 허덕였다. 체제에 의해 망가져버린 모든 야생을 위해 복수해야만 했다······ 최근에 나는 빙하 지역의 권곡圈谷 같은 낙원에 정착했다. 저녁이면 새들의 아름다운 울음소리가 끔찍하게 거친 항공기 소음 때문에 방해를 받는다. 그럴 때면 나는 항공기 조종사 한 명을 불구로 만든 일에 대한 양심의 가책 따위는 웃어넘길 수 있다.[23]

그로부터 정확히 한 달 후인 1985년 6월, 워싱턴주 오번의 보잉 항공기 제조사 공장에 오클랜드로부터 온 우편물이 하나 도착했다. 수신인이 지정된 것은 아니었기 때문에 개봉되지 않은 채 회사 우편실에 보관 중이었다. 나중에 우편물을 열어본 직원이 폭탄임을 알게 되었다. 그가 보안팀을 불렀고, 폭탄은 해체되었다. 다친 사람은 없었다.

"82번 실험", 보잉 폭탄의 결과는 알 수 없음.[24]

—

폭넓게 읽힌 산업사회 비판서 『야생은 어디서 끝나는가』(1972)에서 반문화계의 구루 시어도어 로작은 독자들에게 "환원주의자들의 공격…… 즉 연구 대상에게서 그 매력과 자율성, 품위, 신비함을 제거해버림으로써 그것을 격하시키는 공격"에 대해 경고했다. 이러한 공격의 예로 로작은 "오랫동안 추구해온 인간 심리의 조작이라는 목표에 거의 근접했다고 주장하는" 행동과학 연구를 지적했다. 이런 오만함이란 죄를 지은 사람들 중에 로작은 특정 심리학자를 길게 인용하고 있다.

미시간대학의 제임스 V. 매코널 교수는 이렇게 말한다. "우리는 감각 자극을 제거하고 약물, 마취, 보상과 처벌을 정교하게 조작함으로써 개인의 행동을 완벽하게 조종할 수 있는 단계에 이르렀다고 믿습니다. 그렇다면 대단히 신속하고 고도로 효과적인 형태의 긍정적 세뇌, 즉 개인의 행동과 성격을 극적으로 변화시킬 수 있는 그런 작업도 가능하다고 하겠습니다." 다른 행동주의 심리학자와 마찬가지로, 매코널 교수는 최선의 의도만을 가지고 있다. 그의 목적은 "사람들이 서로 사랑하게 만드는 것, 바른 행동을 하고 싶게 만드는 것"이다. 이런 말로 그가 의도하는 바는 "심리학적 기능" 및 "처벌"은 "외과 의사의 메스처럼 정확하게, 그리고 냉철하게 활용되어야만 한다"는 것이다.[25]

13년이 지난 1985년 11월 15일, 휴론강이 내려다보이는 미시간 주 시오의 자택에 있던 매코널 교수는 솔트레이크시티에서 발송된 소포를 받는다. 소포 포장에 붙여둔 봉투에 편지가 있었는데, 랠프 C. 클로펜버그라고 스스로를 밝힌 발신인은 소포에 자신의 박사 학위 논문 초고가 들어 있다고 설명했다. 매코널의 수업 조교 닉 수이노가 상자를 열었고, 폭발물이 방 안을 강타하며 두 사람 다 부상을 입었다.

폭탄은 속을 파낸 종이 뭉치에 숨겨져 있었다. 폭파 후 폭탄을 복구한 로니 팀은 이전 폭탄들과 마찬가지로, 아름답게 가공된 수제 나무 상자에 담겨 있었음을 밝혀냈다. 이번에도 과도할 정도로 강력한 배터리 신관 체계였다. 이번에도 파이프 마개 끝에 머리글자 "FC"가 찍혀 있었다. 이번에도 특이한 기폭 장치였다. 하지만 범인의 기술은 점점 더 향상되고 있었다. 로니는 두려웠다. 실제 현장에서처럼 파이프가 조각나지 않고, 범인의 의도대로 쪼개졌다면 피해는 훨씬 더 컸을 것이다. 이번에도 1달러짜리 "유진 오닐" 우표가 붙어 있었다.

100번 실험, 1985년 11월 중순 나는 미시간대학 행동조절 연구원 제임스 V. 매코널에게 우편으로 폭탄을 보냈다. 매코널의 조수도 작은 피해를 입었다. 연소는 있었지만 폭발하지는 않았다. 파이프가 너무 약했거나 작약을 채워넣은 밀도가 너무 높아 실패한 것이다.[26]

악마는 디테일에 있음을 로니는 깨달았다. 각각의 폭탄은 양쪽을 막은 파이프와 C 혹은 D셀 배터리로 전력을 공급하는 신관 체계로 되어 있었고, 발화 장치는 각기 달랐지만 대단한 상상력을 보여주었다. 하지만 로니는 그러한 만듦새가 점점 더, 그리고 불필요할 정도로 정교해지고 있음을 감지했다. 신관 체계가 장황했고, 철이나 목재는 필요 이상으로 치밀하게 다듬었다.

하우저 폭탄은 그러한 진화가 더 쓸데없이 난해한 구조까지 나아
갔음을 보여주었다. 파이프는 일반 배관용품 판매점에서 살 수 있
는, 양쪽 끝에 나사선이 있고 역시 나사선이 있는 마개로 막을 수 있
는 평범한 아연도금 파이프가 아니었다. 고경도 스테인리스 재질의
파이프였고, 잘라서만 쓸 수 있는 물건이었는데, 로니는 전기톱으로
잘랐을 걸로 짐작했다. 마개 역시 비슷하게 경도가 높은 재료를 조
심스럽게 깎아 만든 수제품이었다. 파이프 양 끝의 사각형 구멍은
마개의 튀어나온 부분과 정확히 맞아들어가는 크기였다. 그 마개는
강철로 만든 사각 맞춤못으로 고정되어 있었다. 이런 종류의 작업을
하려면 강력한 파워드릴과 그라인더를 동원해 탁월한 솜씨를 발휘
해야 했다.

더 큰 문제는 범인이 폭탄을 더 확실하게 밀봉하고, 따라서 잠재
적 피해를 증폭시키는 방법을 알아가고 있다는 점이었다. 그리고 그
는 더 강력한 폭발물을 조합하고 있었다. 하우저 폭탄에서 범인은
처음으로 알루미늄 가루와 질산암모늄을 섞어 훨씬 더 큰 폭발을
만들어냈고, 로니에게 앞으로 더 나쁜 일이 기다리고 있다는 신호를
보냈다.

—

그사이에 문자와 관련해 가장 큰 의문, 즉 "FC"라는 글자에 대한
의문은 여전히 남아 있었다.

소년 시절부터 카진스키는 폴란드 출신 작가 유제프 테오도어 콘
라트 코르제니오프스키, 영어권 독자들에게는 조지프 콘래드로 알

려진 작가와 자신을 동일시했다. 카진스키는 콘래드와 이름이 같았고, 폭탄을 설치하거나 우편으로 부치기 위해 여행을 떠날 때는 "J. 콘래드"라는 이름을 사용한 것으로 알려졌다.[27] 나이가 들면서 그는 콘래드의 소설에 점점 더 열정적으로 애착을 가졌다. 그가 가장 좋아했던 작품은 『비밀요원』인데, 자신은 열두 번 이상 읽었다며 동생과 어머니에게 읽어보라고 권하기도 했다. 놀랄 일은 아니다. 과학에 대한 전쟁을 선포하는 테러리스트 혁명주의자에 대한 이 소설은 사실상 유나보머의 지침서였다.

『비밀요원』은 위니 벌록이라는 인물의 이야기로, 어떤 평론가는 그녀를 "도덕적 무정부 상태와 영적인 쇠퇴에 휩싸인 부적합한 인간"으로 묘사했다. 위니의 남편, 콘래드의 묘사에 따르면 "미심쩍은 물건을 파는" 그 남편은 외국 대사관의 스파이다. 그의 상점은 무정부주의자 집단 "FP", 즉 "프롤레타리아의 미래Future of the Proletariat"의 집합 장소다. 벌록은 대사관의 일급 스파이 블라디미르에게서 그리니치의 유명한 천문대를 폭파하라는 명령을 받는다. 블라디미르는 벌록에게 이렇게 말한다.

(과학은) 신성불가침의 숭배 대상이야. 빌어먹을 교수들은 모두 마음속으로는 급진주의자지. 자신들의 높은 상관님들도 결국 사라질 것임을 알려줘야지…… 학문-과학에 맞서 본보기를 보여줘야 해…… 이 공격은 이유 없는 신성모독에 담긴 충격과 무의미함을 모두 담고 있어야 하는 거야.[28]

충직한 벌록은 "교수"라고만 알려진 의문의 테러리스트—이자는

"완벽한 뇌관"을 만드는 작업에 빠져 있는 인물이다―에게서 폭탄을 확보하고, 지적 장애가 있는 위니의 동생 스티비에게 폭탄 설치를 맡긴다. 불행히도 스티비는 일을 망치고, 폭파로 사망하고 만다. 스티비의 죽음에 대한 복수로 위니는 남편을 살해하고 달아난다. 영국해협 증기선을 통해 탈출하려던 그녀는 무정부주의자 오시폰에게 모든 것을 빼앗기고, 결국 갑판에서 뛰어내려 자살한다.

『비밀요원』은 대단한 풍자와 강렬한 도덕적 어조가 담긴 작품이지만, 카진스키는 이 둘을 모두 놓친 것으로 보인다. 주제는 무정부주의 혹은 과학의 사악함이 아니라 도덕적 쇠퇴다.[29] 벌록과 그의 공모자들은 영적으로 결함이 있고 부패에 둘러싸인 인물들이다. 콘래드에게―그는 독자들에게 "무정부주의가 절대적인 황량함, 광기와 절망이라는 종말에 이르기까지를 위니 벌록의 이야기"로 전하겠다고 독자들에게 약속했다[30]―테러리즘은 사회적 병폐의 해결책이 아니라, 질병의 징후일 뿐이다. 그리고 벌록처럼 테러리즘을 추구하는 이들은 결국 거기에 소모품으로 쓰일 뿐이다.

교수가 오시폰에게 말했던 것과 같다. "당신들 혁명주의자는…… 당신들이 두려워하는 바로 그 사회적 관습의 노예야. 그 관습을 지키기 위해 서 있는 경찰만큼이나 그 관습의 노예라고 할 수 있지. 확실히 그래, 당신이 그 관습에 혁명을 일으키기를 원하니까…… 테러리스트와 경관은 둘 다 같은 바구니에서 나온 거야."

1995년 6월『펜트하우스』지의 발행인 밥 구초네에게 보낸 편지에서 범인은 "FC"는 "자유 집단Freedom Club"을 뜻한다고 밝혔다.[31] 카진스키를 체포한 후 수사관들은 그가 『비밀요원』에 빠져 있었으며, 소설에 묘사된 테러리스트 집단 "FP"에서 영감을 받아 그러한 서명을 사용했음을 알게 되었다. 하지만 표면적으로 이 소설을 흉내 내려 했던 그는 소설의 메시지는 놓치고 말았다. 그러니까 기술사회를 전복하려 애쓰는 자는 그 사회의 포로가 되고, 그의 방법은 결국 "절대적인 황량함, 광기와 절망"에 이르고 만다는 메시지 말이다.

오히려 카진스키는 교수와 자신을 동일시했다. 콘래드에 따르면 교수는 "완벽한 무정부주의자"에게 어울리는 "비좁은 은신처"에서 홀로 지내는데, 그곳에서 "완벽한 뇌관"을 만드는 일에 헌신했던 인물이다.

4.　　완벽한 뇌관

"그런데 당신이 우리에게서 원하는 것은 뭡니까?" 그는 낮은 목소리로 물었다. "당신 자신은 뭘 추구하는 겁니까?"
"완벽한 기폭 장치입니다." 단호한 대답이었다…… "저는 놀이를 하는 게 아닙니다. 하루에 열네 시간을 일하고, 종종 배가 고프기도 합니다. 제 실험에는 돈이 드는데, 종종 하루 이틀은 아무것도 먹지 않기도 합니다…… 저는 혼자, 절대적으로 혼자, 완전히 혼자서 일할 배짱이 있습니다. 저는 오랫동안 혼자서 일했습니다."
—조지프 콘래드, 『비밀요원』(1907). 카진스키의 오두막 서가에서

폭탄을 던질 때를 제가 어떻게 알겠습니까?…… 이 대륙의 마지막 남은 늑대가 포획되고 우리에 갇혀 사육될 때(그리 먼 과거가 아닌 시점에 남아 있던 콘도르가 그렇게 됐던 것처럼), 그때가 마침내 폭탄을 던질 때일까요? 아니면 그때는 너무 늦을까요?
—"파자마" "폭탄 던지기, 짧은 논문", 『어스 퍼스트! 와일드 로키스 리뷰』(1993)

　　새크라멘토 하우 대로 1537번지에 있는 안쓰러운 상점들을 "쇼핑센터", 심지어 "상점가"로 부르는 건 친절한 표현일 것이다. 두 주유소 사이에 낀 모텔은—패스트푸드점, 할인점, 자동차 수리점과

함께—미국의 교외 지역 대부분을 말려 죽이는, 우울할 만큼 익숙한 상업적 불모지라고 해야 할 것이다. 건물에 속한 여덟 개의 작은 상점은 대단한 상업적 성공보다는 오히려 희망이나 꿈을 반영하고 있는 것 같다. 이곳은 한계에 내몰린 사업체가 생존을 위해 고군분투하는 곳이다.

휴 스크러턴은 이곳에 렌테크라는 작은 컴퓨터 대여점을 소유하고 있었다.[1] 버클리 수학과 졸업생인 38세의 스크러턴은 광범위한 열정을 지닌 사람이었다. 친구인 존 로이어에 따르면 그는 "모든 면에서 타고난 학생이었고…… 정말로 삶을 즐기는 사람"이었다.[2] 숙련된 도공이기도 했던 그는 뒷마당에 가마를 가지고 있었다. 여행도 자주 다녔다. 외국어 공부를 좋아했다. 등산도 했다. 당시에는 특히 기분이 좋았다. 사업이 기울고 빚에 빠져 허덕였지만, 마침내 결혼하고 싶은 아가씨를 만난 것이다.

1985년 12월 11일, 스크러턴은 조수인 딕 나이트에게 약속이 있다고 말하고는 상점 뒷문으로 나와 건물 뒤 주차장으로 향했다. 밖으로 나온 그는 문 근처에 양쪽 끝에 못들이 튀어나온 나무 상자가 놓여 있는 것을 발견했다. 걸음을 멈추고 집어들었다.

잠시 후 나이트는 '퍽' 하는 큰소리와 함께 스크러턴의 비명을 들었다. "이런, 세상에! 도와줘!"

뒷문으로 뛰쳐나간 나이트는 스크러턴이 피투성이가 된 채 서 있는 것을 발견했다. 오른손이 사라지고 없었고 심장이 반쯤 가슴 밖으로 튀어나와 있었다. 스크러턴은 곧 쓰러졌다. 렌테크 옆 상점인 나디아 의상점 주인 나디아 브리드슨이 스크러턴 옆으로 달려왔다. 그녀가 다시 상점으로 들어가 구급차를 부르는 동안 나이트는 부질없이 심폐소생술 처치를 했다. 너무 늦었다. 스크러턴은 30분 후 사망했다.

사정을 말해주는 정보는 모두 있었다. "FC", 수제 나무 상자, D셀 배터리, 전등에 쓰는 전선, 나무, 테이프, 못, 나사, 익숙한 작약과 독특한 기폭 장치까지 모두 애정을 담아, 그리고 상상력을 발휘해 만든 것이었다. 하지만 이 장치는 이전 것들보다 훨씬 더 정교했다. 범인은 파이프를 더 확실하게 밀봉하고, 폭발 효과를 극대화하는 방법을 익혀가고 있었는데, 세 개의 파이프를 겹쳐서 사용하고 양쪽 끝은 직접 만든 강화철 마개로 막았다.

97번 실험, 1985년 12월 11일, 새크라멘토의 컴퓨터 상점 렌테크에 목재 더미처럼 보이는 폭탄을 두었다. 『샌프란시스코 이그재미너』에 따르면, 12월 20일 "사업가"가…… 사망했는데, 12일에 폭파로 온몸이 조각났다고 했다. 훌륭하다. 누군가를 제거하는 인간적인 방식. 그는 아무것도 느끼지 못했을 것이다. 2만5000달러의 현상금이 걸렸다. 오히려 칭찬받은 기분이다.[3]

스크러턴 살해 전까지 로니의 전담팀은 비공개 수사를 유지했다. 연쇄폭파범을 수사 중이라는 것은 비밀이었는데, 대중이 적게 알수록 수사가 더 쉬우리라 생각한 것이다. 하지만 스크러턴 살인 사건 때문에 그런 비밀 유지는 더 이상 불가능했다. 폭파 후에 새크라멘토의 법 집행 기구에서 유나보머의 존재를 처음으로 언론에 공개하면서, 이 사건은 전국적인 관심을 받게 되었다. 또한 "FC"라는 서명도 공개했는데, 덕분에 여러 모방범을 자극했다.

1987년 2월 20일, 솔트레이크시티의 작은 컴퓨터 상점 캠스의 주인 게리 라이트는 상점 뒤 주차장에 차를 세운 직후, 뒤쪽 출입구 근처에서 못이 튀어나온 나무 받침대처럼 보이는 뭔가를 발견했다. 스크러턴과 마찬가지로 그가 팔을 뻗어 집어드는 순간 그 물건은 폭발했다. 나중에 FBI 분석 결과 라이트 폭탄은 스크러턴 장치와 동일한 것으로 밝혀졌다. 폭발로 라이트의 몸이 튀어오르며 나무와 철제 파편이 가득 박혔고, 그는 얼굴을 심하게 다치고 왼쪽 팔과 손이 짓이겨져 남은 평생 아무 감각을 느낄 수 없게 되었다. 하지만 폭탄은 그를 죽이지 못했다.

121번 실험, 폭탄은 2월 20일에 갖다두었고 같은 날 작동했다. 폭발하면서 뇌관도 작동했지만 결과는—우리가 파악한 바로는—충분히 만족스럽지 않았다.[4]

그리고 이번에는 살인범을 본 사람도 있었다. 라이트가 주차장에 도착하기 직전, 근처 사무실 직원은 사무실 뒤쪽의 블라인드 틈으로 어떤 남자가 옷가방에서 못이 박힌 2×4 목재를 꺼내는 것을 봤다. 목재 양쪽에도 못들이 튀어나와 있었다. 남자는 그 물건을 목격자의 자동차 왼쪽 바퀴 근처에 내려놓았다. 그녀가 동료를 불러 함께 보자고 할 때쯤, 범인이 그녀를 쳐다본 다음 주차장을 빠져나갔다. 물건은 그대로 둔 채였고 이내 라이트가 도착했다.

라이트 폭탄 후에는 아무 사고 없이 6년 이상이 지났고, 수사관들은 당황했다. 보통 연쇄폭파범은 범행에 속도를 내게 마련이다. 살인범은 자신을 쫓는 자들을 비웃고, 심지어 약 올리는 것을 즐기기도 한다. 그런데 그는 왜 그렇게 침묵했던 걸까? 모습을 들키고 잡힐 것이 두려웠기 때문일까?

부분적으로는 그랬다. 하지만 또한 그것은 과학적 조사를 위해 안식년에 들어갔기 때문이기도 했다. 『비밀요원』의 교수처럼 그는 "완벽한 뇌관"을 찾고 있었다. 신뢰할 만한 치명적인 폭탄을 만들지 못해 낙심한 카진스키는, 부모님이 연 단위로 주는 생활비와 가끔씩 했던 이런저런 일에서 들어오는 수입으로 검소한 생활을 유지하며 제도판 앞에 앉았고, 다양한 폭발물 조합을 실험했고, 그렇게 만들어진 폭탄은 오두막 뒤 산악지대에서 시험했다.

그에게는 이중의 과제가 있었다. 첫째, 지금까지 사용했던 폭발물, 즉 군대에서 사용하는 유명한 "C-4"보다 더 강력한 것을 만들어 내야 했다. 둘째, 그 폭발물을 터뜨릴 뇌관을 찾아야 했다.

시간이 지나며 그는 제대로 된 폭발물 조합을 찾아냈다―어떤 형태로도 만들 수 있는 강력한 혼합물이었다. 하지만 이 때문에 새로운 문제가 발생했는데, 휘발성이 너무 강했던 것이다. 실제로 바닥에 떨어뜨려도 오폭발이 일어나지 않는 C-4처럼, 카진스키의 새로운 폭발물도 그가 이전 폭탄에서 사용했던 성냥 머리와 무연 화약만으로는 폭발하지 않아야 했다. 이 목적을 위해 전문가들은 뇌관이라는 충전재를 발화 장치로 사용한다. 하지만 카진스키는 광업용 제품 판매점에 들어가 그것을 구매할 용기가 없었다. 그렇게 하면 일주일 만에 체포될 것이다. 결국 직접 만들어야만 했다.

궁극적으로 그는 쓰레기 더미와 평범한 가정용 재료를 활용하는 법을 익혔다. 첫째, 알루미늄 조각을 녹여 작은 덩어리로 만든다. 그런 다음 그 덩어리를 깎아 미세한 알루미늄 가루를 만들고, 염소산 칼륨과 섞는다. 둘째, 이 혼합물을 길이 15센티미터, 지름 1센티미터의 구리관에 넣고, 양쪽 끝을 철제 마개로 막은 후 3밀리미터 핀으로 한 번 더 고정한다. 셋째, 마개에 작은 구멍을 내고 가는 구리선을 파이프 가운데까지 밀어넣는다. 마지막으로, 그 구리선을 9볼트 배터리로 작동하는 기폭 장치에 연결한다. 스위치를 켜면 전류가 흐르며 구리선에 열이 나고, 전선을 둘러싼 알루미늄 가루와 염소산칼륨에 불이 붙으며, 주 폭발물을 터뜨리기에 충분한 폭발이 일어난다.

외진 벽지에 있는 자신의 집 뒤에서 시험을 마친 카진스키는 실제 상황에서도 시도해볼 준비를 마쳤다.

—

캘리포니아주 마린 카운티의 티뷰론은 대부분의 사람이 꿈만 꾸는 지중해풍의 느긋한 주거지역이다. 샌프란시스코에서 만을 건너면 있는 소살리토 근처에 자리 잡은 이 마을은 주민들이 롤핑 마사지,* 통일교 신자, 부부 스와핑, 프라이멀 스크림 요법** 등을 걱정하는 영화 「시리얼」의 배경 장소처럼 보이지만, 1993년 당시에는 유나보머와 아주 다른 뭔가를 상징하는 곳이었다.

찰스 J. 엡스타인 박사가 거기 살고 있었다. 캘리포니아대학 샌프란시스코 의학센터의 세계적으로 유명한 유전학자인 엡스타인은 최근 3염색체 16번(Ts16) 쥐—다운증후군과 관련 있는 유전자 이상을 보이는 설치류—를 발견하는 데 도움을 준 것으로 뉴스에 자

---

* 근육 깊은 곳까지 안마하는 물리치료 요법.

** 유아기의 체험을 재체험시키며 신경증을 치료하는 요법.

주 등장하고 있었다. 엡스타인의 팀은 3염색체 16번 쥐의 뇌세포 조직을 일반 쥐의 뇌에 이식하면, 이식받은 쥐가 알츠하이머병 증세를 보인다는 것을 밝혀냈다.[5] 또 다른 연구에서 연구진은 신경 성장 요소를 활용함으로써 Ts16 쥐의 뇌세포 퇴화를 되돌릴 수 있었다.

요컨대 엡스타인과 그의 동료들은 다운증후군과 알츠하이머병의 이해 및 치료에서 생산적인 방식으로 집중할 수 있는 주요 돌파구를 마련했다고 할 수 있다.

하지만 유나보머는 기쁘지 않았다.

1993년 6월 22일 화요일, 엡스타인은 준비 중이던 연구 자금 신청서를 작성하기 위해 일찍 사무실을 나섰다. 오는 길에 코브 쇼핑센터에 들러 세탁물을 찾고 스트로베리 쇼핑센터에서는 생선을 샀다. 오후 4시 노치 비스타 레인에 도착했을 때 집은 비어 있었다. 아내는 모임 참석을 위해 시내에 나간 상태였다. 식탁 위에 딸이 올려놓은 우편물이 있었다. 우편물 더미 사이에 새크라멘토에서 온 소포도 있었는데, 소인은 6월 18일, 발신인은 새크라멘토의 캘리포니아대학 화학과의 제임스 힐이었다. 카세트테이프처럼 보였지만, 그보다 더 무거웠다.[6]

엡스타인이 포장지를 열자 작은 나무 상자가 보였고, 잠시 후 밝은 파란색 불꽃이 튀고 커다란 폭발음이 방 안에 울렸다. 그는, 나중에 말하기를, "어, 어" 하는 기분이었다고 했다. 오른팔이 끔찍하게 아팠다. 벽에서 떨어진 전화기 쪽으로 팔을 뻗었다. 하지만 손가락은 움직이지 않았다. 필사적으로 문밖으로 뛰쳐나가 이웃집 정원에서 작업 중이던 두 명의 정원사와 마주쳤다. 그들이 경찰과 구급차를 불렀다.

엡스타인의 폭탄에서는 남은 부분이 많지 않았다. 늘 쓰는 배터리와 전선, 나무 맞춤못이 파편들 사이에서 발견되었지만 "FC" 서명은 어디에서도 찾을 수 없었다.

이틀 후, 예일대학 컴퓨터공학과 부교수 데이비드 겔런터는 막 휴가에서 돌아와 컴퓨터공학과 건물의 본인 사무실에 들어서던 참이었다. 책상 위에 비서가 쌓아둔 우편물이 있었고, 의자 옆에는 갈색 상자가 놓여 있었다. 그 소포는 캘리포니아주 새크라멘토에서 6월 18일에 부친 것이었다. 누군가가 보낸 논문일 거라고 생각했다. 소포를 집어든 그는 유난히 무겁고 포장 상태가 아주 꼼꼼하다는 것을 알아차렸다. 그 단정함이 인상적이었다고, 그는 나중에 수사관들에게 말했다. 윗부분에는 지퍼 고리처럼 보이는 꼬리표가 붙어 있었다.[7]

엡스타인과 마찬가지로, 겔런터도 뉴스에 자주 등장했다. 1970년대 후반 스토니브룩의 뉴욕주립대학 대학원생이었던 그는 "린다"라는 대단히 성공적인 소프트웨어 프로그램을 공동 제작했는데, 수많은 작은 컴퓨터를 연결해 큰 문제의 해결을 가능케 해주는 프로그램이었다. 하지만 그는 한 우물만 파는 컴퓨터 괴짜는 아니었다. 그는 음악과 미술에 조예가 깊었을 뿐 아니라, 컴퓨터의 문화적 영향에 대한 통찰력 있는 책들을 집필하기도 했다.

1991년에 출간된 최근작 『거울 세계: 혹은 소프트웨어가 우주를 신발 상자에 담는 날… 그런 일은 어떻게 가능하며 어떤 의미일까』에서, 겔런터는 기술이 하나의 약속일지 아니면 위협일지 결정하지 못한 것 같았다. 이상할 정도로 양가적인 이 책은 심오하면서 순진하고, 민주적이면서 엘리트주의적이며, 낙관적이면서 비관적

이었다.[8]

언젠가 컴퓨터들이 모든 현실을 반영하게 된다는 것이 책의 주제였다. 사람들은 책상 앞에 앉아서 교통 정보에서부터 주민 회의까지, 세상에서 일어나는 일들에 대해 끊임없이 쏟아지는 정보를 실시간으로 얻게 될 것이다. 그리고 그런 일들에 대해 반응하고 실시간으로 참여하는 것도 가능한데, 겔런터의 표현에 따르면 이 모든 것이 "잠옷도 갈아입지 않은 상태에서" 이루어질 거라고 했다.

"이론적으로만 공적인 것들을 실제로 공적인 것으로 만들어버림으로써" 이 거울 세계는 미국을 마침내 완전히 개방적인 참여민주주의 사회로 만들어줄 거라고 겔런터는 (정부 기관들이 얼마나 효율적으로 인터넷상의 정보들을 통제할 수 있는지는 무시한 채) 말했다. 하지만 이러한 평등주의적인 약속을 제시한 후에는 서늘한 엘리트주의적 경고를 덧붙였다. 거울 세계는 우리로 하여금 좋든 싫든 기술을 포용할 수밖에 없도록 만들 것이며, 그것을 받아들이지 않거나 받아들일 수 없는 사람들은 뒤처진다는 이야기였다. 거울 세계가 모든 거리의 모퉁이에 비디오 모니터를 설치하게 될 거라는 『하트퍼드 쿠란트』의 스티브 코트니 기자의 평가에 대해, 겔런터는 "저는 비디오를 더 설치하는 것보다는 덜 설치하는 쪽이라고 말하고 싶습니다"라는 말로 한발 물러났다.

책 전체에서 이러한 전망에 대한 겔런터의 감정은 이상하게도 중의적이었다. 그는 "나 역시 거울 세계가 두려운 전망임을 부정할 수 없다"라고 말했다. 하지만 그는 두렵든 그렇지 않든 우리는 그것을 환영해야만 하는데, 이는 불가피한 일이기 때문이라고 했다.

잡담 형식의 맺음말에서 겔런터는 자신의 두 자아, 즉 기술을 두려워하는 에드와 그것을 환영하는 존 사이의 대화를 기록했다.

에드가 경고한다, 기술의 결과는 "종속…… 실제의 혹은 지적인 봉건주의야…… 이러한 것들이 네 현실관을 왜곡시키는 거지. 그것들이 네 앞에 세상을 펼쳐 보이는 거라고. 아주 강압적인 방식으로." 그러니까 우리는 "이러한 거울 세계를 통제하는 사람들"에게 현실에 대한 우리의 지각을 통제하도록 맡기는 셈이다. 우리는 그들에게 전적으로 의존한다. 하지만 기계들은 지나치게 복잡해서 보통 사람들은 이해할 수가 없다. 사회는 컴퓨터를 완벽하게 습득한 사람들과 그렇지 못한 사람들로 위계가 나뉘게 된다. "기계들과 함께 노는 것을 좋아하는 정도에 기반해서" 지위가 결정될 것이다.[9]

하지만 평균적인 대학생이라면 컴퓨터를 이해할 수 있다고, 존이 반박한다. "기본적인 과학과 공학도 배우지 못하는 사람이라면 대학에 있을 필요도 없잖아?…… '**물리학은 내 능력 밖이야**'라는 말은 **나는 진짜 게으르고, 네가 너무 물러서 나를 그렇게 만든 거야**라는 말을 공손하게, 사회에서 받아들여지는 방식으로 표현하는 것에 불과해. 그리고 바로 이 점이 거울 세계의 가장 **위대한** 점이야…… 그 세계가 사람들에게 **활기**를 부여할 거야, 정말 현실이 되고 나면 말이야. 저기요, 이등 시민이 되고 싶습니까? 아니라고요? 그렇다면 뇌를 깨우고 **배우세요**."

"점점 더 수위가 높아지고 있잖아", 존이 말을 잇는다. "사람들이 떼거리로 물에 빠져 죽을까 아니면 수영하는 법을 배울까?" 사람들은 "기술을 맹목적으로 활용하기보다는 그것을 **이해해야만** 할 거야…… 그렇게 하지 않으면 진짜 재앙이니까…… **하지만 사람들은 이해하게 될 거야**! 배우고…… 그것이 거울 세계에서 최선의 것임을…… 알게 될 거야. 궁극적으로 거울 세계는 사람들이 수영하는 법을 **강제로** 배우게 할 거야. 기술을 따라잡게 할 거라고.”

마지막으로 에드가 묻는다, “만약 사람들이 배우지 않고…… 지적으로 거울 세계 봉건영주의 노예가 되면 어떻게 되는데?…… **그게 걱정돼, 조금이라도?**” 존이 대답한다, “그래, 나는 걱정돼. 적어도 조금은.”(강조는 겔런터)

카진스키도 그 점이 걱정이었다.

겔런터가 갈색 상자 위의 꼬리표를 당기자 연기가 새어나오며 쉭쉭거리는 소리가 들렸고, 이어서 희미한 회색 연기가 나며 밝은 불꽃이 튀었다. 그는 폭발음은 듣지 못했다. “오늘 아침 교내 전체에 폭탄이 터질 거야”라는 생각을 했다고 나중에야 떠올렸다.[10]

갑자기 그의 오른쪽 눈에 아무것도 보이지 않았다. 눈에서 피가 흐르는 것 같다고 생각한 그는 복도 끝에 있는 화장실에 가서 씻어내려 했다. 화장실에 도착해서야 자신이 심하게 다쳤으며 엄청난 속도로 피를 흘리고 있음을 알게 되었다. 오른손 뼈가 이상한 각도로 튀어나왔고, 피부는 무슨 누더기처럼 보였다.

그는 피를 흩뿌리고 어디선가 신발 한쪽과 셔츠를 잃어버린 채, 다섯 층 반의 계단을 성큼성큼 내려갔고, 다행히 바로 건너편에 있던 대학 보건소 건물로 달려갔다. 보건소에 도착할 즈음 그의 혈압은 제로였다. 의료진이 황급히 그를 구급차에 태우고 예일-뉴헤이븐 병원의 중환자실로 데리고 갔다. 가슴과 오른쪽 다리가 찢겨나간 상태였고, 폐가 손상되었으며, 왼쪽 손은 부러지고 오른쪽 손은 완전히 엉망이어서 엄지와 새끼손가락이 날아가고, 나머지 손가락도 심하게 뭉개진 모습이었다.

이 폭탄들을 통해 카진스키의 기술은 급진적인 도약을 이루어냈다. 처음으로 FBI 수사관들은 폭발물을 담고 있던 파이프 혹은 다른 용기에 대한 물증을 찾아낼 수 없었다. 보기에는 범인이 용기에 담을 필요가 없는 정교한 고성능 폭발물을 만들어낸 듯했다. 그리고 카진스키의 입장에서 중요한 점은, 이 "실험들"을 통해 자신의 뇌관이 제대로 작동한다는 것이 증명되었다는 사실이다. 이제 그는 그 뇌관에 더 강력한 폭발물을 연결해서 진짜 대폭발을, 확실히 인명을 살상할 만한 폭발을 만들어낼 수 있음을 알게 되었다.

실험 일지, 225번 실험. 1993년 6월 중에 이 장치들을 보냈다. 예상했던 대로 뇌관이 작동했다. 두 경우 다 효과는 적절했지만, 그 이상은 되지 못했다.[11]

—

1993년 6월 24일, 『뉴욕타임스』는 "스스로를 FC라고 부르는 무정부주의자 모임"이라고 주장하는 발신자가 보낸 편지를 받았다. 엡스타인과 겔런터에게 폭탄을 보낸 날과 같은 날 같은 새크라멘토에서 부친 그 편지는 우편 소인이 "뉴스 가치가 있는 사건"이 발생한 시간보다 먼저 찍혀 있었다는 점에서 신문사의 관심을 끌었다. 편지에는 또한 간신히 알아볼 수 있는 다른 표시도 있었는데, 아마도 발신자가 편지 위에 놓여 있던 종이에 뭔가를 쓰면서 무의식적으로 남긴 듯했다. 편지의 메시지는 다음과 같았다. "네이선 R에게 목요일 저녁 7시에 전화하라."

즉시 FBI가 이름이 네이선이고 성이 R로 시작하는 남자를 이 잡듯 뒤졌지만, 그건 유나보머의 또 다른 장난이었다.[12]

거의 2년이 지난 1995년 4월 27일, 겔런터 본인이 "FC"에게서 편지를 받았다.

편지에는 다음과 같은 부분이 포함되어 있었다.

(당신의 책 『거울 세계』의 맺음말에서) 당신은 당신이 묘사하는 발전은 피할 수 없으며, 대학생이라면 누구나 컴퓨터가 지배하는 세상에서 경쟁력을 가질 만큼은 배울 수 있다는 말로 당신의 연구를 정당화하려고 시도합니다. 학사 학위가 없는 사람은 계산에 들어 있지 않은 것으로 보입니다. 어느 경우든, 컴퓨터에 대해 알게 된다고 해서 사생활 침해(컴퓨터를 통한), 유전자 조작(컴퓨터가 중요한 기여를 하는), 경제의 과잉 성장으로 인한 환경 악화(컴퓨터는 경제 성장에 중요한 기여를 하고 있습니다) 등등을 막을 수는 없습니다. ……당신이 묘사하는 발전이 피할 수 없는 것이라고 하지만, 그 불가피성은 오랜 과거나 나쁜 날씨의 불가피성과는 다릅니다. 그것들을 피할 수 없는 것은, 당신 같은 기술 괴짜들이 그것을 불가피한 것으로 만들기 때문입니다……

하지만 우리는 진보와 성장이 불가피한 것이 아니라고 믿습니다.[13]

—

1994년 11월 스스로 "자연림 네트워크"라고 부르는 환경보호론자 단체가 몬태나주 미줄라에서 "제2차 국제온대림 회의"를 개최했다. 주제는 "다국적기업 집중 탐구"였다. 500여 명이 참석했다. 회의에서 접할 수 있는 문헌 중에 급진적인 환경보호론자들의 출판물 『야생에 살든가, 죽든가!』도 있었는데, 표지에는 "몰락을 재촉하고, 새벽에 귀 기울이다"라는 선언이 적혀 있었다.[14]

소책자에는 "생태를 엿 먹이는 정리 대상자 목록"도 있었는데, 첫 번째 적은 캘리포니아 임업조합이었고, 해당 조합의 홍보 담당자 로베르타 앤더슨의 이름과 주소가 적혀 있었다.[15] 세 번째 적은 엑손Exxon 법인—헥손Hexxon이라고 표기했다—이었는데, 거기에 실린 이유는 프린스 윌리엄 사운드만 기름 유출 사고 때문이었다.* 모임에서 다루었던 내용 중에는 1993년 6월 21일 『어스 퍼스트! 저널』에서 제기한 혐의, 즉 사고 후 엑손의 이미지를 세탁하는 데 도움을 주었던 "버스턴Burston-마스텔러"라는 홍보회사도 책임이 있다는 이야기가 있었다.[16]

사실 위의 정보들은 부정확했다. 앤더슨은 몇 해 전에 사망했다. 조합은 이름을 캘리포니아 산림조합으로 변경했다. 버슨Burson사의 이름에는 "t"가 없었고, 이 회사는 기름 유출 사고와 전혀 관련 없었다. 하지만 나중에 재판에서 『어스 퍼스트! 저널』의 해당 기사를 읽었다고 자백한 카진스키는, 확실히 "생태를 엿 먹이는 정리 대상자 목록"을 봤고, 어쩌면 회의에 참석했을 수도 있으며, 이 잘못된 주장들을 믿었다.[17] 그리고 뭔가 조치를 취했다.

---

* 1989년 3월, 엑손 소유의 유조선에서 기름이 유출된 사고.

1994년 12월 10일, 뉴저지주 노스 콜드웰 애스펀 드라이브 15번지 자택에서 수전과 토머스 모서는 두 자녀—13세의 킴과 15개월 된 켈리, 그리고 놀러 온 킴의 친구 로빈 소미즈와 함께 늦잠을 잤다. 점심 식사 후 그들은 크리스마스트리를 고르러 나갈 예정이었다.[18]

버슨-마스텔러의 임원인 톰은 전날 사업 출장에서 돌아온 참이었다. 아침을 챙겨 먹은 후 그는 켈리에게 잠시 책을 읽어주고, 장난감 성에서 함께 놀아주었다. 그런 다음 여전히 잠옷 차림으로 출장 기간에 도착한 우편물을 쌓아둔 현관으로 나왔다. 그는 주방으로 돌아와 소포 하나를 카운터에 내려놓았다. 수전과 켈리 옆에 서서 소포를 뜯기 위해 칼을 찾았다. 그때 켈리가 서둘러 방을 나갔다. 딸이 뭘 하려는지 궁금했던 수전이 아이를 따라 거실로 나갔다. 딸은 엄마에게 다과회를 열고 싶다고 말했다.

잠시 후, 수전의 기억에 따르면, "천둥 같은 소음이 집 안 전체에 울렸다. 놀란 나는 켈리를 데리고 현관문 앞으로 이동했다. 하얀 연기가 주방 문에서 쏟아져 나왔다. 무슨 일인지 알아보려고 그 연기를 뚫고 뛰어갔다".

수전이 주방에 돌아왔을 때 먼지는 가라앉고 있었다. 하지만 톰의 모습이 보이지 않았다. 연기가 바닥에 깔리고, 서서히 남편의 몸이 드러났다. 그는 등을 대고 누워 있었는데, 얼굴이 새까맣고 배가 열린 상태였다. 수전은 바깥으로 나가라고 아이들에게 소리치고, 911에 전화하고, 수건과 어린이용 담요를 챙겨 남편에게 돌아갔다.

"무릎을 꿇고 앉았다", 그녀가 회상했다. "남편은 희미하게 신음했다. 내가 무엇을, 혹은 어디를 만졌는지는 확실치 않다. 남편 오른손의 손가락이 거죽만 남은 채 매달려 있었다. 뼈째로 잘려버렸다."

"나는 할 수 있는 일을 했다. 남편의 왼손을 잡았다. 사람들이 오고 있다고, 괜찮을 거라고, 사랑한다고 말했다."

경찰과 구급차가 도착하고, 수전은 아이들을 이웃에 맡겨놓은 채 집 밖에서 기다렸다. 소방관이 다가왔다. "죽은 거죠, 그렇죠?" 그녀가 소방관에게 물었다. 소방관이 고개를 끄덕이고는 말했다. "유감스럽지만, 버티지 못하셨습니다."

그리고 수전은 이웃집으로 갔다. 킴이 현관에 서 있었다. 소방관과 성직자를 본 딸은 뭔가 잘못됐음을 알아차렸다. 수전은 아빠가 다쳤다고 딸에게 말했다. "고쳐줘." 딸이 소리쳤다.

"고칠 수가 없어", 수전이 대답했다. "폭탄이야. 아빠는 죽은 거야."

244번 실험. ……244번 실험 장비는 1994년에 사용되었고, 완전히 만족스러운 결과를 낳았다.[19]

크리스 로니는 모서 살인 사건 전에 은퇴했지만, 유나보머 전담 팀 실험실에서 그의 후임이 된 톰 모날 요원은 "FC"가 기술적 완성을 이루었음을 깨달았다. 엡스타인과 겔런터 폭탄에서는 범인이 완벽한 뇌관을 만드는 법을 알고 있음이 밝혀졌다. 그리고 모서 폭탄에서 범인은 고도의 폭발물을 조합해서 파이프를 완전히 없애버렸음을 보여주었다. 독창적인 구조였다. 폭발물을 섞은 후에 범인은 팬

케이크 모양으로 펼쳤고, 이어서 뇌관 주위에 감아 마치 막대에 꽂은 핫도그 형태로 만들었다. 그리고 다시 스트래핑 테이프와 삼끈으로 감싸고, 전체를 에폭시로 덮어서 일종의 빡빡한 관으로 만들었다. 마지막으로 장치를 통째로 소금물과 콩기름에 담가 지문을 지웠다.

흠잡을 데 없는 기술이었다.

—

모서 살인으로부터 넉 달 후인 1995년 4월 24일, 『뉴욕타임스』는 "FC"가 보낸 두 번째 편지를 받았다.

"우리는 지난 12월에 토머스 모서를 날려버렸다", 부분적으로는 "그가 버스턴-마스텔러의 임원이었기 때문이다". 편지는 이어진다.

(다른 악행들보다) 버스턴-마스텔러는 엑손 발데스 사건 이후 엑손이 공적인 이미지를 세탁하는 것을 도왔다. 하지만 우리가 버스턴-마스텔러를 공격한 것은 그 특정한 악행 때문이 아니라, 그 회사의 일반적 원칙 때문이다. 버스턴-마스텔러는 홍보 분야에서 가장 큰 회사라고 할 수 있다. 그 말은 이 회사의 사업이 사람들의 태도를 조장하는 기술을 개발하는 일이라는 뜻이다. 특정 사건에서 회사가 보였던 구체적 행동보다는 바로 이 점 때문에 우리는 회사의 임원에게 폭탄을 보낸 것이다……

이 폭발들을 통해 우리는 산업사회에서 불안정성을 촉진시키고, 반산업적 이념들을 선전하고, 산업사회 체제를 증오하는 이들에게 용기를 주기를 희망한다……

우리는 왜 첫 번째 폭탄을 만들고 17년이 지난 지금에야 목표를 선포하는 걸까? 우리의 초기 폭탄은 대중의 관심을 끌고 체제를 증오하는 이들에게 용기를 주기에는 몹시 비효율적이었다……

그래서 우리는 다시 작업으로 돌아갔고, 오랜 기간의 실험 끝에 파이프가 필요 없이, 지름이 작은 구리 튜브에 염소산염 폭발물을 채워넣은 뇌관에 의해 폭발하는, 새로운 유형의 폭탄을 개발했다.(뇌관 자체가 파이프 폭탄의 축소판이다.) 우리는 이런 유형의 폭탄을 사용해 유전공학자 찰스 엡스타인과 컴퓨터 전문가 데이비드 겔런터를 날려버렸다.

이제 우리는 폭발물을 파이프 안에 넣을 필요가 없으므로, 어떤 크기 어떤 모양의 폭탄이든 만들 수 있다. 우리는 폭발력을 키우고 점화에 필요한 배터리 수를 줄이는 방법도 확실히 알게 되었다. 그리고, 방금 말했듯이, 이제 우리는 더 효과적인 파쇄 물질을 갖게 되었다고 생각한다. 따라서 더 치명적인 폭탄을 더 작고 가벼우며, 더 무해해 보이는 용기에 담을 수 있을 거라고 기대한다. 한편 우리는 지금까지의 폭탄들보다 훨씬 더 큰 폭탄도 만들 수 있으리라 믿는다. 서류 가방 혹은 여행 가방에 담긴 폭탄으로 견고한 건물들도 날려버릴 수 있을 것이다.

분명 우리는 심각한 피해를 끼칠 수 있는 위치에 있다. 그리고 FBI가 조만간 우리를 잡는 일도 없을 것이다. FBI는 장난이다.

이 모든 성장과 진보의 쓰레기를 밀어붙이는 인간들은 무거운 처벌을 받아 마땅하다. 하지만 우리 목표는 그들을 처벌하는 것이 아니라 이념을 전파하는 것이다. 폭탄을 만드는 일에 지치기도 했다. 매일 저녁과 주말에 위험한 혼합물을 준비하고, 금속 조각으로 기폭제를 채워넣고, 폭탄을 시험할 수 있는 외진 땅을 찾아 산악지대를 헤매는 일은 즐겁지 않다.[20]

산악지대에서 폭탄을 시험한다는 언급 때문에 법 집행 기구에서는 다급하게 가망 없는 수색을 다시 한번 벌였다. FBI의 요청에 따라 산악구조대와 보안관서 부관들이 캘리포니아 외곽지역을 이 잡듯 뒤지며 공기 중에 인화 물질의 연기 냄새가 섞여 있지 않은지 확인했다.[21] 카진스키는 분명 기뻐했을 것이다.

당국을 더 혼란스럽게 한 것은, 모서 폭탄을 계기로 유나보머의 주장이 환경보호론으로 돌아선 것처럼 보였다는 점이다. 처음으로 그는 환경의 적으로 보이는 사람을 공개적인 목표물로 정했다. 유나보머와 『어스 퍼스트! 저널』이 공통적으로 "버슨"의 철자를 틀리게 표기했다는 점에서, FBI는 범인이 이 단체와 모종의 관계가 있으리라 추측했고, 급진적 환경보호론자들에 대해 집중적으로 수사를 벌였다.

카진스키 체포 후에 그의 오두막 수색에서 FBI의 직감이 옳았던 것으로 밝혀졌다. 카진스키가 어스 퍼스트!에 보낸 편지들의 복사본이 발견되었는데, 그 단체를 동지로 만들려 시도했던 것으로 보인다. "어스 퍼스트!에 드리는 FC의 제언"이라는 제목의 편지에서(어스 퍼스트!는 그 편지를 받은 적이 없다고 주장했다) 카진스키는 이전의 오타를 바로잡으며, "모서 폭발 사고와 관련해서 우리가 버슨-마스텔러에 관심을 갖게 된 건 『어스 퍼스트! 리타』(1993년 6월 21일 자 해당 잡지에 실린 내용) 덕분이었습니다"라고 적었다.[22] 또한 그는 『어스 퍼스트! 야생에 살든가, 죽든가!』를 비롯해 여러 급진적 환경보호단체에도 편지를 써서, 소통과 접선을 위한 암호를 보내고 "산업사회 체제를 무너뜨리기 위한 혁명적 방법"을 논의하려 했는데, 거기에는 "엑손 경영진에 대한 공격"도 포함되어 있었다.

아쉽게도 당국은 수사 범위를 캘리포니아 내의 급진주의자들로 한정했는데, 이는 그들이 오랫동안 의심을 받아왔기 때문이고, 어스 퍼스트!의 유명한 활동가 두 명을 폭파범으로 기소하려다 실패했던 전례가 있었기 때문이다.

1990년 5월, 어스 퍼스트!의 지도자 주디 배리와 대럴 체니가 캘리포니아주 오클랜드의 맥아더 대로를 지나던 중 그들이 타고 있던 스바루 차량이 자동차 폭탄으로 거의 날아갈 뻔했다. 배리는 심각한 부상을 입고 끝내 회복하지 못했다.[23] 그럼에도 FBI와 앨러미다 카운티 경찰은 두 사람이 직접 폭탄을 제조했으며 운반 중에 오폭발이 일어난 거라고 의심했다. 경찰이 두 사람을 체포했지만, 증거 불충분으로 기소는 각하되었다. 그럼에도 경찰에서는 두 사람이 유죄라고 계속 의심하고 있었다.

모서 폭발 사고는 체니와 배리를 다시 한번 추궁할 빌미를 마련해주었다. 경찰은 두 사람과 그 동료들을 면밀히 조사했고, 캘리포니아 북부 해안 지역의 대마 경작지 주변을 이 잡듯 뒤지며 지저분한 급진주의자들을 찾아다녔다(그 지역에 그런 사람이 많았다).[24]

하지만 그들은 몬태나를 살펴볼 생각은 한 번도 하지 않았다.

———

1995년 4월 24일, 새크라멘토 소재 캘리포니아 산림조합의 생물학자 밥 테일러는 우편물을 수령하기 위해 건물 뒤쪽에 있는 자신의 작은 사무실 접수부로 갔다.[25] 정오 무렵이었다. 보통은 접수부 직원 미셸 골즈베리가 우편물을 정리해주지만, 그날은 알레르기 접종을 위해 자리를 비운 상태였다. 이에 테일러는 경리 담당자인 지넷 그림, 사무국장 엘리노어 앤더슨과 함께 직접 우편물을 정리하기로 했다.

연합회장 길버트 머리가 들어왔고, 테일러는 그에게 작은 갈색 소포를 가리켰다. 양쪽 끝을 스트래핑 테이프로 공들여 단단히 묶은 소포였고, 수신인은 머리의 전임자 윌리엄 데니슨으로 되어 있었다. 데니슨은 캘리포니아 산림조합의 전신인 캘리포니아 임업조합 회장이었다. 소포는 오클랜드에서 보낸 것이었고, "유진 오닐" 우표와 G 시리즈의 "미국의 영광스러운 과거" 우표가 붙어 있었다. 테일러는 소포를 집어들고 눌러봤다. 무겁고 단단한 소포는 자동차 배터리만 한 크기였다.

"폭탄일지도 몰라요", 그림이 농담했다. "빌한테 전해야겠네."

"먼저 열어보고 뭔지 확인하죠", 머리가 대답했다. "연합회 일이고, 여기 물건이니까."

테일러가 머리에게 경고했다. 오클라호마시티 폭파 사건이 일어난 게 불과 닷새 전이었다.* 조심해야 했다.

하지만 유쾌하고 활달했던 마흔일곱 살의 머리는 음모론을 믿지 않았다. 해병대 출신에 버클리 졸업생이고, 아내는 교사였으며, 두

---

* 1995년 4월 19일 오클라호마시티에서 있었던 앨프리드 P. 뮤러 빌딩 폭파로 168명이 사망하고 680여 명이 부상당한 사건.

아들의 아버지이기도 했던 그는 자연을 사랑했다. 평생을 숲에 바쳤고 개벌伐伐과 제초제 사용을 모두 피하며 땅을 관리하는 생태학적 접근법으로 널리 존경받는 인물이었다. 그런 사람에게 적이 있을 리 없었다.

머리가 소포를 풀다가, 나일론으로 된 테이프를 자르게 가위 좀 갖다달라고 엘리노어에게 부탁했다. 테이프를 자른 후, 그는 소포를 가슴 높이까지 들고 양손으로 포장지를 풀었다. 그 순간 바깥 사무실에 있던 전화가 울렸고, 그림이 받으러 갔다. 테일러도 방에서 나가며 "폭탄이 터지기 전에 나가야겠어"라고 농담했다.

약 30초 후 테일러가 막 책상에 도착할 무렵, 그는 벽 너머에서 울리는 폭발음과 함께 얼굴에 강한 압력을 느꼈다. 그는 접수부 구역으로 달려갔다. 검은 연기가 사무실에서 피어나고 있었다. 양쪽 문이 모두 경첩에서 떨어져 나갔고 매달려 있던 천장이 무너지며 바닥에는 한 더미의 타일과 단열재가 쌓여 있었다. 카펫은 재가 되어버렸다. 천장 창이 있던 자리에 뻥 뚫린 구멍으로 불기둥이 출렁거렸다. 방 안에 있던 가구는 모두 조각났다. 폭탄에서 나온 파편이 작업 구역을 구분하고 있던 얇은 칸막이를 총알처럼 관통했고, 사물함 문에 망치로 때린 것처럼 움푹 파인 자국이 생겼다.

머리가 서 있던 문 앞자리에서 테일러는 여성들을 발견했지만 회장의 모습은 보이지 않았다. 혼비백산한 생물학자는 건물 밖으로 나가 거리 아래쪽의 소방서로 달려갔다. 소방차는 모두 나갔다고 직원이 말했다.

테일러가 돌아왔을 때 소방차와 경찰도 오기 시작했다. 머리는 아직 실종 상태였다. 경찰이 도착했다. 건물을 비우고 파편들을 모두 파헤친 후에야 그를 찾는 것이 왜 그렇게 힘들었는지 알 수 있었다. 머리는 말 그대로 산산조각 났다.

"얼굴이 찢겨나가고, 팔이 찢겨나갔습니다", 검시관이 후에 말했다. "방 전체에 그의 몸 조각들이 흩어져 있었습니다." 몇몇 조각은 아주 작아서, 유해를 옮기기 위해 모두 열한 개의 시신 가방이 필요했다고 알려졌다.

1995년 6월 24일 『뉴욕타임스』에 선언문과 함께 첨부한 편지에서 "FC"는 이렇게 적었다. "우리 폭탄이 원래 수신자였던 윌리엄 데니슨이 아니라, 길버트 머리라는 엉뚱한 사람을 날려버렸다는 사실에 대해서는 아무런 유감이 없다. 머리는 선동적인 유형이 아니었지만, 그 역시 같은 목표를 가지고 있었고, 어쩌면 선동적이지 않다는 바로 그 사실 때문에 더 효과적으로 그 목표를 추구했을 것이다."

편지는 이어진다,

길버트 머리를 죽인 폭탄은 파이프 폭탄으로 알려져 있다. 그것은 파이프 폭탄이 아니라 직접 제작한 뇌관에 의해 발화한 것이다.(FBI의 소위 전문가들은 이 점을 신속히 그리고 수월하게 파악했어야 했다. 우리가 『뉴욕타임스』에 보냈지만 발표되지 않은 편지에서 이미 우리의 폭탄이 대부분 파이프 폭탄이 아님을 알렸기 때문이다.)[26]

실제로 카진스키가 "245번 실험"이라 부른 폭탄은 파이프 폭탄이 아니었다. 모서를 죽인 "244번 실험"과 마찬가지로, 머리 폭탄 역시 뇌관 주위에 붙인 고성능 폭약으로 이루어져 있었다.

콘래드의 교수와 달리, 카진스키는 실제로 "완벽한 뇌관"을 찾아낸 것이다. 그리고 그는 그 점을 자랑스러워했다.

—

카진스키의 폭탄 제조가 허구를 모방했다면, 그의 살인은 "과학적 방법"을 맹목적으로 따랐다. 그는 희생자들을 피와 살이 없는, 고통을 느낄 줄도 모르는 추상적 대상―단순한 "실험"―으로 변모시켰다.

실제로 그의 활동 전체가 하나의 추상이 되어버렸다. 카진스키가 읽었던 역사가 자신의 행위가 지닌 중요성과 의의를 강화해주었다면, 문학은 롤 모델을 제공했다. 살인을 통해 그는 스스로를 다가올 위대한 혁명, 산업사회를 해체할 그 혁명 속 등장인물로 여겼다. 그는 파라오의 노예가 되어 나일강을 따라 수로를 건설했던 사람들에서부터 운디드 니에서 헨리의 연발 소총 앞에 쓰러져간 수족 인디언까지, 기계에 희생된 모든 이를 위해 복수를 집행하게 될 것이었다.

오두막 서가에 있던 책들이 영감을 불어넣는 역할을 했다. 카진스키는 『카이사르와 갈리아 전기』에 묘사된 갈리아의 왕 베르킨게토릭스를 위해 복수할 것이었다. 베르킨게토릭스는 기원전 52년에 있었던 알레시아 공방전에서 기술적으로 우세했던 로마군에 패했다. 그는 W. H. 프레스콧의 『멕시코 정벌기』(1843)에 등장하는 아즈텍 왕 몬테수마를 위해 반격을 개시할 것이었다. 몬테수마의 문화는 스페인의 무장 화기에 의해 파괴되었다. 그는 "체제"의 소외된 희생자들에 대한 관심을 불러일으킬, 도스토옙스키의 지하생활자였다. 그는 사소한 범죄를 저질렀다는 이유로 끊임없이 당국에 쫓기는, 위고의 작품 『레 미제라블』에 등장하는 장 발장이었다. 그는 "두 번의 짧은 생애 동안 야생의 아름다움은 얼마나 망가져버렸는가!"라고 탄식하는, 제임스 페니모어 쿠퍼의 『대평원』에 등장하는 내티 범포였다. 그는 조지 오웰의 『1984』에서 "빅브러더"에 맞서 싸우는 윈스턴 스미스였다.

요컨대 카진스키는 자신의 지성에도 불구하고 냉혹한 살인자가 된 것이 아니라, 그 지성 때문에 그렇게 되었다. 그리고 그는 종종 피해자들에게 연민을 표할 때에도(존 하우저에게 잠시 그랬던 것처럼), 얼른 자신을 추스르곤 했다. 조사 활동에서 연민을 위한 자리는 없었다. 과학적 방법은 동정이라는 "주관적" 감정을 극복하고, "실험"의 "객관적" 결과에만 집중할 것을 요구했다. 도덕은 비과학적이고, 양심의 가책은 그저 선전의 결과물일 뿐이었다.

하지만 지성은 등식의 한쪽 항에 다름 아니다. 카진스키는 단순히 어떤 철학을 행동으로 표출한 것이 아니었다. 그는 하나의 이념에 대해서뿐만 아니라, **누군가**에 대해서도 크게 분노하고 있었다. 이 두 물줄기—지적인 것과 심리적인 것—가 합류했을 때 그는 살인자가 되었다. 기술사회에 맞서는 그의 활동이 그러한 합류를 만들어냈다. 분노가 동기를 부여했고, 철학은 살인에 대한 합리화를 제공했다.

그렇게 두 물줄기는 궁극적으로 하나가 되었다. 1990년 10월 2일, 테드 카진스키의 아버지 시어도어 리처드 "터크" 카진스키가 자살했다. 도널드 포스터에 따르면 그 무렵 카진스키는 아주 인상적인 꿈을 꾸었고, 나중에 그 세부 내용을 기록으로까지 남겨놓았다. 그 기록에서 카진스키는 "아버지 왕 롬브로시스"라는 사악한 인물의 "숭배자"들에게 쫓기고 있었다.

그 이름은 의미심장하다. 체사레 롬브로소는 실존 인물로, 19세기 이탈리아의 범죄학자였던 그는 범죄 자질이 유전된다고 믿었다. 『비밀요원』에도 짧게 등장하는데, 콘래드는 아둔한 무정부주의자 오시폰을 롬브로소의 사제로 묘사하며, 그의 유사과학을 비웃는다.

『워싱턴포스트』에 실린 포스터의 설명을 비롯해 유사한 다른 설명들을 보면, 카진스키는 그 꿈에서 아버지 왕 롬브로시스가 테드의 동생 데이비드를 "교단"에 끌어들이기 위해 보낸 세 명의 심복을 험한 상황에서 마주쳤다고 했다.[27] 하지만 카진스키는 그들과 싸워서 살해한다. 그러자 롬브로시스 본인이 등장하는데, 카진스키에 따르면, "다정하고, 부모 같고, 근엄한 표정을 띠었으며, 존경받아 마땅한 사람처럼 보였다". 그래서 카진스키는 직접 나서서 아버지 왕을 죽이지 못했다. "나는 그런 모습, 그리고 '이 사람은 신이다!'라는 생각에 겁을 먹었다. 하지만 마음속으로는 그를 부정하고 있었다." 롬브로시스가 "일종의 속임수"를 통해 자신에 대한 심리적 지배력을 강화하려 한다며 두려워했다. 롬브로시스가 좋은 의도를 가지고 있다는 것을 알면서도, 카진스키는 또한 "그가 요구하는 것이 종속임을", 롬브로시스를 타도하지 않으면 아무도 자유롭지 못할 것임을 깨달았다. 그래서 카진스키는 아버지 왕으로부터 동생을 지키기 위해 그 앞을 막아섰다.

거절당한 롬브로시스는 떠나려 했지만 카진스키는 마음이 풀리지 않았다. 데이비드를 위해 그는 롬브로시스를 쫓아가 멈추라고 했다.

나는 그의 발밑에 엎드려 절규했다. "안 됩니다, 제 동생에게 아무런 희망도 남겨주지 않은 채 떠날 수는 없습니다. 동생에게 기회를 한 번 더 주십시오!" 그리고 나는 이렇게 말했다. "제게도 주십시오", 하지만 정신을 차리고 말을 이었다. "아닙니다! 저는 아닙니다! 저는 절대 굴복하지 않을 겁니다!"…… 하지만 눈 속에서 그의 발자국은 점점 더 멀어져갔다. 그때 끔찍한 두려움과 불길한 예감을 안은 채 잠에서 깼다.[28]

롬브로시스는 누구를 대변하는 걸까? 포스터는 터크라고 암시했다. 카진스키는 그런 해석을 부인하며, 이 인물이 기술사회를 상징하는 거라고 했다. 십중팔구 아버지 왕은 철학적인 것과 개인적인 것의 결합, 샐리 존슨이 그녀의 심리학 보고서에서 지적한 바에 따르면, 사회에 대한 카진스키의 우려와 누군가에 대한 그의 개인적 분노가 결합된 것일 가능성이 크다. 따라서 이 꿈속의 인물은 열정적이면서도 개인적인 증오를 동시에 자극하는 추상적이고 지적인 이념이 의인화된 것이라고 할 수 있다.

카진스키는 왜 분노하는 걸까? 그의 증오는 누구를 향한 것일까? 그리고 이 인물(들)과 카진스키가 그토록 경멸하는 이념들 사이에는 어떤 관계가 있을까?

시간이 지나면서 카진스키 본인이 단서들을 제공하게 된다. 하지만 아무도 귀 기울이지 않았다.

5.　거울 속의 얼굴

혁명적 이론이 없으면 혁명적 행동도 없다.
—V. I. 레닌, 『무엇을 할 것인가?』

19세기에 있었던 리얼리즘에 대한 혐오는 거울에 비친 자신의 모습을
본 캘리밴*의 격분이다.
오스카 와일드, 『도리언 그레이의 초상』

　1995년 여름, 유나보머는 세상에 자신의 이념을 진지하게 전하
고 싶은 절박한 충동을 느꼈던 것이 분명하다. 엡스타인과 겔런터
폭탄 이후로 그는 왕성한 편지 애호가가 되어, "FC"라는 필명으로
『뉴욕타임스』, 겔런터, 노벨상을 수상한 유전학자 리처드 로버트와
필립 샤프, 『샌프란시스코 이그재미너』『사이언티픽 아메리칸』『펜
트하우스』 그리고 사회심리학자 톰 타일러 등에게 모두 열두 통의
편지를 보냈다.[1] 그 편지들에서 폭파가 자신의 소행임을 알리고 새
로운 협박을 했지만, 무엇보다 자신의 철학을 설명했다. 그리고 마

---

* 셰익스피어의 『템페스트』에 등장하는 반인반수의 존재.

지막 편지 네 통에는 놀랄 만한 문서가 첨부되어 있었다.

1995년 6월의 마지막 주, 『뉴욕타임스』와 『워싱턴포스트』 그리고 『펜트하우스』와 타일러는 3만5000단어 분량의 "산업사회와 그 미래, FC 씀"이라는 문서를 받았고, FBI는 재빨리 그 문서를 "유나보머 선언문"이라고 불렀다.[2]

타일러에게 쓴 소개 편지에서, 유나보머는 자신의 초고가 사회적 병폐에 대한 자신과 타일러의 대화에 자극제가 되기를 바란다고 적었다.

현재의 사회 문제에 대한 우리 분석이 적절하고 정확하다고 생각하십니까? 그렇지 않다면 이유가 뭘까요? 우리 논쟁에 대해 당신은 어떻게 답하실 생각입니까?

만일 우리가 현재의 사회적 문제를 정확히 밝혀냈다고 생각하신다면, 그 문제들에 대해 뭔가를 할 수 있다고 생각하십니까? 성장과 진보가 이어진다면 그 문제들이 더 좋아질까요, 아니면 나빠질까요?[3]

세 언론사에 보낸 소개 편지에서, 유나보머는 본인의 희망으로는, 그들이 거절할 수 없는 제안을 했다. 선언문을 발표하라, 그러지 않으면 누군가 죽게 될 것이다. 『뉴욕타임스』와 『워싱턴포스트』에 그는 다음과 같이 약속했다. "동봉한 초고가 납득할 만큼 빠른 시일 안에 발표되고 많은 사람에게 노출된다면, 우리는 영원히 테러리즘을 중지할 것이다……." 『펜트하우스』에 공개되는 것은 자신의 이념에 비해 조금은 "고상하지" 못한 경우이며, 사상가로서 명성에도 도움이 되지 않는다고 생각한 폭파범은, 그 잡지에는 좀더 느슨한 제안을 했다. "우리의 초고가 공개된다면 우리는 테러리즘을 중지할 예정이지만, 살인을 목적으로 하나의(단 하나의) 폭탄을 심을 권리는 남겨놓을 것이다." 달리 말하자면, 폭파범은 자신의 이념에 대한 "존중"이 유지되는 일이 인간의 목숨만큼 가치 있다고 믿었다는 뜻이다. 그는 세 언론사 모두에 석 달 안에 결정하라고 요구했다.[4]

이 일 때문에 언론계에서는, 강압에 의해 살인자의 글을 발표하는 일에 내포된 윤리와 분별력에 관한 요란한 논쟁이 벌어졌다. 전례를 남기는 것이 두려웠던 두 신문사는 악마와의 거래를 받아들이는 일을 망설였다. 하지만 누군가 글쓴이를 알아보기를 바랐던 법무장관 재닛 리노가 초고를 발표하라고 촉구했고, 신문사는 마지못해 동의했다. 9월 19일, 『워싱턴포스트』는 『뉴욕타임스』와 공동으로 전체 원고를 특별판으로 발표했다.(『펜트하우스』는 발표하지 않았다.)[5]

선언문은 비범한 문서로 밝혀졌다. 1971년에 썼던 에세이에 몇몇 흥미로운 변주를 덧붙여 온 나라를 바보로 만든 것이다.*

선언문은 이렇게 시작한다. "산업혁명과 그 결과는 인류에게는 하나의 재앙이었다." 그 결과는 개인의 자유를 억압하고 자연을 파괴하는 거대한 사회적, 경제적, 정치적 질서에 의존하는 기술 체제의 성장으로 이어졌다. "이 체제는 인간의 필요를 충족시키는 것이 아니며, 그렇게 할 수도 없다. 오히려 체제의 필요에 맞춰 인간의 행

---

* 카진스키는 1971년 버클리대학에 근무하던 중 「성취로 가는 길The Roads to Fulfillment」이라는 에세이를 쓴 적이 있다. 이 글은 1995년에 발표한 "선언문"의 내용을 예견한 것으로 여겨진다.

동이 조정되어야만 한다."[6]

체제가 인간을 따르는 것이 아니라 그 역이 되도록 강제함으로써 기술은 인간의 잠재력에 적대적인 병든 사회를 만들어냈다. 기술이 촉진한 급속한 변화는 인간적 규모의 소규모 공동체를 파괴하는 것으로 이어졌다. 기술은 고도의 사회 경제적 조직을 요구하기 때문에 삶에는 부적합한 복잡한 도시들과, 주민들의 삶에 무관심한 거대한 주들을 키웠다.

갈수록 기술이 지배하는 문명, 그리고 그 문명에 봉사하는 권력 구조를 향한 진화는 멈출 수가 없다. 왜냐하면 기술의 호소가 "자유를 향한 열망보다 더 강력한 사회적 힘"이 되기 때문이다. 또한 "**전체로서** 기술의 진보가 우리 자유의 영역을 점점 더 좁게 만드는 한편, 각각의 새로운 기술적 발전은 **그 자체로** 욕망의 대상처럼 보이기 때문이다".

따라서 과학과 기술은 "권력을 향한 거대한 움직임을 구성하고, 과학자들은 이 거대한 움직임과 자신을 동일시함으로써 권력을 향한 욕구를 충족시킨다". 그러니까 "기술 애호가들이 미지의 영역으로 향하는 전적으로 무모한 여정에 우리 모두를 끌어들이고 있다".

인간이 기계에 순응해야만 하기 때문에 "우리 사회는 그 체제 입장에서 불편한 사고방식이나 행동 방식은 뭐든 '병적'으로 보는 경향이 있다. 이는 당연한 일인데, 그도 그럴 것이, 어떤 개인이 체제에 맞지 않는다면, 그러한 상황은 개인에게 고통을 줄 뿐 아니라 체제에도 문제가 되기 때문이다. 따라서 개인을 체제에 맞춰 조작하는 일은 '질병'에 대한 '치유책'이 되고, 곧 좋은 일로 여겨진다".

이러한 요구 때문에 사회 전체의 하부 구조가 인간의 행동을 조작하는 일에 전념한다. 거기에는 점점 더 감시의 힘을 키워가는 법 집행 기구의 과잉, 정부 규제를 끝없이 늘려가는, 통제를 벗어난 규제 체제, 중등 단계에서 순응주의를 증진하기 위해 심리학을 활용하고 대학에서는 "정치적 올바름"을 강화하는 기성 교육, 기술 문명이 인간의 삶에 야기한 "스트레스, 불안, 좌절, 실망감"으로부터의 탈출구를 제공하는 것을 목표로 하는 텔레비전에 만연한 "섹스와 폭력", 다른 상황이라면 견딜 수 없었을 사회적 조건을 견디도록 개인의 내적 상황을 조정하는 수단으로서 "항우울제"의 무분별한 사용을 권장하는 기존의 의학 혹은 심리학 기구 등이 포함된다.

특히 대중매체는 "대부분 체제에 통합된 거대 조직의 통제하에 있기 때문에 말로써 사회에 인상을 남기는 것은 개인 혹은 소규모 집단에게는 거의 불가능하다".

그렇게 기성의 경제, 정치, 교육 기구들은 권력 구조에 봉사함으로써 해결책이라기보다는 문제의 일부가 된다. 정치 이데올로기는 상관없다. "보수주의자들은 바보다. 그들은 전통적 가치가 썩어가고 있다며 징징거리지만", 그러한 가치를 갉아먹는 "기술 발전과 경제 성장은 열정적으로 지지한다". "좌파들"은 순응주의를 요구하고 "사회에 봉사하는 것은 개인의 의무이며, 개인에게 봉사하는 것은 사회의 의무다"라고 설파하는 기술사회에서 "과도하게 사회화된" 피해자다. 그들은 사회 계획을 선호하도록 세뇌당했고, 개인주의에는 적대적이다.

결과적으로 "산업-기술사회는 개선될 수 없다". 오히려 "결국 기술이 인간 행동의 완벽한 통제에 가까운 뭔가를 얻게 될 것이다". 어쩌면 사회의 가장 중요한 결정들이 인간이 아닌 컴퓨터에 의해

내려질 가능성도 있다. 그때 우리의 노예화는 완결될 것이다.

이 체제는 개선될 수 없으므로 파괴되어야만 한다. 실제로 미래의 어느 시점에 인간이 감당하는 고통의 무게가 너무 무거워지고, 너무 많은 사람이 견딜 수 없게 되면 이 체제는 저절로 무너질 것이다. 하지만 체제가 길게 지속되면 될수록 궁극적인 붕괴 역시 더 처참해질 것이다. 따라서 "FC" 같은 "혁명가들은 그런 균열이 시작되는 시기를 앞당김으로써 재앙의 규모를 줄일 것이다……."

"우리는 새로운 형태의 이상적 사회를 만들어내는 일에 대해서는 환상이 없다. 우리 목표는 단지 기존의 사회 형태를 파괴하는 것뿐이다." 하지만 이런 활동에는 긍정적인 목표도 있다. 바로 기술에 반대되는 "야생 자연"을 홍보하는 것이다. 그리고 "산업사회를 없애고" 야생 자연을 홍보하는 과정에서 "부정적인 결과도 있겠지만…… 뭐, 케이크를 보관하면서 먹을 수도 있는 방법은 없다".

—

『워싱턴포스트』가 56쪽 분량의 선언문을 공개하고 몇 시간 만에 몇몇 다른 신문에서도 뒤를 따랐다. 타임 워너는 자사의 무료 인터넷 사이트 패스파인더에 선언문을 게시했다. 그날 밤까지 수천 명의 독자가 문서를 다운로드했다. 머지않아 단행본이 출간됐고, 베스트셀러가 되었다.[7]

반응은 즉각적이었다. 당시에 어떤 에세이도 이렇게 다양한 반응을 불러일으키지는 못했다. 일부 주류 언론은 물론이고 다수의 일반 독자에게 선언문은 동정적인 울림을 전했다. "이런 글은 한 번도 본적 없다”며 연쇄살인범 전문 범죄학자 마이클 러스티건은 평가했다. “많은 사람이…… 어떤 식으로든 스스로를 그와 동일시하는 것처럼 보인다.”[8]

로버트 라이트는 『타임』지에 기고한 글에서 다음과 같이 고백했다. “우리가 불만을 전하는 그의 방식을 공유하기는 어려울 것이다, 하지만 불만 자체는 익숙한 느낌이 든다…… 종종 우리는 현대의 삶이 우리를 위해 만들어진 것이 아닌 듯한 느낌을 받는다.”[9] 커크패트릭 세일은 『네이션』에 기고한 글에서 “(선언문의 첫 문장은) 미국의 대중이 이해해야 할 절대적으로 핵심적인 내용이며, 국가의 정치의제 맨 앞에 들어가야 한다”고 밝혔다.[10] 인터넷에서는—흥미롭게도 이는 급진적 무정부주의자들이 선택한 매체였다—유나보머의 팬 사이트가 컴퓨터 바이러스처럼 급증했다. 안락사 자유 클럽, 유나팩, 알트.팬.유나보머alt.fan.unabomber, 척의 유나보머 페이지, 메트로액티브, 스티브 하우의 레스트 스톱 등이었다. 유나보머 정치행동위원회를 비롯한 일부는 농담조로 그를 대통령 후보로 지지했으며, “뭐라 하지 마세요—저는 유나보머에게 투표했습니다”라는 범퍼 스티커를 붙이고 다니자고 제안하기도 했다.

대학의 몇몇 학자도 선언문을 칭찬했다. 위스콘신대학의 데이비드 린드버그 교수는 “탁월하게 잘 쓴 글”이라고 했다.[11] 워싱턴대학 의학사 및 윤리학 교수인 키스 벤슨은 이 선언문이 “미친놈의 허풍은 확실히 아니다…… 그가 하는 이야기에는 한 가지 진실한 요소가 있다”고 주장했다.[12]

선언문이 일부 평범한 사람들과 극렬 무정부주의자, 작가 및 학자들 사이에서 추종자를 만들어내기는 했지만, 학계와 언론계의 대다수 권위자는 그것을 비난하거나, 정치적 적들을 공격할 기회로 환영했다. 버클리 캘리포니아대학의 부교수 잭 레시는 유나보머가 "사물을 보는 관점은 학자답지 않다"고 불평했다.[13] 가톨릭대학 고전교수 윌리엄 매카시는 "길고 지루한 장광설"이라고 일축했다.[14] 보수 논객들은 이 선언문과 환경보호론자들의 주장 사이의 유사점에 주목했다. 토니 스노 평론가는 "앨 고어의 책 『위기의 지구』에 나오는 문장처럼 보인다"라고 했다.[15]

적들에게 그런 무기를 제공했다는 이유로 환경보호론자들도 대부분 이 문서를 싫어했다. 멘도시나 환경센터의 베티 볼 국장은 선언문의 메시지와 환경보호 운동 사이의 유사점이 "대중의 반감을 사고, 대중을 소외시키고 있다"고 불평했다.[16] 주류 언론과 다양한 정치적 주장을 펼치는 평론가들도 모두 태연하게 그 에세이를 규탄했다. 『휴스턴 크로니클』은 그 글이 "혹평"이라고 했다.[17] 『오리거니언』(포틀랜드)은 "강박적으로 반복되는 주제"에 대해 불평했다.[18] 엘런 굿맨은 "속을 알 수 없다"고 했다.[19] 매기 스카프는 『뉴리퍼블릭』에 기고한 기사에서 그 글이 "자기애적 성격장애"의 징후를 보인다고 했다.[20]

요컨대 모두 각자의 의견을 가지고 있었다. 그 점이 이상했던 것은, 뉴스바이트 네트워크가 10월에 지적했듯이, "폭파범이 전하려 했던 이념에는 거의 누구도 관심을 보이지 않았기 때문"이다.[21] 실제로 『오리거니언』이 당시에 좀더 간결하게(약간의 과장을 담아) 지적한 것처럼, "실제로 아무도 그 글을 읽지 않은 것"처럼 보였다.[22]

한바탕 소란스럽게 일어났던 국가적 관심이 잦아들자, 선언문의 내용에 대한 논의는 완전히 자취를 감췄다. 언론은 『워싱턴포스트』

가 그 글을 발표한 일이 윤리적으로 정당화될 수 있는지에만 계속 집중했고, 그 철학은 무시했다. 대학교수들은 대중문화를 분석할 때처럼 세세한 부분까지 과도하게 파고드는 모습을 전혀 보이지 않았고, 선언문을 그냥 무시했다—수업 시간에 읽기 과제로 내주지도 않았고, 그에 대해 직접 글을 쓰는 일도 하지 않았다. 급진적 무정부주의자나 어스 퍼스트!는 물론 온건한 환경보호론자들도, 유나보머가 본인들의 "야생 자연"을 구하는 활동을 지지한 것에 대해 당혹스러워했고, 그저 그가 잠잠해지기만을 바랐다. 보수적인 자유주의자들은 유나보머가 자신들의 의제인 개인의 자유도 지지했다는 사실을 불편해했고, 그를 철학적 논의에 끌어들이려는 마음은 전혀 보이지 않았다.

선언문이 무시된 것은, 요컨대 그 이념들이 너무 낯설어서가 아니라 오히려 너무 친숙했기 때문이다. 폭력에 호소했다는 점만 제외하면, 그 메시지는 평범하고 전혀 독창적이지도 않았다. 그 글이 명백히 보여준 우려, 기술이 문화와 자연에 미치는 영향에 대한 우려는 널리 공유되는 것이었고, 특히 전국의 가장 높은 교육을 받은 사람들 사이에서 그랬다.

선언문은 학계의—또한 대중적인—식상한 표현을 쓰자면, 많은 사람에게 스스로 보고 싶지 않은 자신의 모습을 비춰주는 거울이었다. 유나보머는 바로 그런 이들의 이념을 널리 알리기 위해 살인을 저지른 것이다. 만일 그 이념이 한 인간을 살인으로 이끌 수 있다면, 나머지 사람들에 대해서는 뭐라고 해야 하는 것일까?

따라서 유나보머의 이념이 앨 고어의 이념과 비슷하다는 토니 스노의 지적은 옳았다. 하지만 다른 이유에서 옳았다. 스노가 말했던 것처럼, 두 사람 사이에 특별히 친화적인 면이 있어서가 아니라, 그 이념이 사실상 대부분의 사람의 의견과 유사했기 때문이다. 한 세대 이상의 시간 동안 미국인들은 유나보머가 경고하는 과학과 기술에 대한 두려움에 사로잡혀 있었고, 거기에 반감을 지니고 있었다. 유전자 조작, 공해, 살충제, 제초제, 교육자들에 의한 아이들의 세뇌와 광고회사에 의한 소비자의 세뇌, 마인드컨트롤, 자동차, SUV, 발전소와 전선, 방사능 폐기물, 거대 정부, 거대 기업, 컴퓨터에 위협받는 사생활, 물질주의, 텔레비전, 도시, 교외, 휴대폰, 오존층 파괴, 지구 온난화, 그리고 현대 생활의 수많은 면면이 그랬다.

요컨대 선언문은 전체 국가의 관습적인 지혜를 구체화한 것이었다. 그 메시지는 『위기의 지구』뿐 아니라 거의 모든 학교나 대학의 교과서, 생태학이나 자연철학에 관한 모든 책, 한 세기 이상 베스트셀러에 머물러 있는 환경보호론자들의 책에서도 찾아볼 수 있는 것이었다. 그것은 동시대 미국인들의 신조라고 해도 부족함이 없었다.

많은 예비학교에서 쓰이는 동화 『열대우림』은 카진스키가 좋아했던 이야기 "후안 다리엔"과 소름끼칠 만큼 비슷한데, 한 남자가 불도저를 타고 열대우림과 그 안에 있는 동물들의 삶을 파괴하는 이야기다. 비가 내려 불도저가 절벽 밑으로 떨어지고 그 남자가 사망하면서 정의가 실현된다. 남자가 죽음을 향해 떨어지는 삽화도 들어가 있다. "기계는 물에 휩쓸려갔다! 하지만 열대우림의 생명들은 안전했다"라고 책에서 외친다.[23] 중학교 지리 교과서 『변화하는 세계 알아보기』는 중국이 "개발도상국에서 상품 생산에 대해 보여줄 것이 많다…… 그들은 값비싼 기계보다는 인간의 노동력에 의존한다"라고 지적하고 있다.[24] G. 타일러 밀러가 쓴 대학 교재『환경공학: 지속 가능한 지구』에서는 산업혁명이 과잉 소비와 "쓰고 버리는 세계관"을 장려했다고 비판한다.[25]

선언문에서 "산업혁명에 의해 비로소 인간사회가 자연에 미치는 영향이 진정 파괴적으로 되었다"라고 지적했다면, 베리 코머너의 베스트셀러『닫힌 원』(1970)은 "최근 미국을 휩쓸고 있는 환경 위기의 주된 원인은 생산 기술의 급격한 변화다"라고 경고했다.[26] 선언문이 "체제가 점점 더 성장할수록 그 파멸이 가지고 올 결과도 더 큰 재앙이 될 것이다"라고 예언한 것처럼, E. F. 슈마허의 베스트셀러『작은 것이 아름답다』(1973)는 "현대 세계는 기술에 의해 형성되었다. 그 세계가 반복해서 위기를 맞고 있다. 모든 방면에서 재앙의 예언이 나오고 있고, 실제로 파멸의 신호도 눈에 띄고 있다"며 탄식했다. 선언문이 "사람들이 더 이상 갈 수 없는 지점까지 (기술에 의해) 떠밀려가고 있다"고 선고했다면, 슈마허 역시 "인간의 본성이 비인간적인 기술, 조직 및 정치적 패턴 주위를 맴돌고 있다. 그 경험이 인간을 숨 막히게 하고 쇠약하게 만든다"라며 명확한 경계선을 긋고 있다.[27]

선언문이 "인간의 행동을 통제하는 심리학 기술"의 사용을 경고한 것처럼, 이미 살펴봤듯이, 시어도어 로작은『황무지가 끝나는 곳』에서 같은 경고를 했다. 선언문이 "선전 방법들이 있고, 대중매체는 그러한 방법들을 위한 효과적인 수단이 되고 있다"고 탄식했듯이, 프리초프 카프라는 홍행작『새로운 과학과 문명의 전환』(1982)에서 "텔레비전 광고가 '뉴스 쇼'를 포함해 모든 방송의 내용과 형식에 영향을 미치고 있고, 이 매체의 강력한 영향력을 활용해…… 사람들의 상상력을 형성하고, 현실에 대한 감각을 왜곡하고, 그들의 견해와 취향, 행동을 결정한다"고 지적했다.[28]

선언문은 "자연으로부터 인간의 소외⋯⋯ 그리고 확대가족이나 부족 단위의 마을 같은 자연적인 소규모 공동체의 붕괴"를 고발했다. 급진적 활동가들의 필독서가 된 조지 세션스와 빌 드발의 『딥 에콜로지: 자연과의 화해를 위한 지혜의 생태학』은 "기술사회는 인간을 자연의 나머지 부분으로부터 소외시켰을 뿐 아니라, 인간을 자기 자신과 타인에게서도 소외시켰다"고 지적했다.[29]

선언문은 "과학과 기술은 권력을 향한 거대한 움직임을 구성"했다고 썼다. 커크패트릭 세일의 『이 땅에 사는 자들: 생태지역학적 비전』은 다음과 같이 표명했다. "세대가 지나고 한 세기씩 지날수록 과학적 세계관은 점점 더 포괄적이고 지배적인 것이 되고 있다. 오늘날 그 견해는 거의 어떤 도전도 받지 않고 있다⋯⋯ 그것이 우리 경제의 원천이고 양분이다. 그것이 우리 정치체제의 근간이며⋯⋯ 그것이, 요컨대 우리의 신이 되었다."[30]

딥 에콜로지 운동의 대부 아르네 네스는 『생태, 공동체와 라이프스타일』에서 "원칙적으로 기술-산업적 성격의 전 지구적인 문화가 이제 세계의 모든 지역에 침투하며, 미래 세대의 삶의 조건을 오염시키고 있다"면서 안타까워했다.[31] 선언문은 "확실히 (기술이) 인간을 대단히 모욕적인 상태에 종속시키고, 자연에도 막대한 피해를 끼치고 있다"고 했다.

그리고 선언문이 "냉장고를 소유하는 것보다는 얼음창고를 짓고, 음식은 말리거나 초절임을 해서 보관하는 편이 났다"고 제안한 것처럼, 빌 매키번은 베스트셀러 『자연의 종말』에서 "모든 가정에서 세탁기를 버릴 것"을 추천하고, "풍요의 무력증"을 혹평했다.[32] 카진스키는 "우리는…… 산업 체제에 맞서는 혁명을 옹호한다. 이 혁명은 폭력을 활용할 수도 있고 그렇지 않을 수도 있다"고 표명했다. 매키번은 "우리는 극단적인 시대를 살고 있기 때문에 극단적인 해결책을 고려해야 한다…… 산업 문명이 자연에 종말을 고하고 있다면, 그 산업 문명에 종말을 고하는―혹은 적어도 그것을 변모시키는―방법을 이야기하는 것도 완전히 어리석은 일만은 아니다"라고 제안했다.

수사관이나 학자들, 그리고 언론에서 선언문을 좀더 면밀히 살폈더라면, 그것이 자신들의 생각보다 훨씬 더 수상쩍은 문서임을 알아차렸을 것이다. 제대로 풀기만 했다면 글의 저자와 그의 의도를 파악할 만한 단서들이 잔뜩 들어 있었다.

예를 들어 선언문에서는 반복해서 과학의 위험성을 경고하고 있다("과학은 인류의 진정한 안녕에 대한 고려 없이 맹목적으로 전진하고 있다" 혹은 "기술 애호가들이 미지의 영역으로 향하는 전적으로 무모한 여정에 우리 모두를 끌어들이고 있다"고 표명했다). 하지만 『뉴욕타임스』와 그 밖의 언론사에 보낸 편지에서 밝혔듯이, 카진스키는 신중하게 과학적 방법을 따랐다. 선언문이 선전과 행동 조정에 대해 경고하고, 심지어 저자가 행동심리학자(제임스 매코널)에게 폭탄을 보낸 적도 있지만, 사회철학자 스콧 코리가 지적했듯이, 선언문 자체도 행동주의 심리학의 용어를 자주 사용하고 있다. 행동주의 심리학은 보상과 처벌, 목표 설정, 목표 달성의 성공과 실패 등 관찰 가능한 행동의 결정 요소를 중시하는데, 선언문 역시 "권력 과정과 관련된 배제" "목표" "목표 완수" "목표 달성 실패" "대리인 활동" 등을 이야기한다. 심지어 선언문의 핵심 개념인 자유마저 "권력 과정에의 참여"라는 행동주의 심리학의 용어로 정의하고 있다.

하지만 더 큰 단서는 선언문이 프랑스의 프로테스탄트 철학자이자 평신도 신학자 자크 엘륄에게 많은 부분 의존하고 있다는 점이었다.[33] 훗날 카진스키는 엘륄의 책『기술사회』가 자신에게 매우 중요했다고—법원 정신과 의사 샐리 존슨에게, 새크라멘토 법정에서, 그리고 필자에게 보낸 편지에서—강조했다. 존슨의 보고서에 대한 평가에서 그는 "이 책을 읽었을 때…… 처음으로 기쁨을 느꼈다. '내가 지금까지 생각해온 바를 말하고 있는 사람이 있네'라는 생각이 들었기 때문이다"라고 언급했다.[34] 그는 심지어 엘륄과 편지도 주고받았다.

과연 선언문은『기술사회』에서 몇몇 핵심 주장을 가지고 온 것으로 보인다. "기술"이란 단순히 기계가 아니라 지식의 특정 부류를 대변한다는 점, 기술 진보는 되돌릴 수 없다는 점, 혁신이 미칠 영향은 예측할 수 없다는 점, 그리고 기술과 국가는 같은 시기에 탄생했으며 상호 의존적이라는 점 등이다. 하지만 엘륄의 이름은 선언문 어디에도 등장하지 않는다. 이는 선언문이 발표될 무렵 엘륄이 이미 사망했고, 그를 언급하면 FBI가 엘륄의 상속인들을 조사하고 그 과정에서 카진스키의 편지가 발견될 수도 있었기 때문인지 모른다. 하지만 다른 이유가 있었을 수도 있다. 바로 **선언문이 엘륄의 글을 대부분 무시하고—실은 거부하고—있기 때문이다.** 코리가 지적했듯이, "많은 부분을 엘륄에게 빚지고 있기는 하지만, 선언문의 내용은 엘륄이 공개적으로 표명한 믿음에 대한 투박한 반항"이다.[35]

코리는 엘륄이 후기 저작—『혁명의 해부』(1971)와『자유의 윤리』

(1976)—에서 자신이 『기술사회』에서 내세웠던 몇몇 핵심 주장을 철회했다고 지적했다.[36] 심지어 가장 초기의 저작에서도 그는 정치적 행동을 통해, 혹은 야생으로의 도피를 통해 자유를 얻을 수 있다는 개념을 거부했다. 이어진 저작에서 엘륄은 자유와 권력은 서로 정반대되는 것이라고(이는 자유를 "권력 과정에의 참여"로 정의한 선언문의 내용과는 대조적이다) 경고했다. 또한 무정부주의자는 희망이 없는 유토피아주의자이며, 혁명은 더 큰 폭정으로 이어질 뿐이고, 유일하게 의미 있는 혁명이란 사람들이 이성을 받아들이고 예수 그리스도를 통해 구원을 얻을 때 일어나는 지적이고 영적인 혁명밖에 없다고 적었다.

요컨대 엘륄과 편지를 주고받기는 했지만 카진스키는 이 프랑스 철학자가 1964년 이후로 쓴 글들, 특히 평화주의적이고 영적인 내용과 관련된 부분은 사실상 모두 무시했다. 카진스키는 엘륄의 초기 저작에 "꽂혔을" 뿐 이어진 내용은 무시한 것으로 보인다. 나중에 FBI가 카진스키의 오두막을 수색했을 때 『자유의 윤리』는 나오지도 않았다. 혁명의 효용성에 대한 카진스키의 믿음은 후기 엘륄의 충고 때문이 아니라, 그 충고에도 불구하고 변하지 않았던 것으로 보인다.

—

혁명에 대한 카진스키의 헌신은 또한 선언문을 쓰는 과정에서도 어떻게 여론을 불러일으킬 것인가 하는 문제를 야기했다. 엘륄의 이념은, 비록 후기의 것이라고 해도, 1995년에는 이미 낡은 이념이었다. 그것들을 통해서는 많은 개심자를 얻을 수 없었다. 기술에 대한 전쟁에서 이 선언문이 환호를 얻으려면 좀더 대중적인 이념들을 채워넣을 필요가 있었다.

그 선언문이 단지 철학 논문이 아니라 정치적 선언이기도 했기 때문이다. 지속적으로 이념을 개진하는 것뿐만 아니라 지지자들을 모으고 규합해야 했다. 그것은 신문 발표를 통해 다수의 청중에게 다가갈 수 있다는, 드문 기회를 활용하려는 도박이었다. 따라서 그 주장은 상상할 수 있는 모든 것을 담고 있어야 했다.

따라서 선언문이 동시대 미국의 관습적인 격언처럼 보이는 것도 우연은 아니다. 사실 그건 전적으로 의도한 바였다. 폭넓은 청중을 사로잡기 위해 선언문은 이념들을 샐러드처럼 섞어서 내놓았다. 독자들이 원하는 것만 취하고 나머지는 건드리지 않는 문학 슈퍼마켓처럼, 그 글은 아리스토텔레스, 제퍼슨, 마르크스는 물론이고 사회비평가 루이스 멈퍼드, 에리히 프롬, 폴 굿맨, 에릭 호퍼, 경제학자 소스타인 베블런, E. F. 슘페터, 레오폴드 코어, 철학자 오스발트 슈펭글러, 아르투어 쇼펜하우어, 프리드리히 니체, 한나 아렌트, 문화인류학자 루스 베니딕트와 마거릿 미드, 심리학자 지크문트 프로이트, 알프레트 아들러, B. F. 스키너, 사회학자 테오도어 W. 아도르노와 탤컷 파슨스 등의 이념을 빌려오거나 구체화하고 있다. 그 밖의 많고 많은 사상가 중에는 엘륄도 포함된다.

무엇보다 선언문은 혁명에 대한 환호를 자아내려는 의도를 지녔다. 그리고 그 전략에서 가장 냉철하게 계산된 부분이 표면적으로 환경보호론을 적당히 포용하는 것이었다. 카진스키가 자신의 메시지를 환경보호론처럼 포장한 것은, 스스로 헌신적인 환경보호론자였기 때문이 아니라, 그렇게 하면 자신의 글이 좀더 인기가 있을 거라고 생각했기 때문이다. "야생 자연"을 언급한 것도, 좋은 뜻으로 보자면 나중에 떠오른 생각이거나 독자들에게 거는 장난에 불과하다고 할 수 있겠지만, 그보다는 자신의 혁명에 대한 지지자를 더 많이 모으려는 냉소적인 시도였을 가능성이 더 크다.

카진스키가 생태학이나 환경보호에 관심이 없었다는 점은 분명하다. 1971년에 쓴 에세이에는 자연에 대한 언급이 전혀 없다. 소위 환경보호론과 관련된 이유로 피해자(존 모서)를 노린 사건이 일어난 것은 그의 폭파 활동이 시작되고 16년이나 지난 시점이었다. 그리고 선언문에서 환경 파괴에 대한 언급은 지나가면서 종종 등장하기도 하지만, 생태학에 대한 언급은 전혀 없다. "야생 자연"에 대한 본격적인 논의는 232단락 중 183단락, "전략"이라는 제목에서 처음 등장하는데, 이는 분명 자신의 대의를 따르는 개심자들을 모으기 위해 의도된 바였다.[37] "이데올로기" 단락에서 그는 다음과 같이 썼다.

열성적인 지지자를 얻기 위해서는 부정적 이상뿐 아니라 긍정적 이상도 있어야만 한다. 무언가에 **맞서는** 이상뿐 아니라 무언가를 **위한** 이상도 있어야만 한다. 우리가 제안하는 긍정적 이상은 자연, 즉 **야생** 자연이다. 인간의 관리와는 독립적으로 존재하고, 인간의 간섭이나 통제로부터 자유로운 지구 및 그 생명체의 기능과 관련된 면모를 말한다.[38]

나중에 FBI 조사관들은 카진스키의 오두막에서 날짜가 적히지 않은 자필 원고를 발견하는데, 거기에 다음과 같은 고백이 적혀 있었다.

> 나는 자연이나 야생을 숭배하는 의식儀式은 믿지도 않는다(나는 내게 쓸모없는 숲이라면 얼마든지 더럽힐 수 있다. 종종 벌채를 마친 땅이나 사람이 많이 다니는 곳에 빈 깡통을 버리기도 한다. 야생 상태가 물리적으로 특별히 건강하다고 생각하지 않는다. 나는 망설임 없이 야생을 해칠 수 있다.[39]

선언문을 꼼꼼하게 분석한 몇 안 되는 학자 가운데 한 명인 스콧 코리는 그 글이 하나의 "정치적 타협"이라고 했다. 선언문에는 분명 양립할 수 없는 두 이론이 담겨 있다. 하나는 카진스키가 믿었던 것으로 보이는 철학적 이론이며, 다른 하나는 아마 인기를 끌 거라고 그가 짐작했던 환경 이론이다.

전자는—카진스키의 핵심 철학처럼 보이는데—사회 이론이다. 이 이론은 거대함—거대 정부, 거대 경제, 거대 사회—이 자유를 파괴한다는 이유로 거기에 반대한다. 그리고 이 견해에 따르면 기술은, 이러한 거대함을 가능케 할 뿐 아니라, 그 기구들의 권력을 확대함으로써 지역 문화를 파괴하고 인간의 자유를 제약하는 결과를 낳는다. 값싼 노동력을 찾아 다국적기업은 공장을 한 나라에서 다른 나라로 옮기고, 수천 명을 실직 상태로 만들고 지역 전체의 경제를 망친다. 하지만 이러한 기업은 제트기와 컴퓨터, 위성, 그리고 전화가 없다면 작동할 수 없다. 정부는 너무 거대하고, 굼뜨고, 비인간적으로 되어서 그 자체의 민주적 기구들의 기반을 갉아먹고 있다. 하지만 이런 정부는 거대 과학—이동 수단, 통신, 고성능 무기 등—이 제공하는 막대한 권력이 없다면 성장할 수 없다. 과학과 기술은 관료제 정부가—선전, 교육 체제, 감시를 통해—수억 명의 사람을 통제할 수단들을 제공한다.

첫 번째 이론에 따르면 해결책은 이 거대함을 작음으로 대체하는 것이다. 오직 홀로 있는 개인, 혹은 소규모 자발적 연합만이 자유(카진스키의 정의에 따르면 "권력 과정에 참여할 능력")를 누릴 수 있다. 하지만 기구들을 축소하는 유일한 방법은 그들에게서 권력의 도구, 즉 기술을 빼앗는 것이다. 기술이 현대 국가를 지탱하고 국가는 기술을 지원한다. 이 둘은 함께 일어나고 함께 몰락한다. 따라서 먼저 기술을 파괴하지 않으면 국가를 전복할 수도 없다.

두 번째 이론은, 카진스키 스스로가 믿어서가 아니라 인기 있다는 이유로 지지한 듯 보이는데, 바로 자연에 대한 이론이다. 이 이론은 태초에는 세상이 완벽했으며, 이후로 줄곧 내리막길을 걷고 있다고 가정한다. 그런 이유로 이 이론은 시계를 몇천 년 되돌려, 문명을 해체하고 지구를 태초의 자연 상태로 복구시킬 것을 제안한다. 이런 견해를 종종 '러다이트'라고 부르기도 하는데, 러다이트란 1811년에서 1816년 사이, 잉글랜드 노팅엄에서 기계 때문에 일자리를 잃고 분노한 공장 노동자들이 마스크를 쓰고 스스로 "네드 러드 장군"이라고 칭했던 사람을 따르며 방직기를 파괴했던 사건을 말한다.

요컨대 카진스키는 첫 번째 이론은 진심으로 믿었지만, 두 번째 이론은 단지 전략적인 이유로 옹호했던 듯하다. 첫 번째 이론은 문화에 관한 것, 두 번째 이론은 자연에 관한 것이다. 첫 번째는 자유, 두 번째는 보존이다. 첫 번째는 보수적이고 두 번째는 좀더 자유롭다. 첫 번째는 정부를 축소하고, 인간적 규모의 공동체가 운영하는 지역 자치를 허용하기를 원한다. 두 번째는 국립공원과 야생림을 확장함으로써 지역 공동체가 성장하기를 원한다(이러한 의제에 담긴 암시를 카진스키와 다수의 환경보호론자는 깨닫지 못했거나 인정하지 않으려 했다). 첫 번째는 세계지도를 여러 자치 공동체가 있는 곳으로 다시 그리기를 원한다. 두 번째는 전 세계에서 사람들을 몰아내고, 지구를 태초의 야생으로 되돌리기를 원한다. 첫 번째는 동시대 토착민들의 문화적 생존 문제를 제기한다. 두 번째는 한때 지구를 돌아다녔던 홍적세의 원주민들을 이상화하지만, 그 후손, 즉 물개나 연어를 마구 죽인다고 비난받는 동시대 원주민들에 대해서는 다른 태도를 보인다.

그리고 두 이념 다 꽤나 오래된 것이다.

기념비적인 책『고대 원시주의와 관련 사상』에서 역사가 아서 러브조이와 조지 보아스는 적어도 기원전 5세기 이후로 서구 사상에 끈질기게 이어진 소위 "원시주의"의 두 가지 형태를 규정했다.

첫 번째, 문화적 원시주의는 "문명화된 자가 그 문명에 대해, 혹은 그 문명에서 눈에 띄는 특징이라고 할 수 있는 어떤 부분에 불만을 갖는 것이다.[40] 그것은 상대적으로 많이 발전하고 복잡한 문화적 조건에서 살고 있는 사람들이 갖는, 훨씬 더 단순하고 덜 섬세한 삶이 어떤 면에서, 어쩌면 모든 면에서 더 바람직하다는 믿음"이다.

두 번째, 연대기적 원시주의는 종종 반복적으로 "인간의 삶에서 최고 수준의 뛰어남이나 행복은 역사가 시작될 때 존재했다"고 가정한다. 이는 성경의 에덴동산이나 그리스 신화의 황금 시대 혹은 크로노스 시대처럼, 역사 전반에서 사회들이 만들어질 때의 창조 신화에 내재된 개념이다. 연대기적 원시주의는 따라서 원주민을 이상화하고, 그들이 몰락 이전에 존재했던 인류의 순수함을 구체화하고 있다고 가정하며, 사람들이 "자연과 가깝게" 살았던 시대를 애정을 담아 회고한다.

각각의 원시주의는, 러브조이와 보아스의 설명에 따르면, 다양한 가장을 하고 나타난다.[41] 예를 들어 일부 연대기적 원시주의는 세상이 시작된 후로 점점 쇠퇴하고 있지만, 그러한 타락을 되돌리고 황금 시대를 회복할 수 있다고 주장한다. 문화적 원시주의는 그것이 싫어하는 문화의 면모에 따라 다양하게 드러난다. 일부는 결혼 제도를 거부하고 "아내와 아이들의 공동체"나 "근친상간까지 포함하는 성적 방종"을 옹호한다. 다른 일부는 육식에 반대하고, "자연 상태"에서는 모두가 채식주의자였다고 가정한다. 그리고 또 다른 일부는 산업화 이전의 "자연 상태, 즉 인간 삶의 조건이…… 대부분 '인공적인 것'의 간섭으로부터 자유로웠고, 인공적인 것은 전혀 없었거나, 가장 단순하고 초보 단계의 실용적인 것들만 있었던" 사회를 세우고자 갈망한다.

다양한 원시주의의 인기는 역사 속에서 높아졌다가 시들었다가 했다고 두 학자는 설명했다. 그리고 이 책을 쓰던 시점(1935)에 그것은 부흥하던 중이었다. "이번 세기가 시작된 후 서양인은 19세기 '진보 신화'에 점점 더 회의적으로 바뀌었고, 그때까지 문명이 낳은 결과들의 가치에 대해, 그리고 그 문명이 이끄는 미래와, 그런 문명을 만들어낸 본인 자체에 대해서도 점점 더 의혹을 갖게 되었다."[42]

그리고 이런 근심은 "2000년도 더 된 과거에 표현되었던 의심이나 우려"와 매우 유사하다. "이런 분위기를 대변하는 동시대의 옹호자들이 좀더 복잡하고 정교한 일반적 이념을 보여주기는 하지만, [고대의] 일부 글과, 예컨대 프로이트의 『문명 속의 불만』 혹은 슈펭글러의 『인간과 기술』의 몇몇 문장은 놀랄 만큼 비슷하다."[43]

이러한 고대 이념들과 카진스키의 선언문 또한 놀랄 만큼 비슷하다. 왜냐하면 선언문의 핵심 철학—카진스키가 진심으로 믿고 있는 듯한—은 문화적 원시주의의 일종이기 때문이다. 러브조이와 보아스의 정의를 따르자면, 그것은 "문명의 두드러진 면", 즉 기술에 대한 "불만"을 표현했기 때문이다. 그리고 이 문서의 두 번째, 혹은 전략적 철학은 연대기적 원시주의를 보여주는 하나의 예였다. 그것은 지구를 자연 상태로 되돌릴 것을 주장했다.

러브조이와 보아스의 책 이후에 문화적 원시주의는 점점 더 인기를 얻었고 1960년대 중반까지 계속됐다. 프로이트와 슈펭글러뿐 아니라, 하버드의 사회철학자 루이스 멈퍼드와 엘륄을 비롯해 셀 수 없이 많은 동시대 작가가, 기술적 진보는 문화의 미래를 위협할 거라고 경고했다.

이 시기 저명한 경제학자나 생태학자 다수가 이 주제를 더 밀고 나갔다. 그중 한 명이 엘륄이다. 다른 한 명은 E. F. 슈마허로, 그의 책 『작은 것이 아름답다』는 문화 부흥과 관련해 획을 그은 작품으로 명성을 떨쳤다. 세 번째 인물은 슈마허의 친한 친구이자 동료였던 오스트리아 경제학자 레오폴트 코어로, 그의 책 『국가의 붕괴』(1957)는 "규모의 생태학"을 최초로 설파한 책들 중 한 권이다.[44]

1960년대 영국에서 코어는 "작은 것"을 신봉하는 소규모 모임을 조직했는데, 슈마허와 영국 성직자 존 팝워스, 기업사냥꾼 제임스 골드스미스 경의 사촌인 에드워드 골드스미스 등이 구성원이었다.

팝워스의 집에서 그들은 팝워스가 "제4세계" 운동이라 부른 것을 창설했다.[45] 이 운동은 "기존의 권력 구조를 거부했는데, 이는 그 권력이 자본주의적이거나 공산주의적, 혹은 파시스트적이어서가 아니라, 단지 그것들이 너무 크기 때문"이었다. 1971년 골드스미스는 정기간행물 『에콜로지스트』를 창간하고, 다국적 상업활동의 파괴적 영향으로부터 제3세계를 보호하는 일에 평생을 바치게 된다. 그리고 1973년 슈마허의 『작은 것이 아름답다』가 세상을 뒤흔들었다.

이들에게 사회가 작고 다양해야 한다는 필연성은, 생물학적 다양성이라는 정치 원칙을 적용한 것에 불과했다. 말하자면 정치적 실책이 생태학적 결과를 낳는다는 추론이다. 커다란 것을 추구하는 추세는 삶의 수준을 저하시키고 문화를 파괴할 뿐 아니라, 세계적 환경 위기의 원인이기도 하다. 각종 기구가 커지면서, 거기에 봉사하기 위해 더 복잡한 기술이 요구되고, 그것이 다시 환경에 치명적인 영향을 미친다. 역사는 사악한 순환을 반복하는데, 각각의 과학적 진보가 폭발적인 인구 증가를 낳고, 정치와 경제 단위는 점점 더 커지고, 기술이 거대해지며 인구도 더 거대해지고, 사회와 생태계가 받는 피해도 더 거대해진다.

하지만 1962년 레이철 카슨의 『침묵의 봄』이 출간된 후 몇십 년 동안 현대 환경운동이 성장하면서, 미국에서의 관심은 문화에 대한 걱정에서 환경에 대한 걱정으로 옮겨갔다. 코어와 슈마허를 중심으로 한 "제4세계" 소모임은, 구성원들이 나이가 들고 사망하면서 점점 더 작아졌다. 미국의 환경보호론자들은 특히—급진주의자든 주류든 상관없이—철저한 러다이트주의자가 되어, 연대기적 원시주의의 목적에 헌신하게 되었다.

시에라 클럽, 그린피스, 야생연합 등이 전국적인 대규모 단체가 되었고, 정부 역할을 줄이기보다 오히려 확대하는 일에 헌신했다. 연방정부 단계에서 로비를 하면서, 이 단체들은 더 많은 야생지역을 정부가 구입하고 관리하면서 "원래의 생태계를 복구"하라고 의회와 관련 행정부를 설득해왔다. 1995년까지 그들의 활동은 대단한 성공을 거두었다. "콜럼버스 이전의 상태"로 복구하고, "태초의 풍경을 재창조"하는 것이 국가적 정책이 되었고, 미국 산림청, 전국 공원 관리청, 국토관리국 등 전국적인 국토 관리 기관들이 이러한 정책을 추진했다.[46]

따라서 예비 혁명가였던 카진스키는 문제에 봉착했다. 이제는 죽어버린 프랑스 신학자가 고안하고, 장년의 영국 성직자가 주도하는 "제4세계" 운동의 문화적 원시주의 철학, 그리고 그 철학을 옹호하는 60대들로 구성된 소규모 집단은 카진스키가 요구하는 과업을 수행할 핵심이 될 수 없었다. 다행히 그런 대규모 운동은 이미 존재했다. 바로 연대기적 원시주의를 옹호하는 환경보호론자들이었다. 따라서 카진스키가 할 일은 그 사람들에게 손을 내미는 것밖에 없었다. 첫째, 어스 퍼스트!를 비롯한 급진적 환경 조직과 접촉해야 했고, 그는 그렇게 했다. 둘째, 가능한 한 많은 환경보호론자에게 호소하는 문서를 발표해야 했다. 그 말은 곧 자신의 이념을 연대기적 원시주의로 포장하고 "야생 자연"을 회복할 것을 옹호해야 한다는 뜻이었다.

물론 카진스키가 이 두 가지(연대기적인 것과 문화적인 것) 이론을 전략적인 이유로 택한 것은 아니며, 둘 사이의 양립 불가능성을 알아차리지 못했을 수도 있다. 하지만 그의 논리적 사고를 고려할 때, 후

자일 가능성은 낮다. 양쪽 이론을 모두 지지한 것이 실제로 전략적인 선택이었다고 보는 것이 타당할 듯하다. 그렇다면 자신의 선언문을 발표함으로써 그는 거대한 혼선을 불러일으킨 셈이 되었다. 과거에 그는 "우―RV" "네이선 R―수요일 오후 7시"라는 메모나 "우드"를 활용한 말장난, 그리고 소포의 주소 등을 통해 속임수를 쓰면서 FBI를 잠시 혼란스럽게 한 적이 있다. 하지만 이제 그는 온 나라를, 그것도 몇 주가 아니라 몇 년 동안 속여버린 것이다! 모두들 그가 환경보호론자일 거라고 믿었다.

선언문이 등장하고 잠시 동안 카진스키는 자신의 장난을 즐길 수 있었다. 온 나라를 속이고도 들키지 않았다. 그는 자신이 잡히지 않을 거라고 확신했다. 본인이 『뉴욕타임스』에 말했듯이, FBI는 '장난'이었다. 하지만 결국엔 그 장난이 그를 쫓고 있었다. 전국적인 관습처럼 여겨지던 지혜를 자신의 철학으로 홍보함으로써, 그는 자신만의 대의에 대한 지지자를 얻는 데는 실패했다. 오히려 많은 사람을 화나게 했는데, 자신들이 소중히 여기는 이념을 내세우며 누군가 살인을 저지르고 있다는 사실에 흡족해할 사람은 없기 때문이다. 그리고 카진스키 본인의 철학(문화적 원시주의)이 본질적으로는 수십 년 동안 바뀌지 않았다는 바로 그 사실은 결국 그를 체포하는 핵심 단서가 된다.

6.   아, 야생!

<blockquote>

어떤 미국인이 새롭게 달라졌다면, 그가 야생 속에서 스스로를 갱신한 문명인이기 때문이다.

—월러스 스테그너[1]

단 하나의 동기로 뭔가를 하는 사람은 아무도 없다.

—새뮤얼 테일러 콜리지, 『문학 전기』

</blockquote>

헬레나 북서쪽, 상원의원 맥스 보커스 가문 소유인 시벤 목장을 지나고, 로키산맥의 분수령을 따라 구불구불한 길을 오르고, 피셔 패스를 지나 루이스 앤 클라크 국립 자연림으로 들어가 위스키 협곡을 지나면, 리틀 블랙풋 강 옆에 자리 잡은 몬태나주 링컨이 나온다. 로키산맥 분수령 꼭대기의 200번 국도 옆, 밥 마셜 야생 구역 바로 아래에 있는 조그만 마을이다.

겨울이면 링컨에는 거의 해가 들지 않는다. 그리고 해가 들 때면, 평소에는 지면 가까이 온기를 잡아두던 구름이 사라지면서 기온이 내려가고, 눈 속으로 빠지는 부츠 소리까지 들을 수 있다. 그런 날이라고 해도 늦은 오전까지는 주변의 산들이 햇빛을 차단하고, 오후

중반쯤 되면 어둠이 내려앉으며, 햇빛이 비치는 동안에는 미송이나 폰데로사 소나무를 지나온 빛이 으스스한 황혼의 오렌지색으로 빛나는데, 주민들은 그걸 고산지대의 석양빛이라고 부른다.

푸어맨 계곡과 나란히 달리는 스템플 매스 근처, 버치 게링의 제재소에서 멀지 않은 캐니언 계곡이라는 작은 지류 주변은 훨씬 더 어둡다. 그곳에는 키 큰 나무들이 늘 그늘을 드리우고 있고, 반쯤만 비치는 햇빛은 아래쪽 개울을 따라 주마등처럼 어지러운 모습을 보인다. 카진스키는 그 개울 근처에 살았다. 그곳은 환경보호론자들의 상상 속에서 이상화된 우호적인 자연보다는, 중세 동화에 등장하는 불길한 숲의 모습을 더 많이 드러내는 듯하다. 1996년 4월의 체포 후 당국이 철거하기 전까지 카진스키의 오두막은 거기 소나무 아래, 마치 오래전에 잊힌 영혼들을 기리는 기념탑처럼 서 있었다. 1997년 봄 내가 방문했을 때는 오두막 주위에 사슬을 채운 2.4미터 높이의 담장이 둘러져 있어서, 마치 한때 그곳의 주인이었던 사람의 운명을 예고하는 것처럼 보였다. 담장 옆 모닥불을 피웠던 자리에는 검게 그을린 돌들이 쌓여 있고 그 위에 칼처럼 기다란 꼬챙이가 하나 놓여 있었는데, 원래 목적인 토끼 고기를 꿰기에는 지나치게 큰 듯싶었다. 개울에서 물을 끌어오기 위해 설치한 플라스틱 파이프가 풀밭 위로 지나고 있었다. 채소를 키우던 정원에 둘러놓은 철사 울타리는 밤에 동물들이 드나들면서 심하게 망가진 상태였다. 개울 건너 지하 저장소로 들어가는 입구는 그냥 땅에 난 상처처럼 보였다.

—

남북전쟁 직후 황금을 찾던 북군의 퇴역 군인들이 이곳에서 황색 광석을 발견하고는 계곡에 에이브 링컨이라는 이름을 붙여주었고, 마을을 세운 다음에는 암살당한 대통령의 출생지를 기리며 스프링 필드라고 불렀다. 시간이 지나면서 지역 공동체는 두 곳의 사광 채굴장을 자랑스러워하게 되었고, 도시 이름을 링컨으로 바꾸었다.

광산이 명을 다하고, 링컨은 그레이트폴스와 미줄라를 잇는 고속 도로를 달리다 잠시 쉬어가는, 여러 지루한 마을들 중 하나가 되었다. 사람들이 기름을 넣고, 지도나 햄버거를 사는 통나무집 주변에는 소나무 잎이 잔뜩 쌓여 있었다. 이면 도로는 여전히 자갈길이었고, 그 길을 따라가면 드문드문 오두막들이 있었다. 얼핏 링컨은 시간이 멈춘 곳처럼 보였는데, 관광용 오두막과, 자연산 얼음으로 만든 진짜 밀크셰이크를 파는 동네 식당이 있는 1930년대의 어느 마을 같았다. 그리고 카진스키가 이곳에 들어온 1971년 6월까지도 링컨은 여전히 그레이트폴스에서 온 사람들이 밥 마셜이나 리틀 블랙풋 강에 연어 낚시를 하러 가기 전에 들러서 식료품 등을 사는 곳이었다.

하지만 겉보기에는 링컨이 오래된 곳 같아도 더 이상은 아니다. 그렇다고 현대적인 휴양지나 은퇴자 마을이라고 할 수도 없다. 그레이트폴스와 미줄라를 잇는 주요 도로 위에 위치하고 있어서 과거처럼 외진 곳이라고 할 수도 없으며, 심지어 뉴욕이나 로스앤젤레스에서 찾아오는 관광객들도 있다.

인구 밀도가 낮은 몬태나주 대부분의 지역에서 그렇듯, 여기서도 서로가 서로를 알고 지낸다. 주민들은 목장과 관련된 일을 하고, 피부가 가죽처럼 거칠며, 마치 트럭의 시트 쿠션처럼 찌그러진 카우보이 모자를 쓰고 다닌다. 옆자리에 지렛대 방식의 윈체스터 30-30 장총이 놓여 있고 짐칸에 청회색 털의 목축용 개가 타고 있는 0.75톤 사륜구동이 아닌 차를 타고 다니는 낯선 이를 도로에서 마주친다면, 그는 길을 잃은 사람일 가능성이 높다.

하지만 링컨에도 새로운 주민들이 밀려들고 있으며, 더 이상 그런 틀에 꼭 들어맞는다고 할 수 없다. 이곳은 낯선 사람들의 공동체가 되었다. 카진스키와 가장 가까웠던 두 이웃은 최근에 캘리포니아에서 이사 온 사람들이었다. 다른 둘은 주소지를 다른 데 두고 가끔씩만 링컨을 찾는 사람들이었다.

로버트 레드퍼드의 영화「흐르는 강물처럼」이 나왔던 1992년 이전에도, 아름다운 사람들은 몬태나 서부를 알아보기 시작했다. 대규모 유민들이 산악지대로 몰려와 연어를 잡고, 땅을 사고, 여름용 오두막을 지었다. 전국 규모의 잡지에서 이곳을 "마지막 남은 최고의 입지"로 묘사했다. 그리고 머지않아 부동산 가격이 하늘 높이 치솟았다.

그러자 이번에는 돈은 없지만 똑같이 기회주의적인 사람들—즉 부동산으로 한 방을 노리는 노동자 계급—이 몰려들었다. 애스펀에서 목장을 몰아내고, 산타페의 어업을 망치고, 와이오밍주 잭슨에 황폐한 싸구려 불빛을 퍼뜨린 인구 변화가 이제 몬태나에서도 진행되었다.

보즈먼, 리빙스턴, 빅 팀버 같은 도시들에 이미 영화배우, 언론계 거물, 물려받은 유산이 많은 가족들이 몰려들며 침략의 선봉을 담당하고 있었다. 그리고 이런 곳이 큰 부자들의 세련된 집합소가 되면서 대부분의 주목을 끌고 있었다.

이러한 이주 덕분에 상대적으로 덜 알려진 링컨 같은 공동체도 영향을 받았고, 덜 비싼 부지를 찾아 노동자 계층 가족들이 속속 도착했다. 뒤이어 백인 노동자 계층의 건축가와 부동산 투기꾼들이 대박을 노리고 찾아왔다. 그리고 농장주들이 양쪽 해안의 부유한 행락객들을 위한 수백만 달러짜리 별장용으로 땅을 조금씩 팔면서 도로 아래 캐니언 계곡은 변모하고 있었다.

동시에 어스 퍼스트!나 '스텀프스 석Stumps Suck'* 활동가들, 그리고 너저분한 외모의 "땅으로 돌아가는 사람들" 역시 링컨 주변의 숲을 발견하고는, 저지대에 히피 공동체를 짓고, 마리화나를 키우고, 생태 낙원을 꿈꾸었다.

요컨대 링컨은 정체성이 없는 공동체가 되었다. 남아 있던 몇몇 원주민도 수염을 기르고 얼굴이 흙빛인 히피와 부드러운 피부에 오르비스 낚시 조끼를 입은 외부인이 갈런드 잡화점의 계산대 앞에서 서로를 멀뚱멀뚱 쳐다보는 모습에 익숙해졌다. 그런 까닭에 1996년 3월 중순, 샌프란시스코 지국에서 나온 여섯 명의 FBI 요원이 마을을 어슬렁거리고 다니는 것을 봤을 때도 크게 놀라는 사람은 없었다.

---

* '그루터기는 역겹다'라는 뜻으로, 1980년대와 1990년대에 환경보호론자들이 자주 외치던 구호다.

—

특수요원 돈 색틀번과 "매드 맥스" 노엘, 그리고 짐 프리먼은 세
븐업 산장에 은신했고, 증거대응팀 동료 캔디스 드롱과 존 그레이는
스포츠맨스 모텔에 자리를 잡았다. 이 작은 수사팀의 지휘는 프리먼
과 샌프란시스코의 또 다른 요원 테리 터치가 공동으로 맡고 있었
다. 두 사람은 교대로 몬태나를 방문하며 반드시 한 명은 늘 링컨에
있도록 합의했다. 세븐업이 본부이고 스포츠맨스 모텔은 감시 초소
인 셈이었다. 200번 고속도로와 스템플 패스가 교차하는 모퉁이에
안성맞춤으로 자리 잡은 모텔은, 푸어맨 계곡을 오르내리는 자동차
나 오토바이를 파악하기에는 완벽한 곳이었다.[2]

하지만 눈에 띄지 않기 위해 아무리 애써도 이 요원들은 여전히
본모습인 도시 여피족처럼 보였다.* 오르비스 파카와 L. L. 빈 부츠
차림에 최신 모델 SUV를 타고 다니는 그들은 가축 경매장에 구경
나온 도시 관광객처럼 튀었다. 드롱은 추위와 형편없는 식당에 대
해 불평했다. 가끔씩 눈물이 날 정도로 지루했다. 위장을 위해, 약혼
한 사이였던 그레이와 드롱은 『내셔널 지오그래픽』에 실을 이야기
를 찾는 부부로 행세했다. 색틀번과 프리먼은 오래된 금광을 조사
하는 역사가인 척했는데, 제정신인 사람이라면 아직도 눈이 몇 미
터나 쌓여 있는 계절에는 하지 않을 작업이었다. 터치와 노엘은 "야
외활동을 즐기는 사람"이라고 했지만, 사냥이나 낚시 시즌이 아니
었다.

---

* 여피yuppie란 전후 베이비붐 세대로 도시 근교의 화이트칼라 엘리트 계층을 일컫는다.

그럼에도 링컨 주민들은 거의 알아차리지 못했다. 심지어 이 낯선 사람들이 카진스키의 옆집 이웃인 광부 겸 벌목업자 버치 게링에게 캐니언 계곡의 판잣집을 빌릴 때도 전혀 궁금해하지 않았다.

요원들의 관심 대상은 카진스키의 오두막이었다. 비바람 때문에 골조는 낡았고, 뾰족한 굴뚝이 있고 처마는 없었으며, 크기는 가로 3미터, 세로 3.6미터쯤 되는 그 오두막은 마치 세상에 등을 돌리고 서 있는 것 같았다.

카진스키의 집 뒤쪽 절벽 위에 있는 게링의 판잣집에서, 노엘과 색틀번은 적외선 쌍안경과 저격용 고성능 망원경 등으로 24시간 감시 체계를 갖췄다. 숲에 있는 나무에는 마이크와 동작감지기도 설치했다. 나중에는 정찰기를 띄우고 감시 위성을 통해 매시간 지면을 촬영하기까지 했다.

3월의 마지막 2주 동안 터치는, 프리먼과 번갈아가며, 샌프란시스코 검찰의 데이비드 클리어리 검사 및 스티브 프라세로 검사와 접촉하며, 카진스키의 집에 대한 수색영장을 받아내기 위해 공술서를 작성했다. 그사이 CBS 프로그램 「60분」의 프로듀서 로웰 버그먼은 체포가 임박했음을 알게 되었다. 그는 워싱턴 D.C.의 FBI 공보관 조지 그로츠에게 전화를 걸었고, 공보관은 아직 뉴스를 내기에는 이르다며 기다려달라고 간청했다. 버그먼은 체포가 이루어질 때 독점 취재를 보장해준다면 잠시 방송을 미루겠다고 동의했다.

이런 유인책을 안은 채, 링컨의 요원들은 감시를 강화했다. 하지만 용의자가 모습을 드러내거나 영장이 발부되기 전에 체포할 수는 없었다. 본인이 감시받고 있다는 것을 카진스키가 알게 되면, 그는 증거를 파괴할 것이다. 뿐만 아니라 요원들은 감시 대상자가 사슴

사냥 허가를 받았으며 총기를 가지고 있다는 사실을 알고 있었다. 만약 그가 그들이 찾는 사람이라면, 자기 집 주위에 지뢰를 묻어놓았을 수도 있었다. 혹은 그가 감시 사실을 알게 된다면, 야생으로 숨어들어가 영원히 추적자들을 따돌릴 수도 있었다. 하지만 실제로는, 용의자는 좀처럼 자신의 판잣집 밖으로 나오지 않았다. 저격용 망원경이나 위성 사진까지 동원했지만, 보이는 거라곤 대단히 마른 남자가 종종 식료품 저장소에서 음식을 꺼내기 위해 집 밖으로 나오는 모습뿐이었다.

3월 31일, 터치는 샌프란시스코로 날아와 아들의 생일 파티에 참석했고, 짐 프리먼이 링컨에서 대신 지휘를 맡았다. 이틀 후인 4월 2일, FBI는 ABC와 CNN 뉴스도 취재에 돌입했음을 알게 되었고, CBS는 워싱턴의 FBI 공보실에 연락해 자신들은 더 이상 기다릴 수 없다고 전했다. 이번에도 FBI는 간청했고, CBS는 다음 날까지만 보도를 미루기로 했다.

터치는 행동에 돌입했다. 4월 2일 오전 9시 30분, 그는 샌프란시스코 지부에서 150명의 경찰 특수부대원을 소집했고, 정오 무렵 첫 번째 파견대가 헬레나행 델타 항공을 탔다. 이어서 그와 글리어리, 프라세로는 속도를 내서 공술서를 작성했고, 저녁에는 터치가 나머지 특수부대원들과 함께 델타 항공을 탔고, 자정 무렵 헬레나에 도착했다.

헬레나에 도착하자마자 터치는 현지의 법무부 직원을 만났고, 두 사람은 새벽 5시 무렵 마침내 공술서를 완성했다. 같은 날 오전 8시에 윌리엄 로벨 판사에게 공술서를 전달하며 카진스키의 집에 대한 수색을 요청했다. 목적은 "폭발물의 (…) 제조와 구성, 조립, 포장 및 발송에 활용될 수 있는” 물품뿐 아니라 타자기, 문서, 그리고 선언문에서 인용된 책들을 찾는 것이었다.[3] 로웰이 서명을 하자마자 터치는 무선으로 링컨의 요원들에게 알렸고, 치고 들어가 오두막을 수색하라고 전했다.

—

사건을 해결한 사람은 뉴욕주 스키넥터디에서 사회복지사로 일하는 테드의 동생 데이비드였다.

그리스 신화에서 카스토르와 폴룩스는 쌍둥이 형제였고, 서로를 너무 사랑한 나머지 카스토르가 전쟁에서 사망하자, 폴룩스는 둘의 아버지인 제우스 신에게 형제를 대신해 자신의 목숨을 가져가달라고 부탁한다. 어떤 설명에 따르면, 감동을 받은 제우스는 부분적으로만 그 부탁을 들어주는데, 두 형제가 하루씩 살 수 있게, 즉 각자가 하루는 지상에 있는 죽은 자들 사이에서, 이튿날은 하늘에 있는 신들 사이에서 지내게 했다. 또 다른 설명에서는, 제우스가 서로에 대한 둘의 사랑을 기리기 위해, 두 형제가 별들 사이에서 쌍둥이자리로 지내도록 허락했다.

테드와 데이비드도 비슷하게 서로에게 헌신적이었고, 몇몇 이상을 공유하기도 했다. 테드는 데이비드를 너무 사랑해서, 동생으로서든 철학적 조수로서든 그를 잃는 것은 견디기 어려웠다. 그리고 실제로 동생을 잃었을 때, 그는 그렇게 떠나가는 행위를 용서할 수 없었다. 데이비드도 똑같이 테드를 사랑하고 그의 이상주의를 존경했지만, 궁극적으로는 윤리적 딜레마에 처했고, 형을 신고했다. 옳은 일을 하기 위해 그는 형의 목숨을 위태롭게 했을 뿐 아니라, 자신의 이상과도 타협한 것처럼 보였다. 이제 두 사람은 쌍둥이자리처럼 교차하는 삶을 살 운명이었다. 나쁜 형제는 교도소 안에서 분노로 썩어가며 죽음의 삶을 살아갈 테고, 착한 형제는 별들 사이에서 유명인이 되어, 불가피했던 자신의 선택을 되새기며 살아갈 운명이었다.

서로에 대한 애정에도 불구하고 형제에게는 비슷한 점이 너무 없었다. 동생보다 일곱 살 많은 테드는 운동을 더 못했고, 스스로를 지도자로 생각했다. 그는 자신의 이념이 진실이라는 확신이 더 강했고, 더 확고한 태도로 그것들을 고수했다. 그는 부모님이 자신을 더 "소중히" 생각한다고 믿었는데, 그건 그가 더 똑똑했기 때문이다. 대조적으로 데이비드는 더 낭만적이고, 자신의 지성에 대한 확신이 덜했으며, 타협하려는 마음도 더 컸다. 테드가 다른 사람들과 직접적인 접촉을 피해 달아난 반면, 데이비드는 더 다정하고 수완이 좋았으며, 친화력을 활용해 갈등을 피할 수도 있었다.

두 사람의 사고 습관—정신과 의사들이 "인지 유형"이라고 부르는 것—도 달랐다. 테드는 추상적 철학이나 윤리학을 견디지 못했다. 그는 과학적으로 검증할 수 있는 것만 믿는다고 주장했고, 그 외의 것은 순전히 감정일 뿐이라며 거부했다. 예를 들어 그는 데이비드가 대단히 추상적인 독일 철학자 마르틴 하이데거에게로 "변절"했을 때, 미친 듯이 화가 났다고 기록했다. 그는 데이비드가 단순히 주관적인 매력을 발견해서 그런 사기에 빠진 거라고 생각했다. 그는 데이비드에게 "하나의 정식이 그 자체의 정서적 내용 외에, 단지 누군가가 의미 있다며 주관적으로 느낀다고 해서 그런 의미를 갖게 된다고 가정할 수는 없다"고 말했다고 했다. 테드는 "언어로

된 정식이 지닌 의미는 연구와 분석을 필요로 하는 것"이라고 경고했다.[4]

반면 데이비드는 테드가 지나치게 경직됐다고 생각했고, 형의 "실증주의"도 시대에 뒤진 것으로 치부했다.[5] 하지만 그런 대답은 형을 더 화나게 할 뿐이었다. 테드가 보기에 데이비드는 약하고, 주도성과 활력, 끈기가 없었다. 그는 순종해야 마땅한 제자가 용기를 내어 반박하는 상황 앞에서 격분했다. 그리고 나중에는 동생을 그토록 잔인하게 대한 것에 가책을 느꼈다. 시간이 흐르면서 데이비드를 이런 식으로 대한 것에 대한 죄의식은 점점 더 커졌다.

데이비드 쪽에서는 형의 명석함과 강인한 결단력을 계속해서 존경했다. 그리고 두 사람이 공유하는 것도 많았다. 둘 다 문학을 사랑했다. 둘 다 글쓰기를 좋아했다. 그리고 둘 다 사회로부터 심각하게 소외감을 느꼈고, 거기서 탈출할 방법을 찾고 있었다.

1970년 컬럼비아대학 영문과를 졸업한 후 데이비드는 그레이트폴스로 이주해 아나콘다 구리회사의 제련소에 취직했다. 다음 해 6월, 테드가 방문했다. 주말에 둘은 링컨으로 차를 몰고 가 캐니언 계곡에 작은 땅을 샀다. 테드가 원한 것만큼 외진 곳은 아니었지만, 그는 그곳을 집으로 삼기로 결정하고 오두막을 짓기 시작했다.[6]

1971년 가을, 데이비드는 교사 자격증을 얻기 위해 그레이트폴스대학에 등록했다. 1973년에 학위를 받은 후 데이비드는 몬태나에서 몇 달 지내다가, 한때 부모님이 살기도 했던 아이오와주 리스본에 있는 학교의 교사가 되어 떠났다.[7] 2년 후 그는 교사 일을 접고 당시 일리노이주 롬바드에 살고 있던 부모님 집으로 들어갔고, 전업 작가가 되려고 노력했지만 실패했다. 그런 다음엔 롬바드에 있는 폼 커팅 엔지니어스에 일자리를 얻었고—당시 그의 아버지도 같은 공장에서 일하고 있었다, 1978년 그 일까지 그만둔 후에는 통근버스 기사가 되었다.

1985년, 형과 마찬가지로 야생으로 도피하고 싶었던 데이비드는 자신의 낡은 캠핑카를 타고 서부 텍사스로 가서는 빅밴드 국립공원 근처 크리스마스 산악지대에 약 2만 제곱미터의 땅을 샀다. 얼마 동안 그는 직접 판 구덩이 안에서, 지붕용 골판지를 돌로 눌러놓은 채 지냈다. 테드와 마찬가지로 그의 주된 교통수단은 낡은 자전거였다. 데이비드는 점차 근처의 땅 1만2000제곱미터를 추가로 매입했고, 그곳에 오두막을 짓고 1989년까지 살았다.

서부 텍사스에서 지내던 그 시절, 두 형제의 철학은 거의 구분되지 않았다. 산악지대의 이웃이자 데이비드의 친구이기도 했던 멜빈라 폴레트는 훗날 『타임』과의 인터뷰에서 다음과 같이 말했다. "우리 둘 다 기술을 지나치게 강조하는 태도가 인류를 파멸로 이끌지 않을까 걱정했습니다."[8]

테드에 따르면, 실제로 그레이트폴스와 텍사스에 살던 무렵의 데이비드는 형보다 불만이 더 많은 상태였다.[9] 테드는 데이비드가 종종 우리 사회의 지나친 물질주의에 대해 불평했으며, 그에 맞서 저항할 필요가 있다고 말한 적이 있다고 했다. 사실 당시의 데이비드는 몹시 소외되어 있었던 터라 형을 신고하기는커녕 그를 영웅으로 칭송했을 거라고 테드는 주장했다.

요컨대 데이비드는 친구들이나 테드의 말을 감안할 때, 형의 혁명적 이념을 오랫동안 공유해왔다. 그는 테드의 원시적 생활 방식이지닌 "순수함"을 공개적으로 칭송했고, 얼마 동안은 본인도 직접 야생에서 탈출구를 찾았다. 그는 "체제"에 대해 분개했다.

당시 데이비드의 소외감이 어떠했든 상관없이, 계속되지는 않았다. 1989년 그는 사막의 집을 버리고 뉴욕주 스키넥터디로 이사하고, 옛 연인이자 유니언대학 철학 교수인 린다 패트릭과 결합했다. 1년 후 두 사람은 불교식으로 결혼식을 올렸다.

패트릭과 결혼함으로써 데이비드는 다시 중산층에 합류했고, 이 일은 테드를 화나게 했다. 데이비드의 이주 직후 테드는 그에게 장문의 편지를 보냈고, 편지 말미에 동생의 변절에 대한 분노를 쏟아냈다. 테드는 자신을 가장 화나게 한 것은, "체제"에 굴복하지 않기로 한 자신들의 결심을 데이비드가 배신해버린 일이라고 항변했다.

테드가 보기에 데이비드는 궁극적인 죄, 즉 이념적 배신이라는 죄를 범했다. 과학적 정신을 지니고 있던 테드는 모든 진실은 수학에서처럼 참 아니면 거짓이라고 믿었다. 거기에는 타협이나 유보를 위한 자리가 없다. 2+2=4라는 건 누구나 알고 있기 때문에 그 합이 3이라고 말하는 것은 오답일 뿐 아니라 정직하지 못한 일이기도 하다. 마찬가지로 테드에게는 산업사회가 사악하다는 것도 명확했고, 그것과 타협하는 일은 불가능했다. 그리고 테드는 데이비드도 그 점을 알고 있다고 확신했다. 그러니까 패트릭과 결혼하고 체제에 합류함으로써 데이비드가 의도적으로 거짓된 삶을 살기로 선택한 거라고, 그렇게 자신의 부정직함을 증명한 거라고 테드는 믿었다.

데이비드는 더 이상 온순한 제자처럼 행동하지 않았다. 테드는 감정적으로든 지적으로든, 자신이 동생에 대해 가지고 있다고 생각한 통제력을 잃어버렸다. 그는 그렇게 된 것이 데이비드의 허약함과 패트릭의 모략 때문이라고 여겼다.

—

　머지않아 데이비드의 의심이 시작되었다. 1990년대 초, 그와 린다는 점점 더 소외되고 있는 테드의 상태에 대해 이미 깊이 걱정하고 있었다. 그리고 언젠가 린다는 자신의 의혹을 소리 내어 말했다. "자기한테 별난 형이 있잖아, 어쩌면 그분이 유나보머일지도 몰라."[10]

　모서와 머리 폭파 사고에 이어, 그리고 『뉴욕타임스』와 『워싱턴포스트』 『펜트하우스』 사무실에 선언문이 도착한 뒤 유나보머는 이제 뉴스에 많이 등장했다. 1995년 여름 린다가 휴가를 보내고 있던 파리의 신문들도 그 이야기를 자세히 다루고 있었다. 그런 기사들을 읽으면서 그녀의 의혹도 커져갔다. 그리고 데이비드가 그해 늦여름 프랑스에 와 합류했을 때, 두 사람은 생각할 수도 없는 일에 직면했다. 테드가 유나보머였을까?

　서서히 연결점들이 보였다. 유나보머는 폭탄을 나무로 제작했다. 테드는 목공에 능숙했다. 테드는 늘 폭발물이나 불꽃에 열광했다. 두 사람은 폭발 사고의 날짜와 테드의 거주지가 일치한다는 점을 알아차렸다. 테드는 시카고와 앤아버, 솔트레이크시티, 그리고 버클리에 산 적이 있다. 유나보머 소포가 놓여 있었거나 우편으로 배달된 곳, 혹은 우편을 부친 곳은 위의 네 곳 중 하나였다. 첫 번째 네 폭탄의 범인은 시카고에 있었고, 그곳은 테드가 자란 곳이다. 몇몇 폭탄은 유타에서 보냈거나 그곳에 놓여 있었다. 그중 하나는 앤아버 인근에 있는 미시간대학 교수에게 심각한 부상을 입혔다. 여덟 건의 사고에서 범인은 버클리 인근에 있었다.

이러한 정황 증거에도 불구하고 데이비드는 자신의 형이 범인이 아니라고 믿을 만한 이유를 찾아봤다. 범인은 장거리를 이동하고 다녔는데, 테드는 여행을 싫어했다. 특히 데이비드를 안심시키는 점이 있었다. 첫 번째 폭탄은 1978년 5월 25일, 시카고대학 교정의 공대 건물 주차장에서 발견되었다. 하지만 당시에 테드는 분명 몬태나에 있었다. 그건 매우 확실한 알리바이였다.

하지만 가을이 되자 다시 의심이 고개를 들었다.[11] 10월에 부부가 스키넥터디로 돌아온 후, 린다는 남편을 설득해 동네 도서관에 가서 선언문을 읽어보라고 했다. 하지만 도서관의 사본은 사라지고 없어 대신 그들은 인터넷에서 발췌문을 읽었다.

"처음 몇 쪽을 읽어보고 말 그대로 입이 떡 벌어졌습니다"라고 데이비드는 당시를 회상했다. 특히 한 문단이 눈에 띄었다. "현대의 좌파 철학자들은 단순히 지식의 근간을 체계적으로 분석하는 냉정한 논리가들이 아니다. 그들은 진실과 현실을 공격하는 데 있어 감정적으로 깊이 관여하고 있다." 테드는 과거에 형제끼리 철학적 논쟁을 할 때 "냉정한 논리가"라는 표현을 자주 사용했다.[12]

데이비드는 심한 충격을 받았다. 그는 "소름이 돋았고, 아마 화도 좀 났던 것 같습니다"라고 나중에 『뉴욕타임스』에 말했다. "선언문을 읽고는 형일 수도 있다는 가능성을 완전히 떨쳐버릴 생각이었지만, 계속 형의 이야기를 듣는 것 같았고, 형일 수도 있다는 생각에 정말로 당혹스러웠습니다."[13]

마침내 선언문을 다 읽었을 때 그의 불안감은 더 커졌다. 문서 전체가 테드의 독특한 문체를 그대로 보여주고 있었기 때문이다. 특히 한 문장, "케이크를 보관하면서 먹을 수도 있는 방법은 없다"라는 문장이 그랬다. 보통 이 표현은 거꾸로, 즉 "케이크를 먹으면서 보관도 할 수 있는 방법은 없다"라고 쓴다. 하지만 테드는 늘 "보관하다"를 "먹다"보다 먼저 썼다.[14]

선언문의 "'느낌'과 분위기"도 친숙했다. 그와 테드는 예술과 과학 중 어느 쪽이 현실을 진실에 더 가깝게 보여주는지에 대해 논쟁했다. 과학은 이성에 바탕을 두는 반면, 예술은 단지 감정을 표현한 것에 불과하다고 테드는 주장했다. 그리고 감정은 믿을 수 없는 것이었다. 이와 대조적으로 그 자신의 이념, "합리적 이상"에 바탕을 둔 그 이념은, 그러한 이념을 지지하기 위한 행동이라면 뭐든 정당화할 수 있었다.[15]

데이비드와 테드는 오랫동안 이 문제에 대해 논의했고, 종종 편지로 주고받았다. 동생은 형이 보낸 오래된 편지를 꺼내 다시 읽어봤다.[16]

데이비드가 맨 먼저 알아차린 것은 선언문과 편지들에서 똑같이 독특한 어휘들이 사용되고 있다는 점이었다. 양쪽 모두에서 철자법이나 어휘 선택이 미국식이라기보다는 영국식이었다. 편지에서 테드는 "분석하다analyze"를 영국식으로 "analyse"라고 적었다. "의도적으로willfully"는 "wilfully", "면허license"는 "licence", "분할installment"은 "instalment"로 적었고, "~로 구성되다consist of"를 쓸 자리에 "~에 있다consist in"를 썼다. 그리고 데이비드는 어떤 편지에서 선언문에 등장하는 것과 강조 표시까지 똑같은 문장을 발견했다. "급진적 환경보호론자들은 **이미** 자연을 찬양하고 기술에 맞서는 이데올로기를 가지고 있다."[17]

그런 일치는 무시할 수 없었다.[18] 1986년 9월 2일 데이비드에게 보낸 편지에서 테드는 L. 스프레이그 드 캠프의 『고대의 공학』을 언급했다. 이 책은 선언문에서 언급된 단 네 권의 책 가운데 하나였다. 1981년 8월 21일에 보낸 또 다른 편지에서 테드는 자크 엘륄의 『기술사회』를 언급했다. 고통스러웠던 데이비드는 홀로 힘들어했다. 그는 다음과 같이 회상했다. "(하루하루) 시계추처럼 왔다갔다했습니다. 어느 날 아침 잠에서 깨어서는 형일 수밖에 없는 이유들을 떠올리곤 했습니다. 진실이 제 눈을 똑바로 바라보고 있는데, 저는 그걸 부인하고 있었던 거죠. 그리고 다른 날 아침에 눈을 떠서는 이 모든 게 꿈이었다고 믿을 만한 이유를 떠올리는 겁니다."[19]

마침내 그는 이 문제를 해결할 유일한 방법은 테드를 찾아가, 에둘러 질문하면서 자신의 의심을 가라앉히는 것이라고 생각했다. 그는 형에게 편지를 써서 한번 방문해도 괜찮을지 물었다. 하지만 테드의 대답은, 데이비드의 주장에 따르면, 기운 빠지게 했다. "나는 고약한 우리 가족을 영원히 떼어내지 못해서 숨이 막힐 지경이야. 그리고 그 '고약한 가족'에는 안타깝지만 너도 포함돼…… **너를 보고 싶지 않고 네 이야기를 듣고 싶지도 않고, 우리 가족 누구든 다시는 보고 듣고 싶지 않다고.**"[20]

데이비드의 동요는 계속되었다. 그와 린다는 테드의 과거를 샅샅이 떠올리며 단서들을 찾아봤다. 그러자 무시무시한 가능성이 떠올랐다. 가족이 테드에게 명목상 의료비로 쓰라고 돈을 보낸 직후에 유나보머가 사건을 일으킨 적이 두 번 있었다고, 그는 말했다. 데이비드는—당시에는 뉴욕 스키넥터디의 사회복지사였다—1994년 12월 테드에게 1000달러를 빌려주었다. 토머스 모서가 우편물 폭탄으로 사망했다. 그리고 머리는 1995년 4월, 데이비드가 형에게 추가로 2000달러를 빌려주고 석 달도 지나지 않아 살해되었다. 가족은 자신들도 모르게 살인에 돈을 지원해줬던 걸까?

10월 말, 린다 패트릭은 시카고에서 사립탐정으로 일하고 있는 어린 시절 친구 수전 스완슨에게 연락했다.[21] 그녀와 데이비드는 스완슨에게 선언문과 다섯 통의 편지를 주고, 쓴 사람이 같은지 확인해달라고 했다. 스완슨은 유나보머에 관한 글을 모두 찾아 읽고, 버지니아에서 사설 조사관으로 일하는 전직 FBI 분석가 클리프 반 잔트와 상의했다. 반 잔트가 답을 보내왔다. 저자가 일치할 확률은 60퍼센트에서 80퍼센트라고 했다.

이러한 가능성만으로 테드를 FBI에 신고하기에 충분했던 걸까? 만약 그들이 실수한 거라면? 성급한 행동은 테드의 인생을 망치는 결과로 이어질 수도 있었다. 당국이 그를 엉뚱하게 기소하고 재앙 같은 소문이 날 수도 있었다. 어떻게 할지 확신이 서지 않았던 데이비드는 선언문을 읽고 또 읽었다. 그리고 뭔가가 그의 머리를 때렸다. 이성과 과학을 강조하는 부분이 테드가 오랫동안 동생에게 말했던 부분과 거의 단어 하나하나까지 똑같았던 것이다.

선언문의 열일곱 번째 문단은 특히 익숙한 울림을 주었다.

현대의 좌파 지식인들이 선호하는 예술 형식은 천박함, 패배, 절망에 집중하는 경향을 보이거나 난장판 같은 분위기를 띤다. 합리적 계산을 통해 뭔가를 성취할 희망은 없으며, 남은 것은 순간의 감각에 온통 빠져드는 것밖에 없다는 듯 이성적 통제를 포기해버렸다.[22]

테드의 실증주의가 그를 밀고한 셈이었다. 철학적 논쟁을 벌일 때면 테드는 "합리적 이성"을 격찬하고 예술을 헐뜯었다. 선언문의 저자도 같은 견해를 드러내고 있었고, 거의 단어까지 그대로였다. 형이 유나보머일 수도 있다고 데이비드는 판단했다.

데이비드는 당국에 연락하기로 결심했지만, 추가로 증거가 나올 때까지는 테드의 정체를 숨긴 채 조심스럽게 간접적인 방법으로 접근했다. 1996년 1월, 스완슨의 조언에 따라 데이비드와 패트릭은 스완슨의 로스쿨 동기이자 워싱턴 D.C.의 변호사인 앤서니 비세글리에게 연락했다. 그리고 2월, 비세글리가 자신의 친구인 FBI 특수요원 존 플린과 이야기를 나눴고, 테드가 데이비드에게 보낸 다섯 통의 편지를 이름과 주소를 모두 편집한 채 전달했다.

"역사적인 순간이거나 헛수고의 시작이겠지." 비세글리가 플린에게 말했다.[23]

정교한 춤이 시작되었다. 2월 중순, 데이비드와 비세글리는 처음으로 당국 사람들과 직접 만났다. 경관들은 편지를 쓴 사람이 누구인지 알고 싶어했다. 하지만 데이비드와 비세글리는 뜸을 들였다. 그들은 수사가 아주 비밀리에, "방해하는 요소는 최소화해서" 진행되기를 원했다. 만약 테드에게 죄가 없다면, 그가 번거롭게 되거나, 자극을 받거나, 살해되는 일은 없어야 했다. 카진스키 가족의 정체는 언론으로부터 철저히 감춰져야 했고, 요원들이 용의자의 어머니와 접촉할 때는 먼저 데이비드에게 목적을 밝혀야만 했다. 그리고 두 사람은 용의자의 "연약한 심리 상태 때문에" 수사 과정에서 당국이 그와 직접 접촉하는 일은 절대로 없어야 한다고 했다.

"이 대상은 심장이 좋지 않고, 스트레스에 시달리고 있으며, 편집증적이다. 어떤 식으로든 낯선 사람과 접촉하면 목숨이 위험해질 수 있다. 그런 상황은 의뢰인[즉, 데이비드]의 목숨까지 위험하게 만들 수 있다"고 비세글리는 말했다.[24]

하지만 이미 엎질러진 물이었다. 일단 FBI가 데이비드의 정체를 알게 된 이상, 수사팀은 용의자가 데이비드의 형이 틀림없음을 알아차렸다. 수사관들은 데이비드와 테드의 어머니 완다를 조사해야 한다고 고집했다. 3월 14일, 연방 요원들이 집 밖에서 기다리는 동안 데이비드는 테드가 유나보머 사건의 용의자라고 어머니에게 털어놓았다.

"걔는 앞뒤로 왔다갔다하며 눈물을 흘리기 시작했는데, 나는 충격을 받고 앉아 있었던 것 같아요", 완다가 회상했다. "나는 그게, 그게, 그게 테드일 리가 없다고 했죠. 그게, 그게, 그게 그럴 리가 없다고요. 실수임이 틀림없다고. 그리고 말했습니다, '수사를 하면 걔가 무죄라는 게 밝혀질 거야'라고요."[25]

30분 후 요원들이 문 앞에 나타났다. 요원들은 데이비드와 어머니에게 테드의 글을 더 보여달라고 했다. 다락방에서 테드 소유의 신발 상자를 발견했다. 그 안에 오래된 편지들과 함께 1971년의 에세이가 있었다. 에세이의 시작은 이랬다. "이 글에는, 과학과 기술의 발전이 계속되면 그 결과로 불가피하게 개인의 자유가 소멸될 거라는 주장이 담겨 있다."

훗날 테드는 자신을 신고한 동생을 절대 용서하지 않을 거라고 맹세하게 된다. 그의 말에 따르면 데이비드는 "또 한 명의 유다 이스카리옷"이었다. 동생은 그들이 공유했던 이상을 배신했고, 함께 사랑했던 야생을 파괴하는 일에 경도되어 있는 사악한 사회에 그 이상을 팔아버렸다. 그리고 예상대로, 테드는 패트릭을 가장 많이 비난했다. 그녀의 영향이 없었더라면 데이비드가 자신을 신고하지 않았을 거라고 그는 믿었다. 어쩌면 그 말이 맞을 수도 있다. 1998년 패트릭은 『저널 오프 패밀리 라이프』의 엘런 베커와 톰 맥피터스에게 다음과 같이 말했다. "데이비드가 도덕적 영웅이어서 도덕적 결정을 내린 게 아니에요. 우리가 함께 결정을 내린 거죠…… 내가 함께 있지 않았다면, 이 드라마(데이비드가 테드를 FBI에 신고한 일)는 일어나지 않았을 겁니다."[26]

"악인은 선인이 꿈꾸는 것을 행동에 옮긴다." 데이비드도 한때는 테드가 주장하는 것처럼 사회에 맞서기를 원했을 수도 있다—아닐 수도 있다. 중요한 것은 그는 실행에 옮기지 않았다는 점이다. 하지만 그가 테드의 소외를 공유했다면, 이제 그의 비통함은 두 겹의 비통함이었다. 옳은 일을 하기 위해 그는 자신이 사랑했던 형에게 등을 돌려야 할 뿐 아니라, 적어도 테드가 보기에는, 둘이서 함께 품었던 이상도 버려야만 했다. 테드 쪽에서는 동생이 꿈꾸기만 했던 일을 실제로 해버렸다. 의문은 왜 테드는 실행에 옮기고 데이비드는 하지 않았는가 하는 점이 아니라, 그보다 먼저 아이비리그 출신의 두 사람이 어째서 사회를 그토록 거부했는가 하는 점이다.

—

1996년 4월 3일, 터치는 링컨의 요원들에게 법원이 수색영장을 승인했음을 무전으로 알렸다. 프리먼은 현지에 특수 기동대를 배치했다. "도랑용 복장"을 한 요원들은 암호화된 양방향 무전기로 소통하며 계곡 바닥을 기어 올라갔고, 다른 요원들은 카진스키의 집 주변을 에워쌌다. 그사이 그레이와 드롱은 카진스키의 이웃 글렌 윌리엄스 소유의 오두막에 숨어 있었다. 색틀번은 근처 나무에 자리를 잡았다.[27]

카진스키가 탈출하고, 지뢰를 설치하고, 증거를 인멸하기 전에 그를 오두막 밖으로 끌어내는 것이 계획이었다. 모두 자리를 잡고, 카진스키도 알고 있던 해당 지역의 산림 감시원 제리 번스가 신호에 따라 오두막에 접근했고, FBI 헬레나 지부의 톰 맥대니얼과 "매드 맥스" 노엘이 동행했다. 사람들이 자기 땅에 들어오는 것에 카진스키가 예민하다는 것을 알고 있었기 때문에 부지 경계 부근에서 큰 소리로 말다툼을 벌였다.

카진스키의 문 앞에서 번스가 말했다. "저기요, 테드. 잠깐 나와서 길 좀 알려주시겠어요?"

카진스키가 문밖으로 고개를 내밀었다. "그럼요, 잠깐만 들어가서 재킷 챙겨올게요."

카진스키가 다시 안으로 들어가기 전에 노엘이 몸을 날려서 재빨리 뒤로 수갑을 채웠다. 요원들은 카진스키를 윌리엄스의 오두막으로 데리고 갔고, 그사이 색틀번이 이끄는 증거 대응반이 용의자의 오두막을 샅샅이 뒤졌다. 폭발물 전문가가 엑스레이 탐지기로 폭탄을 수색하고, 나머지 요원들은 금속탐지기로 오두막 바닥을 확인했다. 화학팀이 DNA 표본을 수색했다.

윌리엄스의 집에서는 노엘이 카진스키를 작은 소나무 탁자 앞 의자에 앉히고, 우편물 감식반의 폴 윌헬머스와 함께 양옆에 앉았다. 드롱이 장작 난로에 불을 피웠다.

드롱은 다음과 같이 회상했다. "(카진스키의 옷은) 해져서 몸에서 떨어질 것만 같았다…… 몸에서 먼지 냄새가 났고, 어찌나 지저분한지 눈썹에도―눈은 내가 본 것 중 가장 파란 눈이었다―검댕이 묻어 있을 정도였다. 그는 앞니가 하나 빠지고 없었다."

그것이 일주일 안에 전국의 거의 모든 잡지 표지를 장식하며, 절대 목욕도 하지 않는 넝마 차림의 은둔자로서 카진스키의 인상을 확고하게 각인시켜버린 얼굴이었다. 하지만 드롱은 같은 시각―색틀번이 나중에 알려주었다―수색팀이 카진스키의 오두막에서 완벽하게 말끔한 옷들은 물론 정장과 타이까지 찾아냈다는 것은 알지 못했다. 산속에 사는 여느 사람들처럼 카진스키도 겨울에 지저분한 일을 하는 동안에는 옷이나 목욕 따위를 신경 쓰지 않고 있었을 뿐이다.

그리고 체포 당시 카진스키는 지저분한 일을 하고 있었던 것으로 알려졌다. FBI 소식통에 따르면 그는 폭탄에 사용할 알루미늄 가루를 만들기 위해 알루미늄 덩어리에 줄질을 하던 중이었다. 알루미늄 가루가 온몸에 묻어 있었다.

윌리엄스의 오두막에서 카진스키는 식은땀을 흘리고 몸을 떨었다. 그는 자신이 체포된 거냐고 물었다. 요원들은 아니라고, 하지만 다른 요원들이 그의 오두막을 수색 중인데, (오두막에 지뢰가 설치돼 있다고 생각했기 때문에) 혹시 수색 과정에서 위험한 일이 발생할 수도 있는지 알고 싶다고 했다.

"음", 그가 대답했다. "꽤 심각한 상황처럼 보이네요. 사람들 말이 심각한 문제가 발생했을 때는 변호사 없이는 아무 말도 하지 말라더군요. 그러니까 저도 변호사가 올 때까지 기다려야 할 것 같습니다."

카진스키는 수색영장을 보여달라고 했다. 그때 오두막에서 함성이 들렸다.

—

작은 주거 공간에서 수색팀은 놀랄 만한 물건들을 차례로 마주하고 있었다. 카진스키의 물건들이 빽빽하게 들어차 있었지만—그의 외모와는 대조적으로—오두막은 완벽하게 단정했다. 모든 것이 제자리에 놓여 있었다. 쇼파 겸용 침대 위의 총기 선반에는 사슴사냥용 장총과 22구경 '플린커'가 세워져 있었다. 문 안쪽에는 눈신과 동물 가죽이 걸려 있었다. 직접 만든 의자가 장작 난로 앞에 놓여 있었다. 창문 아래 한쪽 모퉁이에 세면대가 있고, 다른 쪽 모퉁이에는 크로스컨트리용 스키가 세워져 있었다. 그리고 세 번째 모퉁이에는 옷걸이에 카진스키의 정장이 걸려 있었다. 한쪽 벽은 바닥에서 천장까지가 선반이고 거기에 식료품과 책들이 있었다. 나머지 세 벽의 천장을 따라 또 다른 선반이 있고 거기에도 책들이 있었다.[28]

소장된 책들은 작은 대학 도서관을 방불케 했는데, 실제로도 대부분은 카진스키의 대학 시절 교재였다. 스페인어, 프랑스어, 독일어, 라틴어, 중국어, 러시아어, 핀란드어, 이집트어, 인도유럽어의 어원에 관한 책은 물론 사라진 언어에 관한 책들도 있었다. 그리스 신화, 고대사, 로마사, 미국사, 유럽사, 스페인 및 스페인 점령지의 미국사, 미국 원주민사, 프랑스와 러시아 혁명사, 나폴레옹, 샤를마뉴 대제, 히틀러, 마르크스주의, 심리학, 물리학, 핵에너지, 화학, 전기, 기계, 수학, 신비주의, 성경 용어 색인, 조류, 버섯, 야생화, 지문, 야생에서의 생존법, 사격술에 대한 책이 있었고, 식용 식물과 종자 목록도 있었다.

그리고 마크 트웨인의 『미시시피강의 삶』, 스타인벡의 『생쥐와 인간』, 오웰의 『1984』『오 헨리 단편선』, 위고의 『레미제라블』, 오르테가 이 가세트의 『대중의 반란』(스페인어), 윌리엄 H. 화이트의 『조직 인간』, 쾨슬러의 『한낮의 어둠』, 쿠퍼의 『모히칸족의 최후』와 『사슴 사냥꾼』 등 수많은 고전이 있었다. 『암흑의 핵심』『젊음』『태풍』『나르시서스호의 깜둥이』『그림자 선』과 『비밀요원』을 포함한 조지프 콘래드의 책들이 있었다. 서머싯 몸의 『면도날』, 도스토옙스키의 『카라마조프가의 형제들』, 디킨스의 『두 도시 이야기』『어려운 시절』『데이비드 코퍼필드』, 셰익스피어의 『베니스의 상인』, 조지 엘리엇의 『사일러스 마너』, 로버트 루이스 스티븐슨의 『보물섬』, 토머스 하디의 『성난 군중으로부터 멀리』, 로즈메리 섯클리프의 『트리스탄과 이졸데』, 헝가리와 루마니아 지역 집시들에 대한 월터 스타키의 고전 여행기 『래글태글』(1933) 등도 있었다.

엘륄의 『기술사회』와 『혁명의 해부』도 서가에 있었다. 폴 굿맨의 『바보 어른으로 성장하기』와 테드 로버트 거의 두 권짜리 책 『미국 폭력사』도 있었다. 가장 흥미로운 점은, 카진스키의 서가에서 발견된 몇몇 잡지 가운데 1963년 『아메리칸 소시올로지스트』에 실린 헨리 A. 머리의 에세이 「스트레스성 대인기피증 연구」도 있었다는 사실이다. 이 글은 1962년, 카진스키를 포함해 22명의 하버드 재학생을 대상으로 했던 실험에 대한 설명 기사였다.

이런 책이나 학술 논문들이 꽂힌 서가 옆이 폭발물 작업장이었는데, FBI에 따르면 "폭발 장치, 즉 폭탄 제조를 위해 고안되었거나 그

목적으로 사용된 것으로 여겨지는…… 화학물질과 기타 재료”“폭
탄 제조 계획”과 관련된 “세밀한 지침과 스케치”가 적힌 삼공 바인
더들, 타자기 세 대, 선언문 초고의 복사본, 그리고 개인 일기가 발
견되었다. 부분부분 암호와 스페인어를 섞어서 쓴 일기는 수천 쪽이
넘었는데, 1969년부터 용의자가 작성해온 것으로 보였다. 마지막으
로 유나보머가 신분을 숨기는 데 활용한 가짜 사회보장번호가 적힌
서류도 발견되었다.[29]

수색팀은 계속 목록을 작성해갔다. 식기, 베개와 담요, 장갑 세
개, 스카프 두 개, 소금 통, 철제 프라이팬, 라디오, 방수 성냥, 계량
스푼 네 개, 빨간 모자, 밀짚모자, 플래시, 그리고 항우울제 트라조돈
한 병이 있었다. 보안 처리와 관련하여 세밀하게 구분해놓은 카진스
키의 자필 메모 또한 있었다.[30]

1급.　집에서 먼 곳에 치밀하게 숨길 것.

2급.　집에서 먼 곳에 치밀하게 숨기지만, 위기 상황에는 파기할
　　　수 있음.

3급.　집에서 먼 곳에 치밀하게 숨기지만, 위기 상황에는 태워
　　　없앨 수 있음.

4급.　집에서 벗어나 태워 없앨 것.

5급.　최종적으로는 난로에서 태워 없앨 것.

6급.　유리병에 넣어 태워 없앨 것.

7급.　파기할 것.

8급.　안전하게 처분할 것.

9급.　난로에서 태운 후 잔여물은 처분할 것.

10급. 집에서 먼 곳에 버릴 것.

QQ   극히 의심스러움

Q   매우 의심스러움

R   어느 정도 의심스러움

S   조금 의심스러움

B   가연성

NB   불가연성[31]

증거 대응반은 카진스키가 "실험들"을 대부분 스페인어로 자세하게 정리하고, 위 체계에 따라 분류해놓은 노트 묶음 두 뭉치도 확보했다. 예를 들면 그는 "1번 뭉치의 3권 pp261-262" 부분은 "9급 의심", "p276-283"은 "10급 의심"으로 분류했다. 그리고 "노트에 있는 나머지 실험은 모두 8급"이었다. 이와 유사하게 2번 뭉치의 3권 일부는 "1급 의심(부끄럽지만 위험하지는 않음)—가장 덜 의심스러운 등급으로 보임"으로 분류하고, 다른 부분은 "2급 의심(하지만 규제는 위반함)"으로 분류했다. 2번 뭉치의 4권은 스스로는 "3급 의심으로 분류하지만, 대외관계 면에서는 매우 나쁨"으로 분류했다.

깔끔하게 정돈된 다락방에서 수색팀은 녹색 비닐봉지 안에 든 1962년 하버드 졸업 앨범을 발견했다. 그리고 한쪽 구석에 있는 샘소나이트 여행 가방 안에는 미시간대학에서 받은 카진스키의 석사 및 박사 학위증이 들어 있었다. 계곡 반대편에서 다른 요원들이 식료품 저장소를 수색했고, 거기에는 감자와 당근, 기타 채소들이 든 자루가 있었다.

오후가 끝날 무렵 수사관들은 카진스키를 "불법 무기, 특히 폭탄

같은 파괴적 장치를 제조할 수 있는 부품을 소지한 혐의"로 기소하기에 충분한 자료들을 정리할 수 있었다. 맥대니얼과 함께 윌리엄스의 오두막으로 돌아온 노엘은 카진스키를 일으켜 세우고 말했다. "테드 카진스키, 당신을 세 사람에 대한 살인 혐의로 체포합니다."[32]

카진스키는 아무 말이 없었고, 심지어 눈도 깜빡하지 않았다.

이제 서둘러야 했다. 언론이 이미 체포의 낌새를 알아차렸고, 서른 명에 가까운 기자들이 게링의 마을 입구에 모여 있었다. 당국에서 스템플 패스 도로를 봉쇄하면서 "야생"의 간선도로에서 대혼란이 벌어졌고, 연방 요원들이 와 있는 것을 전혀 몰랐던 지역 주민들뿐 아니라 보안관들까지 크게 화를 내고 있었다.

밤이 되자 노엘과 터치는 카진스키를 자신들의 흰색 포드 브롱코에 태우고 봉쇄 지점에서 대기 중이던 기자들 무리를 통과했다.[33] 이동하는 차창 밖에서 사진 기자들이 용의자의 사진을 찍어보려 했지만 허사였고, 『뉴욕타임스』 통신원으로 활동하는 네 명의 몬태나대학 저널리즘 학부 학생들이 탄 쉐보레 블레이저가 연방 요원들의 차를 뒤쫓았다.[34] 사륜구동차들이 앞서거니 뒤서거니 하며 녹은 눈 때문에 위험한 산악도로를 고속으로 질주했다. 수사관들이 몬태나 주도에 도착하고, 눈에 띄지도 않는 아케이드 건물의 사무실에 죄수를 내려놓을 무렵엔 학생들이 탄 자동차만 함께 있었다. 학생들 중 한 명이 넝마 차림의 용의자가 수사관 두 명과 함께 건물에 들어서는 모습을 찍었다. 그날 저녁, 그 사진이 전선을 타고 퍼져나갔다.

언론의 대소동이 시작되었다.

7.　　라스트 챈스 걸치의 정체

대중매체가 없다면 선전도 없을 것이다.

—자크 엘륄, 『선전』(카진스키의 오두막 서가에서)

교수형을 집행하던 나무는 이제 사라지고 없다. 초기 야경단이 활동하던 시절의 그 도구는 1876년, 감리교 목사 윌리엄 시펜의 도끼를 맞아야 했다.* 하지만 1996년 4월 초의 사건은 헬레나가 여전히 거칠고 야생적인 곳임을 보여주었다.

시펜이 사형제도에 반대한다는 고귀한 원칙에 따라 도끼로 나무를 베어버린 것이 아니었음을 기억하자. 사실 그는 사형 집행을 꽤 좋아했다. 그 나무를 "죽인" 것에 항의하는 군중 앞에서 본인이 설명한 바에 따르면, 그건 순전히 경제적인 행동이었다. 그는 목재가 필요했던 것이다. 하지만 그의 이유가 무엇이었든, 지역 주민들은 그 나무를 애타게 그리워했다. 헬레나의 유일한 신문 『인디펜던트

---

* 헬레나의 초기 정착민 윌리엄 시펜은 1875년 자경단이 교수형을 집행할 때 사용하던 나무를 베어버린 것으로 유명하다.

레코드』는 몇십 년 후에 이렇게 기록했다. "거의 반세기가 지난 지금까지도 사람들은 그것이 적절하지 않은 때에 땔감이 되어버린 것을 슬퍼했다."[1]

수요일 밤 카진스키를 아케이드 빌딩의 FBI 사무실에 데리고 오자마자 요원들은 체포의 모양새를 갖추려고 노력했다. 지역 보호관찰국의 부국장 톰 코빗은 카진스키에게 트위드 재킷을 빌려주었고, 체포조가 브로드웨이가의 카운티 감옥으로 서둘러 이동해 피고는 그곳에서 밤을 보냈다.[2] 이튿날 아침, 여전히 그 재킷을 걸친 채 그는 연방법원으로 이동해 인정 절차를 거쳤고, 감옥으로 돌아온 후에는 교도관들이 목욕을 시키고 깨끗한 오렌지색 죄수복으로 갈아입혔다. 그런 다음에 근처의 던디스 이발소 주인 던디 워든을 불러 이발을 해주었다.

그때쯤 기자들이 대거 몰려들었다. 이어지는 몇 주 동안 근처 트레일러와 두꺼운 전선으로 연결된 텔레비전 위성 안테나가 연방 건물 주차장의 여유 공간에 빽빽하게 들어찼고, 신문사와 방송사들이 도심을 장악했다. 취재 기자와 사진 기자들이 감옥 입구나 법원 잔디밭, 혹은 다이아몬드 블록과 아케이드 건물 앞 보도에서 장사진을 쳤다. 삼각대에 얹은 카메라가 역시 없어서는 안 되는 전선을 칭칭 감은 채 잔디밭과 보도를 어지럽혔고, 그보다 더 많은 지치지 않는 기자들이 요행을 바라며 렌트카에 탄 채 시내를 돌아다니고 있었다.

"내 평생 이곳에서 벌어진 일 중 가장 큰 사건입니다"라며 『인디펜던트 레코드』는 주민의 말을 인용했다.[3] 과연 그랬다. 헬레나는 인구 2만 8000명의 작은 도시였고, 카진스키 같은 범죄자가 나오는 일은 흔치 않았다.

"이곳에는 전국적으로 유명한 총잡이가 없었습니다"라고 몬태나 역사회의 대변인은 탄식했다.[4] 다른 역사가는, 1903년 노던퍼시픽 철도의 기차를 폭파하려 했던 아이작 그라벨 이후로 카진스키가 가장 유명한 수감자라고 했다. 당시 신문들은 그라벨을 "다이너마이트 폭파범, 말 도둑, 강도"로 묘사했다. 그는 1904년 탈옥 시도 중에 총을 쏴서 사람을 죽이기도 했다.

이제 헬레나는 줄곧 원해왔던 자신들의 악당을 자랑할 수 있게 되었다. 마을이 지도에서 존재감을 갖게 되었다. 경기가 살아났다. 기자들은 업무가 없을 때면 쇼핑을 했다. 그들은 상점으로 몰려가 카우보이 부츠와 챙이 넓은 카우보이 모자, 터키옥 장신구를 샀다. 그리고 그들의 렌트카 때문에 길이 막혔다.

역사상 처음으로 라스트 챈스 걸치가 정체를 겪고 있었다.

링컨 역시 짧게나마 유명세를 타고 있었다. 수사관들이 비운 모텔 방들을 기자들이 차지했고, 눈에 띄는 주민들을 닥치는 대로 취재했다. 일부 주민은 관심을 받고 싶지 않다고 했지만, 많은 사람은 그런 상황을 즐겼다. 맘스 카페는 "유나버거" 메뉴를 내놓았고, 세븐업 산장과 슈퍼 클럽에서는 유나보머 티셔츠를 팔기 시작했다.

"링컨에서는 대단한 일입니다", AA 견인회사의 잭 워드가 말했다. "이 사건 전에는 마을에서 가장 큰 일이라고 해봤자 소방관들의 무도회 정도였으니까요."[5]

—

카진스키는 그 전설적인 유나보머로 기소되었다. 기술문명이 자유와 자연을 위협한다고, 사회는 자신의 "체제"에 맞아들어가지 않는 개인을 용납하지 않는다고, 그리고 순응성을 강제하기 위해 당국은 시민들을 엿보는 정교한 감시 체계를 사용하고, 반대자들을 통제하기 위해 다양한 행동 조절 전략도 사용한다고 세상에 경고하고자 기꺼이 살인까지 저지르려 한 인물이었다. 또한 그런 조종자들 중에는 잘못된 정보와 집단적 사고를 조장하는 언론도 있었다. 이제 카진스키는 자신이 두려워했던 바로 그 그물망에 걸려들었다. 당국은 알려진 모든 감시 도구를 동원해 그를 염탐해왔다. 그리고 이제 곧 기자들이, 의도와는 아무 상관없이, 잘못된 정보를 활용해 하나의 전형을 만들어낼 것이다.

4월 4일 목요일, 전국의 신문, 잡지, 방송국 기자들이 카진스키의 과거를 추적하기 시작했다. 일부는 그가 10대 시절까지 지냈던 시카고 카펜터가와, 고등학생 시절을 보냈던 에버그린 파크 교외 지역의 옛 지인들을 찾아갔다. 다른 일부는 하버드, 미시간대학, 캘리포니아대학에서 그와 알고 지냈던 동급생이나 교수를 찾아갔다.

뭔가를 보도하려고 안달이 난 기자들이 링컨과 헬레나로 몰려왔고, 정보를 가진 사람이라면 누구나 훑고 다녔다. 카진스키를 잘 안다고 주장하는 사람들이 전국 방송에 출연 요청을 받았다. 당연히 많은 사람이, 사실 여부와 상관없이, 그를 안다고 말했다. 그리고 더는 할 말이 없으면 그를 "이상한 사람" 혹은 "은둔자"라고 확정해버렸다.

체포 후 몇 주 동안 언론이 전한 인상과 달리, 카진스키의 오두막에 접근해본 기자는 거의 없었다. 게링 가족(이들의 땅이 카진스키의 오두막을 둘러싸고 있었고 유일한 접근로도 이 사람 소유였다)과 FBI가 길을 막아버렸기 때문이다. 뚫고 들어가려는 사람도 일부 있었지만 성공하지 못했다. 카진스키가 체포된 이튿날, 기자 세 명이 한밤중에 힘겹게 캐니언 계곡의 얕은 물살을 거슬러 올라가려고 시도했다. FBI의 적외선 감지기가 그들을 발견했고 요원들이 돌려보냈다. 또 한 번은 볼디산 뒤쪽을 타고 오른 기자들이 국유림을 지나 카진스키의 거처에 접근하려 했다. 그들 역시 잡히고 말았다.

카진스키의 오두막에 접근할 수 없었던 많은 기자는 게링 가족과 이웃들, 혹은 다양한 마을 주민들을 취재하는 것에 만족할 수밖에 없었는데, 취재 대상은 닥치는 대로 고르는 듯했다. 하지만 게링을 포함해 그들 대부분은 카진스키가 혐오했던 분야, 즉 건축, 벌목, 광산, 부동산 등에 종사하는 사람들이었다. 그들이 하는 일에 동의할 수 없었던 카진스키는 그들을 피하면서 지냈다. 당연히 그 사람들은 그가 괴상하다고 생각했다.

"외톨이였습니다", 사람들이 말한다.

"그 사람을 얼마나 잘 아십니까?" 기자들이 묻는다.

"잘 안다고는 할 수 없죠." 한결같은 대답이다.

자신이 소중히 여기는 가치에 해를 입혔기 때문에 카진스키가 그들을 피한 거라고 독자나 시청자들에게 암시하는 기자는 거의 없었다. 따라서 이를테면 게링이 기자들에게 "테드와 나누는 대화는 늘 짧았습니다"라고 말했을 때, 이는 카진스키가 그를 싫어했다는 사실을 반영하는 것이 되어버렸다.[6] 사실 편두통이 심하고 소리에 유난히 민감했던 카진스키는 게링의 제재소에서 나는 소음이나 이웃들의 "무책임한 벌목 행태" 때문에 분노에 휩싸이곤 했다.[7] 그는 게링이 금을 찾아 아무 땅에서나 시험 삼아 구멍을 내고 있다고 의심했고, 벌목꾼들이 사용하는 살충제 때문에 자신이 림프종에 걸릴지도 모른다고 두려워했다.

이런 식으로 언론은 하나의 전형을 구축했고, 그 전형은 이내 확고해졌다. 카진스키는 "야생"에 사는 "별난" 사람이었다. 이 남자에게서는 악취가 났다. 그는 로드킬 당한 코요테를 먹었다. 그를 찾아오는 사람은 없었고, 절대 외출하지 않았고, 시계가 없었으며, 섹스는 한 번도 해본 적 없고, 돈에도 관심이 없었다. 그는 남자아이들과는 커피를 마시지 않았다. 그는 한겨울에 자전거를 탔다. 그리고 그는 말을 많이 하지 않았다. 그의 오두막 내부를 보지 못했던 기자들은 그곳이 "엉망진창"이라고 했다. 여행 갈 때를 대비해 가장 좋은 옷을 완비해놓고 있었고, 겨울에도 (산에서 지내는 많은 사람처럼) 비정기적으로 목욕했다는 사실은 모른 채 사람들은 그가 지저분하다고 했다. 포장도로와 정지 신호에 익숙했던 뉴욕, 로스앤젤레스, 워싱턴 D.C. 출신의 기자들은 카진스키의 오두막—도심에서 6.4킬로미터 떨어져 있고 스템플 패스에서 갓 벗어난 곳이었다—을 '야생'이라고 했다. 몬태나에서 카진스키의 생활 방식은 전혀 낯선 것이 아님을 독자들에게 알리려는 수고는 하지 않은 채, 그들은 그런 삶이 기괴하다고 했다. 그는 소로가 1845년 매사추세츠의 월든 호수에 지었던 것과 "정확히 똑같은" 오두막을 짓고 사는, 자연으로 돌아가려던 괴짜였다.

『타임』지(1996년 4월 15일 자)에 따르면, 카진스키는 "언덕 위의 은둔자"(그의 오두막은 캐니언 계곡 아래쪽에 있었다)였으며, "그가 다가올 때면 냄새가 났다".[8] 『뉴욕타임스』(1996년 5월 26일 자)에서는 그를 "보통은 씻지 않는" 사람으로 묘사했고, 『뉴스위크』(1996년 4월 15일자)에서는 "병적으로 세상을 피하는" 사람이었다.

카진스키를 은둔자로 칭했던 언론은 인간혐오—사람들을 싫어하는 것—와 원시주의—문명에 대한 반감—를 혼동한 것이다. 사회를 혐오하지만 사람들과 함께 있는 것은 좋아할 수 있다. 마찬가지로 카진스키는 현대의 삶을 거부했을 뿐 사람들을 피하지는 않았다. 그는 동생 데이비드는 물론, 단순한 삶을 살고자 했던 여느 많은 사람과 다르지 않았다. 『호울어스카탈로그』*를 읽은 사람이라면 누구나, 원시적인 삶에 대한 추구가 드문 일탈 행위가 아니라 전국적인 운동이었음을 알 수 있다. 아니면 "라운드 리버 랑데뷰" 같은 어스 퍼스트! 집회에 참석했던 사람이나, "스텀프스 석" 같은 반항적이고 급진적인 환경보호론자들을 만나본 사람이라면, 카진스키의 지저분한 이미지가 이런 운동을 체화하고 있는 것임을 알 수 있다.

카진스키가 체포될 당시의 탐사보도 기사들은 획일적인 보도의 일면을 드러낸다. 그런 보도는 폭넓지만 얕다. 기자들이 서로의 뒤꽁무니만 쫓고, 똑같은 사람들을 취재하고, 동일한 결론에 도달한다. 따라서 대중은 카진스키에 관한 이야기에 압도되지만, 정작 당사자는 어디에도 보이지 않는 것이다.

실제로 언론은 두 형제에 대한 과장된 그림을 그리고 있었다. 테드로 말하자면, 그의 삶의 방식은 전혀 이상할 것이 없었고, 그가 사는 지역에서는 어색한 것도 아니었으며, 그에게는 인간혐오적인 태도도 전혀 없었다. 히피와 어스 퍼스트! 활동가들, 그리고 야생으로 도피한 사람이 수없이 많은 지역에 그는 자연스럽게 스며들었다. 그

---

* 생태학이나 대안 문화를 강조했던 미국 잡지, 1968년에서 1972년까지 발행되었다.

의 오두막은 엉망이 아니었다. 그는 근사한 모습으로 사람들 앞에 나타날 줄도 알았다.

몬태나 기준으로 보면, 테드의 거처는 "야생"과는 거리가 먼 곳, 교외 지역의 경계에 있는 곳이었다. 그의 문 앞에 서면 스템플 패스 도로를 지나는 자동차 소리를 들을 수 있다. 그의 이웃들은 야생을 보호하는 것이 아니라 감소시키는 일을 하고 있다. 게링은 옆집에서 목재를 생산하는데, 그가 전기톱으로 오두막 주변의 나무들을 베는 소리가 들리는 날이 많았다. 카진스키의 집에서 계곡을 따라 몇백 미터 내려가면 휴가용 별장들이 줄지어 서 있다. 그중 하나는 건축 업자 소유이고, 다른 하나는 부동산 중개인 소유다.

그리고 꽤 많은 주민이 카진스키를 좋아했다. 그중 한 명이 갈런 드 잡화점 여주인 테리사 갈런드였다. 이 40대의 매력적인 여성은 흔치 않은 그 마을 토박이였다. 그녀가 내게 해준 이야기에 따르면, 카진스키가 그녀의 여동생이자 지역 내 트라우트 언리미티트Trout Unlimited*의 대표인 베키에게 구애를 한 적이 있었다. 카진스키는 베 키에게 긴 편지를 보내기도 했는데, 편지에서 그는 부모님이 너무 공부만 하라고 압박한 탓에 자신은 한 번도 평범한 삶을 살아본 적 이 없고, 여성들을 편하게 대하는 법을 배우지도 못했다고 말했다.[9]

하지만 그는 아이린 프레스턴은 편하게 대했다. 할머니인 프레스 턴은 현재 링컨 끝자락에 있는 어수선한 통나무집에 살고 있는데, 그녀 역시 카진스키를 아꼈고, 끝까지 그가 무죄라고 확신했다. 그 녀는 지금도 카진스키의 편지를 받고 있다. 프레스턴은 지금은 혼자

* 연어 서식지 보호를 위해 활동하는 비영리 단체.

서 고양이 네 마리와 지내고 있다. 오랫동안 그녀와 그녀의 친구 케네스 리는 카진스키의 집으로부터 도로를 따라 올라가면 나오는 집에서 지냈다. 그들은 모두 좋은 친구가 되었다. 카진스키는 두 사람을 집으로 초대해 직접 만든 소고기 육포를 대접하곤 했다. 함께 카드놀이를 한 적도 있었다. 1991년 리가 사망하자 프레스턴은 시내로 이사했고, 카진스키가 일부러 들러서 직접 가꾼 순무나 당근을 전해줄 때에만 그를 볼 수 있었다. 하지만 그녀가 이사 간 후부터 그는 정기적으로 그녀에게 편지를 썼다. 그녀가 내게 그 편지들을 보여주었다. 하나같이 활기차고 재미있는 내용이었는데, 자신의 정원에 진지를 구축한 "성가신 토끼들"과 전쟁 중이라는 이야기도 있었다.[10]

카진스키의 이웃이자 음악 교사인 크리스 웨이츠는, 비록 자신이 벌목공이기는 했지만 카진스키에 대해 좋은 이야기를 많이 했다. 카진스키가 개를 싫어하고 자기 아내에게 반감을 가지고 있는 것 같았지만, 웨이츠는 그와 함께 있는 시간을 즐겼고, 역사나 정원 가꾸기, 생존 기술, 사냥, 그리고 각자 읽은 책들에 대해 대화를 나누었다.[11]

지역 도서관 직원들도 카진스키를 아주 좋아했다. 열정적인 중년 여성 셰리 우드나 그녀의 조수 메리 스펄린에 따르면, 카진스키는 "사랑스러운 남자"였다.[12] 우드는 지속적으로 그와 편지를 주고받았는데, 나중에는 그가 다른 많은 여성에게도 편지를 쓰고 있다는 것을 알게 되었다.("그와 사랑에 빠진 여성들이 있었던 거죠"라고 그녀는 『월스트리트저널』 인터뷰에서 말했다.)

"처음에는 수줍음이 많았지만, 서서히 자신을 열어 보였습니다", 그녀가 설명했다. "금세 이야기하기 편한 사람이 됐어요."[13]

카진스키는 한 달에 한 번 정도 도서관을 방문했다고 우드는 말했는데, 거기서 둘은 책에 관해 긴 대화를 나누었다. 그는 늘 도움이 되었다. 1991년 도서관이 개축할 때 그는 직원들과 함께 책들을 포장하고 옮기고, 다시 선반에 꽂는 일을 했다. 나중에는 건물을 다시 칠하는 일도 도왔다. 그리고 우드의 아들 대니가 학교에서 배우는 수학을 어려워하자 카진스키가 과외를 해주었다. 두 사람은 금세 친구가 되었다. 소년은 심지어 카진스키를 "입양"하면 안 되냐고 엄마에게 묻기도 했다.

하지만 카진스키의 친구들은 대부분 눈에 띄지 않으려 했다. 그와의 관계를 밝히고 싶지 않았던 사람들은 언론과의 접촉을 전적으로 거부했다. 그럼에도 그들이 묘사하는 그의 모습은 언론에서 다룬 과장된 이미지와는 완전히 달랐다. 카진스키가 조용하고, 수줍음 많고, 종종 단정치 못하고 사교적인 면에서 엉뚱하기는 했지만, 겉으로 보이는 그런 지저분한 은둔자는 아니었다.

훌륭한 기자들이 링컨에 왔더라면 이 "은둔자" 이미지는 금세 사라졌을 수도 있다. 분명 몇몇 기자는 사실을 정확히 기록했다. 1996년 4월 4일 자 『뉴욕타임스』에서 리처드 페레즈-페냐는 다음과 같이 썼다. "(링컨에는) 단기 체류하는 사람이 많았고, 주류에서 멀어진 사람에서부터 '땅으로 돌아가려는' 히피, 극우 민병대까지 많은 사람이 몰려들었다." 따라서 "카진스키의 은둔이나 자급자족 생활, 긴 머리와 수염은 전혀 눈에 띄는 모습이 아니었다."[14]

1996년 4월 5일 자 『새크라멘토 비』에서 패트릭 하지 기자는 이렇게 적었다.

(카진스키는) 이곳에 집을 소유했던 25년 동안 거의 주목받지 못했다. 상점가 사람들에게는, 경찰이 악명 높은 유나보머로 추정하는 그 인물도 그저 링컨 변두리의 계곡과 숲에서 고독한 삶을 살아가는 수많은 특이한 사람 중 한 명일 뿐이었다. "그렇게 사는 사람들 20, 30명은 떠올릴 수 있습니다. 그들 중 몇몇이 훨씬 더 위험해 보였습니다." 엘도라도 카운티의 은퇴한 보안관 부관 버질 로퍼가 말했다…… "사워크라우트 번치"라는 이름으로 알려진 집단의 구성원들은 총칼을 지닌 채 마을로 내려왔고, 그것들을 바텐더에게 맡겨놓은 채 술을 마셨다.[15]

페레즈 페냐나 하지 같은 몇몇 기자는 카진스키의 링컨 생활을 넓은 시각에서 파악했지만, 대부분은 그런 수고를 하지 않았다. 대도시에서 온 기자들은 카진스키의 오두막이 야생이라고 할 수 없다는 사실을 알아차리지 못했다. 그들은 "외톨이" 이미지에 맞지 않는 증언에는 거의 관심을 기울이지 않았다.

언론이 이러한 사실들을 무시한 것은, 그들이 뉴스를 전달하기보다는 어떤 이야기를 하려고 애썼기 때문이다. 그리고 언론의 모든 허구가 그렇듯, 그 이야기에도 선인과 악인이 있어야 했다. 그래서 그들은 테드를 악마화하고 데이비드를 신성시했으며, 그 구도에 맞지 않는 사실, 이를테면 데이비드 자신도 서부 텍사스에서 고독한 생활을 추구한 적이 있다는 사실 같은 건 아무렇지도 않게 무시했다.

기자들이 데이비드의 그 체류를 언급할 때는, 마치 바 하버에서 보낸 가족 휴가 같은 느낌으로 묘사했다. 『타임』 지는 (1996년 4월 15일) 데이비드가 "10년 전에 사놓은 동부 텍사스의 자신만의 오두막으로 종종 숨어들곤 했다"고 썼는데,[16] 하나의 문장 안에서 사실관계가 두 군데나 틀렸다. 그리고 『뉴스위크』는 (1996년 4월 22일) "그의 형이 전선 배치를 연구했던 반면 데이비드는 간디와 소로를 존경했다. 형이 사람들을 다치게 하는 법을 익혔던 반면, 데이비드는 채식주의자였다…… 데이비드는 온전한 정신이었다"라고 지적했다.[17]

물론 데이비드는 선인이고, 테드는 악인이다. 하지만 유나보머 범죄는 단순히 이 둘의 형제 관계 이상의 문제다. 이런 식으로 이야기를 포장함으로써 언론은 그 사건을 사소한 것으로 만들어버렸다. 그들은 과거에 있었던 데이비드의 소외를 무시했고, 이 두 아이비리그 졸업생들이 문명에 등을 돌렸던 이유에 대해서는 절대 질문하지 않았다. 테드 카진스키를 씻지도 않는 은둔자로 묘사함으로써, 그는 사악하기보다는 안쓰러운 인물이 되어버렸다. 덕분에 대중은 그의 범죄에 담긴 영리함과 잔인성, 그리고 그의 선언문에 담긴 철학이 끌었던 인기에 대해서는 잊어버렸다. 그리고 사람들은 그가 살인을 저지른 이유가 목욕 습관이나 야생의 생활 방식 등과는 아무런 관련이 없을 수도 있다는 가능성을 간과했다.

누구나 어두운 면을 지니고 있으며, 카를 융이 말했듯이, 우리가 그 사실을 인식하고 그 어두운 면을 직면하기 전에는 그것을 통제할 수 없다. 어떤 면에서 카진스키는 우리 모두가 지니고 있는 어두운 면을 체화한 인물이다. 그를 괴물로 묘사함으로써, "그"와 "우리" 사이에 거리를 둠으로써 언론은 미국이 스스로의 어두운 면을 부정할 수 있게 해주었다. 언론은 사람들이 "왜 나랑 이렇게 비슷한 누군가가 살인을 저질렀을까?"라고 질문하는 대신, "그가 이상한 사람이라서 살인을 저지른 거야"라고 말하도록 부추겼다.

186

8.　카프카, 새크라멘토에 오다

> 판사님은 이것이 결코 소송 절차가 아니라고 반박하실지 모르겠지만,
> 그렇다면 판사님의 말씀이 정말 옳습니다. 제가 그것을 소송 절차로
> 인정할 때만 소송 절차가 될 수 있으니까요.
> —프란츠 카프카, 『소송』, 카진스키의 하버드 독서 목록 중에서

> 공권력의 폭정을 막는 것만으로는 충분하지 않다. 지배적인 여론이나
> 정서의 폭정도 막아야 한다.
> —존 스튜어트 밀, 『자유론』, 카진스키의 하버드 독서 목록 중에서

1998년 1월 5일 월요일, 동트기 전 어둠 속에서 캘리포니아주 새크라멘토의 연방법원 건물은 마치 바이로이트 야외 음악제에서 공연되는 바그너의 「신들의 황혼」 무대처럼 보였다. 길 건너에는 옆을 틔운 천막 사이로 세워놓은 나무 받침대에 설치한 텔레비전 방송국 조명이 길게 늘어서 있었고, 거기서 나온 인광성 녹색 불빛이 8층 건물 전체를 환히 밝히고 있었다. 천막 아래서 촬영감독과 음향 기술자들이 커피를 마시거나, 담배를 피우거나, 기계를 조작하고 있었다. 법원 입구에는 기자와 사진 기자들이 빗속에서, 마치 신호를 기

다리는 그리스 비극의 코러스처럼 긴장한 채 무리 지어 있었다.

오랫동안 기다려온 드라마—미국 대 시어도어 존 카진스키 재판—가 막 시작될 참이라고, 우리는 짐작했다. 나중에 밝혀지듯이, 그 드라마는 금세 끝나고 만다.

—

그 법원 앞 군중 틈에 거의 눈에 띄지 않는 다섯 명의 인물이 있었다. 거의 매일 밤 법원 앞 계단에서 기다렸던 그들은—실은 1997년 배심원 선정이 시작된 이후로 매일 밤 자리를 지켰다—선착순 입장으로 방청석에 들어가려는 소속이 없는 박사 학위 소지자 한 명, 소도시 신문 기자 한 명, 그리고 나이 든 전직 활동가 세 명이었다. 이런 뒤죽박죽인 구성은 카진스키를 진지하게 받아들이지만 법원에 드나드는 데에는 익숙지 않았던 일반인들을 대변한다고 할 수 있었다. 거의 분 단위로 재판을 추적했던 이 사람들이, 대기 없이 언론 출입증을 손에 쥔 채 곧장 입장하는 전국 단위 언론들보다는 아는 것이 훨씬 더 많았다.

주류 언론의 보증이 없었기 때문에 이들 다섯 명은 방청석 입장을 위해 줄을 서는 수밖에 없었다. 체제에 의해 무시당하는 자신들의 모습을 통해 이들은 선언문에 나오는 표현, 즉 "대중매체는 대부분 체제에 통합된 거대 조직의 통제하에 있다"라는 말을 떠올렸다. 다섯 명 모두 재판에 큰 관심이 있었다. 유나보머 팬이었던 몇몇은 자신들의 영웅이 체제의 희생자이며, 또한 자신들처럼 권리를 박탈당한 미국인들을 위해 싸우는 거라고 생각했다.

법원을 대각선으로 마주한 사무실 건물 다운타운 플라자 타워스 3층 308호에는 수십 명의 기자가 수화기를 볼에 댄 채 긴 탁자에 앉아 있었다. 그들 앞에는 노트북 컴퓨터와, 각자 소속 신문사나 라디오 방송국을 적은 이름표가 놓여 있다. 그들 뒤로 방과 붙어 있는 개별 사무 공간에는 『뉴욕타임스』나 AP, NPR 같은 더 큰 언론사 기자들이 상대적으로 독립된 공간에서 열심히 일하고 있다. 한 층 위에 있는 방에서는 다른 기자들이 자리를 잡고 앉아, 스피커를 통해 재판 진행 과정을 청취하기 위해 기다리고 있다. 두 층 모두에서 소수의 기자가 그날 뉴스의 관점이 어때야 하는지를 놓고 뜨겁게 토론하는 것을 볼 수 있었다. 합의에 도달하면 그들은 각자 전화기와 노트북을 들고 사실상 똑같은 이야기를 작성한다.

이곳이 유나봄 미디어 센터로 알려진 촘촘하게 짜인 동업조합 전용 구역이었고, 구성원은 주류 신문, 라디오, 텔레비전 방송국에서 나온 통신원들이었다. 서커스 광대처럼, 이 순회 기자들은 뉴스가 터지는 곳이라면 어디든—사우스캐롤라이나의 허리케인부터 오클라호마 폭파 사건, 로스앤젤레스의 O. J. 심프슨 재판에 이르기까지—찾아가 기사를 쓰는데, 그때마다 다시 만나며 자신들이 봉사해야 하는 대중이 아니라 자기들끼리만 더 많은 것을 공유했다. 이들은 그 자체의 규칙과 가치 체계를 가진 하위문화를 구성했다. 그리고 침입자는 배격하려 했다.

카진스키 재판의 배심원 선정이 시작되기 전에, 법원 서기는 전국 및 지역(새크라멘토) 대표 신문과 방송사들이 운영하는 컨소시엄에 언론 출입증 관리를 일임했다. 그리고 이런 언론사들이 유나봄 미디어 센터를 구성했다.[1]

법원은 소수의 언론 출입증만 발급했다. 그 결과 전국 단위의 언론사가 게이트키퍼로 자리 잡았고, 그들만 재판을 참관했다. 미디어센터가 규정한 "진실한" 기자만이 거기에 동참할 수 있었다. 하지만 참가비가 너무 높았다. 개인은 5000달러를 내고 신용보증을 받아야 했다(추가로 1500달러가 더 들었다). 그 돈을 낸다고 좌석을 보장받는 것도 아니었는데, 대형 언론사 자리를 제외하면 좌석이 얼마 남지 않았기 때문이다. 사실 독립 기자나 소도시 신문사 기자들이 6500달러를 내고 보장받는 것은, 언론용 좌석 중 비지정석 두 자리를 배정하는 추첨에 참여할 권리와, 재판을 중계하는 "청취실"에 들어갈 권리였다.[2]

일반 시민이나 소도시 신문사 기자 중에 그런 높은 입장료를 감당할 수 있는 사람은 없었던 터라 취재 현장에는 언론계 거물들밖에 남지 않았고, 이들은 이내 카진스키와 그의 범죄에 대해 새로운 결론에 도달했다. 한때 자신들이 천재로 칭송했다가 이어서 은둔자 취급했던 그 남자를 이제 그들은 괴짜로 부르고 있었다.

—

1월 5일 오전 6시, 법원 문이 열리고 출입증을 가진 사람들은 앞으로 몰려가 8시에 문을 여는 법정 앞 금속탐지기에 줄을 섰다. 기자들은 미디어센터 청취실에 있는 자신들의 좌석에 자리를 잡았다. 대기 중에 기대감이 팽배했다.

그날 모두발언이 예정돼 있었다. 법정은 이내 피해자와 예정된 증인들로 가득 찼다. 엡스타인 교수와 겔런터 교수도 출석했다. 데이비드와 완다 카진스키는 데이비드의 변호인 토니 비세글리와 함께 와 있었다. 카진스키는 갈색 스웨터 차림에 수염을 단정히 한 모습으로 교도관과 함께 법정에 들어섰다.

하지만 모두발언은 이루어지지 않았다. 대신 갈런드 E. 버렐 주니어 판사가 자리에 앉자마자, 카진스키가 여전히 자리에 앉은 채 조용하지만 놀라우리만큼 높은 톤으로 판사에게 말했다. "존경하는 재판장님, 재판 절차가 시작되기 전에 저와 제 변호사의 관계를 재고했으면 합니다. 아주 중요한 일입니다. 집행관들이 제게 일어서지 말라고 명령했기 때문에 앉아서 말씀드립니다."[3]

그 순간부터 모든 절차가 멈췄고, 카진스키는 버렐과 별도로 상의하며 자신의 변호사들을 교체하는 것을 허용해달라고 요청했다. 변호사들은 그가 정신적으로 아프다는 것을 근거로 변론해야 한다고 주장했지만, 자신은 그런 전략에 강하게 반대한다고 했다. 카진스키는 법원이 지정한 그 변호사들을 다른 변호사, "정신적 결함"에 근거한 변론을 펼치지 않을 사람들로 교체하는 것을 허용해달라고 했다.

카진스키와 상의한 후 판사는 검찰 및 변호인단과 그 문제를 논의하기 위해 휴정을 선언했다. 모두발언은 오후에 있을 거라고 확인해주었다. 하지만 그런 일은 없었다. 그 주 후반이나 다음 주가 되어도 재판은 재개되지 않았다.

무슨 일이 있었던 걸까? 언론은 카진스키를 탓했다. 『새크라멘토 비』는 피고가 재판을 "틀어지게 했다"고 썼다. 다른 필자들도 카진스키가 사법 체제를 "농락"하고 있다고 했다. 『뉴욕타임스』는 그가 "사법 절차에 대해 계산된 방해 작업"을 했다고 암시했다.[4]

하지만 언론은 사태를 거꾸로 보고 있었다. 카진스키가 재판을 틀어지게 한 것이 아니었다. 변호인단이 그렇게 했다. 그는 사법 체제를 농락하지도 않았다. 그는 그 체제의 피해자였다. 그는 선의를 지니고 있지만 온정주의적이었던 본인의 가족들과 변호인단에게 기습을 당한 셈이었다. 그리고 그들이 자신을 덫에 빠지게 했음을 이제 막 깨달은 상태였다.

—

헬레나에서 있었던 카진스키의 인정 절차 후에 상황은 빠르게 전개되었다. 1996년 6월 18일, 새크라멘토 연방대배심은 그를 스크러턴, 엡스타인, 겔런터, 머리 폭발물 사건 등 열 건에 대한 혐의로 기소했다.[5] 같은 달 뉴저지 검찰은 토머스 모서 살인 사건에 대해 그를 기소할 준비를 했다.

6월 23일, 카진스키는 정부 항공기 편으로 새크라멘토 인근 란초 코르도바의 전 공군 기지 마서 필드로 이송되었다.[6] 방탄조끼를 입고 연방 집행관들에게 둘러싸인 그는 선팅을 짙게 한 검은색 방탄 승합차에 올라탔다. 경찰 호송 차량과 오토바이, 헬리콥터를 대동하고 새크라멘토 시내 6번가와 I가 교차로에 있는 새크라멘토 감옥으로 빠르게 이동했다. 이틀 후 그는 인정 절차를 위해 차량에 태워진 채 여섯 블록 떨어진 법원으로 이동했고, 그곳에서 무죄를 주장했다.

또한 카진스키가 새크라멘토에 도착하고 이틀 후, 법원은 새크라멘토에서 관선 변호사로 유명했던 킨 덴비를 그의 변호인으로 지정했다.[7] 다음 달(1996년 7월 18일), 덴비는 워싱턴주 스포캔의 변호사이자 사형 반대론자로 유명했던 주디 클라크를 자신의 팀에 합류시켰다.[8] 얼마 지나지 않아 다른 두 명의 전략가도 이름을 올렸다. 게리 소워스와 샤를레트 홀드먼은 살인 사건에서 정신이상을 근거 삼아 변호 전략을 짜는 것으로 유명한 전문가들이었다. 이 팀은 즉각 문제에 봉착했다. 카진스키의 오두막에 대한 정부 수색에서 나온, 피고에게 불리한 증거가 잔뜩 쌓여 있었던 것이다.

먼저 덴비의 팀은 수색영장에 법적인 결함이 있었음을 근거로 들며 그 증거들을 제외해줄 것을 버렐에게 요청했다.[9] 하지만 1997년 6월 법원이 그 요청을 거부했고, 다른 대안이 없었던 변호인단은 소위 법전의 "12조 2(b)항" 즉 "정신적 결함"을 근거로 한 변호 전략을 펼칠 것임을 법원에 고지했다. 이는 정신 건강 전문가들이 증언대에 설 예정이라는 뜻이었다. 변호인단은 자신들의 의뢰인이 유나보머인 것은 맞지만, 그가 "쇠약한 정신 상태"로 고통받고 있기 때문에 무죄임을 증명할 계획이었다. 그리고 유죄 판결을 받는다고 해도, 그의 쇠약한 정신 능력을 경감 요소로 반영해 낮은 형량을 받을 계획이었다.

1997년 5월 15일 법무부 장관 재닛 리노가 정부는 카진스키에게 사형 선고를 내릴 생각이라고 발표했기 때문에 변호인단으로서는 더 다급하게 정신이상 주장을 펼쳐야 했다. 카진스키가 범죄를 사전에 치밀하게 준비했고, 어떤 뉘우침도 없이 실행에 옮겼다는 증거가 압도적으로 쌓인 상태에서, 그가 정신적 결함으로 고통받고 있었다는 점을 변호인단이 보여주지 못한다면 유죄 판결뿐 아니라 사형 선고까지 받을 상황이었다.

하지만 이 정신적 결함 전략이 장애물에 직면했다. 카진스키가 이에 반대한 것이다. 1997년 6월에 이미 카진스키는 같은 입장이었고, 법원 기록에서도 이론의 여지가 없었다. 그는 변호인단에게 보낸 글에서 "저는 정신 상태에 근거한 변호에 전적으로 반대합니다"라고 적었다.[10] 그는 거창한 재판을 열고 자신의 이념을 위해 순교하는 모양새를 바라는 듯했다. 정신적 결함을 호소하며 숨는 것은, 세상을 설득해 자신의 철학을 진지하게 받아들이게 하려 했던 노력을 깎아먹는 일이 될 것이었다.

그럼에도 불구하고 카진스키가 나중에 설명했듯이, "변호인단의 압박에 못 이겨" 12조 2(b)항을 인용하겠다고 통보하는 것에 동의했다. 그가 굴복한 건, 본인 말에 따르면, 정신과 의사가 증언대에 서서 그가 제정신이라고 증언하도록 법원의 허락을 받기 위해서는, 그런 변호 계획을 제출하는 방법밖에 없었기 때문이다. 항소법원에서 말했듯이, 그 전략은 "내가 아는 정신 건강 전문가를 불러서 배심원들에게 내가 어떤 사람인지를 말하게 하기 위한 법적 도구일 뿐"이었다.[11] 그는 정신 감정의 결괴는—의뢰인과 변호인의 특권에 따라—모두 기밀이 될 것이며, 그가 원치 않는 한 공개되지 않을 거라는 보장도 받았다고 했다.

그러는 사이, 1997년 초부터 데이비드와 완다 카진스키는 린다 패트릭, 토니 비세글리와 함께 테드를 사형 집행으로부터 구해내려는 간절한 마음으로, 집중적으로 언론에 나가 그가 어린 시절부터 정신 질환으로 고통받아왔음을 알리려 했다—『워싱턴포스트』는 이를 "검찰의 사형 구형을 피하기 위해 대중을 설득하려는 카진스키 가족의 노력"이라고 일컬었다.[12] 시간이 지나며 그들은 사실상 모든 주요 매체―『뉴욕타임스』『워싱턴포스트』, CBS의 「60분」, NPR, PBS, CNN, 그리고 전국 단위의 주간지―에서 자신들의 주장을 되풀이했다. 그들은 카진스키의 변호인단과도 상의했다. 그리고 카진스키의 정신 상태에 대해 증언할 정신과 의사들에게 형에 대한, 그리고 아들에 대한 자료를 제공했다.

나중에 카진스키는 자신을 죽음에서 구하려 했던 동생과 어머니의 노력은 어떤 도움도 되지 않았다며 불평했다. 「진실 대 거짓」에서 그는, "내가 주저하지 않고 수감보다는 죽음을 택하리라는 점을…… 데이비드는 아주 잘 알고 있었다"라고 적었다.[13]

그럼에도 불구하고 가족의 노력은 효과가 있었던 것으로 밝혀졌다. 언론과 여론이 달라졌다. 배심원 선정이 시작될 무렵 거의 모든 전문가가 카진스키는 정신이상이라고 증언했다. 『워싱턴포스트』의 칼럼니스트는 그를 "요란한 광인"으로 칭했다. 전국형법변호사회 회장 제럴드 레프코트는 피고가 "명백하게 불안정한" 상태라고 했다. 전 연방검사 도널드 헬러는 "이자의 정신은 온전한 상태가 아니다"라고 언급했다.[14]

가족들의 언론 활동이 이어지는 동안 변호인단은 정신적 결함 전략을 밀고 나갔고, 의뢰인을 구할 수 있는 다른 방법은 없다고 믿었다.

하지만 아마 대안은 있었을 것이다. 카진스키 체포 직후에 샌프란시스코의 화려한 변호사 J. 앤서니 세라가 그를 변호하겠다고 나섰고, 정신적 결함이 아니라 카진스키의 선언문에 담긴 주장을 근거로 변호를 펼치겠다고 약속했다. 나중에 카진스키에게 말한 바에 따르면, 그는 "불완전 필연성" 변호 전략을 활용할 거라고 했다.[15] 그러니까 피고는 자신의 행동을 통해 더 큰 재앙이 될 가능성이 있는 결과를 피할 수 있다고 생각했기 때문에 범죄를 저질렀다는 주장이었다. 세라에게 필요한 것은 단 한 명의 배심원을 설득하는 일, 그러한 이상적인 동기로 행동한 카진스키가 사형을 받아서는 안 된다고 생각하도록 설득하는 일이었다.

하지만 변호인단은 그런 전략이 실패할 수밖에 없으며, 따라서 변호인에 의한 조력 자살에 불과하다고 생각했다. 그들이 보기에 그건 비윤리적일 뿐 아니라, 사형에 반대한다는 재판변호사들의 일치된 의견에 반하는 것이기도 했다. 거기에 더해 자신들의 전문 분야에 정면으로 맞서는 전략이었다. 클라크와 소워스는 정신적 결함 변론의 전문가들이었다. 변호사가 아니라 박사 학위 소지자였던 홀드먼은 사형 판결 사건에서 "감형"을 받아내기로 유명한 전문가였는데, 그녀가 내게 말한 바에 따르면, 자신은 "자유의지를 인정하는 사람들이 내린 결정을 늘 의심하는 편"이라고 했다.[16] 따라서 그녀가 보기에 살인에 책임이 있는 사람은 아무도 없는 셈이었다.

경계심이 든 카진스키의 변호인단은 세라를 사건에 합류시키기를 거부하고, 계속 정신적 결함 전략을 밀고 나가기로 했다. 하지만 그들은 또 다른 도전에 직면했다. 최고의 사건이 되려면 정신과 의사의 전문가 증언이 필요한데, 카진스키가 이를 거부할 것 같았다. 그는 이미 새크라멘토로 이송되기 전부터 정신 질환에 대한 진료를 분명히 거부하고 있었다. 헬레나 감옥에 있을 때에도, 두 명의 변호인 측 정신과 의사 루벤과 라켈 거가 카진스키에게 정신 질환을 앓고 있는 것이 분명하다고 말하자, 그는 면담을 중단하고 변호사에게 두 사람을 해고하며, 그들이 알게 된 것은 절대 발표하지 말라고 요

구했다.[17]

새크라멘토에 온 후에도 이 전략에 대한 카진스키의 저항은 계속되었다. 10월, 이견이 없었던 그의 항소 개요서에 따르면, 그는 소위 스에게 "나는 인간 정신에 대한 과학의 발전에는 맹렬히 반대합니다"라고 말했다.

이 저항을 넘어서기 위해 클라크와 덴비는 컬럼비아 의과대학의 정신과 의사 하비에르 F. 아마도르를 불렀고, 아마도르는 카진스키를 직접 만나지 않은 채 그의 글만 보고 정신 상태를 평가하기로 했다.[18] 그리고 카진스키가 나중에 말한 바에 따르면, 변호인단의 "거짓 약속과 엄청난 압박"에 굴복한 그는 다른 정신 건강 전문가들을 만나는 것에도 동의했다. 그중에는 샌프란시스코 캘리포니아대학의 신경정신과 의사 캐런 브롱크 프로밍도 있었는데, 카진스키는 그녀의 진단이 자신이 제정신임을 밝히는 데 도움이 될 거라고 생각했다.[19]

카진스키는 캘리포니아주 오번 인근의 정신과 의사 데이비드 버넌 포스터도 마지못해 만났다.[20] 그렇게 한 "주된" 이유는, 포스터의 보고서에서도 알 수 있듯이, 포스터가 "건강에 대한 카진스키 자신의 염려, 즉 소리에 지나치게 민감하다든지, 수면이 불안정하다든지, 재판에 임한다는 불안감 때문에 심장이 터져버릴지도 모른다는 두려움 같은 것을 해결하는 데 도움이 될 거라고" 믿었기 때문이다. 하지만 정신 건강에 대한 이야기가 나오자 카진스키는 면담을 중단해버렸다.

충분히 예상했던 대로, 이 변호인 측 전문가들은 거 부부와 마찬가지로 카진스키가 정신 질환을 앓고 있다고 결론지었다. 프로밍은 카진스키가 "정신분열증의 전조"를 보였다고 했다. 포스터는 "편집증적 유형의 정신분열증이 분명하며 이는 일관성 있게 드러난다"고 했다. 아마도르는 카진스키가 "정신분열증 환자 수백 명에게서 드러나는 전형적인 사례"라고 했다.

라켈 거는 카진스키가 진단명 "편집증적 유형의 정신분열증"에 부합한다고 믿었다. 루벤 거 역시 카진스키의 증세는 그 진단에 "부합하지 않는다고 할 수 없다"고 했다. 두 사람 다 카진스키의 기이한 행동이나 사고 장애, 그리고 "비사회성"뿐만 아니라 카진스키의 지적인 언어 사용과 "사회적 기능 장애"(즉, 사회적 미숙함) 사이의 "불균형"을 근거로 그런 진단을 내렸다.

하지만 거 부부를 제외하면, 나머지 사람들의 진단은 객관적인 의학 자료에 근거한 것이 아니었다. 프로밍은 설문에서 카진스키의 대답이 정신분열증에 "부합한다"는 의심을 하는 정도였지만, 카진스키의 글에서―특히 그의 "반기술적" 견해에서―그러한 결론을 확고히 할 수 있었다고 『뉴욕타임스』의 윌리엄 피네건과의 인터뷰에서 말했다.[21] 카진스키를 몇 차례 만났지만 공식적인 검사는 하지 않았던 포스터는 "카진스키의 글과 개인사를 볼 때 편집증적 유형의 정신분열증이 분명하고 일관성 있게 드러난다"고 결론지었다. "망상적 소재"에 대한 집착, "사회적 고립"을 분명히 드러내는 생활 방식, "무분별한 행위" 등을 볼 때 그렇다는 것이다. 아마도르는 카진스키의 전형적인 증세가 "스스로를 가꾸는 일에 대한 무관심" "사회적 관계 회피" "망상적 믿음"이라고 밝혔다.

요컨대 정신 질환에 대한 변호인 측 주장은 대부분 전문가들의 진단에 근거하고 있었는데, 그 전문가들의 판단은 카진스키의 철학과 그의 개인적 습관—그는 은둔자였고, 꾀죄죄했으며, 금욕주의자였다—및 자신이 아프다는 것을 인정하지 않으려는 태도에서 비롯된 것이었다. 프로밍은 "자신의 질병을 인식하지 못하는 것"이 바로 그가 아프다는 사실을 암시한다고 했다. 포스터는 피고가 "정신과 검사에 전적으로 협조하지 못하는 것은 그의 증세 때문이다"라고 불평했다. 아마도르는 피고가 "병을 인식하지 못하는 심각한 결점" 때문에 힘들어하고 있다고 했다.

소문으로 알려졌던 의뢰인의 제정신이 아닌 생활 방식을 배심원들에게 확고히 각인시키기 위해, 클라크와 덴비는 그의 몬태나 오두막을 증거에 포함시키기로 결정했다.[22] 결국 가로 3미터, 세로 3.6미터의 판잣집에서 장작 난로만 놓고 잠을 자는 것보다 더 비이성적인 일은 없다고 그들은 추론했다.

이에 따라 12월 5일 금요일 그 오두막이 검은색 방수천을 두른 트레일러 짐칸에 실린 채 마서 필드에 도착했고, 언제나처럼 기자와 카메라맨, 그리고 호기심 가득한 구경꾼들이 뒤를 따랐다.

킨 덴비가 말했다. "우리가 보기에 이 오두막은 버클리 박사 출신인 이 인물이 어떻게 살아왔는지를 말해주는 상징입니다."

그가 나중에 덧붙였다. "이 오두막에 들어가보지 않으면 이 사람의 삶을 제대로 이해할 수 없습니다…… 이것은 냉장고와 싱크대가 갖춰진 목가적이고 소박한 오두막이 아닙니다."

싱크대는 합리적으로 보인다. 장작 난로는 아니다. 카진스키의 생활 방식, 그리고 그의 이념은—심지어 정신 질환을 부인하는 그의 생각까지—정신 질환의 증세로 변모해버렸다.

오래전 자신의 일기에서 카진스키는 그런 모험을 예견했다.

나는 사람들을 죽일 생각이다. 이 일에 성공하면, 체포 후에(생포
가 아니기를 나는 열렬히 바란다) 살해 동기에 대한 언론들의 추측이
있을 것이다…… 일부 추측에서 그들은 나를 아픈 사람으로 만
들고, 야비하거나 "병적인" 동기들을 갖다 붙일 수밖에 없을 것이
다. 물론 그런 맥락에서 "병적"이라는 것은 가치 판단을 포함한
다…… 내가 살인을 저지르고 체포되었을 때 언론은 뭔가 할 말
이 있을 것이다. 그리고 그들은 나의 심리를 분석하고 나를 "병
자"로 묘사할 수밖에 없을 것이다. 나의 심리를 분석하려 시도한
글을 읽을 때는 이 같은 강력한 편향성을 염두에 두어야 한다.[23]

그가 옳았다. 사실 그는 우리가 길에서 마주치는 사람들보다 더
불결하지 않았다. 그의 오두막은 많은 대학교수의 연구실보다 덜 어
지러웠다. 또한 정신이 온전한 것으로 여겨지는 다른 사람들, 예를
들어 컴퓨터 전문가 에스터 다이슨의 뉴욕 사무실보다 덜 엉망진창
이었다. 『배니티 페어』에 따르면, 그 사무실에는 "5번가를 휩쓴 토네
이도가 흘어놓은" 것보다 더 많은 쓰레기 더미가 쌓여 있었다고 한
다.[24] 몬태나 야생에는 카진스키 같은 도피주의자가 가득하다. 금욕
적 생활과 원시주의는 질병이 아니다. 카진스키는 완전한 은둔자도
아니었다. 그리고 그의 이념은 확실히 정상이었다. 그는 자신의 동
기를 정확히 설명하는 대단히 논리적인 수천 자 분량의 글을 발표
했다. 1998년 1월 7일, 버렐 판사도 다음과 같이 언급했다.

그는 명확하고 차분했다. 그는 지적인 방식으로 자신을 대변했다.

내가 보기에는 문제를 정확히 이해하고 있었다. 나와의 접촉에서 이미 그 문제들에 집중하고 있는 것처럼 보였다. 태도나 시선도 적절했다. 그의 행동들이, 적어도 과거의 행동들이 특정한, 혹은 일부 정신 질환에서 비롯된 것이라는 점에 대해 이견이 있는 것으로 아는데, 적어도 나와 접촉하는 동안에는 그런 질병의 증세로 여겨지는 것을 전혀 볼 수 없었다. 그런 것이 있었을 수도 있지만, 나는 간파하지 못했다.[25]

카진스키는 스스로를 혁명가로 여겼고 "체제"를 뒤엎으려 했다. 그는 대의를 위해 살인을 저질렀던 다른 많은 사람만큼이나 분명히 제정신이었다. 예를 들어 '화약 음모 사건'에 가담한 영국인 가이 포크스는 1605년 로마 가톨릭교도들을 박해한 것에 대한 복수로 의회를 폭파하려 했다가 처형당했다. 또한 노예해방론자 존 브라운은 버지니아주 하퍼스 페리(1862년 이후 웨스트버지니아주에 편입되었다)의 연방 무기고를 습격함으로써 노예 제도에 맞서는 봉기를 촉발했다는 이유로 1895년 미국에서 처형되었다. 유나보머의 철학은 1993년 세계무역센터 폭파 사건으로 기소된 람지 유세프의 분노에 찬 헛소리보다 정상적이었으며, 오클라호마시티 폭파범 티머시 맥베이와 테리 니컬러스의 허술한 합리화보다 더 정상적이었다. 이런 사람들이 정신적으로 아프다는 이야기는 한 번도 진지하게 나온 적이 없다. 그들은, 거의 모두가 동의하다시피, 테러리스트였다.

카진스키는 자신도 그들처럼 보이기를 원했다.

검찰 측에서 부른 정신의학 전문가들이 정신적 결함과 관련된 변호인단의 주장을 인정하지 않은 것은 당연했다. 케이스 웨스턴

리저브 대학 의과대학의 정신과 교수 필립 J. 레스닉은, 카진스키의 글을 볼 때 피고가 정신 질환을 앓고 있다고 확신할 수 없었다고 내게 말했다.[26] 검찰 측이 부른 또 다른 저명한 정신과 의사 파크 엘리엇 디츠 역시 비슷한 의심을 표하며, 선언문은 "유창한" 글이라고 평가했다.

공개되지 않은 보고서에서, 세 번째 검찰 측 전문가였던 오하이오의 신경정신과 전문의 존 T. 케리는 거 부부와 프로밍의 검사를 맹렬히 비난했는데, 그들이 제시한 자료는 편집증은 말할 것도 없고, 카진스키가 정신분열증을 앓고 있다는 근거도 될 수 없다고 했다.[27]

검찰 측 정신과 의사들은 자신들이 직접 카진스키를 진단하기를 원했지만, 덴비와 클라크가 허락하지 않았다. 자신들의 의뢰인이 "정신과 진단을 병적으로 두려워한다"고 그들은 말했다.[28]

하지만 레스닉과 디츠는 코웃음을 쳤다. 자신들과의 만남을 거부한 것은 카진스키가 아니라 변호인들이라고 두 사람은 지적했다. 만약 피고가 진단을 원치 않는다면 직접 자신들에게 그렇게 말하도록 허용되어야 했다. "우리는 카진스키 씨가 레스닉 박사나 저와 만나길 거부했음을 밝히는, 믿을 만한 증거를 가지고 있지 않습니다"라고 디츠는 법원에 제출한 문서에 적었다.

우리가 아는 건 카진스키 측 변호사들이, 카진스키 씨가 우리와 이야기를 나눌 수 있을지 여부를 확인해주지 않았다는 것뿐입니다…… 만약 카진스키 씨가 저와의 대면 면담에서 전혀 의사소통을 할 수 없을 만큼 심각한 정신 질환을 앓고 있다면, 변호인들은 그냥 저와 만나게만 해주면 됩니다. 카진스키 측 변호사들이 카진스키 씨가 직접 진단을 거부한 것인지 여부를 판단하려는 노력을 막는다면, 기록을 통해 해볼 수 있는 가장 합리적인 추론은, 그들이 의뢰인을 위해 전략적 선택을 했다는 것입니다.[29]

레스닉은 다음과 같이 말했다. "제 생각에 카진스키 씨가 정부 측 전문가의 정신과 진단을 두려워하는 것은 정신 질환 때문이 아닌 것 같습니다. 그것보다는, 그가 정신병자라는 부당한 꼬리표를 다는 것을 원치 않기 때문입니다. 자신에게 정신병자라는 꼬리표가 붙으면, 기술사회에 반대한다는 자신의 정치적 의제가 폄하될 거라는 합리적인 결론을 내렸을지도 모릅니다."[30]

디츠도 같은 의견이었다. 그는 다음과 같이 적었다. "(카진스키는) 자신의 진짜 동기를 이해하는 사람 앞에서 자기 이념과 삶, 그리고 범죄에 대해 자유롭게 말할 기회를 반길 것이다. 그의 글이나 변호인 측 의사들에 대한 태도를 보면, 그가 자신이 정신병자임을 밝히려는 변호인 측 의사들을 두려워한다는 것을 알 수 있다. 하지만 자신이 정신 질환을 앓고 있지 않다는 증거를 얻을 기회마저 두려워할 거라고 생각할 근거는 없다."

카진스키는 변호인단이 검찰 측 요청을 거부하고 한 달이 지난 후에야, 검찰 측 정신 건강 전문가들이 자신을 진단하길 원했다는 사실을 알게 되었다고 주장했다.[31]

사실 그는 정신과 진단을 두려워하지 않았다. 적어도 한 번 이상 직접 정신과적인 도움을 요청한 적도 있었다. 그가 무서워했던 것은 자신의 이념에 대한 공적인 신뢰를 해칠 수도 있는, 자신이 비정상이라는 진단이었다. 그리고 모든 가능성을 고려했을 때, 검찰 측 정신과 의사들은 그가 그토록 갈망했던 바로 그 정신 건강에 대한 인증을 제공해주었을 것이다.

—

카진스키의 정신 상태를 복잡하게 만든 것은 피고의 인생에서 이전에 있었던 하나의 사건이었다. 언론은 이 사건에 대해 전혀 모르고 있었고, 비세글리는 내게 "하버드에서의 나쁜 경험"이라고 묘사했다.[32]

실제로 변호인단이나 가족도 그의 하버드 경험에 대해서는 모르고 있는 것이나 다름없었다. 그들은 카진스키가 대학에서 3년 동안 헨리 머리 교수가 진행했던 실험에 참가했고, 그때 일련의 심리검사를 받았다는 것만 알고 있었다.

자신이 어릴 때부터 정신이 아팠다는 가족의 주장에 반박하기 위해 카진스키는 변호사를 통해 그 실험들의 결과 자료를 요청했는데, 그 자료들을 보면 당시 그가 정상이었음이 확인될 거라고 확신했다. "[하버드] 심리학자들이 도달한 평가 결과는, 사람들이 내 인성을 판단하는 데 대단히 유용하게 쓰였을 것이다"라고 후에 설명했다.[33]

하지만 자료를 보관하고 있던 하버드 머리 센터는 카진스키의 변호인단에게 원자료—검사지의 질문에 대한 그의 답변—만 제공하고, 그 자료에 대한 머리 팀의 분석 자료는 제출을 거부했다.

하버드가 자료 제출을 망설인 이유가 무엇이었는지, 또 얼마나 망설였는지는 모르지만, 카진스키의 변호인단은 학교 측을 강하게 압박하지는 않았던 것으로 보인다. 그들은 해당 자료에 대한 강제 제출을 요청하지 않았다. 그리고 그렇게 하지 않을 동기도 있었는데, 하버드의 평가가 나오면 자신들의 주장이 빈약해졌을 것이기 때문이다.

하버드가 머리 센터의 검사 결과 분석을 제출해야 한다고 주장하는 대신, 변호인단은 두 검사지—미네소타의 다면적 인성검사와 주제통각검사TAT였다—에 대한 카진스키의 답변을 거 부부와 프로밍에게 전달하고 나름의 평가를 해달라고 요청했다. 예상했던 대로, 그들은 그 자료들로 미루어 카진스키가 하버드에 있을 때 편집증 유형의 정신분열증을 앓았을 가능성이 있다는 결론을 내놓았다. 똑같은 자료에 대해서 검찰 측 전문가 존 케니는 해당 답변들이 어떤 정신 질환의 징후도 드러내지 않는다고 결론지었다.[34]

검찰 측과 변호인 측 전문가들이 하버드의 과거 자료에 대한 분석을 놓고 논쟁을 벌였지만, 그들은 해당 자료의 목적이나 당시 정황에 대해서는 사실상 아무것도 모르고 있었다. 그들보다 더 이해력이 떨어졌던 언론은 카진스키가 학부 시절에 심리 검사를 받은 거라면, 당시에 이미 정신 질환의 징후를 보였을 것이 틀림없다는 성급한 결론으로 치달았다. ABC의 포레스트 소여는 1998년 5월 4일, 「20/20」 방송에서 데이비드 카진스키와 인터뷰하며 다음과 같이 언급했다. "이유는 알 수 없지만 하버드에서 카진스키는 심리 실험에 자원했고, 그 결과는 경종을 울릴 만한 것이었다고 최근 그 자료를 검토한 의사들은 말하고 있습니다."[35]

따라서 카진스키의 하버드 실험에 대한 소문은 그가 어린 시절부터 정신적으로 아팠다는 대중의 인식을 더 확고하게 굳히는 역할을 했다. 소여는 하버드의 분석이 정말로 "경종"을 울릴 만한 것이었다면, 피고 측 변호사들이 왜 그 자료의 강제 제출을 요청하지 않았는지 물을 수도 있었지만, 그렇게 하지 않았다. 오히려 소문은 제멋대로 커져갔고, 언론은 여전히 하버드 자료의 진짜 중요성에 대해서는 아무것도 모르고 있었다.

재판 후에야 소여는 자신이 궁금해했던 대답을 얻을 수 있었다. 1998년 2월, 그때쯤엔 이미 상황을 바꿀 수 없을 만큼 늦었지만, 카진스키는 변호사들을 설득해 TAT 검사지의 답변을, 다른 대상자 스물한 명의 답변과 함께 미시간 주립대학의 심리 실험 전문가 버트럼 캐런에게 보내는 데 성공했다. 실험 참가 대상자들은 암호명으로 표기되었기 때문에 캐런은 익명으로—대답을 작성한 사람이 누구인지 알지 못하는 상태에서—평가를 내릴 수 있었다. 캐런은 질병의 징후가 전혀 없는 상태를 0으로, 질병 정도가 가장 높은 것을 10으로 했을 때, 카진스키는 "정신분열 성향"에서는 0점, "사이코패스" 지수는 2점을 보였다고 했다.[36]

케니가 옳았다. 캐런에 따르면 하버드의 자료는 경종을 울리는 것이 아니라, 적어도 해당 검사가 이루어졌던 2학년이 끝나기 전까지는 카진스키가 완벽하게 정상이었음을 보여주었다.

그럼에도 불구하고 1997년 가을 내내 변호인단의 정신적 결함 변호 전략은 거침없이 내달렸다. 그리고 카진스키는 그 점을 몰랐다고 주장한다. 그는 재판 전 심리나 배심원 선정 과정에 거의 참석하지 않았고, 자신의 정신 상태에 대한 논의가 이루어지는 자리에도 없었다. 그런 후에 11월 25일, 배심원 선정 절차 중 마지막 예비 배심원이 자리를 뜬 후 "신경정신과 검사"에 대한 버렐과 변호인 측,

검찰 측 법조인들의 대화를 들은 카진스키는 피고 측 전문가들이 자신을 편집증적 정신분열증으로 진단했으며, 그들이 내린 결론이 정부와 대중에게도 전달되었음을 알게 되었다.[37]

그 소식을 들은 카진스키는 처음에는 믿을 수가 없었다. 그의 얼굴은 붉어졌다. 연필을 탁자에 던지고 자신의 변호사들을 노려봤다. 그는 나중에 법원에 다음과 같은 내용의 글을 전달했다. "(저는) 변호인들이 기껏해야 제가 상대적으로 경미한 정신적 혹은 신경과적 문제를 앓은 적 있다는 증거를 제시할 거라고, 그리고 제가 그러한 정신 상태와 관련된 증거를 충분히 통제할 수 있으며, 저를 검사했던 전문가들이 법정에서 증언할 일은 없을 걸로 믿고 있었습니다. (하지만 이제 와서 보니) 제 변호사들은 제가 큰 정신 질환, 특히 정신분열증을 앓고 있는 사람이라고 말하려는 것 같습니다."[38]

일주일도 지나지 않은 12월 1일, 카진스키는 버렐 판사에게 편지를 써서 변호사들이 "제 동의 없이 제가 정신 질환을 앓고 있다고" 주장하려 한다면서, "변호사들과의 갈등을 해결하기 위해 현재의 변호인단이 아닌 외부의" 도움을 얻을 방법에 대해 조언을 부탁했다.[39] 하지만 덴비의 주장에 따라 이 편지는 12월 18일까지 전달되지 못했다.

그런 후 판사에게 쓴 첫 번째 편지와 함께, 카진스키는 두 번째 편지를 덧붙이며 "저는 제가 따뜻한 애정을 품었던 사람들에게 속임수와 모욕을 당했습니다"라며 불만을 토로했다. 그리고 "현재의 제 변호사들이 제게 12조 2(b)항을 적용해 변호하는 일을 겪느니, 차라리 죽거나 장시간 육체적 고통을 받는 쪽을 택하겠습니다"라고 설명했다.

그는 계속해서 적었다. "저는 과학이 인간 정신의 작동 방식을 규명하는 일과는 아무 관련이 없다고 믿습니다. 그리고 제 개인적 이념과 정신 건강 전문가들의 이념은 상반됩니다." 그는 버렐 판사에게 다음의 세 가지 절차를 따르도록 허용해달라고 요청했다. 12조 2(b)항과 관련된 논의를 중단할 것, 그가 직접 변호할 수 있게 해줄 것, 아니면 새로운 변호사를 선임하게 해줄 것.[40]

편지에 대한 반응으로 버렐 판사는 12월 22일 카진스키 본인 및 그의 변호사들과 비공개 미팅을 가졌다. 카진스키는 법원이 변호사 변경을 허락할 수 없다는 말을 들었고, 클라크와 덴비는 12조 2(b)항에 근거한 변론을 포기하고, 전문가들의 심리검사 결과를 재판의 유죄 판결 단계에서는 사용하지 않겠다고 했다.

카진스키는 그들이 유죄 판결 단계에서 (전문가와 비전문가 구분 없이) 어떤 심리검사 결과도 제출하지 않는 데 동의한 거라고 잘못 생각했다.[41] 그에 대한 화답으로, 그는 형량 판결 단계에서는 정신 상태와 관련된 증거를 써도 좋다고 동의했는데, 그러한 타협이 자신으로서는 최선책이라고 생각했던 것이다. 그랬기 때문에 재판 시작을 불과 몇 시간 앞둔 1998년 1월 4일 저녁, 자신의 변호사들이 여전히 유죄 판결 단계에서 정신 상태에 대한 비전문가의 증언을 청취할 예정이라는 사실을 알고 나서는 큰 충격을 받았다.

이론가였던 카진스키는 자신의 목숨을 아끼는 마음보다 자신의 이념이 진지하게 받아들여지길 원하는 마음이 더 컸다. 하지만 그의 변호사들은 그의 이념을 정신 질환에 대한 증거로 제시할 계획이었다. 피고의 그런 과시적인 태도는 로버트 클리어리 검사도 크게 당황케 했다. 그는 12월 24일, "이는 6차 수정헌법과 관련해 매우 중요한 문제를 야기할 수 있다…… 어떤 변호를 펼칠지를 결정하는 것은—변호사가 아니라—피고의 권리처럼 보이기 때문에 더욱 그러하다"라고 경고했다.[42]

1월 7일, 판사와 카진스키의 법률팀은 카진스키를 궁지로 몰았다. 그는 자신의 변호사들을 멈추게 할 수 없었고, 교체할 수도 없었다. 버렐은 덴비와 클라크가, 비록 의뢰인의 바람에는 어긋난다 하더라도, 정신 상태와 관련된 증거를 제출할 수 있다고 판정하는 한편, 만약 본인이 계속 주장한다면 피고가 자신을 직접 변호하는 것도 가능하다고 덧붙였다. 그때쯤엔 지치고, 침울하고, 자살을 생각하고 있던 카진스키는 자신의 요청을 철회했다. 그는 "너무 지쳤다"고 버렐에게 말했다. 같은 날 늦은 시각에 카진스키는 J. 앤서니 세라가 자신을 변호하길 원한다는 소식을 듣고 즉시 버렐 판사에게 세라의 지명을 허용해달라고 요청했다. 하지만 판사는 거부했다. 변호사를 교체하면 재판이 지연될 우려가 있어 거부한다고 판사는 알렸다.

카진스키는 재판에서 자신이 미친 사람처럼 묘사되고 자기 이념들은 광인의 헛소리로 일축되는 상황을 피할 수 있다는 희망을 잃어버렸다. 절망에 빠진 상태에서 그는 그날 저녁 정부에서 지급한 속옷으로 감방에서 목을 매려 했다. 이튿날 아침 보안관서 부관이 그의 감방 구석에서 "엄청나게 늘어난" 속옷을 발견했다. 당국은 그의 감방에 24시간 감시 카메라를 설치했다.

재판은 1월 8일 목요일에 재개됐다. 재판정이 가득 찼다. 카진스키는 밧줄 문양이 들어간 니트 차림이었고 얼굴에선 아무것도 읽을 수 없었다. 판사는 카진스키가 대리인에 대해 제기한 문제는, 앞선

이틀 동안 카진스키 및 그의 변호사들과 함께 따로 진행했던 논의에서 정리되었으며, 이제 재판을 열기로 했다는 말로 절차를 시작했다.

하지만 이어서 피고가 검찰 측과 합심해 자신의 변호사들과 싸우는 기묘한 드라마가 펼쳐졌다. 버렐의 모두발언에 이어 주디 클라크는, 다른 대안이 없는 상황에서 카진스키가 직접 변호에 대한 생각을 바꾸었으며, "본 사건에서 자신이 직접 변호를 하도록 허락해달라"는 요청을 했다고 말했다.[43]

이제 버렐 판사가 생각을 바꿀 차례였다. "해당 요청이 나온 시점이 신경 쓰입니다"라고 그는 대답했는데, 카진스키가 재판 방향에 대한 정보를 알게 된 후 줄곧 정신적 결함 변호 전략에 반대해왔다는 사실은 무시했다. 신속한 재판을 원했던 판사는 카진스키의 요청을 받아들이지 않았다. 대신 그는 카진스키가 자신의 변호인단과 화해하기를 원했다. 판사가 클라크와 덴비에게 정신이상 주장을 피하라고 공개적으로 지시하는 셈이었지만, 두 사람은 거부했다. 그들은 카진스키가 정신적 결함으로 고통받고 있음을 확신한다고 말했고, 자신들이 최선이라고 생각하는 변론을 선택할 권리가 있다고 주장했다.

이런 상황이 검찰 측을 불안하게 했다. 버렐의 행동 때문에 어떤 판결이 나오든 상급심에서 뒤집힐 가능성이 아주 높아졌다. "우리는 이것을 아주 아주 심각한 문제로 보고 있습니다"라고 클리어리가 판사에게 말했다. 버렐은 이미 카진스키가 재판에 임할 능력이 있다는 의견을 밝혔다고 다시 한번 법정에서 확인해주었다. 그리고 그에게 그런 능력이 있다면, 자신의 재판을 이끌어갈 권리도 있었다.[44]

"피고가 자신을 대변할 능력이 있으며 재판에 임할 수 있다는 것이 정부 측 입장입니다." 클리어리가 선언하듯 말했다. 그러한 그의 권리를 부정하는 것은 "이 사건의 항소에서 심각한 실수로 여겨질 가능성이 있습니다. 검찰 측은 이 점이 심히 우려됩니다……."

잠깐의 휴정 후에 버렐은 검찰 및 피고 측 변호인단과 함께, 카진스키에게 정신 감정을 하고 그가 재판에 임할 수 있을지를 판단하기로 합의했다고 알렸다. 만약 그럴 능력이 있다면, 카진스키가 본인의 요청대로 직접 변호를 할 수 있다는 데 모두 동의했다.

일주일도 지나지 않아, 법원은 새크라멘토에 와서 카진스키를 감정할 사람으로 노스캐롤라이나의 정신과 의사 샐리 존슨을 지명했다.

—

존슨은 열흘 동안 카진스키와 면담하고 그의 글들을 읽었다. 1월 19일, 그녀가 감정서를 제출했다. 카진스키가 "편집증적 유형의 정신분열증"을 앓고 있다는 "잠정적" 진단이었다. 하지만 그 질환이 현재는 "경감"된 상태이므로 그녀는 카진스키가 재판에 임해서 스스로를 대변할 능력이 있다고 결론지었다.[45]

그녀는 버렐 판사에게 다음과 같이 썼다. "첨부한 보고서에 기록한 정신과 진단에도 불구하고 카진스키 씨가 정신 질환을 앓고 있다거나, 자신이 고발당한 재판 절차의 성격과 그 결과를 이해할 수 없을 정도로, 혹은 자신의 변호를 위해 법조인들을 지원할 수 없을 정도로 정신적 결함이 있다고 할 수는 없습니다."

실제로 존슨의 결론에서 가장 눈에 띄는 점은, 카진스키가 어떤 사람이 **아닌가** 하는 부분이었다. 그가 "현재 명백히 혼란스러운 상태, 혹은 정신과적인 징후 일체를 보인다는 증거가 없"으며, "혼란스러운 감정, 혼란스러운 사고, 혹은 지적 기능의 장애와 관련된 증거"도 보이지 않고 있다. 확실히 그는 "내향적이고, 수줍음이 많으며, 사교적으로 불안정"하고, "이상한 생각을 하고, 특이한 것을 감지하고, 고립감과 소외감을 느끼고" 있는데, 이는 그녀가 보기에는 "본 검사가 시행될 당시에 대부분 경감된 상태였다고 해도, 정신과적 장애를 지닌 사람들에게서 보이는 특징이다". 하지만 그런 특징들은 또한 정신적으로 아프지 않은 사람들에게서도 많이 관찰되는 것이다.

어느 정도는 정신분열증이라는 존슨의 잠정적 진단 역시, 피고 측 전문가들이 그랬던 것과 마찬가지로 그녀가 고려한 두 가지 주요 범주, 즉 카진스키의 생활 방식과 그의 이념들에 전적으로 기반한 것이었다. 그는 "사회적으로 상당히 고립된 삶"을 선택했다. 또한 "현대 기술의 결과, 그리고 가족이 행한 것으로 의심되는 (심리적) 학대"에 대해 "망상적인 신념"을 품고 있었다.

특히 그녀는 카진스키가 스스로 성장기에 "가족이 행한 심리적 학대"의 피해자였다고 생각하는 점, "현 체제가 나쁜 것이며 이에 대한 반발은 정당하다"고, "자유와 개인의 품위가 안락함과 안전보다 더 큰 중요성을 가진다"고 믿는 점이 "망상적"이라고 판단했다. 그가 "극단적으로 고립된 삶을 살며, 대중을 통제하려는 사회 양상에 맞서는 일에 에너지를 집중해야만 한다고 느꼈던" 점 역시 마찬가지로 망상의 징후라고 봤다.

그런 면모들이 정신 질환 진단에 대한 미약한 근거였다. 어떤 신념들이 진실이라면 "망상적"이라 할 수 없었고, 존슨은 심리적 학대에 대한 카진스키의 주장이 사실인지 아닌지 알 수 없었다. 또한 어떤 정치적 신념들을 많은 사람이 오랫동안 공유해왔다면 그 또한 비이성적이라고 할 수 없었다. 그리고 비록 망상이라 해도, 아이들의 불행에는 부모의 책임이 있다는 확신 역시 너무나 광범위하게 퍼져 있기 때문에 그것이 신경증의 징후일지는 몰라도 심각한 정신 질환의 신호라고 볼 수는 없었다.

하지만 전국 단위의 언론에서는 존슨의 잠정적 진단 근저에 놓인 그럴듯한 추론도, 그것이 "잠정적"일 뿐이라는 그녀의 공개적인 경고도 알아보지 못했다. 대신 그들은 그 보고서를 카진스키가 제정신이 아니라는 증거로 받아들이고 환호했다.

윌리엄 글레이버슨은 『뉴욕타임스』에 기고한 글에서 카진스키는 "편집증적 유형의 정신분열증을 포함해 심각한 정신 질환을 앓고 있다"고 결론지었다.[46] 『새크라멘토 비』는 존슨이 카진스키가 "편집증적 신경분열증"을 앓고 있음을 밝혀냈다고 보도했다.[47] AP는 존슨이 그를 "편집증적 신경분열증"으로 진단했다고 했다.[48] 『워싱턴 포스트』의 윌리엄 부스는 존슨과 피고 측 정신과 의사들이 다음과 같은 결론을 내렸다고 적었다. "(카진스키는) 거창한 환상과 망상적인 분노에 시달리고 있으며, 본인의 증세를 인정하지 않고 치료도 거부하는 편집증적 정신분열증 환자와 같다."[49] 『타임』지의 타말라 에드워즈는 존슨이 "카진스키에게서 망상적 편집분열증 증세를 봤다"고 적었다.[50]

1998년 1월 23일, 『뉴욕타임스』 사설은 다음과 같은 어조로 적었다. "(카진스키는) 정신분열증을 앓고 있으며 자신이 박해를 받았다는, 폭력으로 이어질 수도 있는 망상을 지니고 있다. 존슨 박사의 진단은 피고가 심각한 정신 질환을 앓고 있다는 피고 측 전문가들의 견해와 일치한다."[51]

—

1월 22일 존슨이 버렐에게 보고서를 제출하고 단 사흘 만에 재판은 재개되었고, 판사는—모두를 놀라게 했는데—직접 변호하겠다는 카진스키의 요청을 거부했다. 그건 『이상한 나라의 앨리스』에 나올 법한 판정이었다. 윌리엄 피네건은 『뉴욕타임스』에서 "노스캐롤라이나에서 정신과 의사를 데리고 와 일주일 동안 피고가 직접 변호할 능력이 있는지 알아보게 했고, 그 의사는 그럴 능력이 있다고 판단했다. 하지만 그 후 피고가 직접 변호를 할 능력이 없다고 판정한 것은 어딘가 이상하다"고 지적했다.[52]

법학 교수이자 피고 카진스키의 비공식 조언자였던 마이클 멜로는 그 결정이 "기괴하다"고 했다.[53] 존슨의 진단이 어떤 가치가 있었든 간에, 카진스키가 직접 변호할 능력이 있다는 그녀의 확인 덕분에 버렐로서는 직접 변호하게 해달라는 카진스키의 요청을 판단하는 일이 쉬워졌다. 법은 명확하다고, 멜로는 말했다. 정신적 능력을 갖춘 피고는 직접 변호 전략이 가진 위험에 대해 사전에 주의를 받기만 하면, 직접 자신을 대리할 법적 권리를 가지고 있다.

시러큐스 뉴욕주립대학의 저명한 정신과 교수 토머스 S. 자츠는 "이런 우스꽝스러운 상황을 어떻게 정당화할 수 있을까?"라고 물었다.

그는 유죄를 인정하고 가석방 없는 종신형을 받았다. 그는……
자신이 미친 사람이라는 주장만 아니면…… 어떤 "변호"든 받아
들이고 재판에 임하겠다고 했다…… 그는 자신과 협력하기만 하
면 변호인들도 기꺼이 받아들이겠다고 했다. 그는 판사가 허락하
면 기꺼이 직접 변호하겠다고 했다…… 데이비드 소로는 전기와
물도 없이 오두막에서 살기를 택했다. 패트릭 헨리는 자유를 잃
자 죽음을 택했다. 왜 우리는 직접 변호하겠다는 카진스키의 선
택을 허용할 수 없단 말인가? 왜 우리는 자신에 대한 선의로 포
장된 모욕을 당하느니, 자신의 행동을 책임지는 도덕적 주체로서
정체성을 유지하겠다는 그의 품위를 인정해주지 못하는 걸까?[54]

무슨 일이 있었던 걸까? 멜로는 "버렐이 카진스키의 변호사들을
그대로 사건에 붙여두고, 변론을 통제하게 할 이유를 찾으려고 안간
힘을 쓴 것으로 보인다"고 적고 있다.[55] 법원이 들고나온 이유는 재
판 절차 지연이었다. 카진스키가 직접 변호에 대한 권리를 주장한
것이 너무 늦었다는 뜻이다.

아마 버렐 판사는 샐리 존슨을 지명해 카진스키를 감정하기 전에
이미 그의 요청을 거부하기로 마음먹었을 것이다. 아마도, 피네건이
짐작했듯이, 버렐은 카진스키가 직접 변호를 하면 재판이 O. J. 심
프슨 재판 같은 법정 서커스로 변모하고, 판사도 불운한 랜스 이토
처럼 비칠까봐 두려워했을 것이다.* 그리고 분명 그는 신속한 재판
을 원했고, 카진스키가 직접 변호하면 재판이 길어지리라는 점도 알

---

* 심프슨 재판에서 이토 판사는 재판 과정을 생중계하기로 결정해 논란을 일으킨 바 있다.

고 있었다.[56]

　동기가 무엇이든, 온전한 법으로 자신의 결정을 보증하는 대신 버렐 판사는 시선을 다른 곳으로 돌렸다. 카진스키의 요청이 진지하지 않았다고 그는 말했다. 그건 재판을 지연시키려는 술책에 불과했다. 판사는 변호인단이 정신적 결함에 근거한 변론을 준비 중임을 오랫동안 알고 있었다고 암시하며, 피고의 요청을 허용하면 재판은 "자살 극장"으로 변질되고 말 거라고 말했다.[57]

　변호인 측과 검찰 측 모두 버렐에게 동의하지 않았다. 1월 8일, 카진스키의 변호인단은 대리인 문제가 해결되면 자신들의 의뢰인은 즉시 재판에 임할 준비가 되어 있다고 여러 번 확인했다. 그리고 검찰 측은 "직접 변호에 대한 피고의 권리 주장이 시의적절하지 않다거나, 재판 절차를 지연시키려는 목적을 가지고 있다고 말할 수 없다"고 말했다.

　그럼에도 불구하고 버렐의 결정은 신속한 조정으로 이어졌다. 판정이 나오고 한 시간도 지나지 않아 피고와 검사들은 손을 들어버렸다. 양쪽 다 피고 측 변호인들이 제시한 형량 거래를 마지못해 받아들였다. 검사들은 버렐이 직접 변호와 관련된 피고의 권리를 기각하면서 상고심에서 유죄 판결이 뒤집힐 확률이 대단히 높아졌다는 것을 깨닫고는, 서둘러 거래를 마무리하려 했다. 그리고 카진스키는 덫에 걸린 기분이었다. 1월 26일, 그는 다음과 같이 설명했다. "(그 판정 때문에) 변호인단이 잘못된 정보를 활용해서 내가 제정신이 아니라고 온 세상에 알리는 상황을 피할 방법은 하나밖에 남지 않았습니다."[58]

　자신의 변호인단이 자신을 제정신이 아닌 사람으로 묘사하고, 자신의 철학을 미친 사람의 헛소리로 몰아가는 모욕적인 재판을 앞둔 상황에서 카진스키는 굴복했다. 국가가 사형 판결을 내리지 않는 대신, 그는 세 명이 사망하고 두 명이 중상을 입은 열세 건의 연방 폭파 사건에 대해 유죄를 인정하고, 1978년에서 1995년 사이에 있었던 열여섯 건의 폭파 사건도 자신의 짓임을 인정했다.[59]

1998년 5월 4일, 카진스키에게 가석방 없는 종신형이 선고되었다. 심리에서 그는 다음과 같이 말했다. "며칠 전 정부가 형량과 관련된 요약서를 제출했는데, 그 목적은 분명 정치적입니다. 저 개인의 신뢰성을 무너뜨림으로써 그들은 유나보머가 표명한 이념들의 신뢰성을 무너뜨리기를 바라고 있습니다."[60]

—

재판 후 길 머리의 아내 코니는 카진스키 재판에서 수집된 모든 증거를 공개하라는 청원을 제출했다. "재판의 유죄 판결 단계가 끝났다는 것은 안심이지만, 재판과 관련된 사실들이 대부분 빛을 보지 못했다는 점이 아쉽습니다"라고 그녀는 말했다.[61]

그때까지 공개된 것은 "빙산의 일각"에 불과하다고 머리 부인은 말을 이었다.

하지만 미국은 이 수줍음 많은 살인자라는 고요한 수면 아래에 뭐가 있는지는 절대 알려고 하지 않았다. "저도 형을 제대로 이해하지 못했다는 건 인정해야겠네요", 데이비드 카진스키는 내게 고백했다.[62]

아무도 이해하지 못했을지 모른다. 현재 사람들이 아는 바에 따르면, 카진스키는 제정신일 수도 있고 아닐 수도 있다. 존슨의 감정은 그의 마음이 얼마나 복잡하고 불투명한지를 드러냈을 뿐이다. 하지만 재판이 열렸더라면, 미국은 그가 살인을 저지른 이유만큼은 알게 되었을 수도 있다. 재판이 없었기 때문에 증거 제출도 없었고, 증인의 반대 심문도 없었고, 일기가 공개되는 일도 없었고, 그가 어떻게 희생자를 골랐는지에 대한 정보도 없었고, 급진적 환경보호론자들과의 관련성을 확인하는 일도 없었고, 그의 정신이상을 긍정하거나 부정하는 주장도 없었고, 그의 분노를 부채질한 것이 무엇인지 또 그 분노는 누구를 향했는지 드러나는 일도 없었고, 그의 가정에서 문제가 있었는지에 대한 논의도 없었고, 그가 어린 시절 어떤 교육을 받았고 어떤 환경에서 성장했는지를 검증하는 일도 없었고, 선언문에 담긴 철학을 그가 언제, 왜 갖게 되었는지에 대한 설명도 없었고, "1960년대의 산물"이라는 넓게 퍼진 가정을 검토하는 일도 없었고, 하버드에서 무슨 일이 있었는지에 대한 언급도 없었다.

카진스키는 계속 알려지지 않았을 것이다. 핵심 질문에 대답은 물론, 그런 질문을 하는 일도 없었을 것이다. 궁금증을 품은 사람은 거의 없었을 것이다. 언론은 더 알아야 할 것이 없다고 선언했다. 여론은 그를 괴짜라며 무시했다. 미국은 앞으로 이 살인자와 마주할 일이 없을 거라며 집단적으로 안도하는 듯 보였다.

왜 사실상 모두가 그를 무시할 준비가 되어 있었던 걸까? 마이클 멜로는 그의 이념이 너무나 극단적이어서, 불편한 마음 없이 그것들을 숙고하기 어렵기 때문이라고 암시했다. 멜로는 카진스키에 대한 자신의 책에서 다음과 같이 썼다.

(선언문은) 사실상 이 사건과 관련된 이해 당사자들, 즉 법조인, 정신 건강 전문가, 언론과 정치인—좌파든 우파든—모두가 품고 있는 기본적인 가정에 도전하고 있다…… 카진스키의 변호인단은, 심지어 신뢰할 만한 증거가 없는 상황에서도, 카진스키가 미쳤다는 확신을 언론과 대중에게 심어주었다…… [왜냐하면] 우리는 그렇게 믿을 필요가 있기 때문이다…… 그들은 유나보머가 정신적으로 아프다고, 그의 이념은 미친 내용이라고 결정했다. 그런 다음 그들은 이 남자와 그의 이념은 잊어버린 채, 효용성 있는 이야기를 하나 만들어냈다.[63]

스콧 코리는 『텔로스』(2000년 겨울호)에 기고한 글에서 그 점에 견해를 같이했다. 그는 카진스키의 철학이 모두를 당혹스럽게 했을 뿐 아니라, 결점이 있기는 하지만, 너무나 정곡을 찌르는 내용이라 이를 직시할 수 있는 사람은 많지 않다고 지적했다. 선언문은 환경보호론자들에게 자신들의 혁명을 완수하려면 "인간성을 사실상 완전히 박탈"해야 한다는 점을 일깨워주었다. "시장주의자들"에게는 "자유주의적 개인주의가 곧 무자비한 시장에 가치를 부여하는 것이라면, 무정부주의에는 더 큰 가치를 부여하게 될 것"이며, "정부의 통제가 자유주의적 관점에서 불법적인 거라면, 기업 관료주의의 권력역시 변호할 도리가 없음"을 보여주었다. 선언문은 또한 무정부주의자들에 대해서는, 그들의 혁명이 폭력 없이는 성공할 수 없음을 암시하면서 불편하게 했다. 그 글은 지식인들도 소외시켰는데, 왜냐하면 "'자신들 중 한 명'이었던 누군가가…… 자신들을 공격하고 있다는 것을 그들이 깨달았기 때문"이다. 그리고 그 글은 "뭔가 똑똑한 말을 하는 적에 의해 난처한 상황에 처할 위험"에 빠질 수도 있음을 알려줌으로써 정부를 놀라게 했다.

종합해서 코리는 다음과 같은 결론을 내리고 있다. "유나보머 소동은…… 현대 사회가 익숙지 않은 새로운 사태를 마주하는 일과 관련해 얼마나 준비가 되어 있지 않은지를 보여주었다…… 어색한 부정이나 당혹스러운 비굴함은…… 모두 현대성이라는 것이 반론을 감당할 수 없다는 핵심적인 두려움에서 나온 것이다."[64]

그렇다면 테드 카진스키는 누구일까?

일반적 의미의 고학력 교육은 종종 20세기의 정신을 살인으로부터,
혹은 자살이나 탈선으로부터 지켜내지 못한 것으로 보인다. 이미
봤듯이, 이런 일은 종종 고학력자들에 의해 벌어지기도 한다. 그리고
종종 대학에서 나쁜 씨앗이 처음 열매를 맺기도 한다.
—로버트 콘퀘스트, 『황폐한 세기에 대한 고찰』

현대 유럽 문명이 괴로워하고 있는 극단적 결함이란 무엇일까? 오늘날
지배적인 인간성의 형태는 결국 그런 결점들에 기원을 두고 있는 것이
분명하다.
—호세 오르테가 이 가세트, 『대중의 반역』, 카진스키의 오두막
서가에서

9.   블루칼라 지식인의 고독

현대의 빛나가거나 타협해버린 혁명들이 쌓이면서, 그 결과로
모호함과 사회적 불균형이 발생했고, 이는 젊은이들을 무겁게
짓눌러왔으며, 또한 계속 짓누를 것이다. 이것이 성장을 어렵게 만들고
있다.
―폴 굿맨, 『바보 어른으로 성장하기』, 카진스키의 오두막 서가에서

사우스 카펜터가는 현재 부촌이 되었다. 1978년 유나보머의 첫 번째 폭탄이 설치된 일리노이대학 시카고 서클 캠퍼스에서 겨우 두 블록 떨어진 이곳, 매력적으로 개축한 낮은 주택들에는 시카고의 전문직 종사자들이 살고 있으며, 볼보, 사브, BMW 같은 차들이 끝이 막힌 좁은 도로 양쪽으로 늘어서 있다.

제2차 세계대전이 끝나고 2년 후, 시어도어 리처드 "터크" 카진스키와 완다 테리사 돔벡 카진스키가 좁은 2층 목조 공동주택의 2층으로 이사 올 당시 이곳에는 폴란드 노동자 공동체가 있었다.[1] 1942년 5월 22일생인 테드는 거의 다섯 살이었다. 데이비드는 2년 후 이 집에서 태어났다.

테드에 따르면 그곳은 터크와 완다가 결혼 후 세 번째로 살았던

집이고, 한 단계 상승한 결과였다. 이곳 카펜터가에서 그들은 처음으로 (세를 든 것이 아니라) 자신들의 집을 소유하게 되었다.

터크는 사우스사이드 가축 사육장 근처의 가족 소유인 소시지 상점에서 일했고, 정치에 열성적이었다. 하지만 지인들은 모두 그가 책을 훨씬 더 좋아했다고 말했다. 독학을 한 그는 배움에 엄청나게 욕심이 많았다. 사교적이어서 지식인들을 집으로 초대해 작가나 사상, 정치에 대해 토론하고 논쟁하는 것을 좋아했다. 그와 완다는 모두 종교가 없었고 "전문가들"의 합리주의가 삶에 의미를 줄 걸로 기대했다. 책에 대한 애정과 불가지론 때문에 그들은 블루칼라 이웃들과는 구분되었다.[2]

터크는 야외활동도 좋아했다. 하지만 친구들에 따르면, 그는 야생 자체보다는 야생이라는 **개념**을 사랑했다. 그는 산업사회에 적응하지 못했던 암만파Amish* 같은 비순응주의자들과 자신을 동일시했다.

친구들은 터크의 열정이 좀더 조용했던 완다를 가리는 경향이 있다고 했지만, 시간이 지나면서 자신들의 토론에서 그녀가 기여했던 부분들도 떠올리곤 했다. 하지만 친구 중 한 명이었던 사회학 교수 폴 칼스턴이 내게 해준 이야기에 따르면, 터크와 완다 모두 진실과 영감에 이르는 길은 최고의 정신들과 접촉하는 것을 통해서만 가능하다고 믿었다.[3]

그리고 당시 최고의 정신들은 걱정이 아주 많았다. 두려움이 당시 문화에 침투했다. 제2차 세계대전으로 6000만 명이 사망했다.

---

* 17세기 스위스, 독일 지역의 보수적 기독교 교파. 자코프 암만의 가르침을 따르며 현대 문명을 거부하고 농경생활을 추구했다.

드레스덴, 라이프치히, 히로시마, 나가사키 폭격 이후로 지식인들은 기술 지식이 세계를 파괴할 수 있다고 확신했다. 아우슈비츠의 요제프 멩겔레 같은 죽음의 수용소 의사들이 인간을 대상으로 진행했던 엽기적인 "실험"으로 인해, 그들은 과학이 어디로 향하고 있는지 알 수 있었다. 그리고 제2차 세계대전 직후에는 냉전이 시작되었다. 전체주의와 수소폭탄 전쟁에 대한 두려움이 퍼졌다.

1946년 5월, 윈스턴 처칠이 미주리주 풀턴에서 "발트해의 슈테틴에서 아드리아해의 트리스테까지 온 대륙에 철의 장막이 드리워졌다"고 경고한 직후, 러시아군의 지원을 받은 헝가리 공산주의자들이 쿠데타를 통해 권력을 장악했다. 이후 1년 만에 공산주의자들이 동유럽 전체를 지배했다.

1948년 7월 24일, 소련군이 서독과 베를린 사이의 철도와 고속도로 교통을 차단했고, 이로써 촉발된 위태로운 국제 분쟁은 전쟁 직전까지 치달았다. 1949년 공산주의자들이 중국을 접수하고 소련은 첫 번째 핵폭탄을 터뜨렸다. 1950년 6월, 북한이 남한을 기습 공격했다. 사흘 후 미군이 유엔의 깃발 아래 한반도로 돌진했다. 그리고 11월, 중공군이 압록강을 건너 북한으로 들어왔고, 미국은 자신들이 중국과 전쟁 중임을 깨달았다. 1952년, 15만 명에 가까운 미군 사상자가 발생한 후 이 전쟁은 교착 상태에 들어갔지만, 미국이 거기서 빠져나올 방법을 아는 사람은 아무도 없었다.

이런 사건들이 사회적, 지적 분위기에 깊은 영향을 미쳤다. 소련의 위협에 대한 반응으로 미국은 기술을 끌어안았다. 1946년 의회는 원자력위원회를 설립했다. 1950년에는 국립과학재단을 만들었고, 수천만 달러의 예산을 국방 관련 연구에 쏟아붓기 시작했다. 소련이 세계 최초의 인공위성 스푸트니크 1호를 성공적으로 궤도에 안착시키고 1년이 지난 1958년, 미국은 항공우주국NASA을 설립했다. 우주 경쟁이 시작되었고 수소폭탄 전쟁이 발발할 거란 전망은 더 확산되었다.

그사이 두 차례의 세계대전과 냉전을 거치며 가속화된 기술이 국가 문화에 우울한 영향을 미치기 시작했다. 다수의 저명한 작가가 기술의 위험성과 다가올 문명의 붕괴를 경고하기 시작했다. 1944년 루이스 멈퍼드의 『인간의 조건』이 출간되어, "모든 곳에서 기계가 중심을 차지하고 인간성은 주변부로 밀려났다"고 경고했다.[4]

1945년, H. G. 웰스는 "우리가 삶이라고 부르는 모든 것의 종말이 가까워졌다"고 말했다.[5] 전쟁 직후 미국 대중은 프로이트를 발견했고, 그는 『문명 속의 불만』(최초 출간은 1930년)에서 인간의 근본적인 비이성과 공격성이 인류의 미래를 위협하고 있다고 경고했다. 자신의 최고 베스트셀러 『동물농장』(1944)과 『1984』(1949)에서 조지 오웰은 전체주의의 공포를 탐구했다. 또 다른 베스트셀러들에서 장 폴 사르트르와 알베르 카뮈는 삶이 의미 없다고, 인간의 상황은 고뇌와 소외투성이며, 유일하게 중요한 철학적 질문은 자살에 관한 것뿐이라고 암시했다. 지적 분위기는 아웃사이더들을 배양하는 인큐베이터가 되었다.

참여적이고 지적 호기심이 많았던 터크는, 가족 친구들의 말에 따르면, 이러한 세계정세와 문학계의 흐름을 상세히 파악하고 있었다. 폴 칼스턴에 따르면, 터크는 다른 어떤 작가보다 멈퍼드와 프로이트를 열심히 읽었으며, 에리히 프롬도 읽었다.[6] 프롬은 『자유로부터의 도피』(1941)에서 다음과 같이 말했다. "현대 산업 체제의 몇몇 요소는…… 개인들로 하여금 무력감과 고독, 불안, 그리고 불안정함을 느끼게 만든다."[7] 하지만 많은 이민 2세대 미국인들과 마찬가지로, 아버지 카진스키는 자녀들에 대한 야심이 있었고 교육에 온 힘을 쏟았다.

———

카진스키가 태어난 집은 그렇게 이상주의적이고, 열정적이며, 책이 많은 곳이었다. 테드가 제정신이 아니라고 언론에 주장하며 사형을 피하도록 구명 활동을 하는 동안, 완다와 데이비드는 자신들의 가정이 행복한 일반 가정이었다고 반복해서 말했다. 가족은, 그들의 말에 따르면, 따뜻하고, 사랑이 넘치고, 친밀했다. 부모님은 테드를 편애했다. 「60분」에서 자신과 어머니의 생각을 요약해 전했던 데이비드는, "가족에 대한 형의 감정은 우리가 경험했던 실제 가족생활과는 아무 관련이 없습니다. 부모님은 사랑을 베풀고, 지원해주는 분들이었습니다"라고 말했다.[8] 터크는 아들들을 데리고 캠핑을 갔다. 완다는 아이들에게 『사이언티픽 아메리칸』을 몇 시간 동안 읽어주고, 박물관에 데리고 갔다.

하지만 데이비드와 완다는 또한 테드가 어린 시절부터 "달랐다"고 인정하기도 했다. 비정상적으로 조용하고, 사교성이 없고, 종종 반응이 느렸다. 테드가 그렇게 동떨어져 있었는데, 어떻게 가족 사이가 친밀할 수 있었는지는 한 번도 설명하지 않았다.

데이비드가 말한 가족사에 따르면, 테드는 어린 시절부터 예외적인 학업 능력을 보였고 성장하면서 점점 더 겉돌기 시작했다. 그는 친구가 거의 없었고, 학교를 마치면 곧장 집으로 와 다락방에서 혼자 지냈다. 어머니는 다른 아이들을 불러 레모네이드와 쿠키를 대접하며 테드를 밖으로 끄집어내려고 시도해봤지만 아무 소용이 없었다. 그는 의사들을 비이성적으로 무서워했다. 완다는 큰아들의 행동에 "이상한 모순"이 있어 조마조마했다고 말했다. 어느 순간 침울하고, 무례하고, 불행해하다가, 어느샌가 유쾌하고 인정 많은 모습을 보이곤 했다. 그녀는 『워싱턴포스트』 기자에게 이렇게 말했다. "저는 테드를 밖으로 나오게 하려고 애썼습니다. '뭐 땜에 힘든 거니?'라고 묻곤 했죠. 애는 자기가 뭐 땜에 힘든 건지 알고 있었을지 모르겠네요. 제가 아는 건, 제 생각에, 애가 스스로 형편없다고 생각했다는 것뿐입니다."[9]

데이비드와 완다의 말에 따르면, 부모님의 재촉에도 불구하고 테드는 보이스카우트 입단을 거부했고, 여자아이와의 데이트는 한 번도 하지 않았다. 같은 반 아이들과 노는 것보다는 미분 책을 읽는 쪽을 선호했다. 부모님은 그가 정신병을 앓고 있는 게 아닌가 두려웠지만, 가난하기도 했고, 그런 장애로 병원을 찾았을 때 따라붙는 사회적 낙인이 두렵기도 했다.

완다에 따르면, 어린 테드가 자신만의 고립된 세계로 가차 없이 떨어지기 시작한 건 생후 9개월 때 겪은 결정적인 사고 이후였다. 당시 그에게 심각한 두드러기가 나서 급히 병원에 갔다. 그리고 닷새 후 완다가 집으로 데리고 왔을 때 아이의 성격은 완전히 달라져 있었다.

아이의 반응이 늦어졌다고, "누더기 인형" 같았다고 완다는 CBS 「60분」의 레슬리 스탈에게 말했다.[10] 그리고 이후로 테드는 규칙적으로 자신만의 세계에 빠진 채 겉돌았다.

테드가 아기일 때 쓴 "육아 일기"에서, 완다는 (삼인칭으로 썼다) 병원에 있는 테드를 찾아갔던 일을 기록해두었다. "엄마는 아기를 보러 갔다…… 엄마는 아기의 일이 무척 슬펐다. 그녀는 아기가 너무 가라앉아 있다고 말한다. 기운이나 공격성을 잃어버리고, 입원한 사람의 표정이 생긴 것이다." 그가 집으로 돌아온 후에는 "옷 뭉치처럼" 이상하게 무력한 모습이었다고 적었다. 그 후로, 그녀의 말에 따르면, 테드는 전과는 완전히 딴판이었다.

그 일주일이 줄곧 자신을 따라다니며 괴롭혔다고 완다는 말한다. "끊임없이 그 생각을 하거든요", 그녀가 『워싱턴포스트』 기자에게 말했다. "아들을 야생에서 꺼내오기 위해 뭘 할 수 있었을까, 아들에게 행복한 삶을 선사하기 위해 뭘 할 수 있었을까? 하지만 가족 안에서도 행복하고 멋진 시간이 아주 많았거든요. 모르겠어요, 정말 모르겠습니다."[11]

이는 생생하고 감동적인 이야기지만, 테드에 따르면, 거의 허구라고 한다. 그가 고등학생 때, 10대가 된 아들이 자신을 거부하기 시작한 이유를 납득하기 위해 완다가 지어낸 이야기라고, 그는 말한다. 테드는 완다의 "육아 일기"를 언급하며, 자신이 퇴원한 직후 어머니가 "옷 뭉치처럼" 무력하다고 적은 건 사실이라고 인정했다. 하지만 어머니는, 그의 주장에 따르면, 그로부터 사흘 후 그 "육아 일기"에 아이가 평소의 활기차고 다정한 모습으로 되돌아왔다고 적었던 일은 언론에 말하지 않았다. 3주 만에, 그는 초인종이 울릴 때마다 방문객이 누구든 그를 맞이하기 위해 보행기를 밀며 현관문을 향해 기어갔다.[12]

실제로 데이비드와 완다가 자신에 대해 한 이야기, 언론이 윤색하고 반복했던 그 이야기들은 대부분 거짓이라고 테드는 주장한다. 그의 말에 따르면 어머니는 사람들이 자신을 나쁜 어머니로 여길까봐 두려워하고 있다. 그래서 어머니와 데이비드가, 어머니의 감정을 지키기 위해 어린 시절 자신의 정신 상태에 대해 이야기를 꾸며냈다. 그냥 그뿐이었다. 이야기, 오히려 그의 사회적 고립은 유아기가 아니라 한참 후에 시작되었다. 그리고 그것은, 그의 주장에 따르면, 정신적 문제가 아니라 부모님, 학업과 관련해 그를 지나치게 몰아붙였던 그들 때문이었다.

이런 식으로 과거에 대한 가족 구성원들의 생각이 어긋나면 사람들이―적어도 외부인들은―진실을 아는 것은 불가능하다. 누구의 말이 진실인가 하는 문제가 아니다. 그보다는 어떤 두 사람도 같은 사건을 같은 방식으로 경험하지 않는다고 해야 할 것이다. 성인이 된 우리는 자신의 어린 시절에 있었던 일에 대해 부모나 형제와는 다른 방식으로 보게 되는데, 각자 다른 관점에서 다른 인상을 받기 때문이다. 각각의 관점은 전체 그림의 일부일 뿐이다.

카진스키 가족의 상충하는 설명도 마찬가지다. 테드는 자신이 수줍음 많고 "사교에 있어 조심스러운" 사람이라고 생각하는 반면, 완다는 그가 반사회적이라고 봤다. 테드가 동네 아이들과 놀기를 거부한 건 자신이 그 아이들을 좋아하지 않았기 때문이지만, 완다는 그런 그에 대해 "겉돌았다"며 불만을 표했다. 그가 보이스카우트에 가입하지 않은 건 배지나 스카우트 단복이 바보 같다고 생각했기 때문이지만, 부모님은 그것이 어린 아들이 "남다르다"는 증거라고 생각했다.

우리의 협력 작업 과정에서 카진스키가 내게 보냈던 편지나 자료들에는—그중에는 그의 자서전 「진실 대 거짓」도 있는데, 거기에 의사와 교사, 그리고 대학 상담 교수들의 말이 실려 있다—당연히 그의 관점이 반영되어 있다. 그럼에도 카진스키의 발자취를 추적하며 나는 그의 주장을 뒷받침하는 내용을 꽤 발견했다. 하지만 모두가 그렇지는 않았다. 카진스키 가족을 둘러싼 환경이 전적으로 사랑스럽기만 한 것은 아니었다. 그렇다고 암울하지도 않았다. 가족이 인정하는 것보다는 더 불행했지만, 카진스키가 밝힌 것보다는 덜 불행했다. 요컨대 특별히 예외적이지 않았다. 누군가는 그게 전형적인, 제대로 작동하지 않는 미국 가정이었다고 말할 수도 있다. 성장 과정에서 자신이 "학대"를 당했다고 묘사한 테드는, 어린 시절이라는 것이 좀처럼 쉽지 않고, 슬프게도 종종 비참하기도 하다는 점을 잊고 있는 것처럼 보였다. 그리고 데이비드나 완다의 주장과 대조적으로 테드는, 다른 수백만 명과 마찬가지로 불만스러운 일이 너무 많았다.

유일하게 카진스키 가족이 예외적인 점이 있었다면, 진지한 지적 분위기였다. 이는 테드의 삶에서 반복되는 주제가 된다. 처음부터 터크와 테드의 지적 관심 때문에 가족은 이웃으로부터, 테드는 또래들로부터 고립되었다. 아들이 나이를 먹으면서 책과 이념에 대한 강박은 점점 더 큰 그림자를 드리웠고, 결국 그가 건너기에는 너무 넓은 간극이 생겨버렸다.

카진스키는 자신의 어린 시절 초반이 꽤 평범했다고 말하는데, 이는 정확해 보인다. 두 살 때 그의 소아과 의사는 "다른 아이들과 잘 논다"고 적었다.[13] 여덟 살 때 그의 의료 기록에 따르면, 근처 셔먼 초등학교에 다니던 그는 "건강"하고 "잘 적응하고" 있었다. 아홉 살 때 그는 "학교나 동네에서 아이들과 잘 놀고 있으며, 아주 행복"했다. 열 살 때 "식욕, 활동성, 전체적인 적응력 모두 아주 좋다". 열한 살 때 그는 "어떤 행동 문제도 보이지 않는다". 열두 살 때 그는 "사람들과 잘 어울린다". 5학년 때 학습지도사 베라 프라이는 그의 지능검사 후에, 테드는 온전히 정상이라며 그의 어머니에게 다음과 같이 말했다고 한다. (완다가 『워싱턴포스트』에 이야기한 내용을 인용하면) "아이가 안정감이 아주 강하다고 해서 저도 놀랐습니다…… 아이가 원하는 건 뭐든 될 수 있다고 했는데…… 탁월했어요".[14]

처음 카펜터가로 이사했을 때, 테드는 정기적으로 이웃의 소년 소녀들과 함께 놀았다. 심지어 초반에는 친구들과의 소모임에서 "대장" 역할을 맡기도 했는데, "축제"를 계획하고 친구들의 도움을 받으며 행사 준비와 티켓 판매를 홍보하기도 했다. 5학년 때는 달린이라는 여학생에게 잠시 반하는 일도 있었다.

하지만 카펜터가는 험한 동네였고, 나이가 들면서 테드는 몇몇 친구가 청소년 범죄의 싹을 보이기 시작했음을 깨달았다. 친구들 무리가 노숙인 노인을 공격하고 쓰레기를 내던지는 걸 본 테드는 거리를 두기 시작했다. 그리고 친구들은 그가 물러서는 것을 보고, "너무 착한 아이라고 생각"했다.[15] 부모님은 그의 친구가 줄어드는 것을 알아챘지만 이유는 알지 못했다. 부모님은 그가 혼자 지내는 것이 친구들보다 훨씬 더 똑똑했기 때문인지, 아니면 감정적으로 어딘가 잘못되었기 때문인지 궁금했다.

테드를 고립으로 몰아간 다른 영향은 가족 내에 있었다. 어릴 때부터, 테드에 따르면, 부모님은 "늘 자신들이 이웃보다 한 급 높은 사람들이라고 생각했다. 부모님에게는 지적 허영이 있었다. 두 분은—특히 어머니는—이웃 사람들이 무지하다며 업신여겼다."[16]

터크는 전통적인 가톨릭 노동자 공동체에 사는 독학의 자유사상가였다. 완다는 테드의 영어를 교정했고, 이웃의 다른 아이들과 같은 말투를 쓰는 걸 허용하지 않았다. 그럼에도 불구하고 완다는 자기 가족이 별난 사람들로 여겨지는 상황을 두려워하기도 했다고 카진스키는 주장한다—이 점은 터크의 친한 친구도 확인해주었다.[17] 비순응주의자였지만, 완다는 가족이 순응적으로 비치기를 원했다. 그래서, 테드의 기록에 따르면, 부모님은 무신론자였지만 사람들에겐 유일신교 신자라고 말하고 다녔다. 그리고 그는 여전히 또래와의 우정을 원했지만, 그의 지적 관심이 점점 더 깊어지고 있었던 반면 다른 아이들은 그렇지 않자 간극은 더 벌어지고 있었다.

그렇게 테드를 있는 그대로 두는 대신, 터크와 완다는 모순되는 요구를 했다. 한편으로 두 사람은 자신들이 지식인이자 자유사상가라고, 이웃의 노동자 계급과는 다르다고 생각했다. 다른 한편으로 그들은 자신들의 사상 때문에 배척당하는 것을 두려워했다. 테드는 자신의 가족이 어딘가 다르다는 것을 예민하게 감지하며 자랐고, 자신도 거기에 맞추는 것이 중요하다는 점 역시 알고 있었다.

그리고 서서히 터크는 냉담한 사람이 되어가는 것 같았다—처음엔 큰아들에 대해, 결국은 인생 전반에 대해서 그랬다. 이유는 아무도 몰랐다. 어쩌면 세상 소식을 읽으며 우울증으로 내몰렸을 수도 있다. 어쩌면 테드에게 실망했을 수도 있다. 이유가 무엇이든 테드는 「진실 대 거짓」에 적었듯이, "나에 대한 아버지의 태도에 냉소가 섞여 있었음"을 감지하기 시작했다.[18]

테드에게 화낼 때마다 터크는 그가 제정신이 아니라고, 혹은 정신병자라고 했는데, 의학적 의미에서가 아니라 단지 경멸의 뜻으로 그 단어를 사용했다. 그리고 여러 자료에 따르면, 터크는 반복적으로 큰아들에게 거리를 두고 불친절하게 대했다.[19]

—

데이비드가 태어나고, 테드의 주장에 따르면 완다는 달라지기 시작했다. 그녀는 곧잘 짜증을 냈고 집안 분위기도 나빠졌다. 모두들 티격태격했다. "어머니는 심술궂게 짜증 내는 사람, 아버지는 침울하고 수동적인 사람"이 되었다.[20] 그리고 테드가 5학년 때 어떤 사건이 일어나면서 테드는 내리막길에 접어들었고, 결코 회복하지 못했다.

이러한 추락의 촉매는, 이전에 그가 "탁월하다"고 했던 바로 그 베라 프라이였다. 학교 당국의 지침에 따라 그녀는 테드의 지능검사를 했고, 결과는 "천재"에 해당되는 167이었다.[21] 그녀의 제안에 따라, 또한 부모님과 학교 당국의 동의하에 그는 6학년을 건너뛰고 바로 7학년이 되었다. 그리고 완다가 두려워했던, 그때까지는 상상 속에만 있었던 사회적 고립이 즉각 현실이 되었다. 그보다 적어도

한 살 이상 많았던 학급 친구들은 절대 그를 받아들여주지 않았다. 가장 큰 남학생이 그를 괴롭히고 약올렸다. 여학생들은 그를 무시했다. 그는 사회적으로 가장 낮은 단계로 떨어졌고, 계속 거기 머물렀다.

그때부터 줄곧 테드 카진스키는 물론, 그의 가족을 알았던 다른 사람들에 따르면, 부모님은 아들의 지적 능력을 가족에게 특별한 지위를 부여하는 트로피처럼 소중히 여겼다. 테드가 유명한 지식인이 될 거라는 전망에 사로잡힌 두 사람은 쉼 없이 아들을 지적으로 몰아붙였다.

카진스키가 한 과목만 B이고 나머지 과목 모두 A인 성적표를 집으로 가지고 온 적이 한 번 이상 있었고, 그때마다 부모님은 더 열심히 해야 한다고 훈계했다.[22]

가족 친구들은 터크와 완다가 의식적으로 그런 것은 아니겠지만, 그런 압박이 있었던 데는 의심의 여지가 없다고 확인해주고 있다. 폴 칼스턴은 "터크의 경우 기대하고 있는 바는 분명했다"라고 말했다.[23] 카진스키 가족에게 책을 부인하는 일은 생각도 할 수 없었다. 그리고 몇몇 친구의 말처럼, 각자의 문제는 혼자만 안고 있어야 했다.

7학년 이후 줄곧 테드는 점점 더 버림받은 느낌이 들었다. 그는 책 속으로 도피했다. 공부를 하면 할수록 그의 고립감도 점점 더 커졌다. 그리고 알다시피 부모님은 걱정했다. 테드는 너무 책만 파고들었다. 아이는 이상했다. 그래서 부모님은 사교생활도 하라고 압박했다. 더 자주 외출하고, 좋아하지 않는 아이들과 놀고, 더 자주 섞여 지내라고 했다. 이내 하나의 패턴이 생겼다. 터크와 완다는 테드에게 사교 면에서나 지적인 면에서 모두 뛰어난 모습을 보이라고 부담을 주었다. 그리고 테드는 두 분을 기쁘게 해주려고 열심히 노력했다. 하지만 목표 자체에 모순이 있었고, 그는 실패할 수밖에 없었다.

테드가 중학교에 들어갈 무렵 부모님은 그를 막다른 곳으로 몰아붙였다. 지적으로 성공하지 못하면 부모님은 실망했을 것이다. 하지만 책을 파고들면 들수록 부모님은 그가 사교에서는 실패하고 있다고 질책했다. 아웃사이더의 씨앗이 뿌려졌다.

10.   바보 어른으로 성장하기

전후 침묵 세대는 외부 세계가 평온한 가운데 내면세계의 긴장을
느끼며 성년이 되었다.
—윌리엄 스트라우스·닐 하우, 『세대』

시카고 남부 케지 대로와 95번가가 만나는 교차로는, 에버그린 파크 교외 공동체의 지리적 중심이었다. "교회 마을"로 알려진 그 지역은 겉보기에는 평온하고, 분쟁이나 복잡한 사정 같은 건 없을 듯했다.[1] 7.7제곱킬로미터의 그 지역은, 시간의 흐름을 거부하고 질서를 강요하는, 밀물이 밀려드는 교외라는 바다에 솟은 단단한 바위섬 같은 존재로 남아 있었다. 다른 지역에서는 정기적으로 주인이 바뀌거나 아예 망해버린 소규모 상점들을—볼링장, 세탁소, 테이크아웃 전문 중국요리점 등—여기선 오래전부터 같은 주인이 운영하고 있었다.

1952년, 테드가 열 살 때 부모님은 가족을 데리고 시카고에서 에버그린 파크로 이사했다.[2] 그에게 더 나은 학교 친구들을 만들어주기 위해서였다고 나중에 부모님은 그에게 설명했다. 그들은 사우스

론데일 9209번지의 깔끔한 석조 주택에 정착했다. 작지만 너무 작지는 않았던 그 집은 개방적이고 안락했다. 50년 전, 10대 소년들이 지붕창 아래 책상에 앉아 모형 비행기를 조립하는 모습은 쉽게 상상할 수 있다.

가로수가 늘어선 거리는 흠잡을 데가 없었다—집 안은 빈틈없이 정리되어 있고, 잔디밭도 정성껏 다듬어져 있었다. 공원과 놀이터가 바로 붙어 있어 아이들이 술래잡기나 터치풋볼을 하기에 완벽했다. 공원 너머에는 숲이 울창한 두 개의 묘지가 있었다. 그 효과는 놀랄 만한 전원 풍경이었다. 그런 녹색 풍경을 감안하면, 이곳이 시카고 대도시권이라는 정글 같은 도심에 둘러싸여 있다는 것을 깨닫기 힘들었다.

하지만 그 놀이터에선 어떤 아이도 놀지 않았다. 마당엔 장난감이 하나도 보이지 않았다. 보도를 걷는 행인은 거의 없었다. 주변 환경은 어린아이들의 즐거운 혼돈을 참아주지 않는 엄격한 질서를 반영하고 있었다. 카진스키의 어린 시절, 이렇듯 고요한 겉모습 이면에서 에버그린 파크는 분열과, 심지어 종종 폭력에 의해 찢겨나가는 중이었다. 그리고 에버그린 파크를 떠날 무렵 카진스키 본인도, 평온한 외면 아래에서 잔뜩 들끓고 있었다.

과거에 습지였던 땅에 네덜란드 이민자들이 처음 정착한 이후, 카진스키 가족이 도착할 무렵 에버그린 파크에는 아일랜드인, 이탈리아인, 체코인, 폴란드인들이 섞여 지내고 있었는데, 또 다른 집단이 도착하면서 이들은 자신들이 공격을 받았다고 생각했다. 1954년 5월 17일, 분기점이 되었던 브라운 대 토피카 교육위원회 재판에서 대법원은 분리 교육이 위헌이라고 판결했다. 에버그린 파크의 많은 사람에게 이는 선전포고나 다름없었다. 이 동네는, 카진스키의 친구나 교사 몇몇이 내게 이야기했듯이, 극단적으로 인종차별적인 공동체였기 때문이다. 심지어 법원 판결 전에도 이곳 주민들은 흑인들의 침투를 두려워했다. 흑인들 공동체가 바로 앞에 있었고, 흑인 가족이 시내에 와서 쇼핑하고 에버그린 파크의 식당에서 식사를 했다. 흑인 10대들이 에버그린 플라자 근처를 돌아다녔다.

극소수의 소수자 가족이 동네로 이사 오는 상상만으로도 일부 주민은 폭동이 일어날 거라고 위협했다. 칼스턴에 따르면, 어떤 사람은 "저 깜둥이들은 절대 87번가를 못 넘어와!"라고 선언했다.[3]

카진스키 가족은 대법원 판결 직전에 에버그린 파크로 이사 왔고, 이내 자신들이 인종 문제의 습격을 받았음을 알게 되었다. 의식 있는 자유주의자였던 터크와 완다는 처음엔 공개적으로 흑인들의 권리를 옹호했다. 그렇게 긴장이 높았던 시기에 용감하고도 위험한 행동이었다. 그들의 견해는 즉시 맹렬한 비판에 직면했다. 이러한 사회적 압력에 겁먹은 터크와 완다는, 테드에 따르면, 인종적 관용에 대한 자신들의 견해를 드러내지 않기 시작했다. 하지만 어떤 의미에서 너무 늦었다. 그들의 종교적 냉소주의와 지적 관심, 그들의 가치관이, 아무리 조용하게 드러났다고 해도, 이미 이 가족을 이웃으로부터 고립시키고 있었다.

가정생활은 긴장의 연속이었다. 완다는, 테드에 따르면, 작은 일에도 곧장 불같이 화를 냈다. 끔찍한 형이상학적 비관주의에 소진된 것처럼 보였던 터크는 물러나서 신문만 읽었다.

과연 카진스키 가족은 당시의 고조되던 긴장감과 절망으로부터 영향받지 않을 수 없었다. 당시 그것은 사람들이 숨 쉬는 공기의 일부였고, 세대 전체에 각인되었다. 카진스키는, 나와 마찬가지로, 윌리엄 맨체스터가 "침묵 세대"로 부른 세대에 속한다. 1925년에서 1942년 사이에 태어난 그 "대공황의 아이들" 무리에 대해 맨체스터는 이렇게 썼다.

> 미국의 젊은이들 중 이처럼 내향적이고, 조심스럽고, 상상력 없고, 무관심하고, 모험심 없고, 침묵하는 세대는 없었다. 침묵 세대는 1950년대의 현상이며, 캐딜락의 테일 핀이나 흰색 벅스킨 구두처럼 그 시대의 상징이었다. 대학에 거대한 침묵이 내려앉았다…… 교정엔 성난 젊은이도 없고, 불타는 대의도 없고, 군대도 없었다.[4]

실제로 우리 세대는 침묵한 게 아니라 무시당하고, 억압당하고, 겁먹은 상태였다. 수소폭탄 전쟁 직전의 세계에서 성장한 우리에게 고요함은 외면이었을 뿐, 그 이면에는 산더미 같은 불안이 숨겨져 있었다. 대공황 시기에 태어난 우리는 수적으로도 우리 앞의 GI 세대*나, 우리 뒤의 베이비붐 세대에 비해 적었다. 우리는 정치나 경제, 대중문화에 중요한 영향을 미칠 수 있을 만큼 수가 충분하지 못했다. 우리 세대 출신의 대통령은 한 명도 없다. 광고, 소비자 제품, 영화, 대중 패션은 좀더 수가 많은 베이비붐 세대에 초점을 맞췄다.

경제가 붕괴됐던 시기에 태어난 우리는 물질적으로 불안정했다.

---

* 1901~1924년에 태어난 미국인들. Government Issue(정부 지급품)의 약자로, 인류 역사상 가장 격동의 시기를 겪으며 현대사회의 기틀을 닦았다고 평가된다.

페니실린 발견 전에 태어났기 때문에 자신의 죽음에 대한 감각도 곤두서 있었다. 친구나 형제들이 백일해, 홍역, 이하선염, 성홍열, 수두, 수막염, 폐렴, 결핵 같은 병으로 어린 시절에 쓰러지는 것을 봤다. 우리는 소아마비가 전국에 창궐해서 수천 명의 환자가 발생하고, 셀 수 없을 만큼 많은 어린이와 어른들이 마비되거나, 남은 인생을 철폐iron lung*에 의지해 지내야 하는 것을 봤다.

제2차 세계대전과 냉전, 그리고 한국전쟁 중에 자란 우리는 평화를 전혀 몰랐다. 피임약 등장 전의 문화에서, 원치 않는 임신에 대한 공포는 남녀 청소년 모두에게 칼처럼 드리워져 있었다. 과연 두려움은 우리 삶의 배경이었다. 가난과 실업에 대한 두려움, 질병으로 죽는 것에 대한 두려움, 아버지와 형제가 관에 담긴 채 돌아오는 상황에 대한 두려움, 원치 않는 임신에 대한 두려움, 그리고 가장 널리 퍼져 있던, 우리에 대한 부모님의 기대에 부응하지 못할 것 같은 두려움.

그러한 병폐가 우리를 덮칠 수도 있다고 두려워한 부모님들은 우리를 과보호하고 엄격하게 대했다. 아이들은 "보이되, 말은 하지 말아야 한다"는 식이었다. 소아과 의사나 육아 관련 서적에서는 엄격한 훈육을 강조하고, "매를 아끼면 아이를 망친다"고 경고했다. 우리는 순응적이고, "착해야" 한다는 훈계를 끊임없이 들었다. 윌리엄 스트라우스와 닐 하우는 자신들의 책『세대』에서 다음과 같이 설명했다.

---

* 철제 호흡 보조 장치.

아이들은 "투틀"(늘 선로를 달리는 꼬마 기차)과 "바다로 나아가자"(해류를 타고 안전하게 목적지에 도착하는 작은 배) 같은 이야기를 읽었다. 영화관에서는 어른을 만날 때면 부지런히 몸가짐을 살피는 스팽키, 알팔파 그리고 「악동들」을 지켜봤다.* 국가 공동체에 대한 위협이 깊어지면서, 아이들은 나이 든 세대가 엄청난 희생을 했기 때문에 자신들이 평화와 번영을 누리며 자라날 수 있다는 이야기…… 그리고 해고, 자택 압류, 아버지의 전사…… 사회적·문화적 황무지 같은 절망적인 뉴스가 언제든 닥칠 수 있다는 이야기를 아무렇지도 않게 들었다. 교칙에서 정한 가장 나쁜 행동은 껌 씹기부터 새치기까지 다양했다. 순응해야 한다는 압력은 또래들보다 어른들에게서 나왔다.[5]

우리는 바르게 처신하기 위해 엄청나게 노력했다. 게일 시히는 "(침묵 세대는) 아주 착했다…… 그들은 약물의 습격도 몰랐고, 팬티의 습격도 몰랐다. 그 시절에 풀grass은 깎는 거였고, 콜라coke는 차가운 음료였으며, 솥pot은 여성이 결혼식에 가지고 오는 것이었다"**라고 적었다.[6] 시히는 술이 사실상 유일한 악이었다고 했다. "10대들은 술을 너무 많이 마시고는 탱크처럼 큰, 테일 핀 달린 차량을 몰았다."

이런 억압적 분위기와 엄한 양육은 우리를 내향적으로 만들었다.

---

* 「악동들Little Rascals」은 1920년대부터 1940년대까지 제작된 어린이용 단편영화로, 스팽키, 알팔파는 본 영화의 등장인물들이다.

** 각각 풀, 콜라, 솥을 뜻하는 단어 grass, coke, pot은 모두 현재는 마약을 칭하는 표현이다.

"(침묵 세대는) 10대가 아무것도 아니던 시절, 낮은 급 중에서도 가장 낮은 급이던 시절에 10대가 되었다"라고 소설가 팻 콘로이는 회상했다. "우리는 대부분 조용했고, 주목받지 않으려고 애썼다."[7]

"지도자도, 프로그램도, 우리 자신의 능력에 대한 감각도 없었고, 우리에게만 해당되는 문화도 없었다"고 콘로이는 설명했다. 카진스키와 마찬가지로, 많은 "반듯한 아이들"은 술이나 마약을 하지 않고, 동정을 지킨 채 20대가 되었다. 심지어 쾌락에 광적으로 집착하는 아이들조차 속으로 불안과 표현하지 못하는 감정으로 들끓었다.

이것이 "조용한" 50년대의 의미였다. 그건 단순히 시히 같은 작가와 「행복한 나날들」 같은 텔레비전 시트콤이 넘쳐나던 무심하고 순진한 시기가 아니었다. 덕 테일,* "두 왑",** 발목 양말, 맥주 폭음, 자동차 경주, 엘비스, 피아노 부수기*** 같은 사소한 일들은 이야기의 절반일 뿐이다. 1950년대는 극명한 대비가 공존했던 정신분열증적 시기였기 때문이다. 나라 안으로 평범한 미국인의 일상은 그보다 더 좋은 적이 없었다. 경제는 활황이었다. 나라는 대공황에서 회복했고 새롭게 부유해진 사람들은 쉐보레를 타며 미국을 지켜보고 있었다. 하지만 문명 자체는 벼랑 끝에 매달려 있었다.

냉전은 기술 경쟁에 불을 붙였고, 세계는 곧 수소폭탄 전쟁으로 멸망할 것 같았다. 조지프 매카시 상원의원의 반공산주의 마녀사냥 때문에 일부 사람은 공산주의의 전복을 걱정했지만, 다른 많은 사람

---

* 옆머리를 길러 뒤로 붙이는 것.

** 흑인 음악의 후렴구.

*** 1950년대 미국의 유명 가수 제리 리 루이스 등이 보인 과격한 피아노 연주.

사이에서는 냉전 시대의 반공산주의 히스테리가 시민의 자유에 심각한 위협이 되고 있다는 좀더 근거 있는 두려움이 퍼지고 있었다. 생각할 수 없는 상황에 직면한 우리 침묵 세대는 도피주의자가 되었고, 고요한 거부의 삶을 살았다. 침울한 현실과 아무 생각 없는 대중문화가 초현실적으로 교차하는 분열된 세계에서, 우리는 삶의 표면에서만 미끄러지듯 움직였다.

그런 시기에 대법원은 공공 골프장, 공원, 수영장, 놀이터에서 분리 정책을 금지했고, 앰펙스는 최초의 녹음기를 선보였다. 흑인 인권운동 지도자 라마 D. 스미스와 흑인 목사 조지 W. 리가 미시시피에서 백인 무리에게 살해되었고, 미국은 1800번째 쇼핑몰을 지었다. 개개인의 정신에 잠복해 있는 어둠을 간담이 서늘하게 묘사한 윌리엄 골딩의 『파리대왕』이 베스트셀러가 되었고, IBM은 최초의 상업용 컴퓨터를 선보였다. 마오쩌둥이 "대약진"에 돌입하며 수백만 명을 살해하고 5억 명의 중국 인구를 이주시켰으며, 텍사스 인스트루먼트는 첫 번째 트랜지스터를 선보였다. 독일이 북대서양조약기구NATO에 가입했고 RCA는 최초의 컬러텔레비전을 선보였다.

피델 카스트로가 풀헨시오 바티스타의 부패한 쿠바 정권에 "전면전"을 선포했고 최초의 진정제─밀타운과 에콰닐─가 시장에 나왔다. 소련이 보리스 파스테르나크의 『닥터 지바고』를 금서로 지정했고 웸-오사에서 프리스비와 훌라후프를 처음으로 선보였다. 소련군이 모스크바의 통제에 맞서 일어난 폴란드와 헝가리의 봉기를 야만적으로 진압했고 「캡틴 캥거루」*가 전국 방송에 처음 등장했다.

---

* 1955년 처음 방영된 미국의 어린이 프로그램.

수에즈 운하 위기가 근동지역을 전쟁으로 몰아넣었고 디즈니랜드가 개장했다. 미국이 최초의 핵잠수함을 건조했고, 엘비스 프레슬리가 「괜찮아요, 엄마」와 「켄터키의 파란 달」을 녹음하며 데뷔했다.

—

같은 정신분열증이 에버그린 파크 고등학교에도 스며들었다. 비슷한 다른 고등학교와 마찬가지로, 여기서도 운동선수와 치어리더로 구성된 사회적 엘리트와, 진지한 학생들―'공붓벌레' 혹은 '서류가방 애들'이라고 불렀다―이 속한 사회적 바닥 사이에 깊은 간극이 있었다. 냉전이 이 간극을 더 넓혔다. 국제적 분쟁으로 기술이 강조되면서, 교육자들은 똑똑한 학생들을 수학과 과학 쪽으로 열성적으로 몰아붙였다. 그리고 공부를 열심히 하면 할수록 다른 아이들에게 욕도 더 많이 먹었다.

에버그린 파크의 파편적인 교육 시스템이 이런 분열을 더 확산시켰다. 1954년까지 고등학교가 세워지지 않았고, 1955년 봄이 되어서야 건물이 완공되었다. 카진스키의 동급생들은 처음으로 온전히 4년을 그 학교에서 보낸 학생들이었는데, 그곳에는 유대감이나 동아리가 없고, 서로 알고 지내는 친구도 거의 없었다. 전직 과학 교사였던 스펜서 길보어가 탄식했듯이, "학생 집단에 공통점이 전혀 없었다". 에버그린 파크 고등학교의 전직 사회과 교사였던 하워드 핑클은 당시 에버그린 파크는 이방인들을 위한 학교였다고 묘사했다. 하지만 이내 학교를 이런저런 무리들이 장악하기 시작했다.

핑클의 설명에 따르면 그때까지 학생들은 에버그린 파크 외부의 다양한 학교에서 수업을 들었는데, 새 학교로 전학한다는 건 친구들을 떠나, 같은 동네에 살지만 잘 알지 못하는 아이들과 함께 수업을 듣는다는 의미였다. 그들은 자신들의 학교에서 외계인 같은 존재가 되었다. 이제 '자신들만'의 학교를 갖게 되었다는 의미였지만, 많은 아이가 강제 전학에 불만을 드러냈다.

이런 조건 때문에 길모어에 따르면, "어색한 학교"가 되었다. 길모어는 또한 그동안 외부 지역의 학교에서 공부했던 학생들이 새로운 학교로 들어오면서, 다른 동네들에 있는 친구나 급우들도 에버그린 파크에 모여들었다고 덧붙였다. 이 "외부" 청소년들이 동네에 몰려다니며, 출력을 높인 51년식 메르세데스를 타고 케지 대로에서 경주를 벌였고, 지프 건(수제 총기)을 쏴댔고, "토착" 청소년들과 싸움을 벌였다. 동네 아이들은 코에 흰색 밴드를 붙이고 다녔기 때문에 경찰은 물론 서로도 잘 알아볼 수 있었다. 고등학교 선도반을 담당하고 있었던 길모어는 금세 일손이 딸릴 지경이었다.[8]

그러는 동안 새 학교는 똑똑한 학생들에게 특별한 부담을 주고 있었다. 카진스키에게 수학을 가르쳤고, 40년 넘게 학교 행정을 담당했던 폴 젱킨스는 "에버그린 파크와 관련해 염두에 둬야 할 게 있습니다"라고 말했다. "진 하워드[당시 에버그린 파크 고등학교 교장]가 돈 쓰는 걸 좋아했다는 점입니다. 온 나라를 뒤져 최고의 교사들을 긁어모았어요. 다른 곳에서라면 전문대학 정도에서 가르칠 사람들이었죠. 하지만 학생들은 대부분 순진했습니다. 일부 학생은 시카고 시내에도 나가본 적 없었으니까요. 그런 학생들에게 교사들은 한 번도 들어보지 못했던 생각들을 들려주었습니다. 그 경험을 싫어했던 아이들도 있고, 좋아했던 아이들도 있었죠. 그리고 일부는 완전히 넋이 나가버렸습니다, 아마 테드도 포함해서요."[9]

하워드 핑클에 따르면, 학생들에게는 보통 대학 저학년생에게 어울리는 독서 목록이 주어졌다. 카진스키처럼 지적 야망이 있는 학생들은 그러한 요구에 금세 부응했다. 하지만 가장 인기 있는 남학생들이 "폰즈"처럼 입고 다니고, 반팔 티셔츠 소매를 접어 담배를 넣고 다녔던 학교에서, 학업 성적이 탁월하다는 건 사회적 추방을 의미했다.*

훗날 유진 하워드는 이 시기에 에버그린 파크 고등학교가 얼마나 제 역할을 못 했는지 깨달았다. 그는 학교가 "대단히 권위적"이었으며, 교육 분위기도 학생들에게 불리하게 "급조된" 상태였다고 내게 말했다.

학교 체제는 피라미드식이었다. 가장 위에 주 교육위원회가 있었다. 그 아래 단계별로 주 교육감독관, 지역 학교위원회, 교육감, 교장, 교감까지 관련 담당자들이 이어졌다. 교사들은 그 체제의 맨 아래에 있었고, 사실상 권위가 전혀 없었다.

주 당국의 관료주의가 교과서와 교과과정, 교사 교육, 교사 인증을 총괄했다. 많은 학교에서(에버그린 파크는 아니었지만) 학교위원회 위원들은 선출되는 것이 아니라 임명되었다. 시청각 수업부터 특수교육까지 다양한 서비스를 전문가들이 관장했다.

따라서 학생들의 사교생활도 이와 비슷하게 엄격하고 위계적인 무리에게 장악된 것은 놀라운 일이 아니었다. 하워드는 1989년 다

---

* '폰즈the Fonz'는 1950년대를 배경으로 한 미국 드라마 「행복한 나날들」에 등장하는 인물이다. 주로 가죽 재킷을 입고 오토바이를 타고 다녔다.

음과 같이 썼다.

사회의 집단 구조는, 조금 왜곡된 형태로 학교에서도 그대로 형성되었다. 모든 학교에서는, 늘 일부 학생에게 그들이 쓸모없다는 메시지를 전했고, 늘 승자와 패자를 만들어냈다. 이러한 집단의 구성원, 그들을 부르는 이름, 그들이 위계 구조에서 차지하는 위치는 학교마다 다양했다. 대부분의 학교에는 '민머리eggheads'[지식인을 뜻하는 속어] '기름칠'[지저분하고 거친 사람을 일컫는 속어] '카우보이' '운동선수'에 해당되는 무리들이 있었다. 각각의 무리는 잘 정리된 가입 기준이 있었고, 각각의 무리는 구성원들에게 나름의 복종을 요구했다. 구성원들은 곤경에 처했을 때만 무리의 기준을 위반했다. 무리에서 배제될 수 있다는 위협은 늘 유효했고, 개인들을 무리 안에서 꼼짝 못 하게 만드는 과정에 일조했다.[10]

하워드의 성찰은 다른 저명한 교육개혁가들의 생각과도 일치한다. 사회평론가 폴 굿맨을 비롯해 많은 이가, 공교육이 젊은이들을 교육하기보다는 그들을 순응주의자로 만드는 일에 더 관심 있는 것 같다고 열렬히 비판했다.

굿맨은 『바보 어른으로 성장하기』에서, 소외된 젊은이들은 거의 예외 없이 "체제가 곧 적이라 믿고, 거기에 동조하기를 거부하고 있다"고 적었다.[11] 그의 말에 따르면 특히 교육 체제는 사회과학자들이 기획하고 있는데, 그들은 다음과 같이 주장한다.

정확한 기술을 사용하면 사람들을 어디에든 적응하게 만들 수 있

다. 고도로 조직화되고, 대체로 매끈하게 운영되는 사회에 익숙해
진 사람들은, "사회적 동물"이란 "조화롭게 소속되는 것"을 의미
한다고 생각하기 시작한다. 그들은 투쟁과 반발은 적절한 사회적
기능이 아니며, 반역이나 근본적 변화에 대한 시도 역시 사회적
기능이 아니라고 생각한다. 그보다는, 만약 뭔가가 매끈하게 작동
하지 않는다면, 그건 적절히 사회화되지 못했기 때문이다. 의사소
통에 실패한 것이다.

이런 학교 체제를 더 넓은 사회 자체가 둘러싸고 있었고, 굿맨에
따르면, 이 "조직적 체제"로서의 사회는 곧 "기술지배 사회"가 되
었다.

(기술지배 사회에는) 역할 놀이, 경쟁, 한정된 문화, 홍보, 그리고 위
험과 자기 노출에 대한 회피 등이 존재한다. 이러한 체제와 그 관
습은 영혼에게는 곧 죽음이며, 반항적인 집단은 자연스럽게 체제
와 대비되는 구호를 내걸게 마련이다.
현재는 조직적 체제가 매우 강력해서, 그 성공의 물결이 원래 그
체제가 탄생한 경제나 정치 영역뿐 아니라 과학, 교육, 공동체 건
설, 노동, 예술까지 모든 곳을 휩쓸고 있는 것으로 보인다. 지난
세대에 속한 우리 같은 사람들은…… 진실되고 정직한 노력, 그
리고 인간적인 문화가 이러한 거름더미에 침식되는 것을 보면 속
이 메스껍고 화가 난다.

이런 환경에서 굿맨은 다음과 같은 결론을 내린다. "대다수의 젊

은이에게는 다음의 두 가지 선택지가 주어진다. 사회는 너그럽지만 하찮은 사기극이어서 자신들도, 비록 더 특권적인 사람들에 비하면 부족하겠지만, 어떻게든 시시한 자리는 차지할 수 있다. 아니면 사회는 진지하지만…… 자신들에게는 희망이 없고, 그렇게 배제되어 버린다.”

자신은 “절망적으로 배제되었다”고 생각한 카진스키도 위 결론에 동의했던 것으로 보인다. FBI는 그의 몬태나 오두막에서 굿맨의 책을 발견했다. 그리고 카진스키의 선언에 든 232문단 중 210곳에서 그는 체제를 공격하고 있다.

—

이것이 1955년, 카진스키가 에버그린 파크 고등학교에 입학할 당시 지배적이던 양극화되고 전제적인 체제였다. 그는 이방인들의 학교, 학교 당국이 위에서부터 순응성을 강조했던 그 학교에서 더 낯선 존재가 된 자신의 모습을 발견한다.

학교의 모든 부분에 교칙이 있었고, 다음과 같은 안내가 있었다. “새로운 특권을 향유하기 위해 좀더 어른스럽게 옷을 입고 행동합니다. 에버그린 파크 고등학교의 남학생들은 리바이이스(원문 오타)를 입지 않습니다. 그리고 어린이 같은 머리를 하지 않습니다.”[12] “높은 성적을 유지합니다!”라는 조항 또한 있었다.

테드의 입학 직후 터크와 완다도 그 체제에 합류했는데, 학부모-교사 회의뿐 아니라, 학교위원회 위원 후보를 선출하는 “임원 회의”에도 참석했다.[13] 심지어 학교에서도 테드는 모든 10대가 갈망해 마지않는 부모와의 거리를 확보하지 못한 것 같았다. 그는 "서류 가방 학생"이 되었고, 그건 에버그린 파크에서 범접할 수 없는 계급이었다.

테드가 사회적으로 배제된 것은, 다시, 가족이 특이한 사람들 취급을 받을지 모른다는 터크와 완다의 두려움을 키웠다. 두 사람은 아들에게 순종하라는 압박을 더 강하게 행사했다. 하버드 사전등록을 위한 사진을 찍기로 한 날, 아침에 일어난 테드는 코에 여드름이 하나 난 것을 발견했는데, 그런 결점 때문에 덜 완벽한 인상을 줄 게 두려웠던 어머니가 심하게 야단쳤다고 했다.[14]

테드를 사교적으로 인기 있고 학업 성적도 탁월한 아이로 만들려는 터크와 완다의 노력은 계속 실패했고, 부모는 아들이 "아프다"거나 "미성숙하다"거나 "감정적 혼란을 겪고 있다"는 식으로 말하며 자신들의 좌절감을 드러냈다.[15] 테드가 무슨 짓을 하든, 터크는 그걸 부적응이나 정신 질환의 신호로 해석했다. 아들이 전쟁 그림을 그리고 있는 것을 발견한 완다는, 테드 본인의 말에 따르면, 그가 폭력에 사로잡혀 있다고 단정했다. 마음에 들지 않는 이웃 소년과 놀지 않겠다고 했을 때, 그녀는 아들이 반사회적이라며 몰아붙였다.

—

카진스키 체포 후에 그의 가족은 별난 외톨이로서 테드의 이미지를 대중에게 단단히 각인시켰다. 『시카고트리뷴』은 젊은 시절 테드가 "안타까울 정도로 내성적"이었다고 했다.[16] AP는 그가 "주머니

보호기*를 차고 서류 가방을 들고 다녔다"고 썼다.[17] 『산호세 머큐리 뉴스』가 취재한 학창 시절 친구 한 명은 테드가 "사교 면에서 서툴 렀다"고 했고, 또 다른 친구는 그가 "남자들 사이의 소년"이었다고 했다.[18] 『뉴욕타임스』는 그의 어린 시절이 "고독과 강박, 그리고 모 순이 있는 장례식 사진 같았다"고 했고, 10대 시절에 대해서 다음과 같이 적었다.

그의 사회적 약점은 점점 더 눈에 띄었다. 에버그린 파크 고등학 교에 진학할 무렵, 테드는 적응에 어려움을 겪었다…… 대부분 의 또래 학생이나 [교내 활동] 부원들은 그가 겉돌았고, 혹은 전혀 존재감이 없었다고 기억했다. 필 팰런은 테드가 괴짜였다고 했 다…… 제리 펠리그라노는 기억이 가물가물하지만, 그는 주머니 보호기를 차고 다니는 안경잡이였던 것 같다고 했다. 로렌 드 영 은 그가 일종의 "없는 사람" 같았다고 기억했다…… "테드는 아 주 똑똑했지만, 감정적으로는 결점이 있었다"라고 패트릭 모리스 는 말했다.[19]

일부 기자는 한술 더 떴는데, 그들은 테드가 심지어 고등학교에 다닐 때부터 폭탄에 빠져 있었다고 주장했다. 『시카고트리뷴』에 따 르면, 동료들의 관심을 얻고 인정받기 위해 화학 시간에 친구들과 함께 폭탄을 하나 제조했는데, "위력이 너무 세서 화학실 창문이 깨 질 정도"였고, 이 사고로 그는 하루 정학을 당했다고 했다. 테드가

---

* 펜의 잉크 등이 옷에 스미지 않게 가슴 주머니 위에 끼우는 비닐 제품.

"운동장에서 로켓을 발사하는 것"을 본 적이 있다고 증언한 동료 학생도 있다고 『시카고트리뷴』은 전했다.[20] AP에서는, 테드가 자신이 "너무 똑똑해서 잡힐 리 없다"고 생각했기 때문에 폭탄 제조를 두려워하지 않았다고 덧붙였다.

카진스키는 주머니 보호기를 차지 않았고, 서류 가방을 들고 다니지 않았으며, 폭탄 만드는 일에 빠져 있지도 않았다. 하지만 다시 한번, 언론은 스스로의 방식에 속아넘어갔다. 카진스키의 동료 학생들을 무작위로 취재하면서, 언론은 그들 대다수가 그를 모르고 있다는 사실을 발견했다. 그리고 그의 진짜 친구와 선생님들은 전혀 다른 이야기를 전했다.

"아마 제가 다른 누구보다 테드를 잘 알 겁니다", 테드의 학교 친구 중 한 명인 러셀 모스니가 내게 말했다. "언론에서 그 친구에 대해서 하는 이야기는 대부분 허튼소립니다."[21]

"함께 다니는 우리 무리가 있었어요", 현재 컴퓨터 상담역을 맡고 있는 모스니가 말을 이었다. "테드와 저는 닮은 점이 많았습니다. 그 친구처럼 저도 예외적인 학생이었죠. 둘 다 전국명예학생회NHS* 소속이었습니다. 둘 다 한 학년을 건너뛰었고요. 수학과 과학에 관심이 있는 것도 똑같았습니다. 스푸트니크가 막 발사된 시점이었고, 아이들은 과학으로 내몰렸죠. 대단한 교육이었습니다."

"그리고 테드는 외톨이가 아니었고, 적대적이지 않았고, 폭탄에 빠져 있지도 않았습니다. 그냥 같은 반 친구들보다 두 살 어리고, 거기에 더해 미숙했을 뿐입니다. 맞습니다, 사교 방면에 서툴렀죠. 하

---

* 학업, 봉사 등 다양한 분야에서 선발된 우수한 학생 모임.

지만 수학을 공부하다보면 모두 그렇게 됩니다, 어느 정도는요. 시간을 너무 많이 잡아먹기 때문에 여학생들을 만날 시간이 없죠. 그리고 테드의 이성 관계라면, '여자애들 머리 끝을 잉크병에 담그는' 정도의 어설픈 수준이었습니다."

테드가 폭탄에 '빠져 있었다'는 이야기에 대해 모스니는 이렇게 말했다. "고등학생이라면 모두 폭탄을 만들어보고 싶어합니다. 우리도 예외는 아니었죠. 똑똑했던 테드는 그 방법을 알고 있었습니다. 다른 학생들이 그를 부추겼고, 어떻게 만드는지 보여달라고 졸랐죠. 저한테도 부탁했지만, 테드보다 한 살 많고 좀더 성숙했던 저는 거절했습니다. 그래서 테드가 친구들을 기쁘게 해주려고 한 명에게 알려줬죠. 그 친구가 '폭탄'을 만든 겁니다."

"장난이었어요. 제가 1.8미터 떨어진 곳에 있었는데 다치지 않았습니다. 보도된 것처럼 창문이 깨지지도 않았고요. 교장 선생님이 그 친구를 불러들였고, 그 친구는 테드가 만드는 법을 알려줬다고 이야기했습니다. 테드는 하루 정학을 당했죠. 하지만 대단한 일은 아니었습니다. 교장도 테드가 폭탄을 만든 게 아니라는 걸 알고 있었고, 다른 학생이 저지른 일을 책임질 필요는 없었으니까요."

"테드에 대한 선입견을 알고 있습니다." 폴 젱킨스가 내게 말했다. "평생 별종 취급을 받은 것처럼 알려졌죠. 하지만 그렇지 않습니다." 카진스키는 아이큐가 170인 여느 사람들과 같았다고 그는 말했다.[22] 외톨이도 아니었고, 적대적이지도 않았고, 별종도 아니었다. 폭탄을 만드는 일에 빠져 있지도 않았다. 행정을 담당했던 젱킨스는 교칙을 관리하는 책임자였고, 만약 테드가 문제를 일으켰다면 자신도 알았을 거라고 했다. 테드는 자신처럼 머리가 좋은 학생들과 어울려 다녔고, 그 작은 모임에서 어느 정도 지도자 역할도 맡았다.

"첫 (수학) 수업에서 테드를 만났을 때, 제 수업 수준을 훨씬 더 뛰어넘는 학생이라는 걸 알았습니다. 그래서 계속 격려하기 위해 조교를 시켰어요. 테드는 그 일을 훌륭하게 해냈습니다. 다른 아이들도 좋아했고, 테드가 도와주는 것을 고마워했죠."

그렇다면 어떻게 언론은 카진스키가 그렇게 이상했다고 보도할 수 있었던 걸까? "그들은 실수할 수밖에 없었다고 생각합니다", 젱킨스가 대답했다. "테드가 체포된 후에 에버그린 파크로 몰려든 기자들은 고등학교 졸업장에 이름이 적힌 사람들을 무작위로 취재했습니다. 가장 접근하기 쉬웠던 이들은 여전히 근처에 살고 있던 사람들이었겠죠. 그리고 우연히도 그들 대부분은 테드가 속했던 작은 집단의 구성원들이 아니었습니다. 운동선수나 치어리더 부류, 어쨌거나 머리 좋은 애들과는 어울리지 않았던 친구들이었죠. 그 친구들에게 테드는 '공붓벌레'였습니다. 그리고 테드의 교우 범위가 좁았기 때문에 기자들이 거기 속했던 친구들은 모두 놓친 겁니다."

또래들 사이에서 카진스키를 다치게 했던 바로 그 자질을 교사들은 마음에 들어했다. 당시 그를 잘 알았던 교사들 중 나와 이야기했던 이들은 사실상 모두 그가 학구적이었고, 고등학교 집단에서 가장 낮은 무리에 속했지만, 그것 말고는 아주 평범했다고 보고 있었다.

카진스키의 음악 선생님이자 친구였던 제임스 오버토는 테드가 "반사회적이지 않고, 다만 내향적이었다"고 말했다.[23] 물리 선생님이었던 로버트 리피는 그가 "정직하고, 도덕적이고, 사교적이었다"고 묘사했다.[24]

"테드는 문제아도 외톨이도 아니었습니다." 리피가 덧붙였다. "그냥 머리가 좋았던 거예요. 제가 가르쳤던 학생들 중 최고였습니다."
카진스키의 미국 정치 선생님이었던 필립 펨버튼은, 테드는 친구가
많았고 그 무리에서는 "우두머리"처럼 보였다고 했다.[25] 생활기록부
에는 정기적으로 "단정함" "타인을 존중함" "예의 바름" "법과 질서
를 준수함" "자제력 있음" 등의 평가가 적혀 있었다.

고등학교 상담교사였던 로이스 스킬런은 누구보다 카진스키에
대한 칭찬을 늘어놓았다. 그녀는 1958년 하버드에 다음과 같이 편
지를 보냈다.

제가 대학 수준에서 만났던 젊은이들 중 테드가 사회에 가장 크
게 기여할 인재라고 믿습니다. 그는 사려 깊고, 예민하며, 사회에
대한 자신의 책임도 깊이 인식하고 있습니다…… 유일한 단점이
라면 사람들과의 첫 만남에서 조금 소극적이라는 것인데, 성인
직원 대부분이나 지역 공동체의 성숙한 사람들은 그가 이야기하
기 편한 사람이라는 것을 알게 되었습니다. 지적으로도 매우 도
전적입니다. 고등학교 학생들 중 친구도 꽤 많고, 그 친구들이 좀
더 진지한 생각을 하도록 영향을 미치고 있습니다.[26]

—

1950년대 후반에 냉전은 여전히 가라앉지 않았다. 1956년 가을,
소련은 공산당 지배에 맞서 일어난 헝가리의 봉기를 야만적으로 진
압했다. 영국과 프랑스의 지원을 받은 이스라엘은 이집트를 침공하
며 수에즈 위기를 촉발했다. 그리고 1958년, 서구와 공산주의 열강

의 실제 분쟁, 혹은 분쟁의 가능성이 전 세계에 급증했고, 그중 어떤 것이든 수소폭탄 전쟁을 촉발할 수 있었다. 이라크의 공산주의 혁명이 일어나자, 드와이트 아이젠하워 대통령은 레바논을 지키기 위해 미 해병대를 파병했다. 중국 공산당 정부는 타이완군이 점령한 진먼섬과 마쓰섬을 봉쇄했다. 카스트로는 쿠바의 부패한 바티스타 정권을 전복할 태세였다. 그리고 베를린은 다시 일촉즉발의 상태에 빠졌다.

동시에 우주 경쟁이 달아오르고 있었다. 1957년 10월 4일, 소련은 최초의 인공위성을 성공적으로 발사했다. 그에 대한 반응으로, 미국은 즉시 우주 프로그램에 속도를 냈다. 1958년 아이젠하워가 새로운 국방교육 법안에 서명하고, 과학과 기술 교육에 수백만 달러의 예산을 배정했다. 고등학교 교사들은 똑똑한 학생들을 그 어느 때보다 더 강하게 과학 분야로 떠밀었다. 똑똑하고 어린 학생들이 그런 기세에 저항하는 것은 불가능에 가까웠고, 에버그린 파크뿐 아니라 어디서나 그랬다.

카진스키가 2학년이 되었을 때, 학교에서는 3학년 과정을 건너뛸 것을 제안했다. 음악 선생님 제임스 오버토는 카진스키의 아버지에게 그 제안을 거절하라고 간청했던 일을 기억하고 있었다. 하지만 터크는 말을 듣지 않았다. "테드의 성공이 그분께는 아주 큰 의미가 있었으니까요"라고 오버토는 말했다.[27] 같은 반 친구들보다 두 살 어리고 여전히 나이에 비해 몸집이 작았던 카진스키는 학교에서 더 겉돌게 되었다. "저를 향한 다른 학생들의 적대감이 점점 더 커졌습니다"라고 카진스키는 샐리 존슨과의 인터뷰에서 시인했다. "고등학교를 졸업할 때는 대부분의 학생에게 확실히 괴물 취급을 받았죠."[28]

차분한 겉모습과 들끓는 내면이라는 패턴은 계속되었다. 집안에서의 신랄함과 학교에서의 거부 사이에 낀 카진스키는 여러 활동으로 거기에 맞섰다. 체스, 생물학, 독일어, 수학 동아리에 가입했다. 동전을 수집했다. 걸신들린 듯 다양한 분야의 책을 읽었고, 연극과 역사에서부터 생물과 수학까지 모든 과목에서 탁월한 성적을 기록했다. 바흐와 비발디, 가브리엘리의 음악을 탐구했다. 음악 이론을 공부하고 가족 트리오—트럼펫은 데이비드, 피아노는 터크, 트롬본은 본인이었다—를 위한 곡을 썼다. 오버토와는 듀엣을 연주했다.

카진스키는 착하게 행동하고 가족과 선생님들의 기대에 부응하려고 노력했다. 하지만 그런 노력 때문에 더 고립되었다. 가장 고통스럽고 고약했던 부분은, 그런 노력들 때문에 그가 이성과의 관계를 제대로 만들어갈 수 없었던 것으로 보인다는 점이다. 성 혁명이 진행 중이었다. 프로이트 심리학은 억압된 성적 욕망이 신경증을 낳는다고 경고했다. 1948년, 『남성의 성적 행동』을 쓴 인디애나대학 동물학 교수 앨프리드 찰스 킨지의 이름을 딴 "킨지 보고서"로 알려진 책이 출간되었고, 혼전 혹은 혼외 섹스는 사람들이 지금까지 생각했던 것보다 훨씬 더 보편적이었다는 주장으로 온 나라를 뒤흔들었다. 1953년 휴 해프너가 『플레이보이』라는 새로운 잡지를 창간했고, 성적 방탕함은 일종의 해방 이론이라고 설파하며 "플레이보이 철학"이라고 불렀다. 1955년, 블라디미르 나보코프의 냉소적이고 성적인 책 『롤리타』가 전국적인 화제가 되었다.

순결을 둘러싼 분위기가 달라졌다. 아직 "못 해본" 10대 소년들은 부끄러워서 자신이 동정이란 사실을 밝힐 수 없었다. 그리고 카진스키는 여학생과 데이트를 해본 적이 거의 없었다. 그에게는 초보적인 사교 기술도 없었다.

러셀 모스니는 아주 드물었던 카진스키의 데이트를 하나 기억하고 있었다.[29] 카진스키는 부모님의 차를 빌려 여학생과 영화를 보러 갔다. 영화가 시작되고 30분 후, 그는 미안하다며 극장 밖으로 나갔다가 몇 분 후 돌아왔다. 상대 여학생은 그가 화장실에 다녀온 줄 알았다. 하지만 30분 후 그는 다시 나갔고, 돌아왔다. 그런 이상한 자리 비우기가 두 번 더 있었다. 하지만 마지막으로 나간 그는 돌아오지 않았다. 영화가 끝나고 여학생은 거리에서 기다리고 있는 테드를 발견했다.

"어디 갔었어?" 그녀가 물었다.

"30분 단위 주차장에 세워서 계속 동전을 넣어야 했거든", 그가 설명했다.

"하지만 마지막으로 나갔을 때는 돌아오지 않았잖아?" 그녀가 물었다.

"돈이 떨어져서 다시 극장에 들어갈 표를 살 수가 없었어." 그가 대답했다.

하지만 카진스키의 내면은 끓어오르고 있었다. 소외의 씨앗은 이미 뿌려진 상태였다. 자신의 학업 성적은 자랑스럽다기보다는 오히려 수치스러웠고, 자신의 서투름에 화가 났다. 냉전 시대에 인종 문제로 양분된 동네에서 성장하고, 학생들은 서로에게 낯선 존재이며 순응에 가장 큰 가치를 두었던 고등학교에 다니고, 훗날 군산복합체에서 복무하기 위해 수학으로 내몰렸던 그는 어딘가에 소속감을 느낄 기회가 없었다. 카진스키에게는 우정을 만들 기회가 거의 없었다. 학업과 관련해 그를 압박하다가, 아들이 사교생활에 적응하지 못하자 정신 건강에 대해 걱정했던 부모님 앞에서 그는 자신이 실패했다는 느낌이 들었다.

3학년 재학 중에 테드 카진스키는 하버드에 합격했다.

제임스 오버토는 테드를 보내지 말라고 터크에게 간청했다.

"너무 어리고, 너무 미숙합니다, 그리고 하버드는 인정사정없습니다." 오버토가 말했다. "테드가 절벽 사이로 떨어져버릴 수도 있습니다."[30]

하지만 터크는 말을 듣지 않았다. "테드가 하버드에 가는 건, 아버님께는 거의 자기도취였습니다"라고 오버토는 평가했다.

그리고 테드에게 하버드는 하나의 교육적인 경험이 될 예정이었다.

11.   이성의 종교

미친 사람은 자신의 이유 외에 모든 것을 잃어버린 사람이다.
—G. K. 체스터턴, 『정통』

가장 위대한 지적 능력은 맹렬하고 열정적인 의지와 관련해서만
발견된다.
—아르투어 쇼펜하우어, 『의지와 표상으로서의 세계』, 하버드 교양교육
과정에 수록

케임브리지 프레스콧가 8번지는 하버드 야드 바로 앞에 서 있는, 관리가 잘된 3층짜리 빅토리아식 건물이다. 오늘날에는 하버드 설명문expository writing 강의동으로 쓰이고 있다. 하지만 카진스키가 열여섯 살의 나이로 하버드에 입학했던 1958년 9월에는 좀더 특이한 장소였다.

그해 초 하버드 신입생 학장 F. 스키디 폰 스테이드는 그 건물을 가장 똑똑하고 어린 신입생들의 숙소로 사용하기로 결정했다. 폰 스테이드의 의도는 그 청년들에게 교육적이고 친밀한 환경을 제공함으로써, 더 크고 몰개성적인 기숙사에 있을 때처럼 방황하는 일이

없도록 만드는 것이었다.[1] 하지만 이런 조치를 통해 그는 과하게 학구적이고 아직 성숙하지 못한 청년들을 동료 학생들로부터 고립시키며, 의도치 않게 공붓벌레들만의 구역을 만들었고 당사자 학생들의 사회적 적응은 쉬워지는 것이 아니라 더 어려워졌다.

"저도 그해에 프레스콧가에서 지냈습니다", 마이클 스투키가 내게 말했다. "카진스키와 같은 수학 전공이었죠. 하지만 맹세컨대 그 친구를 본 적은 한 번도 없습니다." 컴퓨터 관련 일을 하다 최근에 은퇴한 스투키는 카진스키가 있던 1층과 멀리 떨어진 꼭대기 층에서 혼자 살았다. 프레스콧 8번지라는 비사교적인 공동체에서 그건 엄청난 거리였다. "종일 자기 방에 처박혀 있다가 서둘러 도서관이나 수업에 가는 상황이 딱히 이상한 게 아니었으니까요." 스투키가 말했다.[2]

프레스콧가의 사감이었던 프랜시스 머피는 가톨릭 사제 과정을 수료한 대학원생이었는데, 일부 학생이 보기에 그 건물은 기숙사가 아니라 수도원처럼 운영되는 것 같았다. 다른 신입생들이 한두 명의 룸메이트와 같은 방에서 생활했던 반면, 프레스콧가에 있었던 열여섯 명의 학생 중 카진스키를 포함한 여섯 명은 독방에서 지냈다. 일곱 명을 제외하고는 모두 수리과학 전공이었고, 세 명을 제외하고는 뉴잉글랜드 외부의 고등학교 출신이어서 매사추세츠에는 아는 사람이 거의 없었다. 그들은, 머피의 표현을 빌리자면, "진지하고 조용한 무리"였다.[3]

하버드는 오랫동안 익명성으로 악명이 높았는데, 같은 복도의 건너편에 몇 년간 살면서 서로 이름도 모르는 관계가 드물지 않았다. 고등학교 졸업생들은 특히 고독했다. 예비학교 동문들이 대부분 근처에서 성장한 반면, 공립 고등학교 졸업생들은 대부분 다른 주 출신이었다. 그들은 아는 사람이 한 명도 없는 상태에서 하버드에 도착했고, 집이 너무 멀어 추수감사절이나 부활절 같은 짧은 연휴에도 돌아갈 수 없었다. 프레스콧가는 사교적인 면에서 특히 더 혼란스러웠다. 학부 생활의 특징이라고 할 수 있는 자유토론은 거의 없었고, 야단법석을 떠는 일도 없었다. 대부분은 그냥 자신들의 방에서 공부만 했다.

카진스키가 "외톨이"였고, 하버드의 유명한 속물근성 때문에 더 고립되었다는 이야기는 많이 나왔다. 실제로 당시 하버드에는 속물주의가 만연했다. 예비학교 출신들은 자신들은 귀족이며, 고등학교 졸업생들은 비천한 "범생"이라고 생각했다. 범생들은 훌륭한 하층민이었고, 그들의 가장 큰 결함은 옷을 제대로 입지 못한다는 것이었다.

"올바른" 복장이란 코르도반 구두, 단추 셋 달린 트위드 재킷(브룩스 브러더스나 J. 프레스면 더 좋았다), 버튼다운 셔츠, 사선 줄무늬 타이―그리고 가장 중요한 것은, 그 타이를 포인핸드식으로 날씬하게 매는 거였다. 의복에서 한 군데만 잘못되어도 바로 추방자 신세였다. 그리고 카진스키는 행색이 초라했다. 그는 면바지 두 벌과 셔츠 몇 장밖에 없었다. 매주 옆 건물 지하실에 있는 동전세탁기에서 그 옷들을 빨았지만, 그럴수록 더 너덜너덜해질 뿐이었다.[4]

거기에 학업 관련 불안이 더해졌다. 부모님이나 다른 친척들 역시 하버드에 다녔고, 사립학교에서 최고의 교육을 받았던 예비학교 졸업생들과 달리, 막 도착한 고등학교 졸업생들은 자신이 학계에 속했다는 확신이 없었다. 미국 공립교육의 열악한 상황 탓에, 이들 대부분은 안타깝게도 자신이 마주할 학문적 도전에 대한 준비가 되어 있지 않았다. 하버드에 도착한 그들은, 학교가 자신을 뽑은 건 실수일지도 모른다는 느낌이 들었다. 그 결과 특히 1학년 때 그들은 열심히 책만 파고들고 사교적인 부분은 무시했다. 반면 부유층 학생들은 정반대의 선택을 했다.

하지만 카진스키의―혹은 평균적인 고등학교 졸업생들의―고립을 과장하는 것은 오해다. 카진스키를 포함해 당시 하버드의 공립학교 출신들은 대부분 트위드 차림의 무리를 꽉 막힌 어릿광대, 자신들이 얼마나 우스꽝스러운지도 깨닫지 못하는 광대들이라고 생각했다. 이에 대한 증거는 카진스키가 유난히 외톨이도 아니었고, 특히 하버드 시절의 초기에는 동료들로부터 소외되지도 않았다는 사실이다.

하버드는 "내게는 엄청난 곳이었다"라고 카진스키는 「진실 대 거짓」에 적었다. "나는 내게 필요했지만 스스로 모르고 있었던 것, 즉 힘든 일을 하려면 자기 절제와 끊임없는 능력의 발휘가 있어야 한다는 점을 알게 되었다. 나는 그 일에 나 자신을 던져넣었고…… 만개했다…… 나 자신의 의지가 가진 능력을 감지하며, 나는 의지력이라는 것에 열광했다."[5]

신입생은 체육 활동이 필수였고, 카진스키는 수영에 이어 레슬링을 했다. 고등학교 때와 마찬가지로 트롬본을 했고, 심지어 하버드 밴드에도 가입했다(연습 과정에도 반드시 참여해야 한다는 것을 알고 나서는 곧 그만두었다). 친구도 몇 명 생겼다. 숙소 친구들 중 한 명이었던 제럴드 번스는, 심야 식당에서 카진스키와 칸트 철학에 대해 논쟁했던 일을 떠올렸다. 번스는 무정부주의 잡지 『피프스 에스테이트』에 기고한 글에서, 카진스키는 "지금의 나처럼 평범했다. 그 친구가 동급생들보다 훨씬 더 어렸기 때문에 더 힘들었던 것뿐이다"라고 썼다.[6] 그리고 실제로 강사, 지도교수, 기숙사 동료, 보건소 직원들의 기록에 따르면, 하버드에서 보낸 첫해에 카진스키는 온전한 균형을 유지하고 있었다. 하버드 신입생이 모두 받아야 하는 건강검진의 일부로 카진스키를 진단했던 의사는 다음과 같이 적었다.

> 좋은 인상임. 매력적이고, 나이에 비해 성숙하며, 여유 있음…… 편안하게, 유창하고 유쾌하게 이야기함…… 사람들을 좋아하고 잘 지냄…… 매우 안정적이고, 일관적이며 확고한 자아를 지니고 있음. 적응을 대단히 잘하고 있음. 만족스러운 성과를 낼 것으로……[7]

학업 면에서도 카진스키는 이러한 전망을 실현할 것으로 보였다. 그해 말, 그는 영작문에서 B-와 C, 독일어, 물리, 수학에서 A, 인문학("서구 사상에서 인간과 세계의 개념")에서는 첫 학기와 두 번째 학기에 각각 C와 C+, 사회과학("영미 역사에서 법의 역할")에서는 C와 B-를 받았다.

요컨대 카진스키의 신입생 시절은 평균이었다. 그는 여전히 그였고, 학교의 다른 친구들도 마찬가지였다. 그는 어설프고 단정하지 못했지만, 다른 학생들도 마찬가지였다. 수업 외 활동에는 최소한으로만 참여했고, 다른 학생들도 그랬다. 소극적이었지만, 집에서 수천 킬로미터 떨어진 낯선 환경에서 살아가는 열여섯 살 소년에게서 예상되는 수준 이상은 아니었다.

그러나 카진스키 본인은 깨닫지 못했지만, 그가 하버드에 입학할 당시 그곳은, 전국의 많은 다른 대학들과 마찬가지로 지적인 위기에 직면해 있었고, 그 위기가 그와 그의 세대에 깊은 영향을 미치게 된다. 이러한 학문적 혁명과의 접촉이, 머리 교수의 작업에서 그를 기다리고 있던 다른 경험들과 함께, 이미 감정적으로 취약하고 화에 차 있던 젊은이를 본격적인 아웃사이더로 변모시켰다.

—

150년 이상 하버드는 이성의 종교라 할 만한 것에 헌신했다. 이 대학은 1636년 청교도주의자들의 조합교회주의 기관으로 설립되었다. 하지만 18세기에 보스턴에 있던 청교도주의자 무리는 세속적 합리주의로 돌아섰고, 하버드도 마찬가지였다. 1819년 조합교회주의 목사였던 윌리엄 엘러리 채닝이 교회와 갈라서 유니테리언파를 창설하자, 하버드도 세속적이고 합리적인 사상들을 받아들이기 시작했다. 그런 사상에 따르면 도덕률이란 객관적으로 가치가 있고 합리적이며, 거꾸로 과학적 진실을 추구하는 것도 필연적으로 미덕을 장려할 수 있었다.

하지만 1958년 카진스키가 하버드에 도착했을 때는 대부분의 교수가 도덕이 합리적이라는 믿음을 잃어버린 상태였다. 하버드는 그런 확신의 위기를 겪는 중이었다. 아무도 알아차리지 못했지만, 이성의 종교는 누군가 말한 절망 문화에 자리를 내어주고 있었다.

1950년대의 하버드 신입생은, 카진스키(그리고 나)를 포함해 모두 학교가 "일반교양 과목"이라고 하고, 학생들은 그냥 "교양"이라고 불렀던 과목을 들어야 했다. 이는 1950년에 전국적인 교육 내용 개혁의 일환으로 도입되었는데, 유대 그리스도교 전통의 가르침을 통해 학부생들 사이에 "공동의 가치"를 주입하려는 목적이었다.[8]

특정 학문 영역 내에서 방법론에 집중했던 일반적인 전공 과목과 달리 교양 과목은 영역 통합을 시도했고, 학생들에게 제시된 독서 목록도 분석적이라기보다는 역사적(연대기적)이었다. 필수 교양 과목은 과학, 문학, 철학, 역사 그리고 서구의 제도에 집중했다.

학부 교과과정은 따라서 원래는 두 분야로 철저히 나뉘어 있었는데, 한쪽은 일반교양, 다른 한쪽은 특별교양이었다. 한쪽은 역사와 가치를 강조하고, 다른 한쪽은 다양한 학문 영역에서 학자들이 사용하고 있는 가치중립적인 방법론들에 초점을 맞췄다.

이 교과과정은, 부분적으로는 대공황과 제2차 세계대전이라는 최근 사태들에 대한 자연스러운 반응이었다. 대공황은 미국의 민주주의와 경제 체제의 일부 약점을 드러냈다. 워싱턴의 퇴역 군인 행진, 빵 배급 줄, 은행 파산, 미국인의 평균 임금이 절반으로 하락한 것들 때문에 미국의 이상과 그 제도에 의문이 제기되었다.

전쟁은 이러한 우려를 더 키웠다. 왜냐하면 민주적 가치를 재확인하고 왜 우리 군인들이 싸우고 죽어갔는지 이해할 필요가 있다는 확신은 이념적 투쟁의 산물이었기 때문이다. 히로시마와 나가사키의 핵폭탄 때문에 학자들은 도덕적 목적이 뒷받침되지 않는 지식은 세계를 파괴할 수도 있음을 알게 되었다. 국가의 생존이 시험에 들었다는 사실이 사람들을 자극했고, 캠퍼스뿐 아니라 다른 곳에서도 사람들이 단합하고 협력하는 일은 가능했다. 소련의 위협—그리고 그 위협이 제기하는 민주주의에 대한 도전—은 많은 사람이 지넸던 확신, 시민의식이란 당연히 주어지는 것이 아니라 가르쳐야 하는 것이라는 확신을 더 강화했다. 퇴역 군인 지원법에 따라 퇴역 군인들이 대거 입학하면서, 학생 조직의 사회적 분열을 우려한 대학은 "공동의 가치"를 진작시킬 필요가 있었다.

1944년에서 1947년 사이 전국의 교과과정위원회는 이러한 우려를 표명했다. 데니슨대학 교직원은 교양교육을 통해 "학생들이 시민으로서 자신의 책무를 더 지적으로 받아들일 수 있을 것"이라고 했다. 1947년 애머스트 칼리지는 "인간의 지식과 기술은, 공적으로든 사적으로든, 공동체의 선을 위해 봉사할 때만 온전히 그의 것이 된다"는 이상에 부합하는 교과과정을 채택했다. 미네소타대학 교직원 이사회는 교양교육을 통해 학생들이 "협력 작업"을 배우고, "책임감과 견문을 갖춘 시민"이 되며, "개인적 혹은 사회적 행동을 수행하는 일련의 원칙을 확립하는 일"에 도움을 얻을 수 있으리라 기대했다.[9]

이러한 견해는 1946년 발표된 해리 트루먼 대통령의 고등교육위원회 보고서에 종합적으로 표현되어 있다. 보고서는 전후에 일어난 고등교육의 확장을 옹호하고 있다. 하지만 교양교육 강화도 똑같이 강조했다. 보고서의 주장에 따르면, "현재의 대학 과정은, 근로자로서 혹은 시민으로서 학생들의 삶의 질에는 적절하게 기여하지 못하고 있다. 이는 많은 부분 총체적인 인문학 교육이 지나치게 전문화된 영역으로 쪼개진 결과다".

보고서는 다음과 같이 이어진다.

(오늘날의 대학생들은) 일부 특정 영역에서 경쟁력을 갖추고 있지

만, 인간적 총체성이나 시민들의 협력 활동이 요구되는 시민의식
에서는 부족한 면을 보이고 있다. 세분화가 필수적인 고등교육에
서 어떤 통합성도 제공하지 못하는 것이 심각한 우려를 낳고 있
다. 구성원들이 공통의 경험과 공통의 지식을 갖지 못하는 사회
는 문화적 기반이 없는 사회다. 노동이 세밀하게 분화되고 이해
관계가 맹렬히 충돌하는 시대에, 가치와 이상, 입장을 공유하는
공동체는 결속력을 강화하는 데 필수적이다. 따라서 오늘날 고등
교육의 핵심 과제는, 미국의 젊은이들에게 통합된 교양교육을 제
공하는 것이다. 대학은 한쪽의 전문화된 훈련과…… 다른 한쪽의
공통의 시민의식을 향한 공통의 문화적 유산을 전수하는 과정 사
이에 올바른 관계를 정립해야 한다.[10]

요컨대 교양교육은 고등교육 과정에—고등교육위원회의 표현을
따르자면—"민주주의 이상에 부합하고 윤리적 원칙에 기반한 행동
규범"을 확립하려는 원대한 충동에서 태어났다.

하지만 이런 개혁에 대한 요구 중 어떤 것도, 1945년 하버드에서
출간된 「자유사회에서의 교양교육」이란 제목의 보고서, 혹은 표지
색깔을 따라 레드북이라 불렸던 그 책만큼 교육계에 지대한 영향을
미치지는 못했다. 교양교육의 **표준**으로 여겨지는 이 책은, 1943년
하버드 총장 제임스 B. 코넌트의 책임하에 1943년 소집된 하버드
위원회가 작성한 것이다. 위원회를 맡은 코넌트는 다음과 같이 적
었다.

교육과정의 성숙도에 따른 각 단계에서 가치판단을 가장 우선시

하는 영역과 지속적으로 접촉하지 않는다면, 이상에 미치지 못할 수밖에 없다. 고등학교, 대학, 대학원의 학생들은 적어도 부분적으로나마, "옳음"과 "잘못"이라는 단어와 관련해 윤리적인 면과 수학적인 면 양쪽에서 고려해야만 한다.[11]

하버드에 교양교육 과정을 도입해야 한다는 위원회의 제안은, 역사가 프레더릭 루돌프의 표현을 빌리자면, "교양교육의 새로운 자극제"가 되었다. 루돌프가 "전통과 유산, 그리고 고삐 풀린 자아와 야망을 통제할 수 있을 만큼 충분히 강한 연대의식에 푹 빠지는 것"이라고 묘사한 과정을 요구했던 레드북의 개혁 프로그램은 전국적으로 교육자들의 상상력을 사로잡았다.[12]

대담한 생각이었지만 새로운 것은 아니었다. 1920년대와 1930년대, 몇몇 대학에서 이미 비슷한 교과과정을 도입해 서구 문명 연구에 몰두했다. 가장 유명했던 컬럼비아대학은 1919년에 "현대 문명" 과목을 개설했고, 시카고대학도 1939년 야심차게 고전교육 과목을 개설했다. 하지만 교양교육은 상대적으로 드물었다.[13]

"1943년, 제임스 B. 코넌트 하버드 총장이 '자유사회에서의 교양교육'을 목표로 교직원위원회를 구성했을 때만 해도 대학 교직원들은 교양교육의 흐름을 피해갈 수 있었다"라고 루돌프는 말했다. "하지만 하버드 위원회가 1945년 보고서를 발간하자, 이 나라에서 가장 유서 깊고 영향력 있는 대학은 원자화되고, 필연적으로 전문화되었으며, 피할 수 없을 만큼 복잡한 사회의 시민들에게 교양교육을 제공할 방법을 찾는 일에 헌신했다." 하버드의 레드북은 "기념비적인 문서"였다고 루돌프는 결론지었다.[14]

1950년대 중반이 되자, 미국 대학의 절반 이상이 비슷한 맥락의 교양교육 프로그램을 제공하고 있었다. 교양교육은 전국적인 현상이었고, 컬럼비아, 하버드, 시카고대학 같은 엘리트 기관뿐 아니라 브랜다이스, 뉴욕시립대학, 뉴욕대학, 코네티컷 칼리지, 워싱턴 앤 리, 워싱턴대학(세인트루이스 소재), 보든, 노트르담, 캘리포니아 공과대학, 스크립스와 하비 머드(둘 다 클레어몬트 칼리지 소속), 스탠퍼드, 휘티어, 그리넬, MIT, 마운트 홀리오크, 툴레인 등 거의 모든 종류의 대학에서 추진했다.

동일한 프로그램을 제공하는 학교는 없었지만, 이들의 교양교육 프로그램에는 명백한 유사점이 있었다. 모두 선택과목이 아닌 필수과목에 중점을 두었고, 수업 목록에 있는 과목 수를 축소했다. 모두 여러 학부 소속의 교원들이 팀티칭으로 가르치는 협동과정 프로그램을 제공했다. 대부분 서양사와 문학에 중점을 두었다. 모두 언어와 과학, 수학에 대한 기본적인 능력 획득을 매우 강조했고, 윤리적 행동을 장려하고, 지적·사회적 경험에 대한 교원과 학생의 공감을 강조했다.

하지만 하버드가 내건 "교양교육"이란 명칭은 인기를 끌었을지언정 그 이면의 철학은 그러지 못했다. 교양교육은 그 시작부터 운명이 정해져 있었다. 그것은 인문주의와 실증주의의 오랜 전쟁, 르네상스 이후 줄곧 경쟁해왔던 지식에 대한 상반된 접근법 사이의 갈등이 낳은 가장 최근의 희생자가 될 운명이었다.

12.   지성은 사악한가?

인식의 나무가 있는 곳에는 항상 낙원이 있다. 태고의 뱀도, 가장
최근의 뱀도 이렇게 말한다.
—프리드리히 니체, 『선악의 저편』, 교양교육 강의계획서에 포함

문명은 인간에게 오로지 감각의 다양성을 발달시켜주었을 뿐이다.
절대 그 이상은 아니다. 그리고 이러한 감각들이 발달함에 따라 인간은
피를 흘리는 것에서 쾌락을 찾는 지경에까지 이르게 된 것이다……
가장 세련된 방식으로 살육을 일삼았던 자들이 거의 예외 없이 가장
문명화된 사람이었음을 여러분은 알아차렸을 것이다
—표도르 도스토옙스키, 『지하로부터의 수기』, 교양교육 강의계획서에 포함

이 갈등의 중심에 현대적 사악함의 본성에 대한 다음과 같은 질
문이 놓여 있다. 왜 가장 진보한 문명이 또한 가장 야만적인가? 지
성은 사악한 것일까? 혹은 더 정확하게는, 지성이 도덕성을 갉아먹
고, 지식의 축적이 잔인함과 폭력에 대한 전망을 증가시키는가?

히틀러가 권력을 잡았을 때, 독일은 과학적으로나 문화적으로 지
구상에서 가장 앞선 국가였다. 사실상 인간 활동의 모든 영역에서
이 나라는 역사상 가장 현명하고 창의적인 인물들을 배출해왔다. 하

지만 똑같은 그 사회가 역사상 가장 극악무도하고, 역겹고, 광범위한 집단학살을 자행했다.

그렇게 문화적이고 선진적인 사람들이 어떻게 그토록 입에 담을 수도 없는 테러를 자행한 것일까? 베토벤을 배출한 땅에서 왜 히틀러도 배출한 것일까?

독일이 테러를 받아들인 유일한 "문명"국은 아니다. 20세기에 들어 스탈린의 러시아, 마오의 중국, 그리고 폴 포트의 캄보디아는, 가장 신뢰할 만한 자료에 따르면, 8700만 명의 자국민을 살해했다. 역시 오래되고, 세련됐으며, 선진 기술을 보유했던 일본은 3000만 명을 살해했고, 종종 가학적인 면도 보였다. 그리고 미국, 인류의 가장 높은 도덕률과 영감에 기반해 세워졌다는 이 사회도 반세기 전 드레스덴을 폭격했는데, (오늘날까지도) 명확히 알 수 없는 애매한 이유로 연일 폭탄을 쏟아부으며 2만5000명의 성인 남녀 및 어린이를 살해했다.[1]

테러가 증가하며 사람들은 이전에는 마음이 상했던 광경에 무감각해졌다. 20세기 초반, 전쟁에서 무고한 시민을 죽이는 것은 가증스러운 범죄로 여겨졌다. 1915년 5월 7일, 독일군 잠수함이 여객선 루시타니아호를 침몰시켜 1195명의 민간인 사망자가 발생했을 때, 미국인들은 신성한 원칙이 무너졌다고 생각했다. 당시엔 어떤 나라도 비전투원을 죽일 권리는 없다는 믿음이 있었다. 미국이 제1차 세계대전에 참전한 데에는 이 원칙을 지키겠다는 이유도 있었다. 하지만 1920년대가 되자 미군 지휘관들도 민간인 선박에 대한 대규모 잠수함 공격과 대도시에 대한 집중 폭격을 포함하는 전쟁 전략을 세웠다. 오늘날까지도 민간인을 목표로 삼는 것은 군사 계획의 핵심적인 부분으로 남아 있다.

초기에는 아주 드물었던 이러한 살상이 지금은 너무나 평범한 것이 되어 20세기에는 그것을 지칭하는 새로운 단어들까지 생겨났다. 예를 들면 "강제수용소concentration camp"(1901년 보어인 여성과 아이들을 수용했던 교도소를 설명하기 위해 영국에서 처음 등장), "집중 폭격saturation bombing"과 "융단 폭격carpet bombing"(제2차 세계대전 중 미 공군이 작명), 노동수용소gulag(1921년, 소련이 아르한겔스크에 강제노동수용소를 세우며 처음 등장), "집단학살genocide"(옥스퍼드 영어사전에 따르면 1944년에 처음 사용), 대학살holocaust(역시 옥스퍼드 영어사전에 따르면 원래는 불에 태운 제물을 뜻하는 고대어, 1942년 대량학살을 묘사하며 처음 사용), "부수적 피해"(전쟁 중 의도치 않은 민간인 살상을 일컫는 최근 조어), "인종 청소"(1992년 보스니아의 무슬림과 크로아티아인을 제거하고 절멸시키는 과정에서 세르비아에서 처음 사용) 등이 있다.

인류가 진보하면 할수록 그들의 죄도 더 커진다. 어떻게 그런 일이 가능할까? 사악함이 인간의 진보에도 불구하고가 아니라, 바로 그 진보 때문에 증가할 수 있는 걸까?

분명 기술은 파괴하는 능력도 증가시킨다. 하지만 인류 또한 좀더 야심찬 살인 계획을 품고 있다. 문제의 원천은 기계가 아니라 인간의 정신에 있었다. 그렇다면 문명의 진보 자체가 현대적 사악함의 원천이라고 할 수 있을까?

표면적으로 이 질문은 말이 안 되며, 답은 분명해 보인다. 어쨌든 학자들은 늘 지성이란 사악함과는 거리가 먼, 선한 것이라고 가정해오지 않았던가? 그들은 줄곧 정신적인 삶―진실을 추구하는 것―이 우리가 할 수 있는 일 중 가장 고귀하고, 가장 훌륭하며, 가장 중요한 일이라고 주장해오지 않았던가?

"사심 없는 지적 호기심은 진정한 문명의 활력소다"라고 영국 역사가 G. M. 트리벨리언은 말했다.[2]

19세기 영국의 교육개혁가 존 헨리 뉴먼 경은 교육이란 지성의 연마이며, "아름답고, 완벽하고 존경할 만하며, 그 자체로 고귀한" 활동이라고 주장했다.[3]

시카고대학의 교양교육 교과과정을 설립한 로버트 M. 허친슨은, 지식이란 유일하게 본래적 가치를 지닌 것이라고 주장했다. 그는 "지성이라는 덕목은 그 자체로 선한 것이며…… 물질적 번영, 평화와 사회 질서, 정의와 도덕적 가치들은 지성을 연마하기 위한 수단들이다"라고 말했다.[4]

지성의 본래적 가치를 알아보는 것은, 학자들에게는 고상함의 지표였다. 그런 통찰이 오늘날에는 전통적인 지혜로 여겨지고 있지만, 언제나 그랬던 것은 아니다. 19세기까지 그것이 사실이라고 믿는 사상가는 거의 없었다. 수천 년 동안 그들은 지성이 심각한 위협이 될 수 있으며, 지식은 그 자체로 좋은 것이 아니라, 몇몇 중요한 제약하에서만 필요한 거라면서 두려워했다.

고대 그리스 신화에도 이러한 주제가 등장한다. 미래를 내다보는 능력을 지닌 거인 프로메테우스에게 아테나 여신은 모든 인문학의 지혜를 알려주었다. 프로메테우스의 죄악은, 신화에 따르면, 이 지식을 인간에게 전한 것이었다. 그는 인간에게 두 발로 걷는 법, 수와 문자를 사용하는 법, 배를 만들고 바다를 항해하는 법, 밭을 경작하고 야수를 길들여 짐을 나르게 하는 법을 알려주었다. 그는 인간에게 불을 만드는 비법도 전했다.

요컨대 프로메테우스는 인간에게 신들의 지식을 모두 알려주었고, 그 일로 인해 제우스는 양쪽 모두를 벌하려 했다. 프로메테우스는 1000년 동안 바위에 사슬로 묶인 채 지내게 되고, 그렇게 훔친 불을 받은 인간에게는 치명적이고 사랑스러웠던 여인 판도라를 보냈다. 판도라가 가지고 있던 상자에는 세상의 모든 사악함이 들어 있었고, 판도라는 그것을 열어보면 안 된다는 말을 들었지만 결국 호기심에 굴복하고 만다. 안에 든 것이 궁금했던 그녀가 상자를 열었고, 인간은 영원한 고통에 빠진다.

지식의 위험이라는 동일한 주제가 아이스킬로스, 소포클레스, 에우리피데스 등 고전 그리스 희곡 전반에도 스며 있다. 이 그리스 작가들은 인간의 유한성을 인식하고 있던 터라 무한한 지식을 두려워했다. 미덕은 제약에 있었다. 주요 미덕—지혜, 용기, 절제, 정의—은 중용을 통해서만 가능했다. 하지만 한계를 초월하는 능력이 인간 고유의 약점임을 이들은 알고 있었다. 우리 지성에는 한계가 거의 없었고, 궁금함에는 경계가 없었다. 그리고 뭔가를 하는 방법을 알게 되면, 우리는 결국 그것을 하고야 말았다. 상자를 여는 방법을 안다면, 결국엔 열게 될 것이다. 제약이 주어질 때마다—사과를 먹으면 안 된다든가 상자를 열면 안 된다든가—우리는 어기고 싶은 유혹에 빠진다. 그리고 그런 위반, 도를 넘을 수 있는 능력을 통해 그렇게 많은 해를 입혔다.

그렇게 그리스인들에게 최악의 범죄—프로메테우스의 범죄—는 소위 **휴브리스**hubris, 즉 과도한 자존심 혹은 오만함이었다. 휴브리스의 원래 의미는 "무한한 욕망"이었고, 인간 영혼에 가장 큰 위험이 되는 것도 그런 의미—자신의 한계를 알아보지 않으려는 태도,

다른 이들보다 위로 올라서려는 유혹—였다.

그리스인들은 휴브리스를 방지하는 유일한 방법은 자신보다 더 큰 뭔가의 존재를 알아보는 일이라고 믿었다. 인간 자존심의 유일한 한계는 신이나 더 큰 선에 대한 경외심에서 비롯된 겸손함이었다. 지식의 추구는, 특히 한계라는 개념의 감독을 받아야만 했고, 이는 미덕의 통제에 따라야 한다는 요구를 통해 가능했다. 플라톤은 『국가』에서 "지식의 가장 고귀한 대상은 선의 본질적인 본성이며……그것이 없다면, 그 밖의 모든 것에 대한 지식은 아무리 좋은 것이라 해도 우리에게 어떤 가치도 없다"고 말했다.[5]

따라서 지식은 영구적으로 미덕과 붙어 있어야 했다. 이러한 결합을 가능케 하는 접착제는 무엇일까? 우리는 미덕을 위해 지식을 제약하는 일을 어떻게 정당화할 수 있을까?

핵심은, 아리스토텔레스에 따르면 **텔로스**telos라는 개념, 즉 "고유한 목적"이었다. 우주란 신에 의해 작동하는 체제라고 아리스토텔레스는 믿었고, 신은 움직이지 않는 조작자였다. 우주의 삼라만상은 이 체제 안에서 맡은 역할이 있었다. 이 역할이 그 대상의 텔로스 혹은 고유한 목적이었다.

그런 우주는 모든 것이 자체의 텔로스, 즉 고유한 목적과 기능을 지니고 있기 때문에 목적론적이었다. 오늘날의 환경보호론자들처럼 아리스토텔레스는 뭔가를 안다는 것은 자연에서 그 대상의 적절한 역할을 이해하는 것이라고 믿었고, 따라서 어떤 대상이 무엇인가 하는 것뿐만 아니라 **무엇이어야 하는가도** 이해해야 했다. 이런 식으로 이 세계에서는, 사실과 가치가 단단히 결속되어 있다. 대상들이 바르게 처신하면, 하기로 되어 있던 일을 하면, 움직이지 않는 조작자에 대한 사랑의 힘으로 고유한 목적에 이를 수 있다고 그는 믿었다.

아리스토텔레스에게 인간의 역할은 자신의 이성을 실행하는 것이었지만, 이성을 고유하게 실행하려면 절도 있게, 미덕에 부합하게 써야 했다. "인간의 선은 자기 영혼의 기능[즉, 이성]을 탁월함 혹은 미덕에 부합하게 적극적으로 실행하는 것"이라고 그는 『니코마코스 윤리학』에서 말했다.[6]

따라서 그리스 극작가와 철학자들의 전망은, 지식은 가치 있는 목적을 지향할 때에만 바람직한 것이 된다는 통찰에 기반하고 있었다.

이는 또한 초기 가톨릭 성직자들의 전망이기도 했다. 토마스 아퀴나스는 자신의 철학을 집대성한 『신학대전』(1266~1273)에서 인간의 법과 도덕은 모두 신의 법칙, 혹은 그가 "자연법칙"이라고 부른 것에 기반하고 있으며, 이 법칙이 우리의 고유한 목적을 규정한다고 주장했다.[7] 인간의 법은 자연법칙에서 그 정당성을 얻는 것이었다. 그리고 자연법칙은 이성 혹은 계시를 통해 접근할 수 있었다. 따라서 오직 신만이 지식이 미덕에 이를 것임을 보증하고, 오직 신만이 미덕을 알아볼 수 있는 것으로 만든다. 신앙이 지식과 미덕을 결합하는 접착제였다.

아퀴나스의 통찰은 결국 가톨릭의 공식 교리가 되었고, 이어서 그의 전망은 초기 교육과정의 시금석이 되었다. 근대 고등교육의 전조인 **트리비움**trivium과 **콰드리비움**quadrivium이라는 13세기 교과과정에 대해, 프레더릭 루돌프는 "신학 공부로 가득 차 있다"고 했다.[8] 다른 역사가 새뮤얼 엘리엇 모리슨에 따르면 라틴어, 그리스어, 아리스토텔레스의 형이상학과 윤리학을 강조했던 그 과정은 "아리스토

텔레스의 작업을 라틴어 번역으로 공부하는 것과 거의 같았다”.[9]

하지만 16세기 후반 이러한 신앙과 미덕, 지식의 일치에 대한 전망은 해체되기 시작했다. 과학이 독립된 지위를 얻고 있었고, 그 과학이 맨 먼저 도전한 것은 신학이었다. 티코 브라헤, 프랜시스 베이컨, 갈릴레오 갈릴레이, 요하네스 케플러 같은 과학자들이 단순히 대상들의 인과관계를 관찰하는 것만으로도 우주를 이해할 수 있음을 발견했다. 과학이란 자연의 양적 패턴을 관찰하고, 그 패턴을 “법칙” 혹은 수학적 일반화로 체계화하는 것이라고 그들은 믿게 되었다. 따라서 지식은 대상의 고유한 목적, 혹은 **텔로스**를 몰라도 가능했다.

그렇게 관찰에만 의존하는 지식에는 신앙이 필요 없는 것처럼 보였다. 아리스토텔레스와 아퀴나스의 목적론적 세계관, 만물이 그 고유한 목적이란 관점에서 이해되어야 했던 세계관은, 엄격하게 인과론적이고 가치중립적인 세계관으로 대체될 수 있었다.

하지만 목적에 대한 이해 없이도 세계가 이해될 수 있다면, 지식의 추구는 더 이상 대상의 고유한 목적에 대한 모색도 아니었고, 선에 대한 모색도 아니었다. 지성은 그 자체로 성립되는 것처럼 보였다. 만약 지식이 신앙에 근거하지 않고, 도덕법칙에 부합하지 않아도 된다면, 그 내용은 무엇이 될 것인가?

목적론을 버림으로써 르네상스 과학자들은 지식의 추구에서 커다란 장애물 하나를 제거했다. 도를 넘을 가능성, 휴브리스의 가능성이 더 커졌다. 만약 새로운 과학이 종교를 필요로 하지 않는다면, 그것은 어디로 이어질 것인가? 그러한 추구의 한계는 어디일까? 그들은 진실이란 빛과 같은 것임을 알고 있었다. 진리는 어디에나 가득 있었다. 우리가 대상에 대해 아주 많이 알게 된다고 해도, 언제나 더 배울 것이 있었다. 지식을 추구하는 욕망은 만족을 모르는 것일까?

근대 경험론의 선구자로 여겨지는 프랜시스 베이컨 경은 다른 이들 못지않게 아리스토텔레스에게 의심을 품었던 인물이지만, 그런 그도 자신이 한 작업이 암시하는 바를 알아차린 듯했다. 그의 새로운 과학이 한 가지 문제를 만들어냈다. 만약 지식이 신앙을 필요로 하지 않는다면, 그것은 사악한 것일까? 그는 『학문의 진보』(1605)에서 다음과 같이 적었다.

어떤 이들은 지식이란 매우 제한적으로 조심스럽게 받아들여야 하는 것이라고 말한다. 과도한 지식에 대한 열망은 태초의 유혹과 죄악이며 거기서 인간의 몰락이 이어진다고, 지식은 그 안에 뱀과 같은 것을 품고 있어 그것을 취한 인간은 거만해진다고 한다……"우리가 헛된 철학으로 망쳐지지 않게 하라"는 사도 바울의 경고처럼, 경험을 통해 학문을 익힐수록 우리는 무신론에 경도되고, 두 번째 원인을 생각하면 할수록 첫 번째 원인인 신에게 의존하는 마음에서는 멀어지게 마련이라고 한다.[10]

지침이 없고 제약을 받지 않는 순수한 지식은 과연 위험한 것이었다고 베이컨은 결론 내렸다. 모든 경우에 지식을 소위 "교정용 향신료"와 섞어야만 했다.

이 "교정용 향신료"에 대해 그는 이렇게 적었다. "지식을 지고至高의 것으로 만들어주는 혼합제는 자비(혹은 사랑)이며, 이는 사도 [바울]이 곧장 지식에 덧붙여 말했던 것이다…… 그는 '지식은 교만하게 하며 자비는 덕을 세우나니'라고 말했다. 이는 다른 곳에서 말했던 '내가 인간과 천사의 입을 빌려 말할지라도 자비가 없다면 그것은 요란한 꽹과리에 지나지 않음을'이라는 부분과도 다르지 않다."

더 나아가, 베이컨은 지식의 위험성을 피하기 위해서는 세 가지 제약이 있어야 한다고 지적했다. "첫째, 우리는 지식에 도취된 나머지 도덕성을 잊어서는 안 된다. 둘째, 우리가 지식을 적용하는 것은 휴식과 만족을 얻기 위해서이지, 불쾌함을 유발하거나 불평하기 위해서가 아니다. 셋째, 우리는 자연을 깊이 생각하는 과정에서 신의 신비를 획득하려 해서는 안 된다."

여기서 근대 서양 과학의 아버지는 자신의 과업에 제약을 가한다. 자신의 새로운 경험론이 무한한 지식 추구를 분명 가능하게 만들었기 때문에 그런 제약이 필요했던 것이다.

이어진 두 세기 동안—철학자들은 이때를 "이성의 시대"라고 불렀다—학자들은 새로운 과학이 암시하는 바 앞에서 계속 애가 탔다. 그들은 지적 호기심이 만족을 모르게 될까봐 두려웠다. 로런스 스턴은 『트리스트럼 섄디』(1760)에서 "지식에 대한 욕망은, 부에 대한 갈망처럼, 가지면 가질수록 더 커진다"라고 썼다.[11] 지성은 단지 또 하나의 탐욕일 뿐이었다. 인간의 정신을 깨우고, 신 없이도 진리를 찾을 가능성을 잉태했던 르네상스는 판도라의 상자를 발견했던 것이다. 누가 그것을 열게 될 것인가?

베이컨의 동시대인이었던 크리스토퍼 말로가 1590년 말했듯이, 그건 지식과 마법의 힘을 얻기 위해 악마에게 영혼을 팔았던 독일의 신비주의 연금술사 파우스트 박사였을까? 실제로 말로 덕분에,

그리고 훗날의 시인 괴테 덕분에—두 사람 다 파우스트 박사에 대한 희곡을 썼다—파우스트는 르네상스의 어두운 면을 상징하는 인물이 되었다. 그는 제약을 받아들이길 거부한 사람이었다.[12] 그리고 파우스트는, 본인도 알고 있었듯이, 우리 모두의 내면에 숨어 있었다.

이렇듯 도덕과 신앙의 지침을 따르지 않는 제약 없는 지성에 대한 두려움은 17세기 내내 커져갔다. 대학을 지배했던 규정은, 자신들이 의도치 않게 파우스트 박사를 배출하는 일을 막도록 하는 것이었다. 1634년(베이컨 사망 직후였다) 제정되어 1864년까지 유효했던 옥스퍼드대학의 로디안 규정은 다음과 같이 명시하고 있다. "만약 철학자들의 견해가 어떤 면에서든 신성과 완전히 배치된다면, 강연자는 동료 학자 및 수강생들에게 인간의 지성은 너무나 미약해 신성한 계시에 의해서만 드러나는 진리는 파악할 수 없다는 점을 분명히 상기시켜야 한다."[13]

이와 유사하게 미국 최초의 대학도 신앙을 전파하고 젊은이들이 신에게 봉사할 수 있도록 교육하기 위해 설립되었다. 예를 들어 1636년 하버드대학을 설립한 목적은—밝혀진 초창기 기록에 따르면—"모든 이가 하나님과 예수님을 알아가는 일, 그것이 곧 영생임을 알아가는 일을 자기 인생과 학습의 목적으로 삼는 것"이었다.[14]

하지만 로디안 규정이 쓰일 무렵, 그리고 하버드가 설립될 무렵엔 이미 지니가 병 밖으로 나와버린 상태였다. 파우스트 박사는 서구 세계에서 번듯하게 살아남았고, 그 영향력도 점점 더 커지고 있었다. 도덕적 목적이라는 지침을 따르지 않는 과학은 그 자체의 동력으로 움직였고, 아무도 그것을 멈출 수 없을 듯싶었다. 18세기

말—계몽의 시대로 알려진 시기—이 되자, 일부 선도적인 사상가들의 눈에는 새로운 과학이 도덕성을 갉아먹는 위협으로 보였다. 이 시기에 고트프리트 빌헬름 폰 라이프니츠(1646~1716), 조지 버클리(1685~1753), 이마누엘 칸트(1724~1804) 같은 이들은 철학자 알레스데어 매킨타이어가 "계몽 프로젝트"라고 부른 것을 추구했는데, 이는 곧 "도덕을 이성적으로 입증하려는 프로젝트"였다.[15] 베이컨과 르네상스 물리학자들이 떼어놓은 것을 재결합하려는 시도를 통해, 그들은 도덕과 과학을 다시 붙이고, 과학이 도덕(즉 자연법칙 혹은 "신의" 법칙)을 갉아먹는 것이 아니라 그것을 지지하는 것임을 보이려고 애썼다.

하지만 그들의 노력에 설득된 사람은 거의 없었다. 순수 과학의 주장은 너무 유혹적이라 쉽게 물리칠 수가 없었다. 험프티 덤프티처럼, 아리스토텔레스의 깔끔한 우주는 깨뜨리는 것이 다시 붙이는 것보다 훨씬 더 쉬웠다.* 과학은 활기차게 제 길을 갔고, 점점 더 세속적으로 되어갔다. 과학은 종교를 필요로 하지 않았다. 자연의 굴곡을 쫓는 일에는 발명, 지적 호기심, 관찰과 관련된 경험적 기술, 그리고 수학적 조작과 분석이면 충분한 것처럼 보였다.

서구 사회는 오스발트 슈펭글러가 『서구의 몰락』(1918)에서 "파우스트적" 문화라고 부른 상태가 되었다. 그것은 한계를 모르는 문명이었으며, 그 문명의 가장 뛰어난 정신들은 먼 지평선을 바라보고 있었다.[16]

---

* 『거울 나라의 앨리스』에도 등장하는 험프티 덤프티는 한번 깨지면 원상으로 되돌릴 수 없는 것을 상징한다.

하지만 이성과 도덕이 서로 점점 멀어지면서 각각의 명성에도 흠집이 생겼다. 만약 지식과 신성함이 더 이상 나눌 수 없는 것이 아니라면, 미덕을 찾는 일 없이도 진리를 발견하는 것이 가능할 거라고 많은 사람은 기대했다. 그리고 만약 미덕이 알 수 없는 것이라면, 그건 의견이지 진리가 아니었다. 더 이상 어떤 객관적인 것에도 기반하지 않는 도덕적 판단은―적합한 목적이나 도덕법칙 같은 것들―전적으로 주관적인 것으로 여겨졌다. 옳고 그름은 의견의 문제일 뿐이었다. 도덕은 "상대적"인 것이었다.

이와 유사하게, 만약 신에 의해서나 자연법칙에 의해서나 지식에 제약이 주어지지 않는다면, 그것은 단지 자아의 도구일 뿐이었다. 더 이상 신학의 시녀가 아닌 지식은 의지의 종僕으로 보이기 시작했다.

자기본위에 의해 지배되는 세상은 예쁘지 않았고, 특히 현대의 소설가와 극작가들은 이성을 더 이상 미덕이라는 기반 위에 있는 것이 아니라 파괴를 위한 도구로 보게 되었다. 파우스트 박사의 전설―너무 많은 지식이 자기 파멸로 이끌었던 이야기―이 인기 있는 문학 장르가 되었는데, 그런 작품에서는 뛰어나고 교양 있는 인물이, 세상을 더 나은 곳으로 만들겠다는 선의의 목표와 그것을 실현할 순진한 아이디어를 지닌 채, 뭔가―기계, 화학약품, 폭탄, 심지어 괴물―를 발명하거나 창조해내지만, 그 결과물이 세상을 파괴하는 위협이 되고, 언제나―언제나―결국에는 창조자 본인까지 파멸시킨다.

1818년 메리 셸리가 발표한 『프랑켄슈타인』도 그런 작품이었고, 부제는 '현대의 프로메테우스'였다. 재능이 뛰어난 빅터 프랑켄슈타인이 묘지에서 훔친 사체의 신체 부위를 이용해 생명체를 만들었고, 그렇게 생명을 얻은 괴물이 나중에 그를 파멸시킨다. 창조자인 프랑켄슈타인은, 저자에 따르면 "무한한 지식과 날카로운 이해력"을 지닌 인물이며, 파우스트와 마찬가지로 자신이 "대단한 과업을 이룰 운명"이라고 믿었지만, 결국에는 생명을 창조하는 신의 역할을 침해했다는 이유로 파멸한다. "여러분은 미쳤습니까, 친구들?"이라고 프랑켄슈타인은 작품의 결말에서 독자들에게 묻는다. "여러분의 무분별한 호기심이 여러분을 어디로 이끌고 있습니까? 여러분 역시 자신을 위해 그리고 이 세상을 위해 악마 같은 적을 창조하겠습니까?…… 제 비극에서 배우시고, 여러분 자신의 비극을 키우지는 마시길 바랍니다."

커츠도 프랑켄슈타인과 마찬가지였다. 조지프 콘래드의 소설 『암흑의 핵심』(1902)에 등장하는, 역시 재능이 뛰어난 이 인물에 대해 어떤 평론가는 "권력과 지성, 그리고 충직한 추종자들을 거느린 신-악마 같은 존재다. 다만 도덕성과 책임감 있는 인간성이 없을 뿐이다"라고 평가했는데, 저자 콘래드는 커츠가 현대인의 모델이라고 암시했다.[17] "유럽 전체가 커츠를 만드는 데 일조했던 거야"라고 그는 썼다. "그는 재능 있는 사람이었다네. 전반적으로 천재였지. 바보는 악마를 상대로 자신의 영혼을 거래하지 않아."[18]

그렇다면 커츠의 죄는 무엇이었을까? 휴브리스hubris였다. "인간의 정신은 무엇이든 할 수 있다"라고 콘래드는 우리에게 경고한다. 커츠에겐 "어떤 제약도 없었고…… 그는 극단주의자였다". 커츠가 잊은 것은, 콘래드의 생각에 따르면, 힘이란 지성이 아니라 신앙에서 나온다는 점이었다. "당신에겐 사려 깊은 믿음이 없습니다", 소설의 화자 말로가 말한다. "당신의 힘은…… 헌신하는 능력, 당신 스스로에게가 아니라, 보이지 않는, 등골이 빠질 정도로 힘든 어떤 과업에 대한 헌신에서 나오는 것입니다."

—

19세기 말이 되자 계몽 프로젝트는 실패했다는 게 자명해졌다. 니체는 이를 처음 알아보고, 그 심연을 똑바로 응시한 인물이었다. 지식과 과학을 추구하는 일은 미덕이 아니라 다만 권력에 이를 뿐임을 그는 깨달았다. 그리고 만약 지식이 의지의 종이라면, 이성은 비합리적이며 도덕은 타인에게 권력을 행사하는 하나의 방식에 불과했다.

르네상스가 낳은 잘못된 희망에 대한 환멸을 숨길 수 있는 지식인은 거의 없었고, 19세기 후반의 사상은 다양한 종류의 비합리성을 전파하는 철학의 제물이 되었다. 프로이트는 신이란 세계를 있는 그대로 보지 않고 원하는 대로 보려는 우리의 유치한 무의식적 욕망을 대변하는, 이상적인 아버지 상에 불과하다고 암시했다. 쇼펜하우어는 지식이란 의지의 종이며, 과학은 자연을 정복하는 방식이라고 암시했다. 마르크스는, 인간의 행위는 지성이 아니라 삶의 물질적 조건에 의해 결정된다고 암시했다.

계몽의 실패에 대한 환멸은, 1946년에 사망한 H. G. 웰스가 그보다 1년 전에 갑자기 밝힌 비관주의에서도 극적으로 드러났다. 콜린 윌슨의 표현에 따르면 웰스는 "과학적 영혼의 화신"이었다.[19] 『우주 전쟁』 『투명 인간』 『타임머신』 등 공상과학 소설로 유명했던 웰스는 오랫동안 과학의 유익한 가능성을 적극적으로 지지했던 인물이었다. 하지만 1945년의 에세이 「한계에 이른 정신」에서 갑자기 과학이 대답을 줄 수 없음을, 단지 알 수 없고 위험한 미래로 이끌 뿐임을 깨달았다고 고백했다.

두렵고 괴상한 뭔가가 탄생했다…… 이 사태는 어디로 이어질 것인가?…… 결국엔 합리성을 회복할 거라는 희망이 늘 있었다…… 지금까지는, 우주의 모든 것이 중력에 의해 일체가 되듯, 모든 일이 확실한 논리적 일관성에 의해 한데 이어져왔다. 이제 그 연결선이 사라진 것만 같고, 모든 것이 점점 더 빠른 속도로, 어떤 식으로든, 어느 곳으로든 몰려가고 있다. 대상들의 패턴이 사라지고 있다.[20]

웰스는 현대적 사악함의 본질에 직면했다. 그건 **이론화**하는 우리 능력에서 기인했고, 따라서 우리의 적들은 탈인격화되었다.

모든 테러 행위, 모든 노동수용소, 모든 강제수용소를 비롯해, 지난 두 세기 동안 수천만 명을 살해한 민족적·이념적·계급적 학살은 이념의 이름으로 자행되었고, 그런 이념을 구상한 이들은 좋은 의도를 가졌던 철학자였다. 루소의 철학이 로베스피에르와 프랑스혁명이라는 공포로 이어졌듯이, 카를 마르크스가 레닌과 마오쩌둥, 폴 포트에게 영감을 주었고, 헤겔은 전 유럽을 미끄러운 경사면으로 밀어넣었고, 그 끝에서 충돌하며 무솔리니와 히틀러를 낳았다.

이론과 철학 그리고 이념의 지침에 따라 현대사의 집단살인자들은 자신들의 희생자를 탈인격화된 추상적 존재로 만들었고, 살인을 더 쉽게 만들었다. 히틀러는 채식주의자이자 동물권 옹호자였고, 독일에서 생체 해부를 금지시켰다. 하지만 역사를 인종차별주의의 관점에서 바라봄으로써 유대인을 자신처럼 피와 살이 있는 존재가 아니라 지적인 "문제"로 볼 수 있었고, 그런 문제를 제거하는 것이 "최종해결"이 된다고 생각할 수 있었다. 스탈린은, "부농 계급을 제거"한다는 공산주의 교리를 인용하며, 수백만 명의 우크라이나 농민에 대한 학살을 명령했다. 이러한 국가에 봉사했던 철학자들은 왕이 아니라 살인자가 되었다.

추상적 이론화가 집단 살인을 더 쉽게 만들었지만, 과학의 진보를 늦추지는 못했다. 20세기를 지나며 참사가 차례로 이어졌고, 이성에 대한 환멸도 더 커졌다.

20세기 초, 신앙에 대한 계몽주의의 신념이 환상에 불과하다고 믿는 사람들은 철학자밖에 없었다. 1903년 케임브리지대학의 철학자 G. E. 무어는 이러한 직관에 담긴 또 다른 면에 주목했는데, 자신의 책 『윤리 원칙』에서, 사실 혹은 과학적 언술에서 윤리적 언술을 논리적으로 추론할 수 있다는 가정은 "그 자체로 오류"라고 밝혔다.[21] 논지는 분명했다. 과학이 도덕법칙의 타당성을 보장하지 않는다는 것이었다.

1920년대 오스트리아의 철학자 루돌프 카르나프와 그 동료들—소위 빈 서클 구성원들—은 이런 논지를 체계화해 "논리실증주의"라는 학설을 구축했다. 윤리적 판단은 경험적으로 검증할 수 없기 때문에 무의미하다는 학설이었다. 1936년 옥스퍼드대학의 A. J. 에이어가 『언어, 논리, 진리』라는 책을 통해 논리실증주의를 영어권에 소개했다. 같은 시기 미국의 철학자 찰스 L. 스티븐슨이 이 학설을 확대해 "도덕정서설"로 발전시켰다. 윤리적 언술은 검증할 수 없고 "인지적 내용"이 없기 때문에 특정 종류의 행위에 대한 감정적 태도를 표현한 것에 불과하다는 학설이었다.[22]

제2차 세계대전 후 실증주의의 영향이 철학계를 넘어 대학의 다른 영역에도 퍼져나갔다. 학계의 많은 학자는, 기원전 7세기의 철학자 탈레스 이후로 줄곧 유지되었던 유대-그리스도교 전통이 이제는 죽었다는 결론에 이르렀다.

1950년대 미국의 문학 교수들은 항복의 백기를 들고, 자신들의 영역에서도 과학적 방법을 흉내 내기 시작했다. 실증주의의 생각— "가치판단에는 인지적 내용이 없기" 때문에 진정한 학자는 "가치중립적"인 태도를 유지해야만 한다—이 마법의 주문처럼 되었다. 그리고 1960년대 후반이 되자 문학은 더 이상 "위대한 책"에 대한 연구이기를 멈췄는데, 그 표현도 일종의 가치판단이었기 때문이다. "도덕극"이나 "예술" 같은 개념도 알다시피 가치판단을 포함하고 있기 때문에 인문학이나 미학 교과과정에서 사라졌다. 결국 무엇이 좋은 책 혹은 예술작품인가에 대한 논쟁에서 자유로워진 인문학과 예술 영역의 교수들은 대신 정치에 아부하는 교과과정에 몰두하게 된다.

—

그사이 실증주의의 약진은 정치와 세계정세에 극적인 결과를 낳았다. 윤리학의 객관성을 약화시킴으로써 모든 것의 정통성을 의심하게 되었고, 거기엔 국가의 정통성도 포함되었기 때문이다.

거의 2000년 동안 서구 정부들은 자연법에 기초하고 있었다. 그건 이성을 통해 모든 인간은 신의 법칙을 알 수 있으며, 오직 신의 법칙만이 국가에 정통성을 부여한다는 생각이었다. 특히 미국 민주주의의 최초 설립 근거는, 모든 인간은 이성적이기 때문에 자연법칙을 알 수 있고, 따라서 한 명 한 명이 동등한 통치 권리를 갖는다는 것이었다. 독립선언서는 개인의 이 양도할 수 없는 권리가 "자연법칙과 신의 법칙"에서 기인하며, 국가 권력은 피통치자들의 동의에서 기인한다고 명시했다.

하지만 만약 인간이 비이성적이라면, 이성이 그저 인간 의지의 도구일 뿐이라면, 미덕이 개인적 선호의 다른 이름일 뿐이라면, 신이 그저 유치한 욕망의 상징일 뿐이라면, 자연법칙은 있을 수 없었다. 그때 정치적 권위를 정당화해주는 것은 무엇일까? 대답은 금세 나왔다. 아무것도 없었다.

특히 많은 지식인 사이에서 정치권력은 그저 개인이나 사회적 계급이 사용하는—착취하는—노골적 현실에 불과한 것으로 여겨졌다. "지식"과 "미덕"은 사람들이 이 권력을 행사할 때 거기에 고결함을 부여하기 위해 붙이는 말일 뿐이었다.

카를 마르크스는 객관적 지식은 없다고 암시했다. 우리 믿음은, "이성적"인 것과는 거리가 먼, 그저 우리가 속한 경제 계급의 이해를 반영하는 것일 뿐이었다. 신은 프롤레타리아를 자신들의 자리에 계속 붙잡아두기 위해 고안된 것이었고, 종교는 "민중의 아편"이었다. 따라서 신에게도 이성에도 기반하지 않은 국가는 설 자리가 없었다. 그건 한 계급이 다른 계급을 억압하는 방식일 뿐이었다.

이와 유사하게 1920년대의 파시즘 옹호자들 역시 국가의 정통성이 이성이나 신에 기반하지 않는다고 주장했다. 그 권위는 오직 권력에만 기반하고 있었다. 힘이 옳은 것이 되었다. 민주주의의 근거는 파산했다고 많은 지식인은 믿었다. 그것은 인간의 이성과 신의 존재, 그리고 자연법칙에 의지하고 있었지만, 대학이나 상류사회에서 그것들을 믿는 사람은 거의 없었다. 당시의 유행에 따르면, 선택지는 파시즘과 공산주의 둘 중 하나였다.

이것이 전 세계를 제2차 세계대전으로 몰아간 신조였다. 파시스트들은 세계를 공산주의로부터 구하는 것이 자신들의 운명이라고 생각했다. 공산주의자들은 자본주의를 혁파하는 것이 자신들의 사명이라고 생각했다. 그리고 비록 전쟁이 정치권력으로서의 파시즘을 무너뜨리고 권력과 관련된 문제를 안정시키기는 했지만, 기저에 있던 서구 민주주의의 위기는 거의 해결할 수 없었다.

이것이 제2차 세계대전 직후 지성계의 상태였다. 대부분의 학자는 신과 세속적 인문주의는 모두 사망했다고 믿었다. 이성을 통해 삶에 목적이나 의미가 없다는 게 밝혀졌다. 지성이 행사될 수 있는 유일한 영역은 과학이었지만, 이는 필연적으로 기술 그리고 폭탄으로 이어졌다. 민주주의와 인권은 자연법칙이 아니라 권력에 기반하고 있었다. 자유사회의 가장 큰 이점은 경제였다. 자유시장은 통제된 시장보다 더 많은 부를 생산했다.

이런 분위기에서 하버드의 교양교육 개혁가들은 갈등을 겪었다. 어떤 면에서 전쟁 경험은 과학이 할 수 있는 일에 두려움을 갖게 했다. 아우슈비츠의 악명 높은 멩겔레 박사처럼, 인간을 대상으로 "괴상한" 실험을 했던 과학자들은, "무심한 지적 호기심"이 어디로 이어지는지를 상기시켜주었다. 1947년에 발표된 토마스 만의 『파우스트 박사』는 나치즘을 분석한 소설인데, 파우스트 전설을 되살려 새로운 의미를 부여했고, 전후의 교육가들에게 지적 야심과 사악함 사이에 한 발짝 정도의 거리밖에 없다는 점을 다시 한번 강조했다. "오래전 나는 독나방과 빈둥거렸다"라는 만의 파우스트, 즉 아드리안 레버퀸의 말은 교육 개혁에 대한 요청으로 들리기도 한다. "비뚤어진 나의 영혼은 오만과 자만심에 빠져, 사탄의 길로 가고 있었다."[23]

다른 어떤 면에서 이 학자들은 고삐 풀린 과학적 추구를 두려워하면서도, 그 대안 역시 믿을 수가 없었다. 그들은 계몽주의 이상—즉 지식의 추구가 미덕의 추구를 통해 제약을 받을 수 있다는 생각—을 받아들이기 힘들었는데, 본인들 역시 실증주의자였던 터라 도덕법칙이 이성적 기반이라고 인정할 수 없었기 때문이다. 신과 미덕이라는 이성을 모두 믿을 수 없었던 그들은, "공통의 도덕적 기준을 주입"하는 것을 약속하는 교과과정을 썩 잘 시행할 수가 없었다.

그래서 레드북위원회는 이러한 이념을 분명히 전하는 과정을 제공하는 대신 양가적 태도를 취했다. 1945년의 하버드 보고서는 시종일관 미덕을 가르쳐야 한다는 필요성과, 가치중립적이어야 한다는 학자적 요건 사이의 긴장감을 드러내고 있다. "가치판단이 가장 중요한 영역"을 학생들에게 소개해야 한다는 코넌트의 요청을 받았던 바로 그 사람들이 이제는 한발 물러났고, 훗날 하버드 총장이 된 데릭 보크의 표현에 따르면, "윤리적 중립성이 역사가 혹은 학자의 지침이다"라고 호소했다.[24]

하버드를 비롯한 전국에서 교양교육을 옹호했던 사람들도 서구 자유주의 위기의 해결 방안에 대해서는 어떤 결정도 내릴 수 없었다. 일단 "윤리적 중립성"을 받아들이고 나면 "민주주의적 가치의 재확인"은 할 수가 없었다. 그렇다고 "자연의 신"이나 "자연법칙"에 호소함으로써 민주주의를 정당화할 수도 없었는데, 그들 자신이 그런 것들을 믿을 수 없었기 때문이다.

이런 해결되지 않는 갈등에 직면한 "교양교육"은, 모든 "학식 있는 사람들"이 읽어야 하는 "위대한 책들"의 목록 혹은 선집을 정리하려는 엘리트주의자들의 노력 이상은 될 수 없었다. 루돌프는 이 교과과정이 "'기성 권위'의 표현"이 되어버렸다고 지적했다. "(그 과정에서는) 전통과 신뢰성의 풍미가 느껴졌다. 그걸 **교양교육**이라고 부르는 건 백인, 앵글로색슨, 프로테스탄트 엘리트가 될 사람들을 인증하는 교과과정에 주목하게 만들려는 시도에 불과했다."[25]

이런 상황에서 교양교육은 그 탄생부터 이미 시대착오적이었다. 퇴역 군인들이 몰려들었던 대학이 이제 막 폭넓은 평등주의를 포용하려던 그 시점에, 엘리트의 기준을 강요하려 시도했던 것이다. 그리고 "가치"를 주입하려던 그 시도는 태풍 앞에 선 초가삼간이 될 운명이었다.

—

그런 이유로 1950년대가 되자 계몽 이후 점점 벌어지던 간극은 정점에 달했다. 한쪽에는 실증주의와 과학의 추구가 있고, 다른 한쪽에는 세속적 인문주의와 도덕의 기반에 대한 탐색이 있었다. 하버드나 그 밖의 기관에서 학자들은 과학과 기술을 서구의 가치, 심지어 인간의 생존에 대한 위협으로 보는 무리와, 과학을 미신에서 해방되고 진보를 향한 여정으로 보는 무리—이들이 주류였다—로 양분되었다. 그리고 두 견해 모두 하버드의 교과과정에 포함되었다.

주류는 유대 그리스도교 전통을 주입하려는 레드북의 의도를 크게 걱정하지 않았다. 그들은 교양교육이 역사적 자료만 강조하는 것에 반대했고, 자신들만의 방법론, 주로 과학적 원칙에 의거해 과목을 구성하는 쪽을 선호했다. 자신들의 고유 영역으로 학생들을 모으길 원했던 그들은(학계에서는 '영역 지키기'로 알려진 본능이다), 교양교육의 "비전공" 영역보다는 전공을 강조하는 쪽으로 교과과정을 구성했다. 특히 그들은 윤리학에 집중하기를 거부했는데, 그들이 보기에 윤리학은 "가치중립적 탐구"라는 핵심 요건을 해치는 요소였다.

이러한 저항 때문에 1950년 교양교육이 하버드 교과과정에 포함되었을 때는 레드북위원회의 추천 중 많은 부분이 적용되지 못했다. 그리고 교과과정에 포함된 것에 대해서도 실제로 가르쳐야 할 사람들이 뒤엎었다. 이런 교수들은 코넌트의 의도와 정확히 반대되는 수업들을 강조했다. 가치를 주입하기보다는, 그것들을 허무는 방법을 모색한 것이다. 이내 "가치판단이란 말을 입에 담지 말지어다"라는 계명이 하버드 신입생들에게 마법의 주문이 되었다. 이는 기말보고서뿐 아니라 기숙사의 자유토론에서도 마찬가지였다.

표면적으로는 이런 실증주의적 메시지가 긍정적인 것처럼 비쳤는데, 그 교육에서는 이성이 곧 해방의 힘이며 신앙은 미신에 불과하다고 가르쳤다. 과학의 진보는 궁극적으로 자연에 대한 완벽한 이해를 낳을 것이었다.

하지만 실증주의가 진보를 설파하는 중에도 간접적으로는—교양교육을 기획한 사람들의 의도와 충돌하는—좀더 혼란스러운 암시가 전달되었는데, 즉 절대적 이성은 절대적 절망으로 이어진다는 점이었다. G. K. 체스터턴은 이 점에 대해 "상상력이 광기를 낳는 것이 아니다. 광기를 낳는 것은 정확히 이성이다. 시인은 미치지 않는다…… 미치는 쪽은 수학자들이다"라고 썼다.[26] 실증주의는 위대한 종교나 과거의 철학까지 포함하는 인류의 비과학적 지식의 총합이, 좋게 보면 "문화적 관습", 나쁘게 보면 "인지적 내용이 결여된 것", 즉 무의미한 것이라고 암시했다. 이런 메시지의 바탕에는 삶에는 목적이 없으며, 도덕은 정당화될 수 없다는 인식이 있다.

요컨대 과학은 원하는 사람이 거의 없는 세상—어두운 구석이나 신비가 없는, 의미도 없는—을 그리고 있는 것처럼 보였다. 그뿐만 아니라 각각의 과학적 원리는 불안한 방향으로 움직이고 있었다. 물리학은—냉전의 전사들이 아껴 마지않는 과목이었다—병 속에 있던 지니를 풀어놓았다. 사회과학은 정부가 국민을 통제하는 새로운 방식에 경도되어 있는 것으로 보였다. 경제학은 이미 "암울한 학문"이라는 악명을 얻고 있었다. 그리고 머지않아 생물학이 "자연의 종말"을 예언할 참이었다.

따라서 교양교육은 이중의 비관주의에 빠져 있던 시기에 대학생이 된 이들에게 제공되었다. 인문주의자들에게서 우리는 과학이 문명을 위협한다고 배웠다. 과학자들에게서는 과학을 멈출 수 없다고 배웠다. 이 둘을 합치면 아무런 희망이 없다는 암시가 나왔다. 교양교육은 하버드에, 그리고 실제로는 학계 전반에 영원히 박혀버릴 어떤 것, 즉 절망 문화를 만들어냈다.

13. 하버드의 절망 문화

지난 30년 동안 서구 문명의 적극적인 해체를 목격할 수 있었다.
—루이스 멈퍼드, 『인간의 조건』, 하버드 교양교육 독서 목록 중

20세기의 인간은 왜 이렇게 슬픔을 느끼는가?
—워커 퍼시, 『병 속의 메시지』

1959년 가을, 카진스키는 엘리엇 하우스 N-43호로 이사했다. 꼭대기 층 처마 아래 있는 방으로, 과거에는 주인집 하인들이 지내던 방이었다. 당시에는 하버드가 가난한 장학생들에게 제공하는 방으로 쓰이고 있었다.

N-43호는 당시 대부분의 학부생이 지내던 기숙사와는 달랐다. 넉넉한 생활을 중시하던 1930년대에 지어진 전형적인 기숙사는 거실과 욕실, 침실이 한두 개 붙은 형태였다. 이는 우호적인 환경에서 "신사들"이 교류하는 것을 의도한 설계였다. 대조적으로 N-43호는 싸구려 호텔과 비슷했다. 여섯 개의 작은 싱글 방들이 있었고, 하나씩 붙은 문을 열면 좁은 복도였다. N-43호의 학생들에겐 '룸메이트'가 없었다. 저마다 혼자 지냈다. 그곳은 엘리엇 빈민굴이었다.

카진스키가 학부생이던 시절, 엘리엇 하우스는 기숙사 마스터*
존 핀리의 성격을 반영하고 있었다. 하버드 박사 출신에 아테네와
베를린에서도 공부한 핀리는, 레드북의 공동 저자였으며, 고대 그
리스 시인·철학자·역사가와 관련된 권위자였다. 그는 대학에서 가
장 인기 있는 과목이었던 '인문학 103, 아테네의 위대한 시대'를 가
르쳤다. 하지만 핀리는 속물이기도 했는데, 유대 그리스도교 전통
이 쇠퇴하고 있는 것에 대한 레드북 저자들의 백인 기독교도적 탄
식과, 신사-학자에 대한 귀족적 존경심을 모두 체화하고 있는 인물
이었다. 뉴햄프셔의 필립스 엑서터 아카데미를 졸업한 그는 그리스
의 '아레테arete' 개념을 신봉했다. 영어의 '귀족aristocrat'이란 단어도
여기서 나왔는데, 원래 뜻은 '탁월한 성취'다. 그리고 핀리는 자신이
보기에 지적이고 사회적 특권이 있는 학생들을 편애했다.

엘리엇 하우스는 핀리의 지적·사회적 엘리트주의를 그대로 반영
했다. 당시 대부분의 하버드 기숙사가 보스턴 브라만 계급**의 가치
를 반영하고 있었지만(내가 지내던 기숙사의 키 큰 대머리 기숙사 마스터
엘리엇 퍼킨스, 혈통이 더 확실했던 로웰 등), 엘리엇은 훨씬 더 극단적이
었다. 당시 발간된 하버드 조사평가국의 보고서에서는 다음과 같이
적혀 있다. "(엘리엇 하우스는) 오랫동안 차갑고, 속물적이며, 예비학
교 같은, '클럽 하우스' 혹은 '사이비 지식인들의 집'이라고 불렸다.
이 모든 별칭이 어느 정도는 사실이다."[1] 실제로 대부분의 학부생도
이런 평가에 동의했다고 보고서는 덧붙였다. 심지어 엘리엇 하우스

---

* 기숙사 책임 교수.
** 보스턴 지역의 전통적인 사회 지배층을 일컫는 말.

에 사는 학생들도 그곳이 "귀족적"이며 "속물적"이라고 했다. 다른 기숙사에 있는 학생들은 엘리엇 하우스 학생들을 "부유한" "귀족적" "속물적" "흰색 신발" "보수적"과 같은 단어로 묘사했다. 카진스키의 1962년 졸업 기념 앨범에는 다음과 같이 적혀 있다.

"전하는 이야기에 따르면, 엘리엇 하우스 학생들은 잘 알지 못하는 사람들에 대해서는 서먹서먹하고 불친절하게 대한다고 한다. 그게 사회적인 면이든, 지적인 면이든, 옷과 관련된 면이든, 본인의 우월함을 과도하게 의식한다. 자신의 좁은 영역 밖에서 일어나는 일에는 전적으로 무심하다. 종종 견디기가 어려울 수도 있지만, 보통은 다른 모습을 보이는 척한다."

카진스키의 인상도 이런 이미지를 확인해준다. 그는 엘리엇 하우스의 다른 학생들에 대해 "상상력이 없고, 관습적이고, 정장에 타이를 매는 유형"이며, "멍청하다고는 할 수 없지만 재미없다"고 적었다. 한참 후 「진실 대 거짓」에서는 다음과 같이 기록했다.

하버드에는 상당히 속물적인 면이 있었다…… 기숙사 마스터 존 핀리는 폐쇄적 집단 혹은 파벌에 둘러싸여 있는 것처럼 보였다…… 기숙사 마스터는 종종 나를 모욕적으로 업신여겼다…… 친구를 만들어보려는 첫 시도가 그런 냉담한 반응에 부딪혔을 때, 나는 그냥 포기하고 고독해졌다.[2]

따라서 하버드의 사회적 환경은 소멸 중이던 엘리트의 가치와 두려움에 지배당하고 있었는데, 그 두려움에는 냉전 위기가 낳은, 실증주의와 진보에 대한 우려를 특징으로 하는 지적 분위기가 섞여 있기도—혹은 그것에 의해 강화되기도—했다.

카진스키가 정확히 어떤 책들을 읽었는지는 알 수 없지만, 우리 둘은 논설문 작성, 독문학, 연역과 귀납, 서구 문학과 철학, 과학사 등 동일하거나 유사한 과목들을 들었고, 그런 과목에서 그가 접했을 책들은 나도 알고 있다. 실제로 그가—수업 외에도 공동 거실, 자유 토론, 개별 지도 등에서—당시 학생들의 지적인, 그리고 감정적인 삶에 침투했던 사상들을 접하지 않기란 불가능했을 것이다.

사회과학과 관련된 교양과정 덕분에 우리는 금세 도덕의 상대성과 종교의 비합리성에 눈을 떴다. 윤리적 기준이란 단지 서구의 문화적 관습을 표현한 것에 불과하다는 점을 확실히 하기 위해, 우리는 마거릿 미드(『사모아의 청소년』), 에드워드 웨스터마크(『윤리적 상대성』), 윌리엄 그레이엄 숨너(『습속』), 루스 베니딕트(『문화의 패턴』) 같은 문화인류학자들의 책을 읽어야 했다. 우리는 A. J. 에이어(『언어, 논리, 진리』), 찰스 L. 스티븐슨(『윤리학과 언어』)을 비롯해, 그런 원리를 흡수한 다른 작가들의 작품을 통해 논리실증주의와 도덕정서설에 입문했다.

인문학 5, 즉 "서구 사상에서 인간과 세계의 개념"(속칭 "인문 5") 과목에서 우리는 신앙에 맞선 프로이트의 논쟁적인 작품 『환상의 미래』를 읽었다. 이 책에서 그는 삶에 목적이 있다는 믿음은 유아적 욕망에 불과하다고 일축하며 다음과 같이 확신했다. "인간의 지성은 연약하며, 본능적 욕구에 지배받는다."[3]

신과 의미, 가치가 없는 삶은 살아가기 어렵다. 따라서 우리의 독서 목록에 실존주의 철학자와 카뮈, 사르트르 같은 소설가들—1950년대 베스트셀러 작가들이었다—의 작품이 섞여 있었던 것은 놀라운 일이 아니다. 그들은 과학의 결론을 인정하고, 과학이 "부조리"한 것으로 판명한 실존에 의미를 부여할 방법을 모색했다.

인문학 5 과목에서 우리는 "지성의 황폐함은 미숙한 인간을 그저 기계로 변모시킴으로써 인공적으로 만들어진 것이다"라는 카를 마르크스의 경고를 읽었다.[4] 『시지프 신화』에 등장하는, "부조리는 불가결한 개념이며 제일의 진리다"라는 카뮈의 통찰을 읽었고,[5] 사르트르가 『존재와 무』에 썼던, 인간이 처한 조건에 대한 다음과 같은 황량한 묘사를 읽었다. "나는 나를 가볍게 해줄 무엇이나 그 누구도 없이, 홀로 세계의 무게를 짊어지고 있다…… 나는 세계 속에 버려져 있다…… 아무런 도움도 없이 홀로, 내가 무엇을 하든 이 책임에서 벗어날 수 없는 채, 전적인 책임을 져야 하는 세계 속에 몰입해 있는 것이다."[6]

논설문 작성 수업에서 우리는 베블런의 다음과 같은 전망과 마주쳤다. "기계적 공정이 현대 문화의 규범 요소로서 지배적인 위치를 유지하는 한, 이 문화적 시대의 정신적·지적인 삶은 기계적 공정이 부여하는 특성을 유지하지 않을 수 없다."[7] 우리는 기술이 "개인의 사소함과 무력함"에 기여했다는 에리히 프롬의 불평을 발견했다.[8] 우리는 사이버네틱스로 알려진 새로운 수학 언어를 개발한 MIT 교수 노버트 위너도 읽었는데, 그는 인간의 본성이 바뀌지 않는 한 "새로운 산업혁명 때문에…… (우리는) 10년 이상 폐허와 절망의 시기를 마주해야만 할 것이다"라고 경고했다.[9]

적어도 미드와 웨스터마크, 숨너, 베니딕트, 에이어, 스티븐슨, 베블런, 프롬, 위너는, 상대적으로 말하면, 하버드 교과과정에서 낙관주의자라고 할 수 있었다. 그들은 과학의 메시지를 받아들이고, 심지어 포용했다. 과학을 거부했던 작가들은 직면한 문화적 붕괴에 대해 더 강하게 경고했다. 『현대인은 낡았다』(1945)에서 노먼 커즌스는 다음과 같이 조심스럽게 언급했다. "현대 과학이 대변하는 잠재적 파괴의 위력…… 그 위험을 온전히 보고 인식해야 한다. 그때가 되어서야 인간은 가장 시급한 문제가 존재의 지속과 관련된 것임을 깨달을 터이다."[10]

독일어 R("중급 독일어 및 기초 점검")은 카진스키와 내가 둘 다 들은 과목인데, 거기서는 비관적인 작가들을 한 무리 접할 수 있었다. 니체—"신은 죽었다"…… "도덕은 개인 안에 있는 무리 본능이다"…… "자살에 대한 생각은 커다란 위안이다". 슈펭글러—"이 기계-기술은 파우스트적인 문명과 함께 종말을 맞이하고, 언젠가 산산조각 나 잊힐 것이다. 우리의 철도와 증기선은 로마의 도로나 중국의 만리장성처럼 죽어버리고, 우리의 대도시와 마천루들도 멤피스나 바빌론처럼 폐허가 될 것이다."[11]

그리고 교양교육을 받은 학생이라면 누구도 위대한 러시아 소설가 표도르 도스토옙스키를 피할 수 없었는데, 그의 작품들이 인문학과 사회과학 교과과정을 가득 채우고 있었기 때문이다. 『지하로부터의 수기』에서 우리는 지하생활자라는 인물을 통해 소외와 관련된 철학의 정수를 접했다. 그 자신이 모든 가치를 잃어버린 문명의 희생자였으며, 20년 동안 자신의 아파트에서 혼자 지내며 거의 외출하지 않고, 분노를 억누르며 사회에 대한 복수를 계획했다. 20년 후에 나올 카진스키의 일기와 으스스할 정도로 유사한 문단에서, 지하생활자는 다음과 같이 훈계한다.

나는 병든 인간이다…… 나는 심술궂은 인간이다. 나는 통 매력이 없는 사람이다…… 나는 꼽추나 난쟁이처럼 의심이 많고 곧잘 모욕감을 느끼는 성격이지만…… 복수를 할 줄 알고, 대체로 자기 고집을 부릴 줄 아는 사람들, 그들은 어떻게 그렇게 하는 걸까? 일단 복수심에 사로잡히기만 하면 그들의 전 존재 속에 그 감정 외엔 더 이상 아무것도 남지 않을 것이다.[12]

『죄와 벌』에서는 20년 후 몬태나의 오두막에서 지내는 카진스키의 생각에 대한 묘사라고 해도 될 만한, "나는 인간이 아니라 하나의 원칙을 죽인 것이다!"라는 문장과 마주치게 된다.[13] 또한 우리는 몇몇 과목에서 조지프 콘래드를 읽었는데, 그는 카진스키가 아주 좋아했던 작가들 중 한 명이었으며, 그의 『비밀요원』은 카진스키가 사실상 유나보머의 지침서로 활용한 책이다.

—

모든 교양교육에서 가장 흔히 볼 수 있었던 것은 사회철학자이자 역사가인 루이스 멈퍼드의 글이었다. 그는 『삶의 행위』(1951)에서 이렇게 지적했다. "우리는 자동화를 목표로 설계된 산업 질서를 만들어냈고, 거기서는 공장에서의 온건한 생산성을 위해 빈약한 정신력이, 타고난 것이든 학습된 것이든 요구된다. 그 결과 주어지는 광범위한 신경증은 무의미한 삶의 마지막 선물이다."[14]

멈퍼드는 또한 『과학과 인간』(1942)에서 다음과 같이 썼다.

(현대 기술의 성취는) 권력의 장악과 착취를 주요 과제로 삼은 문화의 일부였다.

그것은…… 천연자원의 무자비한 착취, 유기체 간 자연적 균형의 파괴, 귀중한 문화적 전통의 소멸로 이어졌다…… 19세기를 지배했던 낙관적 철학이 낳은 도덕적 진보라는 바로 그 환상이, 기술적 성취와 사회적 성취 사이의 거대한 간극을 은폐하는 경향이 있다.

기계적 발명과 권력이라는 과제를 신뢰했던 사람들은, 인간의 끊임없는 욕구 중 극히 일부만이 기계를 통해 완수되거나, 기계가 점령한 영역에 포함된다는 점을 보지 못했다.[15]

그리고 『인간의 조건』(1944)에서 멈퍼드는 다음과 같은 결론을 내렸다.

지난 30년 동안 서구 문명의 격렬한 해체를 목격했다…… 모든 곳에서 기계가 중심을 차지하고 인격은 주변부로 밀려났다. 서구인은 오랫동안 자신의 상상력을 지배해온 기계적 권력이라는 꿈을 소진했다…… 더 이상 그 꿈의 마법 안에 머물 수 없게 되었다. 이제 그는 기계에 부여했던 것보다 조금 더 인간적인 목적을 가져야만 한다. 활력을 잃은 기계적 체제, 탈사회화된 조직, 그리고 탈인격화된 사회가 되어버린 세계, 즉 인간의 궁극적 고귀함에 대한 감각을 잃어버린 세계에서는 이제 성공의 환상을 가질 수 없고, 살아갈 수가 없다.[16]

이와 함께 우리 중 일부는 유진 오닐을 읽었고, 그의 희곡 중 몇 편은, 이미 봤듯이, 기술의 위험을 경고했다.

"그는 전보나 전화, 혹은 무선통신을 사용하지 않을 것 같습니다"라고 『다이나모』의 한 등장인물은 말한다. "왜냐하면 그건 최대의 적, 즉 전기의 신 루시퍼에게 속하는 발명품들이기 때문입니다." 그리고 우리는 오닐의 또 다른 등장인물인 『털북숭이 원숭이』의 양크 스미스에게도 연민을 느꼈는데, 그는 기술문명에는 자신의 자리가 없음을 알게 된다. 동물원 철창 안의 고릴라를 향해 스미스가 묻는다. "우리 둘 다 같은 부류에 속한 거 아닐까, 털북숭이 원숭이?…… 나는 마천루를 올려다보고—강철—배들이 들어오고 온 세계로 나가는 것을 보지—그것도 강철이야…… 다만 내가 그 안에 없을 뿐이지, 알겠니? 나는 거기에 속할 수가 없는 거야. 그것들은 내 머리 위에 있을 뿐이지…… 나는 어디에 적합한 걸까?"[17]

당시 많은 학부생도 그렇게 물었다. "나는 어디에 적합한 걸까?"라고. 대중문화에 대한 하버드의 엘리트주의 때문에 사회적으로 고립되고, 독서를 통해 형성된 형이상학적 고뇌 때문에 우울함에 빠진 그들 중 일부에 대해, 나중에 헨리 로숍스키 학장은 "룸펜스투덴텐 lumpenstudenten"이라는 이름을 붙여주었다.* 아무런 흔적도 남기지 않고 틈 사이로 사라져버린 하층계급 학부생들이었다.

---

* 룸펜스투덴텐은 계급의식이 약해 혁명 세력이 될 수 없는 부랑 노동자를 일컫는 용어 '룸펜프롤레타리아트lumpenproletariat'에서, '노동자'에 해당되는 부분을 '학생'으로 바꾼 표현이다.

14. "룸펜스투덴텐": 틈 사이로 사라진

> 그는 자기 자신에게 너무나 깊이 빠져들었고 다른 사람들과의 접촉을
> 꺼렸으며, 주인 여자뿐 아니라 그 누구와도 마주치는 것을 두려워했다.
> 그는 가난에 짓눌려 있었다.
> —표도르 도스토옙스키, 『죄와 벌』, 하버드 교양교육 독서 목록 중

> 그는 늘 혼자였다. 절대 결혼하지 않았고, 절대 연인을 만들지
> 않았다…… 그를 좋아하거나 지원해주는 사람은 거의 없었다.
> —콜린 윌슨, 『아웃사이더』(니체에 대해 언급하며)

1997년 봄, 나는 콜로라도대학 학생회에서 패트릭 매킨토시와 체할 것 같은 점심을 먹었다. 메뉴는 그린 파스타, 딱딱한 빵, 식은 고깃덩어리였다. 동그란 얼굴에 안경을 쓴, 올빼미 같은 인상의 매킨토시는 엘리엇 하우스에서 카진스키와 함께 "지냈던" 사람이다.[1] 즉 둘 다 각자의 싱글 룸에 살며 같은 N-43호의 복도를 썼다는 뜻이다. 또한 그는 언론에서 하버드 재학 당시의 카진스키를 별난 외톨이로 묘사할 때 자주 인용되었던 인물이기도 하다. 하지만 알고 보니, 언론은 매킨토시를 온전히 이해하지 못했던 것 같다.

매킨토시 본인도 있을 법하지 않은 사람이었는데, 독학 천문학자였다. 졸업 후 그는 매사추세츠의 사립고등학교 교사로 일하다가, 콜로라도주 볼더의 환경과학국 태양계 및 우주 환경 예측부 직원으로 합류했다. 1962년 하버드 졸업 10주년 기념 문집에서 그는 다음과 같이 설명했다. "대학원에서 시간을 낭비하며 틀에 박힌 직업 과학자, 창의적이지 못하고 전문 영역 바깥의 삶에는 대응하지 못하는 사람이 될 수는 없었다." 그런 선택에도 불구하고 그는 자신이 "박사 학위를 받은 천문학자들의 평균 수입보다 훨씬 더 벌고 있다"고 했다.[2]

1993년 매킨토시는 29년간 일했던 직장에서 조기 퇴직했는데, 부분적으로는 정부 건물의 먼지 때문에 알레르기가 악화되었기 때문이다. 나와 만난 당시에는 태양계 연구와 관련된 자신의 컨설팅 회사를 운영하고 있었다.

카진스키 체포 후 매킨토시는 15분 동안 유명세를 탔다. "현재 나는 룸메이트로 알려져 있으니까"라고 그는 동창생들에게 썼다. 언론이 그의 집으로 곧장 들이닥쳤다. 몇 개만 꼽자면 그는 NBC, CBS, ABC 「나이트라인」과 「20/20」, 모리 포비치, 그리고 제니 존스와의 인터뷰에 응했다. 그리고 그런 인터뷰(그중 일부는 편집되었다) 덕분에 카진스키가 실제로 하버드에서 특이한 외톨이였다는 인상이 시청자들의 머릿속에 남겨졌다.

"테드는 누구와의 대화에도 자발적으로 끼지 않았습니다." 그는 ABC 「20/20」에서 그렇게 인상적인 발언을 했다. "자기 방으로 가서 문을 닫아버리곤 했죠. 저는 그냥 아직 그 친구가 성숙하지 못한 거라고만 생각했습니다."[3]

여러 잡지와 신문에서도 매킨토시를 인용하며 같은 메시지를 전했다. "테드는 내가 하버드에서 만난 사람들 중 가장 이상한 축에 속했습니다."(『뉴스위크』)[4] "3년 동안 카진스키가 말을 하는 건 열 마디도 듣지 못한 것 같습니다."(『뉴욕타임스』)[5] "(카진스키는) 자기 방으로 가서 문을 닫아버리곤 했습니다."(『샌프란시스코 크로니클』)[6] "(카진스키는) 관계를 피하는 재주가 있었습니다. 무리나 사람들을 피해 얼른 방으로 가서 문을 닫아버렸죠."(『타임』)

매킨토시는 내게 그런 이야기를 확인해주었고, 거기에 대부분의 언론에서 놓친 중요한 세부 사항도 덧붙였다. 그러니까 카진스키의 과장된 특이함은 하버드에서는 그리 드문 게 아니었다는 점 말이다. 그는 동기들에게 다음과 같이 설명했다(1962년 졸업반 35주년 기념 문집). "다른 룸메이트들도 이상했다…… 짐작처럼 카진스키가 그렇게 튀었던 것도 아닌데, 왜냐하면 하버드는 1962년 졸업반에 '평범하지 않은' 사람을 꽤 많이 뽑았고, 그중 상당수를 엘리엇 N-43에 모았기 때문이다! 나도 하버드에서 보낸 4년에 대한 책, 카진스키와 나를 비롯해 다른 많은 공립학교 출신 학생, 하버드가 활용하고, 학대하고, 무시했던 그들이 겪어야 했던 고난을 강조하는 책을 써보고 싶은 마음이다."

—

매킨토시를 만나고 한 달 후, 나는 워싱턴 D.C.의 랑팡 플라자 테라스에서 키스 마틴과 오봉팽 제과점의 종이 접시에 담긴 샌드위치를 먹고 있었다. 바람이 사납게 불어 우리 점심이 아래 지하철 에스

컬레이터에서 올라오는 사람들 머리 위로 쏟아질 것만 같았다. 마틴 역시 카진스키와 함께 엘리엇 하우스에서 "지냈다". 그리고 마틴 역시 언론에서 학부생 시절 카진스키의 고립을 이야기할 때 자주 인용되는 동급생이었다. 하지만 그가 내게 말해준 카진스키는 그저 또 한 명의 얼굴 없는 내향형 하버드생이었다.

"테드와 저는 공부밖에 몰랐죠", 그가 설명했다. "수줍어하지는 않았어요. 거만했을 수는 있는데, 질문을 받았을 때는 상대를 아주 얕보는 듯했으니까요. 사실입니다. 복도에서 마주쳐도 그 친구는 절대 말을 안 했는데, 하지만 그게 하버드였습니다. 대부분의 학부생은 마주쳐도 말을 안 했습니다, 친구가 아니라면요."[7] 거기에 더해 매킨토시와 마틴을 포함한 몇몇 학생은 카진스키를 조금 경계하는 듯했다. 두 사람 다 카진스키가 교만한 분위기를 풍겼고, 자신이 생각하기에 멍청한 말을 들으면 비웃곤 했다고 기억했다.

마틴은 당시 주택 및 도시개발국에서 일하고 있었다. 고등학교 졸업 후 장학금 제안을 받았다. 하버드 졸업 후에는 독일에 있는 고등학교에서 몇 년간 영어를 가르쳤다. 플레처 스쿨에서 공부한 후 외교부에 합류했다. 1970년대 초반 외교부를 떠나 웨슬리 신학교에 입학했다. 얼마간 장로교 소속으로 사회활동을 하다가, 본인 표현에 따르면 "중년의 위기"에 빠져 일을 그만두었다. 주택 및 도시개발국에는 1980년대에 합류했다. 당시에는 가족과 더 많은 시간을 보내기 위해 은퇴를 준비하고 있었다.

"저 기억나십니까?" 내가 앤드루 글리슨 교수에게 물었다. "1956년에 교수님이 맡은 자연과학 116 수업을 들었는데요. '수학의 기초 개념'이라고." 이제 은퇴한 글리슨은 나를 전혀 기억하지 못했다. "그럼 테드 카진스키는 기억하십니까? 1959년 그 사람 지도교수였는데요." 글리슨은 어렴풋이 그를 기억하고 있었다.[8]

"카진스키는 거의 본 적 없습니다", 글리슨이 말했다. 실제로 카진스키가 2학년을 마쳤을 때 작성한 지도교수 보고서에서도 글리슨 교수는 다음과 같이 인정했다. "카진스키와는 가볍게 접촉했습니다. 제가 지도교수였지만 제 수업은 한 번도 듣지 않았습니다…… 개인적 차원에서는 호감이 가는 친구였습니다."[9]

이것이 하버드였는데, 지속적인 관계는 대회에 출전한 미식축구팀 선수들보다 못했다. 글리슨과의 이 만남이 암시하듯이, 카진스키의 익명성은 드문 일이었다기보다 표준이었다. 심지어 매킨토시나 마틴, 언론에 하버드의 혼돈에 대해 이야기했지만 무시당했던 그들도, 정확히 말하자면 사회적으로 활발한 학생들은 아니었다.

카진스키는 언론에서 잘 모르는 동급생들만 취재해서 자신의 고립을 강조했다고 말한다. 그가 외로움을 느낀 건 사실이지만, 극단적이지는 않았다. 그에게도 하버드에 약간의 친구가 있었다. 그는 자신이 매킨토시와 마틴을 견딜 수 없었기 때문에 그들을 무시했다고 말하는데, 특히 매킨토시는 자신의 냉담함을 수줍음으로 오해했기 때문에 더 그랬다. 사실이었을 것이다. 하지만 카진스키도 자신의 고립이나 특이함이 얼마나 전형적이었는지는 알지 못하는 것 같다.

제럴드 번스 외에, 카진스키가 자신의 진짜 친구라고 인정한 이들 중 나폴리언 윌리엄스만이 다음과 같이 명백한 점을 지적했다. 그러니까 재학 시절 카진스키의 외모나 행동은 눈에 띄는 것이 아니었다는 점 말이다. 수학을 전공한 윌리엄스는 현재 맨해튼의 공익 변호사인데, 카진스키에 대해서 동정적으로 회상했다. 윌리엄스는 내게 카진스키가 별종도 외톨이도 아니었다고 말했다. 그보다는 "그 친구는 전형적인 수학자였습니다. 젊고 재능 있는 수학자는 대부분 단정치 못하고, 금욕적이고, 서투르고, 수줍어하고, 완전히 자기만의 세계에 빠져 지냅니다."[10]

"전통에 기반한 사회에서도 어느 정도 일탈자들이 있게 마련이다"라고 하버드 교수 데이비드 리스먼은 『고독한 군중』에서 말했다. "일정하게 발생하는 비적응자에게 그런 사회가 부여하는 역할에, 제도적으로든 심리적으로든 순응하지 못하고, 편안함을 느끼지도 못하는 사람들…… 그런 일탈자 중에는…… 초자아가 너무 강해 동료들이 생각하는 평범한 만족감이나 도피처를 스스로에게 허락할 수 없는 사람들도 있다."[11]

그 시기 하버드에는 그런 사람들이 가득했다. 그렇게 성적이 과도하게 좋은 학생 가운데 한 명이 카진스키였고, 다른 한 명은 N-43의 또 다른 학생 로버트 크로스먼이었다. 카진스키는 자신의 친구들 중 한 명이었다고 말했지만, 크로스먼은 현재 카진스키를 기억하지 못하고 있다.[12] 1964년 졸업반인 그는 카진스키보다 두 학년 아래였고, 따라서 나이로는 동급생들보다 카진스키와 더 가까웠다. 하지만 2학년 중반에 하버드를 떠났기 때문에 그와 카진스키가

N-43에서 함께 지낸 기간은 매우 짧았다.

하지만 크로스먼은 자신과 카진스키가 비슷한 불행을 겪었다고 느낀다. 카진스키와 마찬가지로 크로스먼도 부모님을 기쁘게 해드리려고 학업에서 자신을 지나치게 몰아붙였다. "하버드에서 나는 놀랄 만한 속도로 소진되었다"라고 그는 그 시기에 대한 회고록에서 적었다.

내 문제는 완벽해지기를 원했다는 것이다. 완벽한 학생…… 주변의 모든 학생, 고향에서 졸업생 대표를 했던 아이들이 화학 시험이나 영작문에서 D와 F를 받고 있다…… 내가 탁월하다는 느낌이 들지 않았다. 어리석고, 둔하고, 불안정한 느낌이 들었다…… 나는 학업과 관련된 일을—심지어 하버드에서의 학업까지도—너무 진지하게 받아들였던 것이다. 너무 열심히 임했고, 너무 열심히 공부했다…… 나도 모르는 사이에 화산 위에 앉아 있었다. 뭔가 잘못됐다는 의심이 들기 시작했지만—영원한 고뇌로 진땀을 흘리는 와중에 평범하다는 느낌을 가질 수는 없다……[13]

교양교육의 절망 문화에 빠지고 숙소의 동급생들에게 소외된 상태에서(그는 그들을 "얄팍한 바보들"이라고 불렀다) 크로스먼은 대부분 우울하거나 화가 나 있었다.

가끔 현기증이 일었는데, 마치 발밑의 땅이 꺼지고 낭떠러지나 높은 탑 위에 서 있는 것 같았다. 신체적인 두려움이 덮쳤고, 나는 의자의 팔걸이를 움켜쥔 채 어지러움이 사라질 때까지 기다리거

나, 초조하게 돌아다니며 닥치는 대로 책이나 신문을 집어들었다
다시 내려놓곤 했다……

그런 기분에서 벗어나는 최선의 방법은 계속 공부를 하는 것이었
지만…… 너무 공부만 하면 분노의 반항심이 끓어올랐고, 그렇
다고 꾀를 부리면 고뇌가 찾아왔다…… 우리 세대의 다른 이들
과 마찬가지로 나는 카뮈의 초연하고 무심한 주인공에게서 나의
모습을 알아봤다……『도스토옙스키에서 사르트르까지의 실존
주의』라는 책에서 니체에 대해 조금 읽었다. 그 발췌본의 주제는
"위험하게 살자"였다.

2학년 때 크로스먼은 자퇴하기로 결정했다. 대학교수이자 역사
가였던 아버지는 아들을 만류하려고 간절하게 노력했다.

"뭐 때문에 괴로운 거냐?" 크로스먼은 아버지가 그렇게 물었던
것을 기록해두었다.

"이곳은 모조리 너무나 잘못됐고, 모두…… 가식적입니다……
소진되어 텅 빈 삶을 사는 사람들이 공허하고 요점도 없는 이야기
를 하며, 죽기만 기다리는 거죠. 저는 받아들일 수 없습니다, 탈출해
야 합니다."

"탈출이라니! 어디로?"

"어디론가요." 잠시 멈췄다. "뭔가 의미가 있는 곳으로요."

크로스먼의 아버지는 "잠시 생각한 후 시선을 피한 채 천천히 또
박또박 말했다. '의미가 있는 곳 같은 건 없다.' 그리고 덧붙였다. '우
리 모두 조용히 절박하게 사는 거야. 하지만 선택할 수 있다. 너는
높은 길과 낮은 길 중 선택할 수 있는 거야. 여기 하버드라면 높은

길을 탄 거다…… 여길 떠나면 영원히 낮은 길로 접어드는 거고'".

아버지의 지적이 "벼락처럼 나를 때렸다"라고 크로스먼은 회상한다. "나는 줄곧 피곤했고, 발버둥 쳤고, 스스로 금욕적인 실존주의자, 아무리 나쁜 일이 있어도 인상을 찌푸리지도 큰 소리로 울지도 못하는 사람이라고 생각하고 있었다. 그런데 거기에 아버지가 당신의 허무주의까지 얹는 바람에 그대로 나가떨어지고 말았다."

그로부터 며칠 후, 크로스먼은 캘리포니아행 버스를 탔고 다시는 돌아오지 않았다. 현재 그는 앵커리지의 알래스카대학 영문학 교수다.

—

크로스먼의 소외는 특별한 게 아니었다. 하버드 학습지원실의 감독관 윌리엄 G. 페리 주니어가 카진스키의 1962년 졸업반을 포함해 하버드와 래드클리프의 학부생들을 대상으로 수행한 연구에 따르면, 학부 교과과정은 일부 학생의 감정과 태도, 심지어 건강 상태에까지 심각한 영향을 미쳤다. 페리는 하버드와 래드클리프 학부생들의 전형적인 지적 발전이, 현실에 대한 단순하고 "이원론"적 관점에서 점점 더 상대적이고 "불확정적"인 쪽으로 진행되고 있었다고 설명했다. 입학 초기에는 진실과 가치에 대해 "이원론적" 태도를 보이는 경향이 있었다. 그들은 복잡한 것보다는 단순한 해결책을 선호하고, 세계를 진실과 거짓, 선과 악, 친구와 적으로 구분하는 경향이 있다. 하지만 대부분의 수업, 특히 사회과학과 인문학 수업에서 이 학생들은 진실이 상대적이라고 배웠다. 대부분은 그 점을 받아들이지만, 받아들이지 못하는 학생도 일부 있다. 그들은 절대적 혹은 "이원론적" 세계관에 한층 더 집착함으로써 상대주의에 대항한다. 페리의 말에 따르면, 일부 이런 학생들에게 "과학과 수학은 여전히 희망을 주는 것처럼 보인다".

하지만 "이원론으로의 후퇴"는 행복한 발전 과정이라고 할 수 없는데, 그 이유는 "적을 설정"하기 때문이다. 상대적 환경에 둘러싸인 이원론자들은 스스로 포위되었다고 생각하는 경향이 있다. 그들은 점점 더 고립되고 소외된다. 이러한 태도는 "모든 '기성 체제'를 전적으로 거부할 것을 요구"하며, "단 하나의 구분을 제외한 모든 구분을 증오하고, 투사하고, 거부함으로써 방어기제를 구축한다". 페리는 "이러한 경향이…… 편집증으로 이어진다"고 썼다.[14]

외로움이나 학업 관련 압박, 그리고 절망의 교과과정에 영향을 받은 다른 학생들은 별난 행동들을 하기 시작했다.

학부 시절 내 친구 한 명은 관습처럼 브룩스브러더스 재킷의 가운데 단추가 아니라 맨 아래 단추를 잠그는 것으로 반항심을 드러냈다. 그 친구는 선조들 가운데 독립선언서에 서명한 인물도 있는 저명한 집안의 자제였는데, 정장을 입어야 한다고 주장하는 극단적인 전통주의자 아버지를 거역할 수는 없었다. '잘못된' 단추 잠그기 정도가 그 친구가 시도할 수 있는 최소한의 저항이었다. 훗날 그 친구는 화가가 되는 것으로 자신의 독립을 확고히 했다. 하지만 이번에도 권위에 대한 도전을 극단적으로 밀어붙이기 두려웠던 그는 아주 작은 그림을 그리는 세밀화가가 되었다.

독립을 향한 다른 탐색들은 좀더 분명했다. 동급생 중 한 명은 매일 저녁 티가 나게 남부의 농장주 같은 복장—분홍색 사냥용 재킷,

캐벌리 트윌 원단의 승마용 반바지, 챙이 넓은 파나마 모자―을 했는데, 정작 본인은 뉴욕 출신이었다. 룸메이트들이 놀리면 그는 침묵으로 대응했다. 친구들이 마침내 뒤집히면서 웃음을 터뜨리면, 그는 문을 열고 나가 엘시 샌드위치점에서 위안을 얻었다. 우리는 늦은 밤 고급 구두를 신은 그가 한 손에 승마 장비를, 다른 손에는 뜨거운 파스트라미 샌드위치를 든 채 마운트 오번가를 걸어가는 모습에 익숙해졌다.

또 다른 나의 동급생은 앤더슨 다리에서 폭탄을 찰스강에 투하한 일로 퇴학당했는데, 폭발의 충격으로 케임브리지 전체의 창문이 흔들릴 정도였다. 대학을 떠난 후 그는 CIA에 채용되었는데, 1954년 CIA가 지원한 과테말라의 반란에서 폭탄과 관련된 재능을 발휘했다. 반란은 성공해서 민주적으로 선출된 정부가 물러나고 유나이티드 프루트 컴퍼니의 꼭두각시가 정권을 잡았고, 이 "반反공산주의" 활동에 대한 보상으로 하버드는 그의 재입학을 허가했다. 폭탄 때문에 쫓겨났던 그가 폭탄 때문에 다시 받아들여진 것이다.

크로스먼은 다른 별난 행동들도 기억하고 있다. 그는 자신의 회고록에 다음과 같이 적었다. "우리 기숙사에 있던 어떤 학생은 고등학교 시절 여드름을 없애기 위해 '산성 목욕'을 해볼 생각을 한 적이 있다고 말했다. 또 다른 학생은 보스턴에서 개봉한 영화 「카멜롯」을 본 후 공동 거실에서 그 노래를 계속 흥얼거렸는데……"

"그건 현실이 아니었다. 그건 연극이었고 여드름 치료제의 부작용으로 나타난 환상이었다"라고 크로스먼은 결론지었다.

—

아름다운 가을날이었다. 나무들이 금빛으로 빛나고 하버드 야드의 건물들은 남쪽의 햇빛을 받아 긴 그림자를 드리웠다. 나는 존 하버드 동상 옆의 유니버시티 홀 계단에 앉아, 하버드가 이야기하기를 꺼리는 룸펜 동문들에 대해 생각했다. 눈에 띄지 않던 학부생들이 눈에 띄지 않는 동문이 되었다. 카진스키가—오직 카진스키만—살인자가 되었다는 건 되돌릴 수 없는 사실이었다. 하지만 우리는 모두 자랑스러운 하버드 경험에서 상처를 받았고, 그 상처들이 카진스키 본인의 추락에 대해 뭔가를 말해줄 수도 있었다.

하버드의 가장 큰 신화는 졸업생들이 모두 근사한 삶을 산다는 것이다. 몇 세대에 걸쳐 이 대학은 "하버드는 다르다"라는 복음을 졸업생들에게 주입하려고 노력했다. 학생으로서 우리는 우리가 최고라는, 하버드에 왔기 때문에 그렇다는 이야기를 들었다. 졸업 후에는 스스로 엘리트 집단의 구성원이며, 우리 삶은 그런 상류 집단에 들어올 만한 지성이나 장점이 없는 불행한 영혼들에 비해 더 중요하고 의미심장한 것이라고 생각했다.

하지만 실상은 우리도 다른 사람들과 마찬가지로 실패로 괴로워하고, 자기 의심에 빠지기 쉽고, 평범한 삶, 아니 단조롭고 심심한 삶을 살기 쉽다는 것이다. 우리와 평범한 사람들의 유일한 차이라면, 하버드 졸업생으로서 우리는 자신으로부터, 삶으로부터 더 많은 것을 기대하도록 만들어졌다는 점이다. 따라서 자신이 평범하다는, 범인에 불과하다는 것을 깨닫는 일은 더 큰 충격으로 다가온다.

『데니를 기억하며』에서 캘빈 트릴린은 자신의 동급생이자 1957년 예일대학 졸업반이었던(우연히도 나와 같은 나이다) 데니 핸슨에 대해 적고 있다. 대학 시절 총아였던 핸슨은 로즈 장학생이었고, "백만 불짜리 미소"와 촉망받는 미소 덕분에 『라이프』지에 등장하기도 했다. 하지만 중년이 된 핸슨은 자신이 혼자임을 깨닫고, 스스로 실패작이라고 생각했다. 그는 쉰다섯 살에 자살했다.[15]

우리 모두 데니 핸슨을 한 명씩 알고 있다. 옥스퍼드와 프린스턴에서 대학원을 마치고 대학교수가 될 때까지 나는 그 과정에서 틈 사이로 떨어지는 사람을 많이 봤다. 프린스턴의 대학원 동료 중 한 명은 심리적 장애물에 부딪힌 후 논문을 마무리하지 못한 채 사라져버렸다. 어떤 교수는 머리를 아무렇게나 기르고, 귀걸이를 하고, 부적절한 곳에서 웃음을 터뜨리곤 했는데, 마치 자신에게만 들리는 어떤 목소리가 있는 것 같았다. 또 다른 동료는 장래가 촉망되는 시기를 얼마간 보낸 후 멕시코로 안식년을 떠나 작은 마을의 거리를 배회했고, 이후로는 전혀 글을 쓰지 않았다.

또한 우리는 스스로에게서도 어느 정도의 데니 핸슨을 봤다. 나는 특별한 이유 없이 대학원에 진학했다. 오하이오 주립대학에서 교편을 잡았는데, 그 일이 싫었다. 작은 학교가 낫겠다는 생각에 매캘리스터 칼리지에 자리를 잡았고, 나중에 철학과 학장에까지 올랐다. 하지만 그 일도 싫었다. 마흔 살에 종신 교수직을 버리고 가족과 함께 몬태나의 야생으로 탈출했다. 1년 사이에 나는 일자리를 잃고 파산했으며, 사실상 실업자였다. 하버드, 옥스퍼드, 프린스턴 등에서 받은 다섯 개의 학위가 있었지만 일자리를 얻는 데 도움이 되진 않았다. 사실 방해가 되었다. 나는 교육을 지나치게 잘 받은 것이었다.

프레스콧가와 엘리엇 하우스에 있었던 카진스키의 기숙사 동료들은 대부분 비슷한 여정을 거치며, 특별할 것 없는 삶을 살았을 것이다. 상원의원이나 대기업 CEO는 한 명도 나오지 않았다. 그들은 조용히 경력을 이어갔고, 하버드 졸업생이 받아 마땅하다고 여겨지는 화려함 같은 건 없었다. 분명 일부는 카진스키와 놀라울 만큼 비슷했다. 다수가 학부 시절 수학과 과학을 전공했다. 대부분은 공립학교 출신이었고 하버드에 만연했던 계급적 편견으로 힘들어했다. 졸업 후 그들 중 일부는, 마틴이나 나처럼, 자신에게 맞는 일자리를 찾는 데 어려움을 겪었다. 전통적인 의미에서 자신이 성공했다고 생각하는 이는 많지 않았다. 일부는 여전히 뭔가를 찾고 있는 것으로 보인다. 매킨토시는 1987년 아내와 이혼했고, 그는 분명 외로웠다. "나는 점점 더 가난해지고 있다"라고 그는 35주년 기념 문집에 적었다. "40주년 기념 문집을 쓸 때는 좀더 심심하고 간략하게, 결혼했고 완전히 은퇴했다고 알릴 수 있기를 바란다."

하버드 졸업 후 더블린의 트리니티대학에서 문학 석사 학위를 받은 제럴드 번스는 시인 겸 교사로 경력을 시작했다. 하지만 내셔널 포이트리 시리즈 상을 받고 몇 권의 책을 낸 그도 오랫동안 자신이 실패작이라고 생각했다. 그리고 그는 자신을 카진스키와 동일시한다.

1967년 번스는 동창생들에게 자신은 나소커뮤니티대학에서 "추한 시"를 가르치고 있으며, 자신을 주인공으로 등장시켜 "탁월한 하버드 실패작들"이라는 제목의 책을 써볼 예정이라고 밝혔다. 번스는 1997년 심장마비로 갑자기 사망했는데, 당시 오리건주 포틀랜드에서 아비스 매장의 접시닦이 및 세컨드 스토리 서점 점원으로 일하고 있었다.[16] 사망 전 번스는 무정부주의 잡지 『피프스 에스테이트』에 기고한 글에서, 카진스키에 대한 연대감을 표하며 "나 역시 빈곤선보다 한참 밑에서 생을 마감하게 되었다"라고 적었다.[17]

—

하버드 야드 건너편으로 어둠에 싸인 홀리스의 북쪽 면이 보였다. 홀리스는 내 친구이자 동창인 존 킹이 신입생 시절을 보낸 기숙사다. 존과 나는 그해, 혹은 적어도 내가 아는 한 다른 해까지 포함해서, 카멀(캘리포니아) 고등학교 출신으로 유일하게 하버드에 진학한 학생들이었다. 다방면에서 활발히 활동하며 열정이 넘쳤던 존은 열광적인 비행사, 사진가, 뱃사람, 그리고 스카이다이버였다. 삶에 대한 그의 애정은 전염성이 있어서, 그와 함께 있는 것만으로도 사람들은 기분이 좋아졌다.

킹의 경력 초반은 평범함의 전형이었다. 1학년 말에 하버드를 그만둔 그는 유니언퍼시픽 철도에서 일자리를 구했다. 2년 후 필라델피아로 이사해 펜실베이니아대학에서 영문학 공부를 시작했다. 한 학기 후에 다시 대학을 그만둔 그는 랭커노 병원에 취직했고, 1년 만에 보조 관리자가 되었다. 1957년 하버드에 복귀하고, 1959년 졸업했다. 그다음엔 육군에 복무했고, 장교 후보 과정을 마치고 낙하산 부대원이 되었으며, 오클라호마주 포트 실의 병기/미사일 학교에 파견되었다.

그곳에서 컴퓨터를 접한 킹은 곧장 그 기계와 사랑에 빠졌다. 1962년 제대 후 그는 필라델피아 노스아메리가 보험회사의 정보처리 기술자로 일했다. 그리고 1965년, 보스턴으로 이주해 IBM에 합류했다. 남미 콜롬비아 출신의 검안사 후아니타를 만나 결혼했고, 두 사람에게는 두 명의 자녀가 있다. "가정생활은 대단하다", 그는 1972년 동창들에게 쓴 글에서 적었다. "특히 공룡 두 마리를 키우고 있는 상황이라면."

하지만 뉴잉글랜드에서 사는 기간이 길어질수록 그는 카멀로 돌아가기를 갈망했다. 1970년대 후반 가까스로 가족과 함께 돌아온 그는 독립 컴퓨터 컨설턴트로 자리 잡았다.

나는 1982년 하버드의 25주년 기념 동창회에서 킹과 우연히 마주쳤다. 카멀에서 그의 삶은 몹시 즐거운 것 같았다. 몬터레이 베이에서 배를 타고, 해안선을 따라 경비행기를 운전한다고 했다. 심지어 본인의 와이너리를 만들 계획까지 가지고 있었다. 내게도 카멀의 인간관계를 회복하라고—그곳은 천국이라고 말했다. 그사이에도 컴퓨터에 대한 심취는 계속되었다. 그해 동창들에게 쓴 편지에서 그는 "컴퓨터가 우리 삶을 바꿀 것"이라며 놀라움을 표했다.

하지만 이내 환멸의 기운이 느껴졌다. 같은 기념 문집에서 킹은 탁월한 선견지명을 발휘해 "밀레니엄 버그" 위기를 예견했다. "우리 모두에게 닥칠 가장 큰 걱정은, 만약 컴퓨터가 모두 사라지면 어떻게 될 것인가 하는 점이다. 전력망이 붕괴되고, 집이나 회사에 전력과 전화가 끊긴다면 말이다. 단기간에 대부분의 도시에서 식량과 물, 난방이 사라질 것이다. 현대 사회는 이미 컴퓨터에 의존하고 있을 뿐 아니라 개인, 가정, 국가가 갑자기 현대적 기술과 단절되었을 때 대체할 만한 것을 상상하거나 예상하기도 어렵다."

5년 후 킹이 다시 기념 문집에 쓴 글은 점점 더 깊어지는 슬픔을 드러내고 있었다. 그는 "정보/컴퓨터 관련 업계에서 컨설턴트이자 작가로 지내는 삶을 지워버리고, 여행을 더 많이 다녀야 할 것 같다……"고 불평했다. 몬터레이에서의 뱃놀이는 "뭔가 지겨운" 일이 되어버렸고 "와이너리를 운영하려던 열망도 거의 사라졌다"고 했다. 심지어 기술에 대한 신념마저 잃어버린 듯했다. 그는 다음과 같이 썼다. "물론 컴퓨터가 있으면 없는 것보다 사업에 있어 더 효율적이다…… 불행한 점은 오늘날 가능해진 많은 것이 유용하기보다는 해가 된다는 것이다. 거기에는 문명을 끝장내버릴 무기를 만들어낸 일, 소련을 무색하게 할 만큼 발달한 개인의 삶에 대한 감시 등도 분명 포함된다."

킹의 사업 운도 점점 기울어갔다. 친구들은 그가 많은 빚을 졌을 거라고 짐작했다. 딸이 웰즐리에 다니고 있어 학비가 많이 들었다. 그리고 카멀은, 친구들이 나중에 설명한 바에 따르면, 살기에 비싼 곳이었고, 근사한 외양을 유지해야 한다는 압력이 높은 곳이었다. 킹은 돈이 많이 드는 생활을 포기할 수 없었고, 파산이라는 수모를 감당할 수도 없었다.[18]

1991년 10월 10일, 킹이 사라졌다. 그의 BMW는 카멀 인근 모스랜딩의 샌드홀트가 끝에서 발견되었는데, "섬"이라고 불리는 모래톱이었다. 당국은 전날 늦은 시각 그 외진 곳으로 차를 몰고 온 그가 옷을 입은 채 그대로 위험한 파도에 몸을 던진 것이 분명하다고 결론 내렸다.[19]

기술에 대한 킹의 신념은 서서히 절망으로 바뀌어갔다. 카진스키의 절망은 기술에 대한 증오로 변했다. 만약 카진스키가 폭탄을 터뜨려 사람들을 죽이지 않았다면, 그는 그저 틈 사이로 떨어진 또 한 명의 하버드 졸업생이 되었을 것이다.

—

카진스키가 체포된 후, 그리고 본인이 사망하기 직전에 제럴드 번스는 "테드에게 보내는 편지 폭탄"이라는 시를 써서 하버드 동창들에게 보냈다. 그 시에서 번스는 자신과 카진스키가 공유했던 분노를 표현하려 했다.

내가 감상적인 걸까, 허락도 없이 자네에게 편지를

쓰는 것이? 자네는 나를 기억하지 못하겠지만 나는 기억하지……

내가 경고했던 책, 『탁월한 하버드 실패작』들에,

이제 자네를 포함할 수 있겠네……

자네는 마지막 부류들 중

한 명이었지

정장에 타이를 매고 버클리에 나갔던

마지막 교수들

그 점에 대해선

나도 애도를 표하는바

아이비리그라는 외피는 우리의

배움이자, 소명

하지만 (실은)

중간 관리자에서 그리 멀지도 않았지……

자네의 이유는 흥미롭지 않아. 자네가 왜 그랬는지 나는 아니까,

아주 잘 알지. 그건 내가 조각난 시를 쓰는 이유와 같지.

펜 뚜껑을 닫고, 구리 파이프의 양 끝을 닫고. 펑, 테드.[20]

—

다시 한번 우리는 카진스키의 삶이 특별히 예외적인 것은 아님을 알게 된다. 그는 세계대전과 냉전의 긴장 가운데서 성장했지만, 침묵 세대 전체가 그랬다. 부모에게서 학업과 관련된 부담을 크게 받았지만, 다른 많은 이도 그랬다. 그는 동급생들보다 훨씬 더 어렸고 두 학년을 건너뛰었지만, 다른 영리한 학생들도 그랬다. 하버드에서 외톨이였지만, 그곳은 "외톨이"라는 게 사실상 영예로운 배지가 되는 곳이었다. 그는 수학자였고, 다른 사람들도 그랬다. 하버드의 속물주의와 절망 문화에 물든 교육과정의 피해자였지만, 수천 명의 다른 이들도 마찬가지였다. 그가 받아들인 반기술 철학은 아마 다수의 미국인도 수용한 것이었다. 그는 졸업 후에도 오랫동안 아웃사이더로 남았지만, 그의 동창들 중 많은 이도 그랬다.

요컨대 여러 면에서 카진스키는 살인을 저지르지 않은 사람들과 매우 비슷하다. 그의 안에 있던 폭력은 그보다 온화한 동창들의 몸속에도 흘렀던, 똑같은 생각과 감정에서 생겨난 것이었다. 하지만 카진스키는 자신의 철학과 분노를 한층 더 심화시켰다. 그가 자신의 평범함을 극단적으로 확장시켰다고 말할 수 있을 것이다. 하지만 왜? 그의 지능지수가 그의 극단주의를 설명해주었던 걸까? 살인에 대한 어떤 '인지 유형'이 있는 걸까?

심리학자들은 다양한 인지 유형, 즉 서로 다르지만 각각 합리적인 사고 유형들에 대해 이야기한다. 수학적 추론도 그중 하나다. 나폴리언 윌리엄스는 수학이 훗날 카진스키가 겪은 문제의 원천일 거라고 짐작했지만, 그것만으로 그의 행동을 설명하기에는 불충분하다. "내적으로 완벽하게 일관성 있지만 사실과는 아무 관계도 없는 이념 체계를 발전시키는 것 역시 가능합니다. 하지만 대부분의 수학자는 환경에 따라 졸업 후에는 현실 세계에서 이리저리 돌아다니게 마련이죠"라고 윌리엄스는 내게 말했다.[21] 반면 카진스키는 "현실 세계"를 직면하지 않는 쪽을 선택했다. 따라서 수학에 경도되었다는 것만으로는 그의 혼돈 상태가 영원히 이어진 것을 설명할 수 없다. 왜 그는 하버드를 졸업한 후 그렇게 짧은 시간 안에, 분노의 이념으로 가득 찬 아웃사이더로 만개하고 영원히 그 상태에 머물렀을까?

여전히 질문은 남는다. 그를 경계선 밖으로 몰아가고 계속 거기 머무르게 한 것은 무엇일까? 절망 문화를 접했던 것 외에 하버드에서 있었던 다른 뭔가가 이를 설명해줄 수 있을까?

앞으로 알게 되겠지만, 대답은 '그렇다'이다.

15.　실험

1959년 가을, 하버드에서 심리학 수업을 신청한 2학년 학생들은
흥미로운 제안을 받았다. 동의서에는 다음과 적혀 있었다. "특정한
심리학적 문제를 해결하는 데 기여하기 위해(이는 인성 발달과 관련해
현재 진행 중인 연구의 일부분입니다), 이번 학년도에 일련의 실험에 참
가하거나 몇몇 시험(평균 일주일에 2회)에 응하지 않겠습니까?(참가비
는 대학의 시급 기준에 따릅니다)"[1]

동의서에는 그 실험이 1년이 아니라 3년 동안 이어질 거라는 이
야기는 적혀 있지 않았다. 학생들에게 속임수를 쓸 예정이라는 것도

밝히지 않았다. 또한 실험의 목적이나 실험의 결과로 받을 영향에 대한 정보도 주지 않았다. 사회관계학부의 헨리 A. 머리가 지휘하는 심리학자 팀이 진행한 그 실험은, 1940년대와 1950년대에 머리가 진행한 일련의 3년짜리 연구들 중 하나였는데, 제목은 "재능 있는 대학생들을 상대로 한 인성 발달에 대한 다중적 접근"이었다.

70명 정도의 학생이 지원했고, 한 명 한 명이 연구 대상자로서의 적합도를 측정하는 테스트를 받았다. 연구원들은 극단적 사례―심하게 소외되었거나, 예외적으로 적응을 잘하는 학생들―외에, 일부 "보통" 학생들도 필요로 했다. 머리가 말했듯이, 그들은 "완전히 소외되거나, 정체성을 잃었거나, 비관적인 등등"의 학생들뿐 아니라, "반대쪽 극단(거의 최상의 신체적, 정신적, 사회적 상태를 보이는)"의 학생들도 참여시키려고 애썼다.[2]

이런 사전 평가를 거쳐 연구원들은 22명의 학부생을 선발했고, 그중 4~5명씩은 각각 양극단에 속한 학생들이었다. 선발된 학생들 중 카진스키도 있었다. 내가 하버드 머리 연구센터에서 열람한 19명(카진스키는 포함되지 않는다)의 이력에 따르면, 그중 8명이 예비 학교 졸업생이었고, 2명은 머리의 동문, 즉 감독교회 학생들만 받는 기숙학교 그로턴 출신이었다. 적어도 10명이 대단히 부유한 집안 자제들이었고, 그중 일부는 명망가 집안 출신이었다. 나머지도 전문 직업과 관련해 확고한 배경을 지니고 있었는데, 그 학생들의 부모는 고등학교 교장, 건축가, 공장주, 산업단지 관리인, 아이비리그 교수 등이었다. 카진스키는 그 무리에서 유일한 블루칼라 청년이었다.

개인정보를 보호하기 위해 실험 자료에서는 각각의 학생을 암호명으로 칭했는데, 모두 머리 본인이 공들여 정한 이름이었다. 가명은 해당 학생의 성에 있는 첫 번째 알파벳 바로 다음 알파벳으로 시작했고, 학생이 보이는 성격의 핵심을 포착하려고 했다. "머리는 그 일을 아주 잘했습니다"라고 그의 전직 조교 한 명이 내게 말했다. "사람들에 대한 직감이 무시무시할 정도였죠."[3]

머리는 카진스키에게 "로폴Lawful"*이란 가명을 붙였다.

이 별명을 말 그대로 받아들여야 할까 역설적으로 받아들여야 할까? 카진스키는 예외적으로 소외된 학생이었을까, 아니면 유난히 적응을 잘하는 학생이었을까?

아마 둘 다였을 것이다. 카진스키는 두 가지 분위기를 동시에 풍겼다. 외적으로는 경직되고 거의 새침한 느낌이었지만, 내적으로는 시한폭탄이었다. 머리는 두 차원을 모두 볼 수 있을 만큼 예리했다. 그리고 아마도 그런 이유로 그는 이 친구를 연구하고 싶었을 것이다.

따라서 '로폴'은 말 그대로 정확했다. 당시 카진스키는 바른 청년이 되려고 열심히 노력하고 있었다. 겉으로 드러나는 반항의 기미 같은 것은 없었다. 학부생으로서 그의 품행은 눈에 띄지 않았다. 기숙사 사감, 지도교수, 그리고 대학 의사가 그의 평범함에 대해 증언했고, 동급생들이 본 모습도 마찬가지였다. 8장에서 보았듯이 머리의 실험에 포함된 TAT 시험에서 카진스키가 제출한 답변을, 미시간 주립대학의 버트럼 캐런 교수가 작성자를 모르는 상태에서 평가했을 때, 정신 질환의 징후는 전혀 드러나지 않았다.

카진스키가 의학적으로 정상이었다고 해도 그는 분명 겉돌기는 했다. 앞으로 보겠지만, 머리의 사전 평가에 따르면 그는 전체 참가

---

* '합법적인'이라는 뜻.

자 중 가장 소외된 학생이었다. 덕분에 그는 머리의 목적에 가장 부합하는 실험 대상이었다. 머리의 수업을 듣지 않았던 카진스키는 실험에 대한 안내문도 볼 수 없었지만, 그를 실험에 참가시키고 싶었던 머리는 그의 취약한 면모를 무시한 채 간접적으로 접근해 참가하도록 설득했다.

머리뿐만 아니라 그의 조교 케네스 케니스턴도 소외에 관심이 있었다. 그는 가장 소외된 참가자들에게 집중했고, 나중에 자신이 관찰한 바를 정리한 책 『헌신하지 않는 사람들』(1963)을 출간했다.

케니스턴에 따르면, 이 젊은이들은 "전 우주에서 버림받은 것 같은 느낌"을 강하게 드러냈다. "이들은 다른 사람과 보내는 시간이 적었고, 친밀한 관계를 만들지 못했다. 대부분의 또래에 비해 모임 활동이 눈에 띄게 적었다. 가까운 친구나 지인들을 제외하면, 이 학생들은 보통 겉돌았고 다소 부정적인 모습을 보였으며, 냉소적이고 다른 사람들의 활동에 참여하지 않으려 했는데, 어쩌면 얕보는 것일 수도 있다."[4]

하지만 이런 젊은이들이 그저 "혼란을 겪고 있"고 그들을 "신경증적"이라고 폄하하는 것은 실수라고 케니스턴은 언급했다. 정신 건강에 대한 우리 개념은 대부분 사회적으로 인정되는 것들에 대한 믿음에 기반하고 있다고 그는 지적했다. 비순응자들이 단순히 사회적 규범을 따르지 않는다는 이유로 정신적으로 건강하지 않다고 말하는 건 논점을 교묘히 피하는 일이다. 뿐만 아니라 소외된 이들은, "자신의 가장 마음에 들지 않는 특성에 대해서도 완전히, 그리고 가차 없이 솔직한 태도를 보이며 그것이 미덕이라고 생각하는데, 그러한 자각 및 자기 이해가 그들에겐 중요하기 때문이다". 따라서

"(이들이) 인성 검사에서 좋은 점수를 받지 못하는 것은 부분적으로는…… '좋은 모습'을 보이려는 욕망…… '정상적'으로 보이려는 욕망이 없기 때문이다". "검사에서 '건강한' 점수를 받은 사람이 실제로는 훨씬 더 혼란을 겪고 있는 경우도 종종 있다." 오히려

소외된 젊은이들이 가진 이념의 공통점은 미국 문화를 전반적으로 거부한다는 것이다…… 소외된 모습으로 비치는 면모는 모두 사실상 삶이나 만물에 대한 미국적 전제를 (종종 말하지 않는) 거부하는 것이라고 볼 수 있다.

그리고 그렇게 거부된 전제의 기반은 기술에 대한 흔들림 없는 신뢰였다. 국민으로서 미국인들은 "과학적 혁신과 기술적 변화가 소중하다는 것에 대해 의식적으로 어떤 의구심도 품지 않고 있다"고 케니스턴은 주장했다. 실제로 "기술의 역할에 관한 미국의 입장이 특이하다고 할 수는 없지만, 그 강도나 기술적 변화에 대한 저항이 없다는 점에서는 눈에 띄었다. 아마 그 어떤 사회보다 우리는 기술적 혁신을 숭배하고, 그것이 사회의 다른 영역에 미치는 영향에 제약을 두지 않으려 한다. 우리는 기술적 혁신을 지속하고 가속화하는 아주 복잡한 기구들을 만들어냈다."

하지만 개인을 소외시키는 것도 바로 이 과학적 혁신과 기술적 변화라고 케니스턴은 이어서 주장했다. 그런 것들이 개인을 과거로부터 단절시키고, 공동체와 가족을 해체하며, 자녀와 부모 사이에 깊은 골을 만든다. 그는 다음과 같이 결론 내린다. "따라서 우리 사회에 결여된 것은 과학을 넘어선 자신의 모습에 대한 전망이다. 우

리 사회가 인간적 희생을 치르는 것은 단순히 기술이 존재하고 있기 때문이 아니라, 기술이 지배하도록 허용했기 때문이다."

케니스턴의 책에 따르면, 카진스키는 특정한 심리적 유형의 완벽한 전형, 즉 기술사회의 희생자이자 거기에 반항하는 젊은이처럼 보인다. 존 크라카우어가 『야생 속으로』에서 기록한 크리스 매캔들리스, 단지 거기서 죽기 위해 알래스카의 야생으로 들어간 그런 젊은이는 흔했다. 그들은 자연에 대한 애정과 물질주의, 진보, 순응주의에 대한 증오를 공유했다. 그들 모두가, 어느 정도는, 테드 카진스키와 닮았다.

하지만 카진스키는 분명 아웃사이더였음에도, 모든 면에서 케니스턴이 묘사한 유형에 맞아들어가는 것은 아니다. 이런 헌신하지 않는 젊은이들에게는 "명확히 긍정적인 목표나 가치"가 없다. 이들에게 "일시적으로 주된 목표는 현재"이며, "감정에 비해 이성은 부차적인 역할"을 하고 있다. 이들은 "대학의 다른 부류들과 비슷한 정도로 데이트를 한다". 이들은 어머니와 가깝게 지낸다. "이들은 자기 인식이 부족하며, 일관된 지적 관심사를 가지고 있지 않다." 그리고 "이들은 확실성이란 불가능하다고 생각한다".

이와 대조적으로, 카진스키는 명확한 목표를 가지고 있었다. 그는 문명의 미래를 우려했다. 그는 이성에 대한 확고한 믿음을 지니고 있었고, 데이트는 거의 하지 않았다. 그는 어머니를 경멸했다고 주장했다. 그리고 그는 과도할 정도로 지적 관심사가 많았다. 비록 소외되었지만, 여느 젊은이들과 달리 그는 수동적이지 않고 쉽게 행동에 나섰다. 그는 절망과 헌신을 모두 느낄 수 있었다. 그리고 그것이 치명적인 결함이었음이 밝혀졌다. 카진스키 자신이 "매우 불쾌했던 경험"이라고 불렀던 머리의 실험이 그의 절망을 더 악화시켰고, 과격한 행동을 요구하는 이론을 낳게 했다.

카진스키는 인생의 전환점에 다다라 있었다.

—

실험의 주된 내용은 머리 본인이 "스트레스 논쟁" "양자 상호작용" "곤혹스러운 이원성" "소외된 실험자에 대한 양자 상호작용", 혹은 단순히 "이원성"이라고 부른 것이었다. 뭐라고 불렀든, 그건 제3자가 부르는 고도로 세련된 명칭일 뿐이다. 그 의도는 대상 학생을 놀라게 하고, 속이고, 화나게 하고, 그의 신념을 비웃고, 잔인하게 대하는 것이었다. 머리가 자신의 실험에 대해 작성한 유일한 글에서 했던 설명에 따르면,

첫째, 학생은 한 달 안에 삶에 대한 개인적 철학, 즉 거기에 따라 살아가는, 혹은 살기를 희망하는 지침을 적어내야 한다.
둘째, 완성된 글을 가지고 별관에 오면, 하루이틀 안에 재능 있는 젊은 변호사가 와서 각자의 철학이 지닌 장점에 대해 토론할 거라는 이야기를 듣는다.[5]

실험 참가자가 토론을 위해 도착하면 그는 "조명이 밝은 방"으로 안내받고, 한쪽에서만 보이는 유리판 앞에 놓인 의자에 앉는다. 벽에 구멍이 있고 거기 있는 카메라로 그의 모든 동작과 표정을 기록한다. 몸에 부착한 전극을 통해 심장 박동과 호흡수가 기계에 기록

된다. 그런 다음 토론이 시작된다. 하지만 학생은 속은 것이다. 머리가 자신의 글에서 이야기한 것과 달리 그는 학생들에게 거짓말을 했다. 그는 토론 상대가 재능 있는 젊은 변호사라는 이야기를 하지 않았다. 발표되지 않은 머리의 경과 보고서에 따르면, 각각의 학생은 "자신과 같은 학부생"을 만날 것으로 예상했다.[6] 따라서 그들이 머리의 표현처럼 "로스쿨 학생…… 훈련받은 우리의 동조자"와 마주치면, 완전히 당황하고 이어지는 상황에 대비할 수가 없다. 머리의 전기 작가 포레스트 로빈슨이 "잘 준비된 조연"이라고 표현한 로스쿨 학생들은 실제로 재능이 있었고, 어린 희생양을 적극적으로 공격하도록 면밀한 지도를 받았다. 최대한 상대를 뒤흔드는 것이 목적이었다.

로빈슨은 이어서 벌어지는 상황을 다음과 같이 묘사했다.

안내받은 대로, 아무것도 모르는 실험 대상은 삶에 대한 자신의 개인적 철학을 대변하고 방어하려 시도한다. 하지만 불가피하게 그는 좌절하고, 자신보다 나이가 많고 능숙한 상대의 공격에 압도된 나머지 진짜 화를 내고 만다…… 그 과정에서 실험 대상의 심장 박동과 호흡이 타코미터로 측정된다.[7]

당연히 대부분의 참가자에게 그 일은 대단히 불쾌한 경험이었고, 기록에 따르면 일부는 정신적 외상을 입기도 했다. 참가자 중 한 명인 암호명 '크링글Cringle'*은 나중에 다음과 같이 회상했다.

---

* '바늘구멍'이라는 뜻.

우리는 조명이 밝은, 아주 밝은 방으로 안내받았다. 반대편에서만 보이는 유리판 뒤로 그림자들이 움직이는 것이 보였다…… [G. 박사가] 나를 묶기 시작했다. [나는] 그런 전극을 붙인 채 전기의자에 묶이는 사람과 비슷한 느낌이 들었다…… 정말 심한 자극이 시작되었다…… 웽, 웽, 웽! 나는 점점 더 흥분하며 비이성적으로 되고, 심장 박동이 빨라지고…… 땀을 엄청나게 흘렸다…… 거기 밝은 조명 아래서, 몸에 온갖 실험 장비를 붙인 채 카메라 앞에 앉아서…… 이건 일종의 불쾌한 경험이었다.

또 다른 참가자인 암호명 '트럼프trump'는 나중에 자신의 경험을 이렇게 묘사했다.

[G 박사가]…… 춤추듯 들어와 그 전극들을 채웠는데, 그가 휘파람을 불며 일하는 동안 나는 방을 살펴봤고, 금세 그 방이 마음에 들지 않았다. 내 앞에 유리판이 놓여 있고, 그 너머를 볼 수 없는 상태에서 관찰되고 있다는 사실 때문에 즉시 뭔가 부자연스러운 상황이라는 느낌이 들었다. 커다란 백색 조명이 눈에 띄었고 그것 때문에 부자연스러운 효과는 더 커졌다. 방 안의 배치에 뭔가 특이한 점이 있었다. 의자 두 개와 작은 테이블이 놓인 그 공간은 가정처럼 자연스럽게 보이도록 한 것이지만, 다시 한번 커다란 유리판과 조명 때문에 부자연스럽게 느껴졌다. [R 씨가]…… 활기차게 주변을 돌아다니며, 내 정장이 마음에 든다며 이야기를 시작했다…… 신호음이나 뭐 그런 것이 울리면 우리는 토론을 시

작하기로 되어 있었다…… 그는 냉소적이라고 할까, 아니면 대단히 영리한 사람이었다…… 머릿속에 처음 떠오른 생각은 일어나서 그에게 즉시 나가달라고 요청하는 것이었다…… 하지만 전극이나 카메라 같은 것 때문에 그건 불가능했고…… 나는 거기 앉아 분을 내뿜기 시작했고, 그는 계속해서 나를 긁어댔고, 나는 무슨 말을 해야 할지 몰랐다…… 그리고 그들이 나타나 내 몸의 전극을 떼어냈다.

실험 대상자 중 한 명이었던 "힌지Hinge"는 자신이 "공격받았다"고 여겼다. 다른 대상자 "나이스필드Naisfield"는 다음과 같이 불평했다. "조명이 너무 밝았다…… 그런 다음 내 다리에 뭔가를 붙이고 이것저것을 팔에 붙였다…… 나는 그 끈적한 느낌이 마음에 들지 않았고, 거기에 있는 것이 불편했다."

"곤혹스러운 이원성"이 머리 실험(1960년 겨울에 진행되었다)의 핵심이긴 했지만, 그건 학생들이 치러야 했던 수십 개의 실험 중 하나였을 뿐이다. 머리의 표현에 따르면, 자신과 동료들이 "단일한 심리적 사태에 관해 가장 정확하고, 의미심장하며, 완전한 지식과 이해"를 얻기 위한 실험이었다.

이원적 상황에 처하기 전에 머리와 동료들은 학생들의 희망과 포부에 대해 심층 인터뷰를 진행했다. 같은 기간에 실험 대상자들은 삶에 대한 자신의 철학을 설명하는 글뿐 아니라 개인사도 적어내야 했는데, 손가락 빨기에서부터 배변 훈련, 자위와 성적 환상에 이르기까지 다양한 주제에 대한 구체적이고 내밀한 질문에 대답해야 했다. 그리고 한 뭉치의 검사를 받아야 했는데, 거기에는 주제통각검사TAT, 로르샤흐 검사, 미네소타 다면적 인성 검사, 캘리포니아 인성 검사, "환상 일람", 심리유형 일람, 모즐리 인성 검사, "자기 묘사 일람" "기질 설문지" "시간-은유 검사" "기본 성향 검사" "경험치 일람" "철학적 전망 검사", 선호 음식 일람, 문학적 취향 및 도덕적 규범 분석, "냄새 연관 검사" "단어 연관 검사", 논거 완성 검사, 와이엇 지문 검사, 투영-드로잉 검사, 그리고 "로젠츠바이크 그림 투사 검사" 등이 포함되었다. 검사 결과를 연구원들이 분석했고, 모든 방면에서 각각의 인성에 대한 심리적 초상화를 만들어내는 노력의 일환으로 다양하게 활용했다.

이 자료들이 대부분 수집된 후에야 연구원들은 곤혹스러운 이원적 대면을 진행했다. 그 후에는 학생들 한 명 한 명을 불러 "점검" 인터뷰를 했는데, 종종 자신이 무기력하게 분노를 표출하는 화면을 보며 그에 대해 이야기해보라는 요청을 받기도 했다. 이런 재생 과정에서 학생들은, 머리에 따르면, "다양한 표정과 몸짓을 보이고, 조리에 맞지 않고, 파편적이고, 완결되지 않은 문장을 말하는 자신의 모습"을 볼 수 있다.

실험 마지막 해에 머리는 대학원생 조교들이 각자의 연구에 실험 참가자 학생들을 활용할 수 있게 했다. 케니스턴이 요약한 바에 따르면, "각각의 학생은 졸업할 때까지 거의 200시간을 연구에 바쳤고, 자기 자신과 자신의 신념, 과거의 삶, 가족, 대학생활과 발전 상황, 환상, 희망과 꿈에 대해 수백 쪽의 자료를 제공했다."[8]

이 학생들은 계속되는 스트레스와 사생활에 대한 집요한 질문을 왜 기꺼이 계속 견뎠던 걸까? 머리의 조교 중 일부는 자신들도 그 점이 의심스러웠던 적이 있다고 내게 고백했다. 하지만 그들은—그리고 우리는—일부 학생은 (카진스키를 포함해) 돈 때문에 그랬던 거라고 추측할 수 있을 뿐이다. 다른 일부는 (카진스키는 여기에도 포함될 텐데) 자신의 정신 상태를 의심하고 있었고, 그에 대한 확증을 원했다. 또 다른 일부는 하버드의 절망 문화에 힘들어하며 외로움을 느꼈고, 이야기할 상대가 필요했다. 그리고 또 일부는 단순히 과학적 지식의 발전에 도움을 주는 일에 흥미를 느꼈다. 머리의 전직 보조 연구원이자 이 연구의 윤리적 문제로 줄곧 괴로워했던 앨든 E. 웨스먼은 최근 내게 다음과 같이 말했다. "나중에 이런 생각이 들었습니다. '우리는 그 친구들에게 받을 것을 다 받고 이용하기만 했는데, 그 대가로 우리가 준 건 뭐였을까'라고요."[9]

실제로 오늘날의 기준으로 보면 "곤혹스러운 이원적 대면"은 비윤리적이다. 왜냐하면 실험 참가자에게 속임수를 쓰는 것을 금지한 뉘른베르크 규정, 즉 실험의 윤리성에 관한 한 신성한 원칙으로 여겨졌고 지금도 여겨지고 있는 그 규정을 위반한 것이기 때문이다.

이 규정은 제2차 세계대전 후, 나치의 강제수용소에서 활동한 의사들에 대한 뉘른베르크 전범재판을 담당했던 법관들의 경험에서 영감을 받아 만들어졌다.[10] 재판 후 담당 판사들은 피고들의 유죄 판결에 대한 근거가 될 수 있는 명백한 지침이 없었던 것을 우려하며, 향후 유사한 재판에서 사용할 수 있는 열 개의 규정을 직접 선포

했다. 첫 번째이자 가장 중요한 규정은 이후 "정보 제공 후 동의" 요
건으로 알려진다.

"실험에 참가하는 사람의 자발적 동의는 필수적이다"라고 판사
들은 선언했다. 그리고 "실험에 관계하는 사람은 강제력, 조작, 기
만, 강압이 없는, 완벽하게 자유로운 상태에서 선택할 수 있어야 한
다……."

이러한 요건은, 부당한 위험을 감수하는 상황을 금지시킨 것과
함께 뉘른베르크 규정의 핵심 사항이 되었고, 순식간에 인간을 대상
으로 한 실험과 관련된 황금률로 인정받았다. 전범재판이 끝나기도
전인 1946년, 미국의사협회는 해당 규정의 핵심 내용을 인간을 대
한 연구에서 필수 조항으로 제정했다. (나중에 발표된) 「인간방사능실
험에 대한 대통령자문위원회 최종 보고서」에 따르면, "1950년대 후
반 의학과 관련된 미국 연구자의 다수, 아마도 대다수는 '인간을 대
상으로 한 실험에서 규범은 무엇인가'라는 중요한 질문에 대해 유
일하게 권위 있는 답변은 뉘른베르크 규정이라고 인식하게 되었다"
라고 언급했다.[11]

그럼에도 불구하고 자문위원회가 지적했듯이 "이 규정을 말 그대
로 따르는 일을 못마땅해하는 연구자도 많았다". 실제로 대다수는
말로만 규정을 따르겠다고 하고 실제로는 그것을 느슨하게 하거나
무시했다. 거기에 맞섰던 기관 중 가장 눈에 띄는 곳이 하버드 의대
였는데, 병원 운영위원회 구성원이었던 헨리 K. 비처는 1962년 연
구원들이 뉘른베르크 규정을 준수하도록 하라는 미 육군의 요청에
대해, 그러한 요청은 "몇몇 사례에서는 정보 제공 후 유효한 동의를
얻는 것이 어렵다"는 사실을 간과하고 있다며 반발했다. 자문위원

회의 보고에 따르면, 결국 하버드는 군의관들을 설득해 "하버드와의 연구 계약에 삽입된 '원칙'은 '엄격한 규정'이라기보다 '지침'이라고 할 수 있다"는 양보를 얻어냈다.

그러니까 뉘른베르크 규정의 잉크가 채 마르기도 전에 많은 연구자는 이미 그것을 무시하고 있었던 것이다. 특히 악명 높았던 실험이 1962년 예일대학 스탠리 밀그램에 의해 진행되었는데, 실험 대상자들(참가 요청 편지와 신문 광고를 통해 모집된 40명이었다)은 연구원의 명령에 따라 낯선 사람에게 매우 강한 전기 충격을 가하는 거라고 믿고 있었다. 거의 3분의 2에 가까운 참가자가 가장 높은 단계, 즉 '위험: 심각한 충격'에 이를 때까지 계속 명령에 복종했다.

일부 참가자는 자신들이 얼마나 잔인해질 수 있는지를 깨닫고는 정신적으로 무너졌다. "성숙하고 안정된 회사원이 미소를 띠고 확신에 찬 모습으로 연구실에 들어왔던 게 기억난다"고 밀그램은 자신의 연구 대상자 중 한 명에 대해 적었다. "그는 20분 만에 몸을 떨고 말을 더듬으며 망가졌고, 급속히 신경이 무너지는 단계에 가까워졌다."[12]

밀그램과 마찬가지로 머리도 뉘른베르크 규정을 위반했다. 그렇다면 그는 왜 그 실험에 착수했을까? 그의 동기는 명확하지 않은 상태로 남았다. 그가 해결하려 했던 "특정한 심리학적 문제"가 뭐였는지는 아무도 확실히 알지 못했다. 실험 대상자들은 거의 어떤 정보도 듣지 못했고, 그들이 들은 이야기는 대부분 거짓이었다. 머리의 대학원생 조교도 나을 게 없었다. 1963년 일련의 실험이 완료된 후, 머리는 실험에서 수집한 자료를 기반으로 한 "집필 작업을 완료할 수 있게" 국립정신건강연구소에 지원을 요청했다.[13] 하지만 그는 집필 작업은 시작도 하지 않은 것으로 보인다. 이 실험에서 머리를 보조했던 케니스턴은 실험 목적이 무엇이었는지 확실히 모르겠다고 내게 말했다. "머리는 체계적인 과학자가 아니었습니다"라고 그는 설명했다.[14]

머리 본인은 흥미롭고도 애매한 대답을 했다. 종종 그의 설명은 자기 순환적이거나—예를 들어 이원적 용어를 쓰며 이원성에 대한 정의를 내린다든가—용어에 대한 정의 없이, 자신의 의도는 "이원적" 상황과 관련해 최대한의 원자료를 수집하는 것이고, 그렇게 수집된 자료는 다시 다양한 방식으로 "이원적 체계에 관한 이론의 발전"에 쓰일 것임을 암시했다.[15] 또 어떤 때는 인간의 인성 발달을 촉진시키는 지식을 습득한다는, 이상적인 목표를 언급하기도 했다.

그런가 하면 당시 머리는 종종 자신의 연구가 어떤 가치도 없을 거라고 암시했다. "무슨 소용이 있을까?" 그는 언젠가 물었다. "[자료는] 그냥 원자료일 뿐이고, 그 자체로는 의미가 없다. 문제는 그 자료에서 어떤 의미, 어떤 지적인 면을 새롭게 추출할 수 있을 것인가 하는 점이다."[16] 또 다른 맥락에서는 이렇게 묻기도 했다. "우리의 복잡한 여러 절차에 동원된 인력이라는 비용이, 이 지식에서 얻을 수 있는 이익보다 훨씬 더 크지 않을까?"[17]

그의 동기가 어쩌면 과학이 아니라, 독일인들이 샤덴프로이데 Schadenfreude라고 부르는 것, 즉 타인의 불편함에서 쾌락을 얻는 것은 아니었을까? 머리의 전직 조교 한 명이 머리의 전기 작가 포레스트 로빈슨에게 이야기한 바에 따르면, 이 교수의 진짜 관심사는 한 인간이 다른 인간을 공격할 때 어떤 일이 벌어지는가를 보는 것밖에 없었다고 한다.[18] 머리 본인의 말 중에도 그런 모습을 뒷받침하는 내용이 있는데, 예를 들어 1959년 3월 16일 "이원성 연구 메모"에서 해당 연구("불안과 분열의 정도"에 깊이 초점을 맞추고 있다고 본인도 인정한 연구였다)의 목적은 "각각의 실험 대상자가 일련의 곤혹스러운 이원적 상황에서 어떤 반응을 보이는지 예측하는 도구 및 과정을 고안하고 검증하는 것"이라고 적었다.[19]

그의 실험뿐 아니라 머리 본인도 수수께끼로 남았다. 심리학자인 고故 레오폴드 벨락이 로빈슨에게 말한 바에 따르면, 머리는 개인적으로 점잖고 너그러웠지만, 종종 "파악하기 어렵고, 분개하는" 모습도 보였다.[20] 전반적으로 동정적이었던 로빈슨마저 머리에 대해 "신비롭고 포착하기 어려운" 사람이라고 묘사했다.[21]

오랜 인생에서(그는 1988년 95세로 사망했다) 그가 죽을 때까지 지켰던 두 가지 비밀이 있었다. 둘 중 하나에 대해서는 그가 죽을 때까지 아는 사람이 거의 없었다. 두 번째 비밀은 이제야 처음으로 드러나고 있다. 이 두 비밀을 풀려면 그가 심취해 있던 대상, 스스로 "이원성"이라고 불렀던 것을 깊이 살펴봐야 한다.

16.   이원성

머리가 조사 방법과 관련해 가장 크게 기여한 바는, 일련의 연구
과정을 통틀어 동일한 실험 대상자들을 활용했다는 점이다……
대상자들은 자연스럽게 조사관들을 우호적으로 대했고, 조사관들도
대상자를 우호적으로 대했다…… 하지만 머리는 감정적으로 서로
엮이는 분위기를 만드는 것에 집착하기도 했다.
—로버트 W. 화이트, 『인생 연구』(1964)

우리는 자신의 철학에 대한 토론을 할 거라고 들었습니다. 그런데
토론에서 우리를 상대한 사람이 다양한 방식으로 모욕을 주었고,
아마도 심리학자들이 도움을 준 것 같았습니다. 그건 무척 불쾌한
경험이었습니다.
—테드 카진스키가 마이클 멜로 변호사에게 보낸 글, 1998년 9월 19일

카진스키가 마지못해 다면평가 실험에 참가하기로 동의했던 당
시, 헨리 머리는 심리학계의 거두였고, 탁월한 경력의 마지막을 향
해 다가가고 있었다. 그의 저작 『성격 탐구』(1938)는 그 스스로 "인
성학"이라고 부른, 인성 평가와 관련된 완전히 새로운 영역을 개척
했고, 많은 이에게 고전으로 평가받고 있다.[1] 머리는 친구이자 동료

였던 크리스티아나 모건과 함께 주제통각검사TAT를 고안했고, 이는 정신을 연구할 때의 도구로 심리학자들 사이에서 폭넓게 활용되고 있다.[2]

제2차 세계대전 중 전략사무국OSS(CIA의 전신)에서 복무했던 머리는 신병의 방첩 업무 능력을 평가하는 체계를 개발했는데, 이는 오늘날 정부와 민간 기업에서 인력 평가에 활용되는 완전히 새로운 기술로 이어졌다.[3]

머리는 또한 인문주의 심리학의 공동 창시자로도 알려져 있는데, 인간의 잠재력을 확장하는 데 주력하는 학문으로, 1960년대와 1970년대에 다양한 대안 요법을 낳았다.

하지만 머리의 거룩한 위업에도 불구하고 지인들 사이에서 그의 학문이나 성격에 대한 평가는 큰 차이를 보인다. 일부는 여전히 그를 우상화하고 있다. 이들은 TAT를 그의 영구적인 업적으로 여기고 있으며, 『성격 탐구』는, 그의 전 동료 에드윈 슈나이드먼이 내게 한 말에 따르면, "1890년에 출간된 윌리엄 제임스의 『심리학의 원칙』 이후 심리학계에서 가장 중요한 저작"이다.[4]

다른 일부는, 머리의 매력과 창의적 상상력을 인정하면서도, 그가 성취한 것은 그리 많지 않다고 말한다. 그들은 『성격 탐구』가 출간 당시에는 눈부신 저작이었지만, 영구적인 가치는 없다고 일축한다. 그리고 머리는 경력 내내 다른 많은 책을 쓰고 있다고 반복해서 말했지만, 한 권도 완성하지 못했다.

비평가들에 따르면, 그의 주된 업적은 학생들에게 끼친 영향이라고 할 수 있다. 모건의 전기를 쓴 클레어 더글러스의 표현에 따르면, 그는 "훌륭한 아이디어를 지닌 탁월한 기획자였지만 후속 조치는

거의 하지 않았다".[5]

어떤 이들은, 책을 내는 순간 비판에 노출되는데 머리로서는 그걸 견딜 수 없었기 때문에 출간하지 않았을 거라고 암시했다. 실제로 그는 대단히 예민한 사람이었다. 분명 그는 매력적인 첫인상을 풍겼다. 이야기를 아주 잘 들어주었고, 방금 만난 사람에게 완전히 빠져드는 듯한 모습을 보이기도 했다. 하지만 그런 호의에 상대가 반응하지 않는다는 낌새가 비치면 그는 다른 모습을 보였고, 종종 상대를 잔인하게 대하기도 했다.

또 다른 전 동료 프랭크 배런은, "이 위대한 머리는 다른 사람이 자신을 떠나는 걸 좋아하지 않았다, 그는 자신이 떠나는 쪽이 되는 걸 선호했다"라고 적었다.[6] 그리고 고故 데이비드 매클렐런드는 1970년 로빈슨과의 대화에서 머리에 대해 다음과 같이 말했다.

머리는 사람들이 자신을 충분히 사랑하지 않는다는, 혹은 그와 비슷한 일관된 편집증으로 사람들에게 상처를 주었다…… 그는 매우 예민하고, 극도로 예민했는데, 비슷한 또래들은 그가 벌이는 게임에 짜증을 내며 결국 게임에서 빠져버리곤 했다. 자신보다 어린 사람들에게는 큰 피해를 입혔다…… 내가 아는 한 그와 가까웠던 사람, 정말로 가까웠던 사람들 중 피 흘리며 떠나지 않은 이는 한 명도 없다…… 해리는 극도로 예민해서 그의 살아 생전 [비판을] 암시하기만 해도, 그와의 관계는 재앙이 되었을 것이다.[7]

요컨대 머리는 모든 일을 개인적으로 받아들였다. 그는 자신의 감정과 과학을 분리할 수 없었고, 자신이 스스로의 영혼을 탐구하는 인문주의자인지, 아니면 타인의 정신을 연구하는 과학자인지 확정할 수 없었다. 그는 당시 학계에서 진행 중이던 갈등, 즉 인문주의와 과학 사이의 갈등을 체화한 인물이었다.

인문학자로서 머리는 오랫동안 루이스 멈퍼드의 친한 친구였지만, 결국 두 사람은 다른 길로 갔다—이는 머리에게는 드문 일도 아니었다. 정치적으로 자유주의자였던 머리는 문명의 미래를 두려워했고 세계연방주의자들의 주장, 즉 인류를 멸망으로부터 구해내는 방법은 단일한 세계정부를 세우는 것밖에 없다는 주장을 옹호했다. 멈퍼드에게 쓴 편지에서 그는 "원자폭탄은 우리가 수백 년간 광적으로 추구해온 과정의 논리적인, 그리고 예측 가능했던 결과"라고 적었다. 인간이 할 수 있는 선택은 "하나의 세계 아니면 세계가 없어지는 것"이었다.[8]

하지만 멈퍼드와 달리, 의학 학위뿐 아니라 생화학 박사 학위도 소지했던 머리는 과학에 대한 깊은 신뢰를 지니고 있었고, 과학을 인간성 재구성의 열쇠로 봤다. 그러한 변화를 이루어내는 데 꼭 필요한 것은 사람, 공동체, 국가들 사이의 성공적인 관계의 비밀을 아는 일이었다.

머리에게 있었던 인문주의와 과학 사이의 이러한 긴장이 그의 연구에 깊은 영향을 미쳤다. 객관성을 유지하려면 과학적 규약에 따라 조사자는 개인적 관계가 결과에 영향을 미치지 않도록 자신과 연구 대상 사이의 거리를 유지해야 했다. 그렇게 하지 않으면 실험에 대한 대상자의 감정, 대상자에 대한 실험 진행자의 감정이 결론을 "오염"(즉 왜곡)시킬 수 있었다.

하지만 머리는 오염을 자초했다. 그는 규약을 신경 쓰지 않았다.

그는 실험 대상자 학생들이 자신을 좋아한다는 느낌을 받고 싶었다. 그의 연구에는 과학적 방법에 요구되는 객관적 통제가 결여되어 있었다. 전 동료 중 한 명이었던 헨리 리컨은 내게 이렇게 말했다. "머리는 과학자가 아니고 실험자도 아닙니다. 그가 카진스키나 그 무리에게 한 짓을 '실험'이라고 할 수는 없죠."[9]

이런 개인적 영역과 전문적 영역의 혼재, 인문주의와 과학의 혼재는 우연의 일치가 아니었다. 그것은 이원성의 본질이었다. 보기에는 과학적이지만, 이 "이원성"은 사실 개인적 개념, 머리 본인에게는 크리스티아나 모건과 40년간 유지했던 특이한 비밀 연애를 상징하는 것이었다. 로빈슨은 다음과 같이 적고 있다. "비밀 연애가 분명 모든 것의 열쇠였다. 모든 곳에서 그 연애가 공적인 경력에 스며들었고, 또한 활력을 주었다. 그것이 숨은 핵심, 초점, 그리고 영감과 방향을 제시하는 원천이었다."[10]

요컨대 머리의 과학은 그의 개인적 삶의 연장이었다. 이 둘이 이원적 상황에 개입했고, 이 둘을 이해하는 열쇠는 그의 과거에 있다.

—

1893년 5월 13일 뉴욕의 부유하고 영향력 있는 가문에서 태어난 머리는 대단히 관습적인 인생을 살아갈 운명처럼 보였다. 아버지는 4대 던모어 백작인 존 머리의 후손이었고, 어머니는 뉴잉글랜드 저명한 가문의 후예였다. 머리는 그로턴과 하버드를 다녔는데, 하버드 재학 시절에는 엘리트 모임인 A. D. 클럽 회원이었고, 1915년에 졸업했다. 1년 후 역시 뉴잉글랜드의 저명한 집안 출신 조지핀

랜톨과 결혼했다. 1919년 컬럼비아대학에서 의학 학위를 취득했고, 1927년 케임브리지대학에서 생화학 박사 학위를 취득했다.

하지만 겉으로 관습적이나 특이한 면모를 숨기고 있는 많은 특권층 사람처럼, 머리의 점잖은 겉모습은 기이함을 넘나드는 사적인 생활을 가리는 가면이었다. 지나치게 엄했던 어머니에게 버림받고 고압적인 누나에게 괴롭힘을 받았다고 생각한 머리는 콤플렉스를 가진 복잡한 사람으로 성장했다. 자기애가 강하고, 성적으로 양가적이고, 화에 차 있고, 억눌려 있고, 타인에게 사랑스러운 모습과 잔인한 모습을 번갈아 보이고, 어린 시절 경험한 청교도적인 제약에 반항하기를 절박하게 원했다.

1923년 허먼 멜빌의 『모비 딕』을 처음 읽은 그는 그 소설과 저자에게 강박적으로 집착했다. 그는 멜빌뿐 아니라 에이해브 선장 본인, 즉 자신의 다리를 앗아간 흰고래에게 복수할 방법을 찾는 반쯤 미친 선장과 스스로를 동일시했다. 머리에게 그 고래는 잔인하고 무자비한 칼뱅주의의 하나님을 상징했다. 그리고 그 고래를 처단하려는 에이해브 선장은 비극적 영웅이었다. 고래와 맞서 싸우는 것은, 선장에게는 정신적이고 성적인 자유를 위한 결정적 행동이었다.

이후로 줄곧 머리는 고래를 쫓았다. 1949년 그는 하버드 심리치료소—자신이 1928년부터 감독한 치료소였다—이름을 "베일린"*으로 바꾸고, 물을 내뿜는 고래 이미지를 로고로 정했다. 멜빌 및 그가 만들어낸 가공의 인물과 자신을 동일시하는 것도 계속되었다. 프랭크 배런은 머리에 대해 다음과 같이 말했다. "해리 에이해브-머리

---

* '고래수염'이라는 뜻이 있다.

멜빌, 해리는 그 모두였습니다. 모든 우주가 자기 안에 있었고, 바깥 세계는 전혀 현실이 아니었죠. 그건 그저 구경거리일 뿐이었습니다."[11]

1923년 메트로폴리탄 오페라 극장의 막간에 머리는 크리스티아나 카운실먼 모건을 만났는데, 그녀는 대단한 미인이었고 제1차 세계대전 참전 군인 윌리엄 모건의 아내였다. 머리와 마찬가지로 그녀 역시 특권층 출신이면서 그런 환경에서 상처 입은 사람이었다. 그럼에도 해리에게는 그녀를 두렵게 하는 어떤 면모가 있었다.

"해리와 있을 때면 풀숲에 있는 뱀 같은 느낌이 들어서 곤혹스러웠다"며 그녀는 2년 후인 1925년 자신의 노트에 적었다. "그의 존재를 감지할 때마다 그런 느낌 때문에 방해를 받았다. 거기 없다고 생각하는 순간 그 뱀이 갑자기 머리를 들었다. 그건 권력을 위한 욕망이었고, 늘 눈에 띄었다."[12]

1926년 머리와 모건은 연인이 되었다. 하버드 심리치료소의 초빙을 받아들인 머리는 그녀를 자신의 조교로 채용했다. 두 사람은 매사추세츠가 담배 가게 이층의 아파트를 자신들만의 업무를 위해 빌렸다. 가게를 통해 조용히 올라가면 아무도 알아차리지 못할 거라고 두 사람은 생각했다.

실수였다. 머리의 아내 조는 담배 가게 관리인의 친구였던 어떤 요리사를 통해 즉시 둘의 비밀을 알게 되었다.[13] 빌 모건에게도 그 일은 비밀이 아니었다. 배신당한 두 배우자는 상처를 받았고, 그 고통은 계속됐다. 더글러스에 따르면 머리의 딸 조시는 "왜 엄마가 그렇게 자주 문을 닫고 흐느끼는지 이유를 알 수 없었다".[14] 빌 모건은 줄곧 우울함에 빠져 지냈다. 술에서 위안을 찾았던 그는 1934년 마흔도 되기 전에 결핵으로 사망했다.

머리와 모건의 연애는 40년 이상 이어졌다. 그녀는 머리의 여신이자 협조자가 되었다. 1919년, 치료소의 설립자이자 소장이었던 모턴 프린스가 사망하고 머리가 수장이 되었다. 그때쯤 두 사람의 관심은 "인성학"에 쏠려 있었는데, 클레어 더글러스의 설명에 따르면 "개인들을 깊이 관찰하고, 인간의 인성을 완벽하게 조사하는 것"이었다.[15] 1935년, 머리는 그 유명한 주제통각검사TAT의 공저자로 모건의 이름을 올렸다. 본인들의 표현에 따르면 "인성의 깊은 층"을 측정하려는 의도로 고안한 검사였다.[16] TAT는 심리학자들 사이에서 큰 반향을 불러일으켰고, 하버드대학출판부에서 출간한 저작물 가운데 역대 두 번째로 많이 팔린 책이 된다.

머리는 이중생활을 했다. 여름이면 그는 6주간 세인트로렌스의 사우전드 제도에서 조와 함께 지내고, 또 다른 6주는 매사추세츠에서 크리스티아나와 지냈다. 함께 있을 때면 두 연인은 카를 융이 "자아의 완성"이라고 부른 작업에 몰두했다─거기에는 자신들 영혼의 가장 어두운 면을 탐구하는 일까지 포함되었다. 칼뱅주의의 금기를 맹렬히 공격하며 두 사람은 자신들 리비도의 한계까지 탐구했다.

둘은 서로에게 애칭을 붙여주었다. 그는 "맨솔", 그녀는 "워나"였다. 1936년 여름, 모건은 "손톱이 빨개지고 수염을 기른 채 맨솔이 사우전드 제도에서 돌아왔다"라고 기록했다.[17] 이어서 11월에는 "우리 삶이 채찍질당하고 있다─검은 채찍이 아프다. 하지만 그것이 없다면 지금 우리에겐 아무 열정도 없을 것이다"라고 기록했다.[18]

더글러스는 다음과 같이 적었다.

해리는 1980년대에 자신의 글을 정리하던 중 「붉은 금빛 일기」
라는 책을 파기했는데, 거기에는 두 사람의 성적인 심리극이 담
겨 있었다. 크리스티아나가 그 책의 몇몇 부분을 발췌해 자신의
서류철에 보관했다. 일기는 1936년부터 시작되는데, 당시 크리스
티아나는 해리가 녹색 힌두교 셔츠와 벨벳 스커트 차림으로 자신
에게 채찍질을 한 후 섹스를 했다고 기록했다.[19]

「붉은 금빛 일기」의 또 다른 부분에서 "워나"는 다음과 같이 기록
했다. "맨솔의 정욕은 오직 순종, 궁극적이고 감각적인 복종밖에 모
른다…… 맨솔이 내게 수갑을 채우고 침대에 가로로 눕혔다. 오늘
밤에 맨솔은 빨간 스커트 차림에 황금 팔찌를 차고 있다."[20] 그런 다
음 맨솔이 물었다. "네가 사디스트가 아닌 누군가에게 사랑받을 수
있을까? 그런 생각을 한 거지, 그렇지? 무한한 친절과 동정이 먼저
있고, 그다음엔 마지막으로 사디즘이 있는 거지."[21]
　1938년 1월 22일, 워나는 다시 다음과 같이 말한다.

맨솔이 돌아왔지. 뾰족한 신발을 신은 채
침대보를 들고.
그는 내 보지를 사랑한다고 말했지.
그는 사슬, 수갑, 채찍, 칼을 가지고 왔지.
그는 복종의 한 해를 맞이할 준비가 되었냐고 내게 물었지.
그는 자신이 내게 요구하는 희생에 대해 설명하지.
그는 내게 자신의 핏빛 정욕을 이야기하지.
우리는 서로에게 우리의 자위와,

거기서 이어진 꿈들을 이야기했지.

그는 내가 자신에게 복종할 거라고 말하지

무아지경 상태의 신에게 복종하듯이.

밤이면 그는 오렌지색 셔츠와 녹색 스커트를

입지. 진주 팔찌를 차고.

그 와중에 1937년, 머리는 크리스티아나가 1927년 매사추세츠 주 롤리의 조석 하천 인근에 구입한 토지에 석조 주택을 짓는 작업을 도와주었다. 카를 융이 스위스 볼링겐의 은신처에 지은 집을 모방한 것이었는데, 머리와 모건은 늘 그 집을 복제하고 싶어했다. 그 집은 그녀의 은신처이자 두 사람의 밀회 장소가 될 예정이었고, 거기서 자신들이 "발푸르기스의 밤"*이라고 부른 정교한 사도마조히즘 의식을 열고 복종적 자아를 마음껏 탐구할 예정이었다.[22]

오랫동안 머리의 조교로 일했던 아이나 메이 그리어는, 로빈슨에게 "그 탑은 [머리에게는]…… 자신의 사악함을 풀어놓아도 받아들여질 수 있는 장소였다"라고 말했다. 사악함이라는 게 뭐냐는 질문을 받았을 때 그녀는 다음과 같이 대답했다. "분노, 좌절, 공격성, 적대감, 처벌하려는 욕구, 폭발하려는 욕구, 사회의 모든 통제에서 벗어나 그때그때의 기분이나 본능, 혹은 충동을 가리지 않고 거기에 따라 살려는 욕구…… [그에게는 그런 욕구가] 대부분의 사람보다 훨씬 더 강했습니다."[23]

그리어는 이어서 말했다. "[머리는] 통제할 필요가 있었습니다. 자

---

* 유럽의 봄 축제로, 주로 마녀, 유령, 괴물과 엮인 이미지로 알려져 있다.

신과 자기 삶을 통제할 필요였죠. 동시에 그는 가끔씩 모든 장벽을, 자신을 구속하는 구조를 허물고 폭발할 필요가 있었습니다."

1938년 머리의 『성격 탐구』가 출간됐고, 그는 순식간에 명성을 얻었다. 모건도 공저자로 이름을 올렸지만, 두 사람이 깨닫지 못하는 사이에 그녀는 그의 삶의 주변부로 밀려나고 있었다.

1년 후 크리스티아나의 독촉으로 머리는 2년의 안식년을 신청하고 석조 주택에서 멜빌에 관한 책을 썼다. 1941년, 그는 1000쪽이 넘는 초고를 완성했다. 하지만 낯부끄러운 실패작이었고, 머리는 한 번도 그 글을 책으로 출간하려고 시도하지 않았다. 자기애가 그 글의 가치를 갉아먹었기 때문이다. 마치 전기가 아니라 자서전인 양 그는 멜빌과 자신을 너무나 동일시했다. 그 글은 소설가에 대한 객관적 초상이 아니라, 로빈슨이 지적한 것처럼, "저자를 비추는 거울"이었고, 머리의 강박을 고통스러울 정도로 명확하게 보여주었다. 그 글을 발표하는 것은 그의 가장 은밀한 자아를 엄정한 검증 앞에 내보이는 일이었다.

그 일이 연애의 전환점이었다. 안식년에서 돌아온 머리는 책을 쓰라고 부추김으로써 자신의 실패를 드러나게 한 크리스티아나에게 화가 나 있었다. 2년 후 그는 미 전략사무국OSS과 작업하기 위해 아내와 함께 워싱턴으로 이주했고, 가정생활과 군사 관련 규약 때문에 크리스티아나를 위한 자리는 없었다. 그녀는 심각하게 아팠고 큰 수술을 받았다. 결별 후 깊은 우울증에 빠진 그녀는 점점 술에 의존했다.

전쟁 후 머리 주변의 많은 사람이 고통을 받았다. "크리스티아나는 그 관계에서 손해 보는 쪽이었습니다. 이용된 거죠"라고 머리의 오랜 친구 칼 빙어는 로빈슨에게 말했다. "조도 이용되긴 했지만…… 크리스티아나는 착취당하고 있었어요…… 그녀는 술을 점점 더 많이 마시더니 단정치 못하고 매력적이지 않은 사람이 되어버렸습니다."[24]

전쟁 후 머리는 하버드 심리치료소로 복귀했지만, 이제 크리스티아나는 다섯 번째 바퀴처럼 불필요한 존재로 느껴졌다. 그녀의 존재를 몰랐던 젊은 대학원생들은 그녀에 대해, 더글러스의 표현을 빌리자면, "우아하지만 멀게 느껴지는 여성"이라고 생각했다.[25] 크리스티아나는 그곳에서 보내는 시간을 줄이고 점점 더 석조 주택을 찾는 일이 잦아졌다. 하버드대학출판부는 머리의 동의하에 TAT 공동저자에서 그녀의 이름을 뺐다. 이미 가볍지 않았던 그녀의 음주는 더 심해졌다.

1958년 치료소는 다시 한번 디비니티가로 이사했다. 카진스키가 참가했던 일련의 실험은—마지막 '이원성' 실험—이듬해에 시작해 1962년에 완료되었는데, 같은 해에 머리가 은퇴하고 카진스키는 졸업했다. 1962년 조가 사망하면서, 머리가 자신과 결혼할 거라는 크리스티아나의 희망이 되살아났다. 하지만 그녀는 결국 실망하게 되었다. 머리 역시 막다른 지점에 서서히 다가가고 있었다. 1959년 그는 티머시 리리를 통해 처음 LSD를 접했다.[26] 당시 같은 학과의 젊은 교수였던 리리는 머지않아 환각제 분야의 조니 애플시드* 같은 존재로 악명을 떨치게 된다. 오랫동안 암페타민에 중독되어 있었던 머리는 이제 새로운 약에 빠져들었고, 크리스티아나에게

---

* 미국 전역에 사과나무를 심고 다니며 대중적으로 퍼뜨린 것으로 유명한 인물.

도 소개했다.

클레어 더글러스에 따르면, 머리는 "최소 열한 권의 단독, 혹은 공동 저서를 미완결 상태로 가지고 있었다"고 한다.[27]

(그는) 점점 더 함께 일하기 어려운 사람이 되어갔고, 50대 후반과 60대 초반에는 종종 변덕스러운 모습을 보였다. 부분적으로는 티머시 리리를 통해 잠시 LSD에 빠져 지냈기 때문이며……줄곧 사용해온 암페타민 때문이기도 했다. 각성제 덕분에 머리는 작업 시간을 버티고 주변에 쌓여가던 엄청난 일들을 헤쳐나갈 수 있었다. 하지만 벤제드린 때문에 또한 그 일들은 더 혼란스러워졌고, 더 완벽하게 처리되어야 했다. 한 계획이 끝없이 다른 계획으로 이어졌고, 마치 마법사의 제자들처럼, 하나하나가 각자 생명을 지닌 프로젝트가 된 것 같았다. 최초의 연구들을 반복하려는 시도는, 산더미처럼 쌓인 자료들 때문에 실패할 수밖에 없었다.

머리가 카진스키와 그의 무리에게 실험을 진행할 무렵에도 이런 추락은 계속되고 있었다. 그는 "암페타민을 복용하며 일할 수 있는 상태가 될 때까지 자신을 채찍질했다"고 전 동료는 말했다. "그다음엔 할 수 있을 때까지 쉬지 않고 열정적으로 일하며 자신을 소진시켰다. 그리고 안정제를 먹고 잠들었다."[28] 모건도 합류했다. 두 사람은 "안정제와 자극제의 기묘한 조합으로 버티고 있었다"라고 아이다 메이 그리어는 말했다.

연애는 1967년 크리스티아나가 사망할 때까지 이어졌다. 그녀와 해리는 버진아일랜드의 세인트 존에서 함께 휴가를 보냈다. 외견상 그녀는 두 사람의 오두막 아래 파도 풀장에서 익사한 것으로 되어 있지만, 정확한 정황은 밝혀지지 않았다. 유일한 증인이었던 머리는, 서로 다른 사람에게 매우 다르게 설명했다. 그리고 일부는 그의 말을 믿지 않았다. 과거 그의 친구였던 시인 콘래드 에이킨은 머리가 어떤 식으로든 그녀의 죽음에 책임이 있다고 의심했다.[29] 더글러스는 "크리스티아나가 살아 있을 때와 마찬가지로, 그녀의 죽음을 대하는 해리의 태도 역시 의심했던 루이스 멈퍼드는 (그녀의 장례식에) 참석을 거부했다"고 적었다.[30]

———

사망 직전에 머리는 마침내 크리스티아나와 이원성에 대해 솔직하게 적었다. "질문을 받았다", 그가 적었다. "크리스티아나와 내가 왜 이원적인 삶을 시작하고, 그런 환경에서 각자의 결혼생활을 최대한 유지하기로 했는지에 관해서였다." 그가 했던 대답 중 이런 것도 있다. "나는 두 사람이 (한 명의 인격이 아니라) 하나의 체제, 어떤 이원적 체제에서 협력하는 것과 관련된 나만의 이론을 개발하고 싶었다. 또한 우리는 서로 다른 유형들의 조합이 영향을 미치며 작동하는 실험들도 원했다."[31]

그 연애는, 다른 말로 하면, 하나의 실험이었다. 그리고 그의 실험들은, 적어도 부분적으로는, 연애의 대체물이었다. 머리가 카진스키와 그의 급우들에게 했던 것과 같은 "곤혹스러운 이원적 상호작용"은, 그와 모건의 관계를 대변하는 것은 물론, 그의 가학성, 성적 환상, 권력욕, 분노, 폭발하고 고통을 가하려는 욕구 또한 대변했다. 머리는 개인으로서의 자아와 직업인으로서의 자아를 지나치게 뒤섞은 나머지 자신도 더 이상 그 둘을 구분할 수 없었다. 그는 그 관계를 이상화하고 비밀로 유지하려고 노력했다. 자신의 개인적 차원에서의 이원성을 낭만화하면서 동시에 그것을 숨기려 했던 것이다. "죽을 때까지 머리는 [그 연애에 관한] 정보를 밝히지 않으려 했다"고 로빈슨은 지적했다.**32** 그 연애에서 반복되었던 특징이 사악함이었음을 가슴 깊은 곳에서 알고 있었기 때문이다. 오랜 친구였던 앨빈 바라크는 하버드의 윌리엄 제임스 홀 13층에 머리의 초상이 있었다고 회상했다. "해리는 그 그림을 마음에 들어하지 않았습니다. 사람들은 '그가 그 그림을 싫어하는 건 악마적인 면이 너무 많이 드러나 있기 때문'이라고 하지만, 저는 동의하지 않습니다. 해리는 악마의 존재를 최초로 인정한 사람일 겁니다. 저는 그 친구가 아마 그렇게 인정받은 것에 대해 도착된 자존감을 느꼈을 거라고 생각합니다."**33**

요컨대 이원성은 개인적 차원에서 머리에겐 최초이자 가장 큰 비밀이었고, 모건이나 다른 사람들을 대할 때 드러났던 복잡한 성격의 연장이었다. 하지만 그런 의미만 있는 것은 아니다. 이원성은 전시戰時에서도 쓰였는데, 압박 심문에 대한 머리의 집착은 독일 및 일본과의 갈등 상황에서 나름의 역할을 하게 된다. 나중에 그것은 냉전 시기에도 등장했다. 그것이 그의 두 번째 비밀이 된다. 일리노이주 에버그린 파크 출신의 어린 학부생이 1959년 마주쳤던 이원성에 담긴 두 가지 측면은 그렇게 형성되었다.

17.   오랜 학연

지원자는…… 자신의 상세한 이야기에 대해 복수의 사람들에게
철저하게 검증받는데, 이는 그를 최대한 혼란스럽고 불안하게 만들기
위한 것이다.
—헨리 A. 머리와 도널드 W. 매키넌, 「OSS 인성 평가」, 『저널 오브
컨설팅 사이콜로지』(1946)

모든 대상자는 이런 곤혹스러운 상황에서 갖은 불안과 화를
표출하는데……
—헨리 A. 머리, "이원적 상호작용" 경과 보고서

1954년 봄, 여섯 명의 하버드대학 4학년생이 보스턴 정신질환 병원의 어느 방에서 병원 이인자 로버트 하이드 박사를 만났다. 학생들은 실험에 참가하고 시간당 15달러를 받을 거라는 점 외에 자신들이 왜 그 자리에 있는지는 확실히 알지 못했다. 심지어 애초에 실험 참가를 제안한 사람들도 달랐다.

그 학생들 중 한 넝인 랠프 블룸은, 다른 참가자 찰스 플랫이 하루만 사이코패스가 되고 큰돈을 벌면 어떻겠냐고 물었던 일을 떠올

렸다. 블룸은 다음과 같이 대답했다고 내게 말했다. "와! 어쨌든 돈을 받는다고 한번 상상해봐!"[1]

플랫은 반대로, 블룸이 먼저 자신에게 실험 이야기를 한 거라고 기억하고 있다.[2] 다른 학생들은 대학원생이나 학부생 취업안내소에서 들었거나, 사회관계학부 게시판에 붙은 안내문을 보고 왔다.

사회관계학부 담당자가 일차로 검증했고, 거기에는 좌절감을 견디는 능력에 대한 평가와 TAT를 비롯한 여러 인성 검사가 포함되어 있었다. 이후 그들은 하버드의 부속 기관인 보스턴 정신질환 병원으로 넘겨졌다. 거기서 사회관계학부 대학원생이 쟁반에 무색무취의 액체가 든 약병을 들고 와 학생들에게 마시라고 했다. 학생들은 병에 든 것이 "리세르그산"이란 물질이며 "다른 상태"로 만들어준다는 이야기를 들었을 뿐, 무슨 일이 벌어질지는 전혀 모르고 있었다.[3]

다음에 벌어진 일에 대해서는 모두 기억이 달랐다. 일부는 조사관이 그들 사이에 불화를 일으키고, 어떻게 반응하는지를 보려 했다고 믿고 있다. 블룸은 어떤 지원자가 액체를 마신 후 불쾌한 경험을 하고는 벽에 붙어 있는 전화기를 부숴버렸다고 했다. 하지만 자신이 그런 짓을 했다고 기억하는 사람은 없었다. 누군가 편집증을 일으켰던 것은 모두 기억하고 있었지만, 그게 누군지는 떠올리지 못했다.[4] 1966년 교통사고로 사망하기 전에 또 다른 참가자였던 로버트 워스 빙엄은 자신도 불쾌한 경험을 했다고 내게 말했다.[5] 그 경험이 그를 두렵게 만들었다. 플랫은 "정신분열증 증세를 약간" 보였다고 했다. 빙엄과 플랫은 이후 다시는 LSD를 하지 않았다. 하지만 그 경험은 블룸의 삶을 바꿔버렸다. 그는 계속 프로그램에 참여했고, 이후 자신만의 리듬에 맞춰 살았다. 현재 그는 하와이에 살면서 타로 카드나 주문呪文집 같은, 스스로 "신탁물"이라고 부르는 것들을 팔며 생계를 유지하고 있다.

학생들은 하이드 박사가 자신들에게 CIA에서 사용하는 LSD를 먹였다는 사실을 알지 못했다. 자신들도 모르는 사이에 그들은 냉전의 전사가 되어버린 것이다. 냉전이라는 분쟁 과정에서 미국 비밀정보기관은 수백 명의 대학교수와 공모해 윤리적으로 문제가 있는 연구를 수행했고—약물을 사용한 연구도 있고, 사용하지 않은 연구도 있다—종종 학생들을 실험 대상으로 활용했다.

돈을 당근으로 활용하며 국방 관련 기관에서는 화학, 생물학, 사회과학을 가로챘다. 그들은 자신들이 원하는 연구 계획은 넉넉하게 지원했고, 관심 없는 연구는 자금 부족으로 시들어가게 내버려두었다. 그리고 그들이 원했던 건 인간의 행동을 조절하고, 변모시키고, 지휘하는 일이었으며, 그 목적은 선전, 취조, 스파이 탐지, 신병 훈련, 적국 및 그 지도자 분석, 혹은 새로운 "민주적 인간" 창조 등 다양했다.[6]

기존의 심리학 연구 기관은 이러한 새로운 재편을 주도했고, 그 결과 발생한 정부와의 협력은 1950년대의 절망 문화, 1960년대의 학생 반혁명 운동, 그리고 1990년대 테러리즘의 탄생에 한 가지 촉발 요소가 되었다.

이 모든 시도에서 머리의 성격 이론은 중점적 역할을 했다. 혼란스러운 역사 내내 이 교수의 이름은 줄곧 등장한다. 우디 앨런의 영화에 등장하는 젤리그*라는 인물처럼, 거의 모든 문화적 분기점에서

---

* 영화 「젤리그」에서 주인공 젤리그는 주변 상황에 따라 서로 다른 외모와 정신 상태를 보이는 인물이다.

머리의 모습을 볼 수 있는데, 그는 거의 눈에 띄지 않은 채 뒤쪽 어딘가에서 수수께끼 같은 표정으로 카메라를 바라보고 있다.

—

이 모든 것은 좋은 의도에서 시작됐다…….

1940년 7월, 소규모 사회학자들이 머리의 뉴욕 자택 근처에서 비공식적으로 만나 미국이 다가올 전쟁에 어떻게 대비할지 논의하기 시작했다. "작금의 위기 상황에서 사기±氣가 결정적인 요소가 될 것이며, 미국은 앞으로 장기간 사기 진작과 관련된 자원을 최대한 활용해야 한다"고 선언한 그들은 스스로를 전국사기진작위원회로 불렀다.[7]

엘리트들의 조합이었다. 세 명의 저명한 문화인류학자—루스 베니딕트, 마거릿 미드, 그레고리 베이트슨—도 참석했다. 인명사전에 오를 만한 심리학자들도 있었는데, 그중에는 메닝거 치료소의 공동 설립자 칼 메닝거, 같은 해 여름 프린스턴 여론연구소를 설립한 해들리 캔트릴, 그리고 하버드의 해리 머리와 고든 올포트가 있었다.

모임은 이내 연구에 착수했는데, 포레스트 로버트슨의 설명에 따르면 "종종 연방정부가 요청하는 다양한 전략 및 선전과 관련된 연구들도 있었다"고 한다.[8] 하지만 모임의 참석자들은 다양하고 야심 찬 임무를 염두에 두고 있었다. 1942년 윌리엄 미드는 다음과 같이 말했다. "우리는 이 전쟁을 더 위대한 작업을 위한 전조로 이해해야 한다. 그것은 세계의 문화를 재구성하는 것이다."[9] 하지만 참가자들의 이런 오만함이 선의에 따른 것이었다고 해도, 이 모임은 심리학이 새로운 지적 기술로 변모하는 출발점이었고, 그 기술의 주된 임무는 다가올 전쟁 및 냉전에서 비밀 군사 조직에 봉사하는 것이었다.

전국사기진작위원회는 단순히 전쟁을 앞두고 이루어졌던 사회과학계와 정부의 다양한 공동 노력들 중 하나만은 아니었다. 1939년 "중대한 국가적 위기와 관련된 직종을 준비시키기 위해" 심리학 비상위원회가 발족했고, 이듬해에는 국립연구위원회 문화인류학 및 심리학 분과의 후원하에 공식적으로 인정을 받았다.[10] 같은 전전 시기에 사회과학연구위원회가 전쟁이 시민들에게 미치는 영향에 관한 다양한 연구를 지원했다.

이런 조직들이 활동을 시작할 무렵 사회과학은 상대적으로 새로운 영역이었다. 윌리엄 제임스가 하버드에서 심리생리학을 가르쳤던 1876년까지 학계에서 심리학은 윤리철학의 한 분과로만 여겨졌다. 제1차 세계대전 이전까지 이 새로운 학문은 눈에 띄지 않았다. 1914년 8월 총격이 시작되자, 연합군과 추축국 양쪽 다 전문가를 활용해 신병의 적합도를 평가하고, 국가적 사기 진작 및 적국의 사기 저하를 위한 선전활동을 전개할 필요가 있었다. 미국은 1917년 우드로 윌슨 대통령이 미국의 선전 노력을 직접 지휘하는 공보위원회를 설립하면서 이 새로운 학문을 받아들였다.

양차 대전 사이에 민간의 사회과학 전략연구소도 창궐했다. 1926년 하버드에 설립된 모턴 프린스의(나중에는 머리의) 심리학 치료소, 1929년 예일에 설립된 존 돌러드의 인간관계 연구소, 1940년 프린스턴에 설립된 해들리 캔트릴의 프린스턴 여론조사계획.

1940년 국회도서관에 (민간 자금으로) 설립된 해럴드 라스웰의 전시 소통과 관련된 실험적 연구분과 등이었다.

이런 사회과학자들은 자신들의 새로운 학문이 적은 물론 스스로로부터도 민주주의를 구원할 수 있을 거라고 확신했다. 프로이트는 사람들이 이성적이라기보다는 본능과 욕망의 포로이며, 인간의 생존은 이러한 충동을 건설적인 방향으로 이끄는 문화의 힘을 강화하는 일에 달려 있다고 설파했다.

프로이트는 『문명 속의 불만』에서 이렇게 썼다. "인류의 운명과 관련된 결정적인 문제는, 인간의 공격성과 자기 파괴 본능에 의해 생겨나는 공동체의 혼란을 문화적 발전이 통제할 수 있는가, 어디까지 할 수 있는가 하는 것이다."[11] 그는 알베르트 아인슈타인에게 쓴 편지에서 "본능적 목표를 전향적으로 대체하고, 본능적 충동을 억제하기 위해 어떤 식으로든 심리학적 조정이 필요합니다…… 문화의 발전을 증진하는 모든 활동은 동시에 전쟁에 대비하는 것이기도 합니다"라고 설명했다.

아돌프 히틀러는 이러한 공격적 본능이 통제되지 않고 촉진되었을 때 어떤 일이 발생하는지 보여주었다. 그의 선전 담당관 요제프 괴벨스가 심리학을 활용해 독일인들이 야만적인 행동을 수행하도록 조절하는 데 성공한 점은 인간의 비합리성에 대한 또 다른 증거라고 할 수 있다. 심리학은 선한 쪽(계몽된 엘리트가 사용하는 경우)이나 사악한 쪽(히틀러가 사용하는 경우) 모두에게 강력한 도구가 될 수 있음을 보여주었다.

하지만 공공 정책 영역에서 심리학의 부상은 절망 문화가 드러나는 또 하나의 사태라고 할 수 있었다. 심리학 기술이 필요하다고 생각된 것은, 사람들이 이성이 아니라 어둡고 난잡한 감정에 지배받기 때문이었다. 대중은 신뢰할 수 없었다. 혹은 역사가 엘런 허먼이 이 시기의 사상을 요약하며 정리한 표현에 따르면, "대중의 의견은 변덕스러울 뿐 아니라 위험하기도 했다…… [그것은] 합리적 계획에는 진정 위협이었다".[12]

하지만 사람들이 현명하게 통치할 수 없다면 민주주의가 어떻게 살아남을 수 있단 말인가? 이것이 뉴욕 로스쿨 교수 에드워드 A. 퍼셀 주니어가 "민주주의의 위기"라고 부른 것으로, 많은 지식인이 직면해 있다고 믿었던 문제다.[13] 그리고 불편한 결론이 이어졌다.

많은 학자가 정치적으로는 자유주의자였다. 그들은 루스벨트에게 투표했고, "보통 사람들the common people"을 공공연히 칭송하며 민주주의를 구원하려 했다.* 하지만 마음 깊은 곳에서 그들은 사람들에 대한 신뢰를 잃고 새로운 온정주의를 받아들이고 있었다. 역사가 브렛 게리는 이들을 "선전 불안"에 시달리는 "불안한 자유주의자"라고 불렀다. 민주주의를 구원하기 위해 이 학자들은 여론을 "올바른" 방향으로 이끌어가는 새로운 심리학적 기술을 필요로 했다. 사회과학은 단순히 인간을 이해하는 방법이 아니라 그들을 통제하는 방법처럼 보이기도 했다. 그것은 계몽된 엘리트가 올바른 민주주의적 행동을 북돋우는 수단을 제공해줄 것 같았다.

이런 엘리트적 견해를 가장 적극적으로 제창한 사람은 시카고대학의 소통이론가 해럴드 라스웰이었다. 그는 제1차 세계대전 중 선전의 활용과 관련된 박사 논문을 썼는데, 1940년 국회도서관장 아

치볼드 매클리시가 록펠러 재단의 후원을 받아 그를 불러들였다.

라스웰은 대중을 관리하기 위해서는 암살에서 교화까지 모든 수단이 필요하다고 주장했다. 1933년 그는 다음과 같이 썼다. "성공적인 사회적·정치적 관리는 종종 선전과 강압, 폭력과 비폭력, (뇌물을 포함한) 경제적 유도책, 외교적 협상 등 다양한 기술의 조합에 의존한다." 왜냐하면 "현대의 선전가는, 현대의 심리학자와 마찬가지로, 인간들이 자신의 이해와 관련해서도 종종 잘못된 판단을 한다는 점을 알고 있기 때문이다".[14]

스스로를 다스리는 사람들의 능력에 대한 라스웰의 불신은 당시 많은 지식인의 생각에도 반영되어 있었다. 그중에는 제1차 세계대전 기간에 미 원정군 선전부 편집자로 일했으며, 여론에 대한 중요한 책을 몇 권 쓰고, 나중에는 저명한 칼럼니스트로 활동한 월터 리프먼도 있었다. 리프먼은 1922년 다음과 같이 지적했다. "아무리 선거에 의해 구성된 것이라 해도 대의 정부만으로는 성공할 수 없다. [새로운 세계의] 보이지 않는 현실을 의사 결정권자들에게 알려주는 독립된 전문 기관이 있어야 한다." 리프먼이 보기에, "의사 결정권자들은 '여론의 결함 있는 구조'를 보완할 책임이 있었다".[15]

하지만 민주주의를 구원하는 데 장기적으로 선전과 교화만 필요한 것은 아니었다. 거기에는 인성 발달에 대한 새로운 과학도 필요했는데, 머리가 개척한 그 이론이 대중을 더 나은 시민으로 변모시키는 청사진을 제공해줄 것이었다.

머리는 『성격 탐구』에서, 궁극적 목적은 인간의 본성을 개조하고 문명을 구원하는 것이라고 설명했다.

오늘날의 큰 문제는 사람이다…… 어떻게 하면 이 인간을 의도적으로 변모시킬 수 있을까?…… 일부 합리적인 사람들이 확언하듯이, 문화—인간의 고귀한 유산 중 최고의 것들—가 위험에 빠졌고, 그 문화를 구해내고 더 촉진하기 위해서 그것을 창조하고 유지하는 인간이 바뀌어야 한다는—다시 태어나거나 태어난 후에 다른 식으로 발달해야 한다는—것이 사실이라면, 가장 다급하게 요구되는 것은 인간 본성에 대한 과학이다.[16]

전쟁 후 머리는 심리학이 인간성에서 폭력에 대한 신경증적 애착을 떼어냄으로써 국제적 혼란상에서 벗어날 수 있을 거라는 희망을 피력했다. 그는 하나의 세계정부를 옹호했다. 그는 루이스 멈퍼드에게 쓴 편지에서 "이는 인류 역사에서 단시간 내에 일어난 적 없는 인성의 변모를 포함하는 작업이며, 그중 하나는 국민에서 세계인으로의 변모입니다"라고 말했다.[17]

머리는 1962년, 가까운 미래에 "사회과학에 어마어마한 과제가 부여될 것이다"라고 적었다. "그것은 아이들의 양육, 교육, 그리고 자기계발과 관련된 실천 체계를 고안하는 것으로, 우호적인 조건이 주어지면, 그런 체계에서 형성된 성인들의 인성은 감정적인 면에서든 지적인 면에서든 대량살상 무기를 생산할 능력을 갖춘 세계에서 살아가고, 또 그 세계를 운영하기에 더 적합할 것이다."[18]

———

양차 대전 사이에 록펠러 재단은 공공 정책에 심리학을 도입하는 일에 앞장서며 캔트릴, 돌러드, 에릭 에릭슨, 그리고 머리의 연구를 지원했다. 일단 교전이 시작되자, 심리학자들은 분위기에 편승해 자신들의 전문 지식이 승리에 필수임을 증명하려고 애썼다. 1942년 초, 미국 심리학자의 3분의 1이 전시 협력에 자원했다. 전쟁이 끝났을 때는 미국 심리학자의 4분의 1―모두 1700명이었다―이 군사 관련 일을 하고 있었다. 심리학자를 쓰면 쓸수록 정부도 그들이 도움이 된다는 것을 알게 되었다.[19]

국방부DOD는 이들을 다양한 방식으로 활용했다. 다수의 심리학자가 15만 명의 신병이 전투에 적합할지 판단하는 심리 평가를 도왔는데, 다른 무엇보다 TAT를 평가 도구로 사용했다. 다른 학자들은 아이젠하워 장군의 지휘 아래 이른바 심리전 부대의 심리병이 되어 독일인과 이탈리아인의 사기를 떨어뜨리는 작업에 헌신했다. 또 다른 이들은 전시 이주국(일본계 미국인의 강제 이주를 진행한 부서였다)이 설치한 콜로라도 계곡의 일본계 미국인 이주센터에서 "억류자 관리에 유용한 인력 관리술"을 개발하는 사회학 조사 계획을 수행했다.

전략사무국, 즉 OSS는 심리국을 설치하고 18명의 심리학자를 고용했다. 프랭클린 루스벨트 대통령의 카리스마 넘치는 친구였던 윌리엄 "와일드 빌" 도너번이 이끌었던 OSS는, 미국심리학회와 사회 문제를 연구하는 심리학협회뿐 아니라 여러 대학에서도 자문을 구했다. 학자들은 새로 모집된 병사들의 평가, 시민사회의 사기 관찰, 외국 출판물 분석, 비밀 정보 수집, 그리고 추축국 지도자의 심리 프로파일 작성 등 다양한 서비스를 제공했다.

하버드 애덤스 하우스 기숙사 사감이었던 제임스 피니 백스터는 OSS의 정보협력조사국 국장이 되었는데, 하버드의 전 행정관 시그먼드 다이아몬드의 표현에 따르면 그곳은 "하버드, 예일, 미시간, 듀크를 비롯한 여러 대학에서 온 역사학, 정치학, 과학, 경제학, 지리학, 법학 교수들이 넘쳐나는 곳"이었다.[20] 그리고 "1942년 OSS의 조사분석 부서가 여러 대학의 특화된 연구소와 계약을 체결하기 시작했는데, 가장 먼저 스탠퍼드와 버클리가, 이어서 덴버, 컬럼비아, 프린스턴, 예일 등등이 참여했다".[21] 백스터의 자리를 이어받은 하버드의 역사학자 윌리엄 L. 랭어는 OSS와 대학들의 협력을 조정하는 위원회를 설립해 이 관계를 더 확고하게 만들었다.

OSS는 특히 신병이 기밀 작전을 수행하는 데 적합한지 판단하는 체계를 구축하려고 애썼다. 독일군이 그 부분에서 연합군에 앞서 있었고, 엘리트 부대인 무장친위대 사병을 선발하는 철두철미한 검증 체계를 이미 개발한 것처럼 보였다. 영국 정보국 또한 미국에 앞서 있어서, 적진에서 활동하는 요원들을 훈련하고 평가하는 캠프 X를 교외 지역에서 운영하고 있었다. 1943년 OSS는 워싱턴 D.C. 외곽에 스테이션 S라는 별도의 평가 프로그램을 운영했다.

1943년 OSS의 대위로 복무하고 있던 머리는 스테이션 S에 합류했고, 선동가, 스파이, 혹은 선전가로 활동할 훈련을 받고 있는 병사들을 평가하는 업무를 맡았다. 존 마크스가 쓴 「"만주 지원자Manchurian Candidate"*를 찾아서」라는 보고서에 따르면, 머리는 "지원자가 압박에 견디는 능력, 그의 지도자 자질, 주량, 거짓말을 능숙하게 하는 능력, 옷차림을 보고 상대의 성격을 파악하는 능력 등"을 평가

---

* '만주 지원자'는 한국전쟁 당시 중국군 포로로 잡혀 세뇌당한 미군 병사를 일컫는 표현이다.

하는 종합적 체계를 구축했고, "머리의 평가 체계는 OSS의 기준이 되었다".[22]

이러한 평가들 중 하나는 지원자가 취조를 얼마나 견딜 수 있는가 하는 것이었다. 머리와 동료들이 1948년에 작성한 「기밀 작전을 위한 인력 선발」이라는 보고서에는 다음과 같이 적혀 있다.

지원자를 곧장 지하실로 데리고 간다. 방 안에서 어떤 목소리가 들어오라고 명령한다. 명령에 따르는 지원자는 정면에 있는 조명 때문에 잠시 아무것도 볼 수 없다. 방 안의 나머지 부분은 어둡다. 조명 뒤쪽으로 간신히 형체만 보이는 질문자들이 있다…… 취조자는 퉁명스럽게 지원자에게 앉으라고 말한다. 자리에 앉은 지원자는, 조명 불빛이 자신의 얼굴에 집중적으로 비추도록 의자가 맞춰져 있음을 알게 된다……
처음엔 조용히, 동정하고 회유하는 듯한, 확신을 주려는 듯한 질문들이 이어진다…… 하지만 몇 분 후 조사관들은 대단히 극적으로 질문의 강도를 높여간다…… 이런 불일치가 시작되면 질문자는 목소리를 높여 지원자를 맹공격하고, 종종 신랄하게 비아냥거리기도 한다. "너는 거짓말쟁이야"라고 소리칠 수도 있다.[23]

이런 시험을 치러야 한다는 생각만으로도 일부 지원자는 무너진다. 보고서 작성자들은 어떤 지원자가 "자신은 시험을 통과할 수 없을 거라고 항변했다"고 기록했다. 이어서 "잠시 후 감독관은…… 그 지원자가 자신의 침실에서 침대에 걸터앉은 채 흐느끼고 있는 것을 발견했다"고 덧붙였다.

이 기간에 머리는 "사악함에 맞서는 전 세계 선한 십자군의 지도자로 활약했다"고 로빈슨은 적었다.[24] 마침내 스테이션 S의 책임자가 되고 중령으로 진급한 그는 심리학 사단에서 가장 중요한 장교가 되었고, 나중에는 그러한 기여에 대해 훈장까지 받았다. 1943년 3월, 그는 영국에 파견되어 그곳의 평가 체계를 연구했다. 그런 다음에는 워싱턴(스테이션 W), 캘리포니아(스테이션 WS), 메릴랜드주 포토맥(스테이션 F. 유럽 전선에서 복귀해 태평양으로 다시 파견될 인력을 평가)에 추가로 평가 기관을 세우는 작업을 도왔다.

1944년 7월과 10월, 프랑스의 전선으로 가서 현장에서 진행 중인 OSS 작전을 평가했다. 1945년 봄, 그는 '언덕'(히말라야)에서 충칭까지 이동하며 일본 점령지 내부에서 활동하는 중국 민족주의자 부대의 훈련 과정을 평가하는 극비 업무를 수행했다. 8월에 전쟁이 끝날 때까지 중국에 있었던 머리는 도너번 장군의 개인 항공기를 타고 귀국했다.[25]

머리는 그 일을 좋아했다. 심지어 전쟁에 푹 빠진 나머지 전투 부대 배치를 부탁해보려는 생각까지 할 정도였다. 그리고 그의 평가 실험은 폭넓은 영향을 미치게 된다. 전쟁 후 머리와 그의 스테이션 S 동료들은 자신들이 발견한 것들을 『인간 평가』라는 책으로 발표했다. 이는 다시 평가센터방법이라는 새로운 심리학 분야가 탄생하도록 영감을 미쳤고, 2000명 이상의 군인과 공무원 평가에 활용되었다.[26] 이런 작업을 통해 머리는 "이원성"이라는 새로운 연구 분야를 생각해내게 된다.[27]

이미 살펴봤듯이 "이원성"에는 이중의 의미가 있다. 그것은 1926년에 시작된 크리스티아나 모건과의 관계, 그리고 "압박 논쟁"

이라는 자신의 연구를 의미했다. 또한 OSS 복무 중에 경험했던, 취조관과 포로 사이의 상호작용도 훗날의 연구에 구체적인 형태를 제공했다. 전쟁 후 이러한 취조가 머리의 실험에서 핵심적인 부분이 된다.

인성 평가는 머리가 전시에 수행했던 여러 업무 중 하나일 뿐이었다. 그는 군대 내 다른 조직에 있는 심리학자들이 신병에게 TAT를 활용할 수 있게 조언했다. 또한 그는 정신분석학자 월터 랭어와 함께 히틀러에 대한 정신분석 연구를 진행했고, 지도자들은 그 결과에 대단히 만족했다.

"독일인들의 태도를 근본적으로 바꿀 필요가 있다"고 그는 평가서에 적었다. 독일이 유럽에서 전쟁을 일으킨 것은 정신 질환을 앓고 있었기 때문이다. 전쟁이 끝난 후에 그것을 치유하는 것도 심리학의 일이었다.

우리는 편집증적 경향에 시달렸던 나라를 상대하고 있음을 깨달아야 한다. 위대함에 대한 망상, 핍박에 대한 망상, 강력한 적에 대한 깊은 증오와 약한 적에 대한 경멸, 거만함, 의심과 질투— 이 모든 것은 **오래된 열등감과 인정욕구**에 기인한 반응으로 차곡차곡 쌓여온 것들이다…… 편집증 환자는 의사의 능력, 지식, 지혜, 그리고 어쩌면 그저 흡인력에 (의식적으로든 무의식적으로든) 영향을 받지 않으면 성공적으로 치유될 수 없다…… 편집증 환자의 내면에서 불타오르는 허기는 인정을 향한 것, 권력과 영광, 즉 자신이 존경하는 누군가의 칭찬을 향한 것이다. 이러한 허기는 최대한 빨리 채워야 한다고 편집증 환자는 스스로에게 말한다. "위대

한 인물이 나를 인정했다. 우리는 함께 세상에 맞설 수 있다.” 그
는 그렇게 생각한다. “그는 신이고 아버지이며, 나는 그의 선택받
은 아들이다.”······ 일단 의사의 존중과 우정을 얻음으로써 일정
한 만족감을 가지고, 이어서 어느 정도 통찰과 통제력을 갖게 되
면, 환자는 집단 치료를 받을 준비를 마친 셈이다.[강조는 원문]**28**

머리가 심리학자인 자신을 환자의 눈에 비친 “위대한 사람”, 심지
어 신과 같은 치유자로 묘사한 것은 자기애를 드러낸 것이라고 할
수 있다. 하지만 전쟁 후에 그의 존재감은 새로 창설된 중앙정보국
CIA에 인상을 남기기에 충분했고, CIA에서는 머리가 발견한 심리학
의 새로운 분야만을 취급하는 부서를 만들었다. 1953년 3월, CIA는
“정보전과 심리전에 복무하는 인성 분석 부서”를 공식적으로 제안
했다.

제안서에는 다음과 같이 적혀 있다. “제2차 세계대전 중에 윌리엄
랭어 교수와 하버드의 헨리 머리 교수가 고전적인 심리-정치 분석
을 고안했다. 소련 지도자들을 대상으로도 유사한 심리-정치 분석
이 가능하지 않을까?”

그 작업을 위해 새로운 부서에 임상심리학자들을 고용해야 한다.
해당 직원은 개인사 연구와 관련된 훈련 및 경험은 물론 첩보전
경험, 정치적 감각, 적어도 한 곳 이상의 외국 문화 경험이 있고,
하나 이상의 외국어를 능숙히 구사해야 한다. 제2차 세계대전 종
전 후 줄곧 이런 업무가 필요하다는 논의가 있어왔으며, 개인정
보에 대한 관심이 증가하면서 이런 방향으로 일부 진전이 이루어

지기도 했다. 하지만 이 문제에 대한 체계적인 공격이 있을 것임을 확실히 예상할 수 있다.[29]

—

제2차 세계대전이 끝나고 냉전이 시작되자, 전 지구적 갈등 덕분에 형성된 정보기관과 대학 학자들의 밀접한 유대는 더 공고하고 다양해졌다. 군의 각급 기관에서 각각 자문가 망을 구축했다. 크리스토퍼 심프슨(『강요의 과학』의 저자)은, 국립과학재단의 1952년 발표에 따르면 "연방정부에서 지원하는 사회과학 지원금의 96퍼센트가 미군에서 나온 것이다"라고 썼다.[30] 1960년에는 캘리포니아 공과대학 연구 예산의 83퍼센트, 매사추세츠 공과대학 예산의 78퍼센트를 연방 기구가 제공했다. 그리고 하버드대학 전체 운영비 6500만 달러 중 1300만 달러를 연방 기구가 지원했다.

심리학이 가장 큰 수혜자였다. 엘런 허먼은 "1945년에서 1960년대 중반까지 미군은 심리학 조사와 관련하여 압도적인 지원 기관이었다…… DOD는 다른 연방 기구의 지원을 모두 합친 것보다 더 많은 지원을 사회과학과 행동과학에 제공했다"고 적었다.[31] 1945년에서 1950년까지 해군조사국ONR이 대학 연구 지원을 주도하며, 연간 200만 달러 정도를 지출했다. 하지만 냉전이 길어지고 비밀첩보 관련 예산이 증가하면서, 연구를 지원하는 연방 기구의 수와 그들이 학계에 간접적으로 스며드는 방법도 늘어났다.

이렇듯 대학에 은밀히 지원하는 기관들 중 한 곳이 육군인적자원조사국HumPRO이었는데, 의회 소위원회 보고서에 따르면 이 기관은 육군인력조사국, 특수작전조사국과 함께 "외국의 현지군 및 주민들의 반응을 예측하는 방법과 관련하여, 사회과학 및 행동과학을 연구함으로써 반란 진압, 군사 지원, 비전형적 전투와 심리 작전의 수행 능력을 높이는 것, 또한 직접적인 안정화 작전에 필요한 기타 연구들"에 몰두했다.[32]

이 기간에 머리도 그런 흐름에 깊이 개입했다. 어느 시점엔가 그는 비밀 연구의 "자문"을 맡아달라는 HumPRO의 제안을 받았다.[33] 그가 관여했던 업무의 내용이나 범위는 여전히 명확하지 않지만, 기록에 따르면 그는 보안 검사를 통과해야 했다. 1958년, 그는 오랫동안 CIA의 자문으로 활동하고 있던 해들리 캔트릴과 함께 CIA가 지원하는 소련 여행에 동참했다. "학계의 개인 여행으로 위장했지만, 실은 소련 민중의 사회 심리, 그리고 소련 엘리트와 '대중'의 관계에 관한 정보를 수집하기 위한 것"이었다고 심프슨은 설명한다.[34]

1950년 초 머리는 보스턴의 피터 벤트 브리검과 로버트 브렉 브리검 병원에서 진행한 육군 프로젝트에 자문으로 참가했다.[35] 거기서는 환자들에게 스테로이드 ACTH와 코르티솔을 실험적으로 투여하고 "약리학적 효과"를 평가하고 있었다.

연구팀은 나중에 "일부 환자는 약물에 대한 반응으로 신경증 증세, 혹은 감정적으로 혼란스러운 모습을 보였다…… 다른 환자들도 불안하고 초조해하거나 불면 증세를 보였고, 짜증나고 산만한 생각들이 밀려든다고 불평했다"라고 보고했다.[36]

이어진 10년 동안 머리는 군에서 지원하는 비슷한 연구들을 도왔다. 하버드 요트 팀원들이 경쟁에서 오는 스트레스에 화학적으로나 심리학적으로 어떻게 반응하는지를 살피는 연구도 있었다. 무작위로 선발된 학생들이 수면, 감각, 혹은 식사가 제한된 상태에서 어떤 심리학적·감정적 조정을 거치는지 살피는 연구도 있었다. 모든 연구에는 TAT와 기타 인성 검사가 포함되었다. 그리고 어느 시점엔가 학생들을 면담했던 심리학자들은 "일부 학생이 면담 도중에 극심한 감정적 동요를 보여서 놀랄 때가 있었다"고 언급했다.[37]

전후 기간 내내 대학교수를 가장 많이 고용한 곳은 CIA였는데, 조지아대학의 역사학자 로크 존슨은 다음과 같이 적고 있다.

(CIA와 학계의 연대는) 1947년 CIA가 창설되는 날까지 거슬러 올라간다…… CIA의 네 부서와 그 아래 하부 조직이 전국의 대학 및 연구 기관, 전략연구소, 기술학교, 행정학교, 심지어 고등학교와 다양한 협력을 진행했다. 이러한 관계는 간단히 정의 내릴 수는 없는데……[38]

결국 CIA는 수백 개 대학의 교수들에게 비용을 지불했는데, 그들이 너무 많은 영역에서 활동하고 있어 CIA도 그 활동을 모두 알고 있지는 못했다. 1967년 존 D. 마크스와 전직 CIA 요원 빅터 마체티, 감독관 리처드 헬름스는,

대학 내 얼마나 많은 사람이 CIA와 비밀 계약을 맺고 있는지 확인해달라고 직원에게 요청했다. 며칠간의 조사 후 헬름스는 즉시 현 상황을 전체적으로 파악하라고 지시했고, 한 달 넘게 기관의 모든 기록을 검토한 결과 백 군데가 넘는 대학의 교수 및 관계자 수백 명의 목록이 헬름스에게 전달되었다. 하지만 보고서를 작성

한 담당자는 자신의 작업이 완전한 것이 아님을 알고 있었다.[39]

그럼에도 위원회는 다음과 같은 사실을 알게 되었다.

수백 명의 대학교수가 CIA 특별보안팀의 보안 허가를 받은 후 서로 다른 부서의 서로 다른 업무를 폭넓게 수행하고 있었다……과학기술 부문에서는 교수들 개인은 물론, 종종 대학의 학과 및 연구 기관 전체를 고용해 연구 및 개발 계획을 진행하고 있었다.

오랜 학연이 이런 CIA와 대학의 연결 관계를 유지해주었다. 전쟁 중에 복무했던 OSS 대원들, 대부분 아이비리그 출신이었던 그들이 퇴역 후에도 서로 접촉하고 있었는데, 일부는 CIA에 합류하고 일부는 대학으로 돌아갔다. 이들은 일종의 그림자 같은 형재애를 구축하고, 그 안에서 정부에 있는 형제와 대학에 있는 형제들이 계속 서로를 도왔다.

이러한 형제애 안에서 심리학자들은, 카네기 재단 의장 존 가드너가 "행동과학 연결망"이라고 부른 것을 형성했는데, 그 연결망을 통해 포드, 록펠러, 러셀 세이지, 카네기 재단 같은 자선 재단들이—CIA, 국방부, 혹은 기타 기구에 있는 친구들의 요청으로—민간 재원을 활용해 비밀 연구를 지원했고, 이에 따라 그런 연구들은 "국가 예산에서 빠지고", 의회의 감독을 피할 수 있었다. 혹은 넬슨 록펠러처럼 정부에서도 일하고 강력한 재단의 위원회에 속해 있기도 했던 인물이 직접 예산을 편성하기도 했다.[40]

그러한 지원을 더 깊이 감추기 위해 CIA는 다른 경로들도 활용했다. 랜드연구소 같은 "중간 지대"의 전략연구소와 계약하고, 특별 연구를 진행할 교수들을 고용한 것이다.[41] 랜드연구소는 국립정신건강연구소나 국립과학재단 같은 연방정부의 기금을 사용해 자신들이 원하는 연구를 지원했다. CIA는 "협조자"—합법적인 자선 단체나 다른 비영리 단체들—를 거쳐 돈을 지급했다. 그리고 단순히 그 목적만을 위해 설립한 가짜 재단을 통해 보조금을 지급하기도 했다. 『콩그레셔널 쿼털리』는 다음과 같이 설명했다.

CIA는 특정 조직에 자금을 몰아주기 위해 적어도 50개의 재단을 활용했다. "삼중 패스"라고 알려진 방법을 통해, CIA는 자체 활동을 위한 위장 단체로 설립한 "허수아비" 재단에 자금을 흘려보낸다. 그런 다음 이 "허수아비" 재단이 합법적 재단에 보조금을 지급한다. 다른 자금들도 관리하는 이 합법적 재단은 이어서 CIA가 지정한 단체에 보조금을 지급하는데, 이때 "허수아비" 재단에서 흘러들어온 돈을 사용한다.[42]

이런 우회로를 거치면 종종 교수들은 자신이 국방부 첩보 기관을 위해 일한다는 사실조차 모르게 된다. CIA는 이런 사람들을 "미필적 요원"이라고 불렀는데, 이를테면 1958년 CIA 메모에는 다음과 같이 적혀 있다. "자금 지원 및 형식적 감독은 [사람 이름 편집됨]에 의해 평소처럼 진행될 것이다. 지출된 자금의 회계는 사전에 미필적 요원에게 지급된 보조금과 관련해 [사람 이름 편집됨]이 준비해둔 절차에 따른다."[43]

이런 식으로 CIA는 하버드 교수진의 많은 사람을 등록했고,

1952년 하버드대학은 160건 이상의 국방 관련 비밀 계약을 체결하게 된다. 어떤 하버드 역사에서는, 1960년 당시 "[하버드] 대학에서 진행 중인 전체 연구의 3분의 1이 정부 지원을 받은 것이며, 그중 다수가 국방부의 요청에 따른 것이다"라고 썼다.[44] 1953년에서 1963년 사이, 하버드의 연구에 대한 연방정부의 지원금은 800만 달러에서 3000만 달러로 늘어났다. 1959년 이 돈이 등록금 총액을 넘어섰다. 물론 하버드가 유일한 수혜자인 것은 아니지만, 이곳 교수들은 은밀한 첩보 기관의 가장 충직한 친구들이었다.

하버드 사회관계학부에 있던 머리의 동료 두 명이 CIA를 위해 눈에 띄게 기여했는데, 사회학자 탤컷 파슨스와 머리의 가장 친한 친구였던 문화인류학자 클라이드 클루크혼이었다.

『대학의 타협』을 쓴 시그먼드 다이아몬드는 파슨스가 전후 기간 내내 CIA와 적극적으로 연계되어 활동했던 인물이라고 지적했다.

(그는) 대학들을 정부의 정보기관과 연결하는 일을 담당했다. 은밀히, 나치와 협력했다고 비난받는 사람들을 미국으로 데려왔다. 은밀히, 하버드 인맥을 활용해 정부 관료들에게 영향력을 행사하면서 그런 사람들이 미국으로 들어올 수 있는 장벽을 낮췄다. 은밀히, 연구와 첩보 사이의 구분을 지워버렸다. 1974년까지도 그는 1960년대 학생 폭동, 그리고 잠재적인 요원 선발과 관련해 CIA 자문으로 활동했다.[45]

하지만 캠퍼스에서 CIA의 중개인은 클라이드 클루크혼이었다.[46] 1949년 설립된 하버드 러시아연구센터의 초대 소장이었던 그가 확립한 대학과 CIA 사이의 연계는 냉전 기간 내내 유지되었다. 실제로 다이아몬드에 따르면, 클루크혼은 하버드 총장 제임스 B. 코넌트와 직접 협상함으로써 "CIA-하버드 연결관계"를 확고히 하는 데 주도적인 역할을 했다. 그 점이 "하버드 학문과 관련해 가장 큰 비밀이라고 할 수 있다".[47]

하지만 1967년,『램파츠』지에서 CIA가 비밀리에 여러 대학의 연구 자금을 지원했다는 연재 기사를 싣기 전까지 이러한 관계는 알려지지 않았다.[48] 교무처장 프랭클린 포드(본인도 OSS 출신이었다)는 교내 연구 활동에 CIA가 개입한 정도를 파악하라는 지시를 내렸다. 포드의 조교 험프리 도먼은 정리되지 않은 자료만 놓고 봤을 때, 1960년에서 1966년 사이 CIA는 심리학과 철학, 사회관계학부의 13개 프로그램과 개별 교수들에게 모두 45만6000달러를 지원했다고 보고했다.[49]

도먼의 보고서로 하버드의 비밀 관계가 밝혀지기는 했지만, 머리의 역할은 여전히 감춰져 있었다. 그의 두 번째 큰 비밀은 여전히 안전했다.

18.   머리, 더 젤리그

정신에 영향을 미치는 약물은, 인간의 행동을 조절하기 위해 현대
사회가 만들어낸 새로운 방법의 한 가지 예일 뿐이다.
—테드 카진스키, 『산업사회와 그 미래』

LSD의 확산은 CIA에 의해 시작되었다. CIA 과학자들의 예측이
없었다면 LSD는 지금 여기에 없었을 것이다.
—티머시 리리, 1977

1954년 봄, 하버드 졸업반 학생 여섯 명에게 LSD를 투여한 하이
드 박사는 고귀한 이상에 따라 그렇게 했다. 그와 동료들은 약물이
뇌에 미치는 영향을 연구함으로써 정신 질환의 치료법을 발견할 수
있을 거라고 믿었다. 하지만 그에게 비용을 지급한 CIA는 다른 생
각을 하고 있었다. CIA는, 역사가 마틴 A. 리와 브루스 슐레인에 따
르면, "머릿속을 날려버리고 사람들을 미치게 만들" 약물을 원했다.[1]

대학 연구자들은 이내 지식과 권력을 위해 악마에게 영혼을 팔았
던 르네상스 시대의 마법사 파우스트 박사처럼, 세부 사항을 보지
않고 계약서에 서명했다. 그리고 그 세부 사항에 윤리적 함정이 있

었다. 세상을 구원하는 일에는 희생이 필요했다—다른 사람의 희생이. 고귀한 이상이란 미명 아래, 일부는 가장 저열한 범죄를 저지를 참이었다. 다른 이들은, 사악한 짓을 하지는 않았지만 윤리적 방향을 잃어버렸다. 양쪽 다 고귀함에서 저열함으로 떨어지는 이 여정은 아주 점진적으로 진행되어, 많은 사람은 알아차리지도 못했다.

그리고 이런 여정에 오른 이들 중 머리 교수 본인도 있었다.

—

CIA의 관심은 1942년, 전신인 OSS 시절에 시작되었다. 체포한 스파이에 대한 취조 기술을 완벽하게 만들고 싶었던 도너번 장군이 워싱턴 D.C. 엘리자베스 병원의 감독관 윈프레드 오버홀스터 박사, 미국심리학회 회장 에드워드 스트레커 박사 등으로 구성된 "진실의 약" 위원회를 구성했다. 위원회는 메스칼린, 마리화나에서부터 안정제와 각성제를 혼합한 "괴짜 약"에 이르기까지 다양한 화학물질을 시험 대상에게 투여했다.[2]

이듬해, 산도즈 제약사에서 근무하던 알베르트 호프만이라는 스위스 화학자가 순환촉진제를 개발하던 중 우연히 어떤 합성 물질을 흡입했다.[3] 이 물질은 D-리세르그산 디에틸아미드, 오늘날 LSD로 알려진 화학물질이었다. 예고도 없이 호프만은 자신이 세계 최초로 LSD 환각을 체험하고 있음을 깨달았다.[4] 우연히도 같은 시기 라인강 너머 독일에서는 나치 의사들이 다하우 강제수용소에서 피수용자들을 대상으로 또 다른 환각제 메스칼린을 실험하고 있었다.[5]

전쟁 후 미 해군 조사에서 나치의 다하우 강제수용소 자료들이 발견되면서, 미국 정보기관에서도 메스칼린에 대한 관심이 높아졌다. 하지만 그건 경고이기도 했다. 향정신성 약품이라는, 국방과 관련된 또 다른 영역에서도 나치가 연합군보다 앞서 있었던 것처럼 보였다. 소련이 선수를 치기 전에 이 어둠의 과학자들을 낚아채기 위해 국방부에서는 "클립 작전", 즉 일부 독일인 과학자들을 비밀리에 미국으로 데려오는 작전을 펼쳤다. 대부분 전직 나치당원이었던 이들의 미국 입국은 법적으로 금지돼 있었다. 따라서 클립 작전의 장교들은 나치와 관련된 이들의 과거를 조작하고, 삭제하고, 변경하며 비밀리에 데리고 왔다.[6]

저명한 로켓 과학자이면서 나치 당원이었던 베르너 폰 브라운처럼, 일부 클립 과학자는 미국의 우주 계획에 참여했다. 다른 이들은 불임에서 대량살상까지 모든 영역에서 전문가였던, 전쟁에 특화된 화학자들이었다. 이들 중에는 다하우 피수용자들을 대상으로 극악무도한 "고도 실험"(산소 및 기압의 감소)을 진행해 70명 이상을 사망케 하고, 이미 미군 전범 담당 부대의 추적을 받고 있는 인물도 있었다.[7] 이런 사람들이 미 공군에서 비슷한 연구를 진행할 예정이었다. 클립 과학자들 중 일부는 메릴랜드 에지우드 군수 공장에서 CIA의 급여를 받으며, 아무것도 모르는 미군 병사를 상대로 신경가스 및 독가스 실험을 진행했고, 몇몇 병사에게 치명적인 해를 끼쳤다.[8]

머지않아 신경가스와 "치클론 B"(아우슈비츠에서 유대인을 처리할 때 사용된 가스)를 개발하는 데 협조했던 나치 당원들이, 미국 자체의 "향정신성 약품 전쟁" 프로그램을 완결하는 작업에도 참여했고, 아무런 의심도 품지 않았던 미군 병사를 상대로 알코올에서 LSD까지 모든 약품을 시험했다. 에지우드와 메릴랜드 포트 홀라버드(내가 1957년에서 1958년까지 정보부 소위로 복무했던 곳이다)에서, 적어도 1000명 이상의 병사에게 20회 이상 LSD를 투여했다. 암실에 갇힌 채 LSD를 맞은 일부 병사는 미쳐버렸다. 다른 이들은 간질 발작을 일으켰다.

1949년 오토 카우데르스라는 빈 화학자가 보스턴 정신질환 병원에서 열린 LSD 관련 강연에서, 이 새로운 약품은 의도적으로 순간적인 신경증을 일으킬 수 있다고 주장했다.[9] 나중에 이 주장은 거짓으로 밝혀졌지만—약물 환각이 모두 신경증과 비슷한 것은 아니다—카우데르스의 설명은 병원 관계자들에게 깊은 인상을 남겼다. 만약 LSD가 신경증 증세를 일으킬 수 있다면, 이 질병이 화학적인 요소에 근거한 것임을 증명할 수 있다고 그들은 추론했다. 따라서 LSD의 효과를 연구하면 정신병 치료약 개발로 이어질 수도 있었다.

카우데르스의 강연이 있고 얼마 후, 병원 관계자였던 맥스 린켈이 산도즈에 LSD를 공급해줄 것을 요청했고, 동료인 로버트 하이드를 설득해 직접 그 약품을 시험해보게 했다. 환각을 경험한 하이드는—미국인으로서는 처음이었다—추가 실험에 대한 열정으로 불타올랐다. 1950년에는 하이드의 지휘 아래 하버드의 보스턴 정신질환 병원에서 100명을 대상으로 연구가 진행되었다.[10]

그사이 CIA는 수수께끼 같은 진실의 약을 열심히 찾고 있었다.[11] 1949년 소련이 헝가리 성직자 요제프 민젠티 추기경의 재판을 공개하면서 이러한 노력은 경쟁으로 변모했다. 재판 중 추기경은 자신이 저지르지 않은 것이 분명한 범죄를 자백했고, 마치 몽유병 환자 같은 행동을 보였다. 소련의 다른 재판에서도 마찬가지로 죄수들이 "세뇌"된 것 같은 모습을 볼 수 있었다. 나중에 소련이 그런 효과를 내기 위해 약물을 전혀 사용하지 않았음이 밝혀졌다. 그들이 활용한 주요 무기는 심리학—그리고 잠 안 재우기였다. 하지만 당시 CIA는 소련이 정신을 조종하는 엄청난 약을 사용했을 거라고 의심했다. 그렇다면 CIA도 그 약을 가져야 했다.

1949년 CIA의 LSD 실험을 최초로 폭로한 존 마크스에 따르면, 과학정보부서 책임자가 소련의 기술을 조사하고, 본인의 실험을 감독하기 위해 서유럽으로 향했다. 이 책임자는 "러시아의 활동을 평가하기 위해 새로운 취조 기술을 적용하는 것"이 목적이라고 밝혔다.[12] 1950년 봄, CIA는 행동 조절 방법을 시험하는 "블루버드 작전"이라는 특별 프로그램을 보안국 아래 설치하고, 해당 프로그램에서 활동할 대학 학자들을 모집하기 시작했다. 블루버드 과학자들은 전쟁에서 잡힌 북한 포로 등을 대상으로 실험을 진행했다. 그들은 "얼음송곳을 활용한 전두엽 절개", 전기 충격 및 기타 "신경 수술" 기법뿐 아니라, 코카인, 헤로인, 심지어 "바보 풀"이라는, 지금까지도 그 효과가 밝혀지지 않은 약물도 시험했다.

이런 은밀한 노력을 기울이던 중에 정부는 미국 심리학 단체의 저명한 인물들을 중개인, 자문, 혹은 조사원으로 등록했다. 훗날 요원이 작성한 보고서에 따르면, 거기에는 적어도 93곳의 대학 및 정부 기관, 비영리 단체가 포함되었는데, 하버드, 코넬, 미네소타대학, 스탠퍼드대학 약학부, 렉싱턴, 켄터키, 나르코틱스 팜, 몇몇 교도소와 교정 시설, 해군조사국, 국립보건원 등이었다.[13]

블루버드 계획은 1951년 "아티초크 계획"으로 이름을 바꿨고, 같은 해 CIA는 LSD를 발견했다. 이듬해 봄 한국전쟁이 종전에 가까워지면서 LSD에 대한 CIA의 관심은 거의 강박이 되었다.

중국 측에 사로잡혔던 미군 포로가 귀국했을 때, 당국은 그들 중 70퍼센트가 전쟁 참가에 대한 "죄"를 자백하거나, 아시아에서 전쟁을 일으키려는 미국의 의도를 멈추라는 청원에 서명했다는 사실을 알고 충격을 받았다. 15퍼센트는 중국에 전적으로 협력했고, 5퍼센트는 전혀 그들에게 협조하지 않았다.[14] 중국이 새롭고도 강력한 세뇌 기술을 발견했고, 덕분에 미군 군인을 공산당의 요청에 따르는 "만주 지원자"로 만든 것이 분명했다. 미국은 세뇌 기술의 격차를 마주하고 있었다.

공포에 휩싸인 CIA는 1953년 4월, 아티초크 계획을 좀더 적극적인 MK울트라로 변경했다. 계획의 지휘자는 캘리포니아 공과대학에서 학위를 받은 영리한 화학자 시드니 고틀리브였다.[15] 고틀리브 본인은 몹시 지저분한 책략가였고, 외국 지도자를 암살하려는 시도에 직접 가담한 적도 있었다. 그는 즉시 자신의 재능을 발휘했고, 이번에 그 대상은 미국인들이었다.

일단 MK울트라가 시작되자 "CIA와 관련 있는 경로로 돈이 쏟아지면서, 거의 하룻밤 만에 LSD 연구 시장은 완전히 새로 열렸다"고 리와 슐레인은 말한다.[16] 이런 경로 중 조사이아 J. 메이시 재단도 있었는데, 그곳의 책임자는 전직 OSS 장교 프랭크 프리몬트-스미스였다. 그 비밀 자금의 수혜자들 중에는, 뉴욕 마운트 시나이 병원의 알레르기 전문 의사이자 에지우드 군수 공장의 클립 과학자 자문이기도 했던 그레고리 베이트슨의 지인 해럴드 에이브럼슨이 있었다. 또 다른 수혜자 집단은 보스턴 정신질환 병원의 하이드 무리였다.[17]

고틀리브가 밝힌 계획의 목적은 "은밀한 방법으로 개인의 행동을 조절하는 것이 가능한가, 만약 그렇다면 어떻게 가능한가 하는 점을 조사하는 것"이었다.[18] 그는 LSD가 심리 조종의 만능 칼, 즉 한 남자의 결혼생활을 망치고, 그의 성적인 행동을 변화시키고, 거짓말을 하거나 진실을 말하게 하고, 기억을 망가뜨리거나 되살리고, 조국을 배신하게 하고, 명령에 따르거나 거부하도록 하는 다목적 약물이 될 것으로 기대했다.

MK울트라는 곧장 죄수, 정신병자, 외국인, 시한부 환자, 동성애자, 인종적 소수자를 포함해 모든 피해자를 대상으로 생각할 수 있는 약물을 전부 시험했다. 총 열다섯 곳의 교정 시설 및 병원에서 실험을 진행했지만, 미 해군, 공중보건국, 국립정신건강연구소를 자금의 이동 경로로 활용하면서 각 기관의 역할은 숨겼다. 1963년 MK울트라 계획이 폐기된 후 CIA 조사감독관이 작성한 보고서에 따르면, 이 계획이 유지되었던 10년 동안 "전기 충격, 심리학, 정신의학, 사회학, 인류학, 필적학 등 여러 학문, 학대 약물, 준군사적인 장비와 물자"를 활용한 실험이 진행되었다.[19]

세뇌와 관련된 조사를 위해 CIA는 캐나다까지 가서 저명한 심리학자 D. 어윈 캐머런 박사를 고용했다.[20] 캐나다, 미국, 세계 심리학회의 회장이자, 맥길대학 앨런 기념연구소(이곳도 록펠러 재단의 돈으로 세워진 곳이었다) 소장이었던 캐머런의 연구는 본인 표현에 따르면 "해체", 즉 CIA 작전 수행원이 묘사한 바에 따르면 "식물 상태를 만드는 것"에 초점을 맞추고 있었다. 아무것도 모르는 실험 참가자에게 다량의 약물을 투여해서 몇 주 동안, 중간중간에 짧게 깨는 것을 제외하고는 줄곧 잠만 재우는 것이었다. 그런 다음엔 65일 동안 강력한 전기 충격 "치료"를 진행하는데, 이때 사용되는 충격은 표준적인 전기 충격 요법에 사용되는 것보다 20배에서 40배나 높았다. 충

격 요법이 끝나면 일부 참가자는 LSD를 복용한 상태로 다시 65일 동안 감각제거실에 감금되었다.[21]

—

1950년대 후반, CIA와 LSD는 사실상 떼려야 뗄 수 없었다. LSD의 등장은 "우연의 일치가 아니었다. 그것은 모두 CIA가 계획하고 실행한 것이었다"고 티머시 리리는 나중에 단언했다.

1960년대 암시장에 등장한 거의 모든 약물―마리화나, 코카인, 헤로인, 펜사이클리딘PCP, 아밀니트린, 환각 버섯, 디메틸트립타민DMT, 바르비투르산염, 아산화질소, 스피드 등―은 사전에 CIA나 군 과학자들이 검증하고, 실험하고, 몇몇 경우에는 개선시킨 것이었다. 하지만 CIA가 인간의 정신을 지배하기 위해 25년에 걸쳐 수백만 달러를 들여가며 탐구했던 기술 중 LSD-25만큼 관심을 받고 열정적으로 수용된 것도 없었다. CIA 사람들은 이 환각제에 완전히 빠져들었다. 1950년대 초 처음으로 LSD를 실험했던 이들은 이 약물이 첩보활동에 혁명을 일으킬 거라고 확신했다.[22]

약물을 더 활용하기 위해 CIA는 대학 엘리트들에게 도움을 요청했다. 1969년, 존 마크스는 다음과 같이 보고했다.

마약 및 위험 약물 담당 부서에서 LSD의 불법 사용을 줄이기 위한 재미있는 소책자를 발간했다. 저자들은 다음과 같이 적었다.

"(이 약물은) 초기에는 동서부 해안에 있는 대학의 소규모 지식인들 사이에서 이용되었다. 이어서 학부생들도 이용했고, 다른 학교로 퍼져나갔다. 사용자들이 높은 사람들 소개로 약물을 소개받는 일도 꽤 잦았다. 교수들이 학생들에게 영향을 미쳤다. 상류층이 더 낮은 계층에 영향을 미쳤다." 그런 현상을 "낙수 효과"라고 일컬은 저자들은 LSD가 전국에 퍼진 상황을 정확하게 분석했다. 하지만 그들은 한 가지 핵심 요소를 빠뜨렸는데, 그들로서는 알 수가 없었다. 그 요소란 누군가 그 교수들에게 영향을 미쳤으며, LSD 보급 체계의 정점에는 MK울트라 사람들이 있다는 점이었다.[23]

프리몬트-스미스와 에이브럼슨이 대학과 MK울트라 사이의 연결점이었다.

프리몬트-스미스는 회의를 주최해 LSD라는 단어가 학계 구석구석까지 퍼지게 했다. 에이브럼슨은 마거릿 미드의 전남편이었던 그레고리 베이트슨에게 처음 LSD를 제공했다. 이어서 베이트슨은 1958년, 스탠퍼드 학내에서 진행된 조사 프로그램에서 친구였던 비트 세대 시인 앨런 긴즈버그에게 이 약을 제공했다.[24]

머리도 이런 약물 실험 피라미드의 일원이었다. 프랭크 배런에 따르면, 이 시기 머리는 "향정신성 약물이 각 개인에게 미치는 영향에 대한 실험을 지휘했고…… 순진한 실험 대상자들에게 아드레날린을 투여하고 그들의 내적 변화를 관찰했다".[25] 그리고 1960년, 카진스키와 동급생들에 대한 "다면 평가"를 진행 중이던 그 시점에도 머리는, 리리에 따르면, 학부생들을 대상으로 버섯에서 추출한 환각 물질 사일로사이빈을 투여하는 실험을 막 승인한 상태였다.

남은 인생 동안 "약에 취했다 깼다"를 반복했던 리리는 자서전 『회상』에서 머리를 다음과 같이 묘사했다. "인성 평가의 마법사였다. OSS 수석 심리학자였던 그는 세뇌 및 아미탈나트륨 취조에 대한 군대의 실험을 감독했다. 머리는 우리의 약물 연구 계획에 큰 관심을 보이며 자원했다."[26]

리리는 1959년 하버드에서 처음 LSD를 접했는데, 에이브럼슨의 영향권 안에서 활동했던 그는 프리몬트-스미스가 주최한 메이시 재단의 약물 관련 회의에 참석한 상태였다.[27] 그리고 머리는, 리와 슐레인에 따르면, "리리의 활동에 깊은 관심을 보였다. 그는 사일로사이빈 관련 회의에 자원했고, 리리의 지도하에 최초로 버섯약 샘플을 투여한 교수 및 대학원생들 중 한 명이었다".[28]

그 무렵 그레고리 베이트슨은 캘리포니아주 팰로앨토의 퇴역 군인 병원에서 일하고 있었다.[29] 그가 앨런 긴즈버그에게 약물을 소개할 당시, 동료들은 스탠퍼드 학부생들을 대상으로 실험을 진행하고 있었다. 그 학생들 중 훗날 『뻐꾸기 둥지 위로 날아간 새』를 쓴 켄 키지가 있었는데, 그는 이내 톰 울프의 『전기 쿨에이드 시험』에서 '명랑한 말썽꾼들'로 박제된다.

그사이 머리는 이미 암페타민에 중독된 상태에서 여러 환각제를 시험해보고 있었다. 전 동료에 따르면, 리리의 제안에 따라 그는 다시 사일로사이빈에 손을 댔고, 이번에는 올더스 헉슬리, 긴즈버그도 함께했다.[30] 그는 모건에게도 LSD를 알려줬다. 1961년 그는 코펜하겐에서 열린 국제응용심리학회에서 발표했는데, 리리와 헉슬리도 참가하면서 그 발표는 사실상 향정신성 약물의 공연장이 되었다. 포레스트 로빈슨은 그 발표에 대해 이렇게 적었다. "그는 한 해 전 티머시 리리와 함께했던 사일로사이빈 '환각 체험'을 있는 그대로 전달했고…… '신문에서는 그 일을 약물에 의한 환각 보고라고 하더군요'라고 눈에 띄게 신난 어조로 [루이스] 멈퍼드에게 적어 보냈다."[31]

모든 과학자가 CIA를 위해 일한 것은 아니었다. 대부분은 자신도 모르는 사이에 일했다. 그리고 냉전 관련 연구를 지원한 비밀정보기관으로 CIA만 있었던 것도 아니다. 미 육군, 해군, 공군 및 다른 국방 기관에서도 자체적으로 실험을 지원했고, 각각 지원을 늘리면서 종종 같은 연구를 지원하기도 했다. (예를 들어 하버드 약학부는 1952년에서 1954년 사이 아무것도 모르는 참가자들을 대상으로 LSD 실험을 진행했고, 같은 기간에 하이드는 보스턴 정신질환 병원에서 CIA를 위해 비슷한 실험을 수행했다.)[32]

비록 LSD가 가장 선풍적인 약물이기는 했지만, 리와 스미스는 정부를 움직인 것이 그것만은 절대 아니었음을 분명히 밝혔다. 냉전 시대의 연구는 수면 방해부터 탄저균 전파까지 전 영역에 걸쳐 이루어졌다. 그런 연구에 물리학, 사회학, 그리고 건강 관련 과학에 이르기까지 거의 한 세대 전체의 학자들이 동원되었다. 그 활동이 너무나 다양하고 너무나 광범위하고, 또 너무나 비밀리에 이루어졌기 때문에 심지어 오늘날에도 전체 규모를 파악하는 것은 불가능하다.

나중에 공개된 MK울트라 관련 자료에 대해 리와 슐레인은 다음과 같이 쓰고 있다.

감각 제거, 수면 중 학습, 초감각 지각, 잠재의식 투사, 전기 뇌 자극 등 행동 조절에 영향을 미칠 수 있는 다양한 방법에 대한 CIA 실험 기록이 있다. 사람을 암살 기계로 만들어 자동 명령에 따라 살인을 저지르게 하려는 계획도 있었다. 또 다른 자료에서는 "마취를 통한 불안 유도"와 "신체적·심리적 통제를 통한 고통 유도" 같은 표현을 볼 수 있다. "군집성 두통", 몸을 떨거나 침을 흘리는 것을 통제할 수 없는 상황, 전두엽을 절제한 것처럼 멍한 상태를 유도하는 특이 약물에 대한 언급은 반복해서 등장한다. 심장마비나 암을 유발하지만 실제 병의 원인에 대해서는 어떤 흔적도 남기지 않는다는 단일 목적을 위해 개발된 화합물들도 있다. CIA 전문가들은 자기장, 초음파, 기타 복사 에너지가 뇌에 미치는 영향에 대해서도 연구했다. CIA 소속 의사 한 명은 이렇게 말했다. "'우리는 특급 기밀' 메모와 끝없는 실험이 이어지는 초비현실적 세계에 살고 있었다."[33]

대학교수나 병원 연구자들이 정보기관과 악마의 거래를 하는 동안 피해자는 점점 더 늘어갔다.

1953년 1월 8일, 프로 테니스 선수 해럴드 블라워가 뉴욕 주립정신병원에서 메스칼린 과용 탓에 사망한 것으로 보도되었다. 탐사보도 기자 H. P. 앨버렐리 주니어와 존 켈리는 "(그 약물이) 암호명 펠리컨 프로젝트라는, 육군이 지원하는 극비 프로그램의 일부로 제공되었고…… 블라워는 실험 대상으로 이용되었다"고 말한다.[34] 이 계획의 책임자는 심리학 실험을 지휘했던 폴 H. 호크 박사였는데, 앨

버렐리와 켈리에 따르면, 해럴드 에이브럼슨과 관련이 있는 인물이었다.

앨버렐리와 켈리는 펠리컨 프로젝트가 CIA와 메릴랜드주 포트 디트릭에 있는 육군 화학부대 특별작전부가 진행한 대규모 합동 연구, 작전명 MK나오미—에이브럼슨의 조교 나오미 버스너의 이름을 딴 것으로 알려져 있다—의 일환이었다고 적었다. CIA 기록에 따르면, 이 프로젝트의 목적은 "개인에게 사용해 일시적이고 작은 장애에서부터 더 심각하고 장기적인 무력화, 혹은 사망까지 일으킬 수 있는" 생불학 무기를 개발하는 것이었다. 화학부대의 요청에 따라 뉴욕 검시관은 블라워에 대한 검시를 실시하지 않았고, 보고서에서 육군의 존재도 지워버린 채 사망 원인을 약물 과용에 따른 사고로 기술했다.[35]

11개월 후 CIA는 또 다른 피해자를 낳았다. 1953년 11월 28일, 포트 디트릭의 생화학자 한 명이 뉴욕 7번 대로의 스태틀러 호텔 13층에서 투신해—혹은 누군가 밀어서—50미터 아래 보도에 떨어졌다. 아직 숨이 붙어 있었던 그는 다가온 야간 경비원 아먼드 패스토어에게 뭔가 말하려 했지만, 몇 분 후 사망하고 말았다.[36]

화학자이자 CIA와 육군 화학부대 양쪽에 고용되었던 프랭크 올슨은 경력 전체를 포트 디트릭에서 보냈다. 세균전 전문가였던 그는, 제2차 세계대전 중에는 노르망디 상륙 당시 있을 수도 있었던 독일군의 생물학 공격에 대비해 연합군 병사들이 입을 군복을 제작했다. 1949년과 1950년에는, 잠시 미국과 영국이 합동으로 진행한 "하네스 작전"에 참여하기도 했다. 유독성 유기물—속칭 BW라는 대인 살상용 약제였다—을 카리브해 지역에 살포해 확인되지 않은

수천 종의 동식물을 절멸시킨 작전이었다.[37]

1953년 올슨은 포트 디트릭의 특별작전부 실행 책임자였는데, 마이클 이그나티프가 『뉴욕타임스』에 기고한 글에 따르면, 해당 부대는 "세뇌와 취조에 사용할 약물 개발의 중심지"였다.[38] 하지만 올슨은 점점 더 환멸을 느꼈다.

전환점은 1953년 여름이었다. 올슨은 영국과 독일 출장에서, "처분 가능한" 나치 협력자 및 전직 무장친위대 포로들을 대상으로 심리 조종 약물을 사용하는 것을 목격했다. 일부는 사망했다. 올슨의 아들 에릭에 따르면, 유럽에 있는 동안 아버지는 미군 역시 한국전쟁에서 적군에 탄저균을 사용하고 있음을 알게 되었다고 한다. 귀국한 전쟁포로가 그 사실을 보고했을 때─미군이 전쟁에서 세균 무기를 사용한 최초의 사례였다─워싱턴 당국은 그들의 주장이 세뇌에 따른 결과일 뿐이라고 일축했다. 혼란스러운 상태로 귀국한 올슨은 퇴직을 결심했다.

11월 19일, 고틀리브는 메릴랜드주 시골의 딥크리크 오두막에서 올슨을 포함해 여섯 명의 MK울트라 구성원을 만났다.[39] 20년 후 CIA는 그 휴가지에서, 고틀리브의 명령으로 그의 부관 로버트 래시브룩이 저녁 식사 후 마신 술에 LSD를 섞었다고 주장했다. 두 명을 제외하고(한 명은 전혀 술을 마시지 않는 사람이었고, 다른 한 명은 코감기에 걸린 상태였다) 올슨을 포함해 모두 그 술을 마셨다. 에릭 올슨은 아버지가 마신 술에만 LSD가 들어 있었거나, 아버지가 마신 술에 섞인 것이 LSD보다 더 센 뭔가였을 거라고 믿고 있다. 어쨌든 올슨은 혼미한 상태에 빠졌다.

집으로 돌아왔을 때 아내 앨리스는, 그가 의기소침한 모습으로

"끔찍한 실수를 했어"라고 반복해서 말하는 것을 들었다. 이튿날 그는 상사인 빈센트 루웻에게 CIA를 그만두겠다고 말했다. 하지만 당국은 그를 놓아줄 여유가 없었다. 그가 너무 많은 걸 알고 있었던 것이다. 일단 외부에 노출되면 그는 심각한 골칫거리가 될 수 있었다. 그래서 루웻과 래시브룩은 올슨을 뉴욕으로 데리고 갔는데, 명목적인 목적은 정신과 의사를 만난다는 것이었다. 하지만 실제로는 해럴드 에이브럼슨을 찾아갔고, 에이브럼슨은 진정제와 버번을 처방했다.[40]

CIA에 따르면, 루웻과 래시브룩은 그보다 앞서 올슨을 존 멀홀랜드에게 데려간 적이 있었다. 멀홀랜드는 "아무것도 모르는 실험 대상자에게 여러 물질을 주입하는 법", 즉 음료에 약물이나 독을 섞는 법과 관련된 조언을 얻으려고 고용한 마술사였다. 멀홀랜드가 의심스러웠던 올슨이 루웻에게 말했다, "무슨 꿍꿍이입니까? 알려주세요. 저한테 무슨 짓을 하려는 겁니까?…… 그냥 놔주세요."[41]

그날 저녁, 올슨은 뉴욕 거리를 배회하며 지갑과 신분증을 버리고 스태틀러로 돌아왔다. 그리고 이튿날, CIA는 올슨을 입원시켜야 한다는 전문가 결정이 있었다고 주장했다. 하지만 그의 기분은 나아진 것으로 보였다. 올슨과 래시브룩은 혼 앤 하다트 식당에서 추수감사절 식사를 하고 스태틀러의 방으로 돌아왔고, 올슨은 앨리스에게 전화해 "내일 만나자"고 전했다.

이튿날 새벽 2시경, 패스토어가 보도에서 올슨을 발견했다. 올슨은 패스토어에게 뭔가 말하려 했지만, 너무 작게 우물거려서 알아들을 수 없었다. 그는 구급차가 도착하기 전에 사망했다. 직후에 패스토어가 호텔 교환수에게 1081A호에서 밖으로 전화를 건 일이 있는

지 확인을 요청했다. 그녀는 두 통 있었다고 말했다. 그중 한 통화에서 방에 있던 누군가가 "죽었습니다"라고 말했다. 전화선 반대편의 사람이 "안타까운 일이군"이라고 대답했다.[42]

CIA는 올슨의 죽음을 비밀에 부쳤다. 검시관은 CIA를 전혀 언급하지 않았고, 검시도 하지 않았으며, 우울증에 따른 자살이라고 판정했다.[43] 가족은 그 말을 전혀 믿지 않았는데, 딥크리크 오두막에 다녀오기 전까지 올슨은 전혀 우울해 보이지 않았기 때문이다. 가족은 1975년이 되어서야 그의 죽음을 둘러싼 상황을 알게 되었고, 그나마도 전부는 아니었다.

프랭크 올슨의 아들 에릭의 요청에 따라 1994년에 부검이 이루어졌고, 올슨이 창문 밖으로 떨어지기 전에 왼쪽 관자놀이를 맞고 의식을 잃었다는 사실이 밝혀졌다. 1998년, 맨해튼 지방 법원은 올슨의 죽음을 "사인 불명"으로 재분류했다.[44]

———

올슨의 죽음으로 절망 문화는 마무리되었다. 엘런 허먼이 "이성적 호소에 대한 신념과 민주적 이념 및 행위의 효능감 붕괴"라고 표현한 것을 경험하면서, 제2차 세계대전 후에 등장한 학자 세대는 엘리트들이 민주주의를 구원할 수 있는 사회 통제 방법을 찾으려고 애썼다.[45] 실증주의의 원칙을 따랐던 그들은, 선과 악이 허구라고 믿었다. 사람들은 나쁜 것이 아니라, 그저 아픈 것일 뿐이었다. 그들을 치유함으로써 심리학이 전쟁을 방지할 수 있었다. 모든 문제는 마음의 과학이라는 연금술로 해결할 수 있었다.

하지만 도덕이 아무런 의미를 갖지 못하는 세계는 결국 모든 것이 허용되는 세계다. 나치 강제수용소 의사들이 잔학 행위를 자행하게 만든, 가치중립적 과학에 대한 편협한 집중이, 선한 의도를 지닌 다수의 학자마저 윤리적 선을 넘게 만들었다. 도덕적 불가지론의 길을 따르던 그들은 막다른 길목에 이르렀다. 그들은 민주주의를 구하기보다는 강압의 도구를 만들어냈고, 많은 사람이 다쳤다.

머리는 이 시기의 산물로, 그의 경력과 사상은 미국 문화에서 그의 학문과 역할이 발달하는 과정을 그대로 체화한 것이었다. 그 세대의 다른 저명한 심리학자들과 마찬가지로, 그는 공공 영역에서 심리학을 진작시키려던 록펠러 재단의 수혜자였다. 그는 애국심이 아주 강했고 전국사기진작위원회에서도 일했다. 그는 제2차 세계대전 중에 만개했고 OSS의 스타였다.

전쟁 후 TAT, 인성 평가, 해외 지도자나 국가에 대한 분석 기술 등 성격 이론에 대한 그의 기여는 사실상 냉전 관련 기관의 업무였다고 할 수 있다. 그런 물밑 투쟁을 통해 그는, 비록 조용하게나마, 미국의 국방 활동에 복무했다. 그리고 그가 했던 복무 활동 중에 카진스키를 포함한 대상자들에게 했던 실험도 있었다.

하지만 오늘날까지 머리의 친구들, 아내, 심지어 일부 역사가들조차 이 사실을 믿지 못한다. 그들은 머리가 세계연방주의자였으며, 허먼의 표현에 따르면, "미국이 히로시마와 나가사키에 원자폭탄을 투하한 후에 열렬한 평화주의자가 되었다"라고 주장한다.[46]

이들의 회의론은 이해할 만하다. 심지어 배우자들도 이런 관계를 아는 경우는 드물었다. CIA는 자신들이 확보한 "자산"의 정체를 절대 밝히지 않았다. 종종 교수 본인도 자신이 받은 연구 지원금의 원천을 몰랐다. 그리고 머리는 히로시마 이후 상당 부분 "평화 활동가"로 변모하기도 했다.

그럼에도 불구하고 이들은 잘못 알고 있다. 히로시마 때문에 머리가 세계연방주의자로 전향한 것은 아니다. 유럽에서 전투병이 되려고 시도했던 1943년에도 이미 그는 히틀러에 대한 분석 글에서 다음과 같이 적었다. "나중이 아니라 바로 지금, 어떤 형태의 **세계연방주의**가 크게 요구되고 있다."(강조는 머리 본인)[47]

그 세대에 많았던 "불안한 자유주의자들"처럼, 머리도 매이면서 동시에 비둘기였다고 해야 할 것이다. 그는 자신과 동시대인이었던 코드 마이어, 전쟁 영웅이자 한때 세계연방주의연합의 의장이었지만 결국 CIA의 최고위급 간부가 되었던 그와 비슷하다. 그런 양가성은 사실상 머리가 속한 동부 해안 지역 대학 엘리트 교수 집단 전체의 특징이었다. 그들의 세계는 서로가 서로를 아는 세계였고, 많은 이가 CIA를 위해 일했다. 머리 주변에 CIA 사람이 너무 많아서 어디를 가든 그중 한 명과 마주칠 수밖에 없었다.[48]

사실 이미 봤듯이, 머리는 실제로 냉전의 전사였다. 일부 사람처럼 눈에 띄는 선수는 아니었지만, 그럼에도 선수였다. 그는 록펠러 재단에서 지속적으로 지원을 받았고, 재단은 1958년 그가 CIA 활동을 위해 캔트릴과 함께 소련을 방문했을 때 위장을 제공하기도 했다. 또 다른 지원 기관은 국립정신건강연구소였는데, 이 또한 숨겨진 자금 통로로 알려져 있었다.[49] 그는 HumPRo를 위한 일도 했던 것으로 보인다.[50] 그리고 육군에서 지원하는 스테로이드 실험에도 조언했다. 그는 하버드의 사회관계학부를 만드는 일을 도왔고, 이 학부에는 정보요원들의 비밀 자금이 넉넉하게 흘러들었다.[51] 그는 육군의무총장의 치료심리학자문단에서 활동했고, CIA의 LSD 전도사였던 프랭크 프리몬트-스미스와 함께 국립정신위생위원회에서도 활동했다.[52] 프리몬트-스미스, 에이브럼슨, 리리와 함께 그는 CIA LSD 피라미드의 한 점을 차지하고 있었다.

그리고 1959년 머리는 마지막 실험에 착수했고, 이로써 OSS 평가활동에서 영감을 받고, 원래는 미 해군에서 수행했던 작업부터 시작된 길고 돋보였던 경력을 완료했다. 그리고 테드 카진스키가 거기에 참가했다.

19.   살인의 인지 유형

그 경험은 지독했다……
—다른 대학에서 진행된 기만적인 심리 실험에 참가했던 학부생

극도로 화가 난 상태에서(심장이 너무 빨리 뛰는 것까지 포함해서) 그
실험으로부터 빠진 후, [스탠리] 밀그램을 몇 차례 만나…… 그의
방법은 절대 용납할 수 없었다고 따졌다.
—허버트 I. 위너, 예일대학 교수 시절 밀그램 실험에 참여한 지 38년
만에

1948년, 헨리 머리는 부분적으로 "해군 장교 후보자들의 적합성
판단을 위한 평가 체계 개발"을 이유로 록펠러 재단에 지원을 요청
했다.[1] 그는 지원금을 따냈다. 잠시 지체되던 연구는 1949년에 시
작됐다. 이는 연속되는 네 번의 연구 중 첫 번째였고, 각각의 실험은
전쟁 후 3년 단위로 하버드 학생들을 대상으로 진행되었다. 결국 이
연구는, 1941년에 착수한 좀더 기본적인 연구와 함께, "재능 있는
대학생들의 인성 발달에 대한 다면 평가"로 불리게 된다. 전후 머리
의 시도는 모두, 자신의 도움으로 OSS가 실시했던 모욕적 심문과

비슷한 이원성 압박 대면에 집중되었다.

카진스키의 실험은 이 중 가장 마지막에 진행된 가장 복잡한 실험으로, 머리의 주장에 따르면 "변수는 1000개가 넘었다".[2] 실험이 끝나면 그는 은퇴할 예정이었다. 누군가의 표현에 따르면, 그건 그의 마지막 영광이었고, 그의 탁월함, 자기애, 매력, 창의성, 속물주의, 애국심, 활력, 이상주의, 사디즘, 크리스티아나에 대한 사랑, 조교 및 동료들과의 퉁명스러운 관계, 인성을 완벽히 파악하려는 욕망, 글을 쓰다 쉽게 막히곤 하던 모습, 자신이 인문주의자인지 물리학자인지 과학자인지 정할 수 없었던 태도 등 모든 것을 구체화한 실험이었다. 그리고 이런 특징들 하나하나가, 직접적으로든 간접적으로든, 실험 대상이 된 22명의 학부생에게 영향을 미치게 되고, 카진스키처럼 유난히 취약한 학생들에겐 특히 그랬다.

실제로 에세이, 질문에 대한 답변, 그리고 실험을 시작할 때 진행한 인터뷰 등에서 이 젊은이들 다수는 분노, 허무주의, 소외를 드러냈는데, 이미 절망 문화가 그들 사이에 광범위한 영향을 미쳤음을 보여주는 것이라 할 수 있다.

피실험자 "불워"는 "현재 나는 삶에 대한 허무주의적 태도를 지니고 있다…… 만약 스스로를 다른 100만 마리의 개미와 함께 거대한 개미탑을 오르는 한 마리의 개미라고 생각한다면, 어떻게 자신의 공부를 정당화할 수 있을 것인가?"라고 시인했다.[3]

관습적인 삶을 살고 있다고 한 "아이브스"는 다음과 같이 고백했다.

나는 이 모든 것을 하고 있는 나를 증오할 것이다. 나는 내가 사는 세계를 애도하는데, 타협하지 않고선 아무 곳에도 있을 수 없기 때문이다. 내가 할 수 있는 건 부스러진 희망과 사랑의 잔해를 주워 모아, 이 세상의 파편 속에서 적어도 작은 시 한 편을 불태우는 것이다…… 나는 시인과 철학자들에게 친근감을 느끼고, 과학자들에게는 증오심을 품고 있다. 내가 과학자들을 증오하는 건, 그들이 추구하는 목적이 결국 인간을 자신에게서 더 멀어지게 할 것이기 때문이다.

"나이스필드"는 "살아 있는 일에서 어떠한 목적도 감지할 수 없다……"고 단언했다.

"오스카"는 자신의 인생 철학을 설명하며 버트런드 러셀(그의 글들이 교양교육에 포함되어 있었다)을 인용했다. "확고한 절망이라는 단단한 기반 위에서만 영혼의 거처를 안전하게 구축할 수 있다."

"쿼츠"는 "객관적 가치라는 건 없다"고 선언했다.

"도싯"은 간단히, "내가 보는 사회는 악취를 풍긴다"고 적었다.

"샌윅"은 어떤 연구자의 표현에 따르면, "기본적으로 삶이라는 일 자체를 불신한다"고 했다. 연구자들은 그를 분석하는 일이 "거의 불가능하다"고 했는데, 왜냐하면 "그의 삶 전체가 존재, 삶, 죽음, 초월, 보존, 해방, 반복, 혼란…… 같은 과장된 철학적 개념으로만 이루어져 있기 때문이다. (그가)…… 자각, 인식, 그리고 감정의 소용돌이나 대혼란을 겪고 있음을 감지할 수 있다"고 했다.

그런 식이었다. 다른 학생은(카진스키는 아니다) "상당한 좌절과 우울함, 혼란을 겪고 있으며…… 극단적으로 소외된" 것처럼 보였고, 또 다른 학생은 "은둔과 침묵"에 쉽게 빠질 것처럼 보였다.

그런 생각은 이원성 실험 과정에서 더 확대되게 마련이었다. 그리고 실제로 이 실험은 일부 학생에게 분명히 심각한 영향을 미쳤다. 카진스키의 변호인단이 제출한 자료에 따르면, 실험 대상자 중 한 명 이상이 이후에 감정적 문제를 겪었다. 그리고 실험이 완료된 후 참가자들이 써낸 설문지의 답변을 보면, 학생들 중 일부가 그 경험이 자극적이었다고 느꼈음을 확실히 알 수 있다. 심지어 25년이나 지난 후에도 일부는 그 불쾌감을 기억하고 있었다.

1987년 "크링글"은 다음과 같이 회상했다. "분노했고 난처했습니다…… 유리 칸막이와…… 우리 팔뚝을 따라 전극이나 전선들이 붙어 있는 그런 상황이."

25년 후에도 "드릴"은 "그 실험의 전반적인 분위기를 아주 생생하게" 기억하고 있었다. "누군가 제 팔에 전극을 붙이고 혈압을 잰 다음 촬영을 시작했습니다…… [저는] 상대의 악의에 깜짝 놀랐습니다…… 제가 분노를 가라앉히지 못한 상태로 반응했던 게 기억납니다."

"힌지"가 가장 생생하게 기억하는 것은 "공격"을 받았던 점이다. "저의 모든 움직임이나 소리가 기록된다는 것"이 싫었습니다. "…… 우리를 의자로 안내하고, 몸을 묶은 채 전선을 붙였습니다…… 상황에 익숙해지면서 제가…… 그 자리에서 실제로 영화 카메라 앞에 앉아 있다는 걸 깨달았습니다…… 상대가 저를 너무 심하게 공격해서 놀랐습니다……"

25년 후 "로커스트"는 다음과 같이 적었다.

어느 날 오후 "토론"을 위해 갔고, 그대로 전극을 꽂은 채 의자에 앉았습니다. 환한 조명이 켜지고 영화를 제작하는 중이라는 말을 들었습니다…… 상대가 제 가치관과, 에세이에 쓴 제 의견을 공격하고, 심지어 모욕했던 것이 기억나며, 제가 제 생각을 방어하지 못했던 게 기억납니다. 그런 걸 쓸 때는 토론 대상이 될 줄은 몰랐으니까요…… 지나치게 가혹하게 공격받았던 게 기억나고, 무력하게 방어하지 못했던 게 기억납니다…… 그러니까 제가 기억하는 건 그 느낌(어리둥절함, 놀람, 분노, 원통함), 감각(영화 촬영에 쓰는 밝은 조명, 그 상황의 불편함), 반응(왜 이 사람들이 나를 이렇게 대할까, 이러는 이유가 뭘까, 그들이 나를 속였다, 토론이 있을 거라고 했지만 사실은 공격이었다)입니다.

졸업 25주년 기념 모임에서 "아이브스"는 이렇게 적었다.

25년 전의 만남에 대한 나의 기억
놀랄 만큼 공격적이었던 젊은 변호사
그의 머리는 새카맣고 구불구불했지
주제는 사랑의 본질
나는 사랑은 특정한 사람을 향해서만 가능하다고 주장했지.
그는 인류 전체를 사랑할 수 있다고 했지.
우리는 『전쟁과 평화』에 나오는 나타샤에 대해 이야기했지.
그 경험은 즐겁지 않았네.

분명 모든 학생이 그 경험을 불쾌하게만 기억하는 것은 아니다. 하버드가 내게 "자료 일체"에 대한 접근권을 허용하면서 맺은 계약

조건에 따라 나는 연구 대상자들과 접촉할 순 없었지만, 머리를 좋아했던 것이 분명한 두 명이 『애틀랜틱』과 출판사에 편지를 보내왔다. 이 두 사람 다, 다른 친구들 혹은 머리의 전직 조교, 그리고 이전 실험의 참가자들과 마찬가지로, 그 실험이 어떤 식으로든 비윤리적이거나 해롭지 않았다고 했다. 한 명은 그 일이 "재미있었다"고 했고, 다른 한 명은 "대단히 마음에 들었다"고 했다.

이런 의견은 확실히 진지한 것이다. 하지만 전혀 놀랍지는 않다. 같은 경험을 두고도 사람들은 다르게 반응하게 마련이다. 심지어 자료 일체를 봐도 모든 학생이 이원성에 대해 곤혹스러워한 것은 아니었다. 하지만 회상적인 증언이든, 머리에게 우호적인 사람들의 항의든, 어떤 식으로든, 그 실험이 카진스키에게 끼친 영향에 대한 증거가 될 수는 없다. 양쪽 다, 학자들의 말을 빌리자면, 순전히 일화적인 일일 뿐이다.

하버드의 비밀주의 때문에 좀더 과학적인 평가를 하긴 어려웠다. 하버드대학은, 직접 검토하고 승인한 연구 계획을 제외하고는, 실험 대상자들과 접촉하는 것을 금지했다. 참가자들의 개인정보를 보호하면서 진행하는 후속 연구는 가능했지만, 그런 연구가 제안되거나 허가된 사례는 없었다. 앞에서 봤듯이, 『애틀랜틱』 2000년 6월호에 내 기사 「하버드와 유나보머의 탄생」이 실린 후, 머리 센터는 카진스키의 실험 참가와 관련된 기록을 전부 영구 기밀로 처리했다.

그럼에도 불구하고, 그리고 그의 동료들은 부정하지만, 우리는 머리의 실험이 실제로 비윤리적이었음을 알고 있다. 당시 냉전 전사들의 많은 연구와 마찬가지로, 그는 뉘른베르크 규정의 "정보 제공 후 동의"를 어긴 것이었다.

그 실험을 옹호하고 또 철저한 검토를 진행하지 않음으로써, 머리의 옹호자들과 머리 센터는, 사실상 심리학 연구 기관 전체와 함께 기만적인 연구를 용인하고 있음을 드러낸 셈이다. 그런 방식을 선호하는 경향은—뉘른베르크 조약에서 비난했음에도 불구하고—머리 시절의 전문가들 사이에 널리 퍼져 있었을 뿐 아니라, 오늘날에도 여전히 우리 주변에 있다. 현재 미국심리학회의 참가자 모집 관련 지침에서도 그 행위를 금지하지 않는데, "기만적 기술은 해당 연구가 미래에 중요한 과학적·교육적 응용과 관련된 가치를 가진 경우에만 사용할 수 있다"고 안내하고 있다.[4]

그러니까, 실험을 하려는 사람은 (혹은 연구 검토위원회는) 자신이 경력과 관련해 얻을 이익을 (혹은 위원회가 판단하기에 일반 대중 혹은 연구 기관에 발생할 수 있는 이익을) 학생 지원자가 입을 위험도에 비추어 평가할 필요가 있다는 것이다. 이처럼 허용적인 입장 때문에 전문가들은 그런 속임수가 참가자들에게 미치는 장기적 영향을 객관적으로 측정하는 일에는 거의 관심이 없다. 실제로 그런 문제를 논의하는 사람도 많지 않다. 내가 그 문제를 제기하자, 대부분은 "좋은 질문입니다"라고만 대답하고는 대화를 끝내버렸다. 누군가는 연구계가 "어떤 것이 튀어나올지 두려워하고" 있는 거라고 설명했다.

그런 행태를 옹호하는 일부 사람은 스탠리 밀그램의 후속 설문, 즉 참가자의 84퍼센트가 곤란한 영향을 받지 않았다고 답변했다는 점을 든다.[5] 일부는 다른 사후 연구들, 즉 기만적 연구의 참가자 중 평균 20퍼센트 정도 "만" 해당 연구에서 해를 입었다는 자료를 인용한다. 이런 종류의 설문 가운데 가장 자주 인용되는 자료에 따르면—기만적 연구의 참가자 195명을 대상으로 시행한 설문이었

다—56명, 즉 29퍼센트“만”이 고통받았다고 대답했다.[6]

그리고 이런 “낮은” 확률이 부정행위를 정당화해준다고 옹호자들은 말한다. 대다수가 해를 입지 않았다면, 속임수가 정당화된다고 그들은 말한다.

이런 기괴한 논리가 오늘날 심리학 연구의 윤리로 통용되고 있다. 다행히 모두가 그렇게 생각하는 것은 아니다. 버클리의 캘리포니아대학 심리학자이자 이 같은 연구 관행에 비판적인 다이애나 바움린드는 이렇게 적고 있다. “다치지 않았던 사람들이 다수라고 해서 실험 참가자 중 소수가 보고한 피해가 없는 것이 되지는 않는다. 음주 운전자의 차를 민첩하게 피하는 사람이 압도적으로 많다고 해서, 그런 차에 치인 사람의 피해가 없어지지 않는 것과 마찬가지다.”[7]

뿐만 아니라 대상자가 직접 작성하는 이런 설문에서 수집한 자료는 신뢰할 수 없기로 악명 높다고 바움린드는 지적한다. 가장 소외된 참가자들은 아예 대답을 하지 않거나, 자신들이 해를 입었다는 것을 인정함으로써 실험 주최자의 감정을 상하게 하는 상황을 피하려 하기 때문이다. “참가자의 분노나 수치심, 혹은 ‘좋은 실험 대상’이라는 자신의 이미지를 지켜야만 한다고 믿는 참가자가 자신에 대한 이미지에 변화를 겪은 상황 등을 밝혀내려면, 훈련된 치료사의 개입이 필요하다.”

바움린드는 이어서 이렇게 설명한다. “나는 실험 대상자가 그 경험의 결과로 자신과 조사관, 그리고 그 연장선에서 삶의 의미 자체에 대한 신뢰를 잃어버리는 것에 비하면, 신체적 고통이나 스트레스에서 받는 부정적 영향은 적다고 믿는다. 실험 대상자로 가장 자주 모집되는 대학생들은 그런 무질서한 경험을 낳는 조건에 특히 취약하다.”[8]

그런 경험은 “행동과 관계에 의미를 부여하는 그/그녀의 능력을 손상시키며, 합법적 권위에 대한 신뢰를 떨어뜨리고, 개인의 자존감과 일체감을 손상시킨다”라고 그녀는 이어서 썼다.

몇몇 조사에 따르면 기만적 실험은 불신의 씨앗을 뿌리는 것이 확실하다. 그런 연구를 정리한 1972년 자료에 따르면, “기만은 의심을 키우게 마련”임을 알 수 있다. 또한 “기만당하고 정보를 공유받지 못한 실험 대상자는 ‘실험을 믿고 진실을 말하려는 경향이 점점 줄어든다’”. 또 다른 연구자는 “기만은…… 부정적 행동을 증가시킨다”라고 했다.[9]

겉으로는 무해한 기만적 연구에서 자존감에 심각한 손상을 입은 사람 중 한 명은 바움린드 본인의 전 비서였다. 그 비서는 훗날 “그 실험이 사람을 황폐하게 만들었다”라고 적었다.

당시 내 개인의 발달에서 핵심적인 부분이 상처를 받았다. 실험에 자원한 많은 학생은 자신에 대해서 뭔가를 배우고, 자기 능력과 약점을 파악하고, 그런 특징을 고려해 삶에 대한 원칙을 마련할 수 있기를 바랐다. 하지만 그 대신 나 자신을—혹은 그 무엇이든—알 수 있는 신뢰할 만한 방법이 없으며, 자신에 대한 지식을 기반으로 세운 삶의 방식을 확신할 수 없다는 것을 알게 되었다. 나는 단순히 실망한 것이 아니라 어떤 속임수에 빠졌고, 내가 배워야 했던 것이 아니라, 뭔가를 배우려는 노력 자체를 좌절시키는 뭔가를 배웠다.[10]

그리고 한 명이면 충분하다. 기만적 연구는 심지어 아무도 해를 입지 않는다고 해도 잘못된 것인데, 거짓말부터가 잘못된 것이기 때문이다. 그리고 만약 단 한 명의 개인이 고통을 받는다면—혹은 더 나쁘게는, 자살하거나 살인을 하게 되면—그 연구는 이중으로 변명의 여지가 없는 것이 된다. 사실상 거의 모든 기만적인 실험에서 **누군가는** 해를 입는다.

과연 카진스키, 그 한 명뿐이었을까?

인간을 대상으로 한 실험과 관련해 세계적 권위자로 알려진 예일 대학의 로버트 러빈 교수는 누군가 분명 해를 입는다고 생각한다. 자신의 전문 영역은 외과가 아니라 내과이긴 하지만, 그럼에도 자신의 "직감"에 따르면 "그런 실험이 이미 불안정한 심리 상태의 참가자에게 정신적 외상이 될 것"이라 확신한다고 말했다.[11] 매사추세츠 대학 심리학 교수 폴 애플바움도 같은 의견이다. "그런 실험이 취약한 개인에게 부정적 영향을 미칠 수 있는 것일까?"라고 그는 형식적으로 질문한다. "심리적 외상의 증세가 나중에 나타날 수도 있기 때문에…… 전혀 불가능한 것은 아니라고 분명히 말할 수 있다."[12]

앞으로 보겠지만, 카진스키는 정확히 바움린드가 묘사한 취약성을 지니고 있었다. 머리 센터가 아닌 다른 곳에서 입수한 머리 본인의 분석에 따르면, 카진스키는 이 실험에서 다른 참가자들보다 더 심각한 영향을 받았다.

이원성은 머리와 카진스키의 삶이 교차하는 어떤 결합체가 되었다. 머리의 강한 성격과, 알려진 것처럼 학생들과의 개인적 관계에 의해 연구가 "오염"됐다는 사실을 감안하면, 그가 이 청년에게 부정적 인상을 강하게 남겼다고 해도 놀랄 일은 아니다.

이 정도로 다른 두 사람을 상상하는 것도 쉽지 않다. 카진스키는 노동자 계급 폴란드인의 아들이었고, 머리는 부유하고 연줄도 좋은 가문의 후예였다. 머리는 자신의 특권적 배경을 숨기지도 않았다. 그는 자신의 조상이 4대 던모어 백작이라고 이력서에 적을 정도였다. 자기 돈으로 하버드 심리치료소에 재정 지원을 하기도 했고, 그런 기여는 눈에 띄었다. 전 동료 가운데 한 명은 그가 "귀족 같은 태도"를 보이는, "치안판사" "대토지의 통치자"였다고 했다.[13]

레오폴드 벨락은 머리에 대해 이렇게 말했다. "글뿐만 아니라 삶에서도 양식이 있는 사람이었다…… 화려하지 않은 우아함 같은…… 그는 대단히 귀족적이었고, 나 같은 사람은 그저 평민이나 아무것도 모르는 촌놈 같은 기분이 들게 했다…… 해리는 늘 평범한 사람들에 대한 반감으로 나를 놀라게 했다……."[14]

카진스키와 같은 실험에 참가한 학생들 중 일부는 아마 이런 귀족적 풍모에 매력을 느꼈을 수도 있다. 하지만 자기 물건이라곤 바지 두 벌밖에 없는 열여섯 살 소년에게 이 세련된 뉴요커, 실험을 총괄하고, 귀족 조상을 자랑하고, 여름은 세인트로렌스에서 보내고 종종 서인도제도로 휴가를 떠나고, 친구를 떠날 때는 "피투성이로 만들어버리는" 이 사람은 실로 어마어마해 보였을 것이다.

카진스키는 속물주의에 특히 예민했다. 그가 별관에서, 그로턴 졸업생들과 차를 홀짝이며 그런 상황을 즐기는 모습은 상상하기 어렵다. 「진실 대 거짓」에서 그는 머리의 조교들이 자신을 무시할 때마다 고통스러웠다고 적었다. "이 남자는 옷을 제대로 입지 않은 학생, 자신이 속한 모임에 받아주지 않는 사람과는 어울리지 않으려 했다."[15]

그런 모욕을 받은 것에 대한 분노가 카진스키 내면에서 무럭무럭 자라났다. 실험 시작 단계에서 머리가 모든 학생에게 요구한 에세이를 보면, 카진스키의 삶의 철학은 참가자들 중 가장 허무주의적이었다.

머리는 그 에세이들을 셋으로 분류했다. 첫 번째 부류는 "애매하고 형태를 잡지 못한 철학"이었고, 두 번째는 좀더 발달한 사고, 그리고 세 번째—가장 성숙한 생각—는 "개인적 이상과 원칙, 실현 가능한 목표에 대한 언급이 포함된, 전반적으로 거의 자리를 잡은 철학"이었다.[16]

첫 번째 부류에 속한 학생들 중 일부는, 머리의 표현에 따르면, 삶의 철학에 대한 필요 자체를 거부했다. 다른 일부는 강한 비관주의를 드러냈고, 또 다른 일부는 잘못 형성된 견해를 지니고 있었다. 그렇게 된 이유는, 머리의 가정에 따르면, 학생들이 에세이 쓰는 일에 관심이 없었거나, 그런 질문 자체를 생각해본 적이 없었거나, 협력을 원치 않았거나, 삶의 철학을 가진다는 생각 자체를 거부했기 때문이다.

머리는 카진스키의 에세이를 "애매하고 형태를 잡지 못한 철학" 중에서도 가장 유아독존적인 것들로 다시 분류했는데, 이는 "삶 자체에 부정적으로 접근하기 때문에 어떤 긍정적 삶의 철학도 가질 수 없는 부류"였다. 이런 학생들에게서는 "보편적으로 자기중심주의를 볼 수 있다"고 머리는 평가했다.

하지만 카진스키의 견해가 단지 자기본위적인 특징만 보인 것은 아니었다. 그것은 그가 교양교육에 담긴 절망의 메시지를 얼마나 철저히 흡수했는지를 보여주는 것이기도 했다.

"어떤 가치 체계, 다른 어떤 것이 아닌 특정한 철학을 받아들일 객관적 근거를 찾을 수 없다"고 카진스키는 썼다.

> 만약 뭔가 혹은 누군가가 이래야만 한다거나 저래야만 "한다"고 말한다면, 그건 질문에 대한 나의 감정적인 반응일 뿐이다. 나는 뭔가가 이래야만 한다거나 저래야만 한다고 말할 만한 이유를 전혀 찾을 수 없다…… 내 철학의 가장 중요한 부분은 바로 경쟁과 투쟁에 나설 만한 일인가 하는 점이다. 도덕이나 객관적인 가치 체계는 없다. 독립성이 중요하다. 우리는 아무것도 확실히 알 수 없다.

"도덕이나 객관적인 가치 체계는 없다." 이 말이 그저 소외의 징후만 되는 것은 아니다. 이는 또한 카진스키가 하버드의 가르침을 잘 배웠음을 보여주는 것이기도 하다. 그는 그저 윤리학에 대한 실증적 태도—모든 교과과정에 스며 있었다—즉 철학자들이 "정서 이론"이라고 부른 것을 보여주고 있을 뿐이다.

『맥밀런 철학백과사전』에 따르면, "정서 이론의 주된 주장에는…… 부정적 주장과 긍정적 주장이 있다. 부정적 주장은…… 윤리적 확신은 산술적 명제처럼 증명할 수 없으며, 관찰이나 실험을 통해 검증할 수도 없다는 것이다⋯⋯."[17]

요컨대 정서주의는 오직 과학만이 중요하다는 것으로, 윤리적 견해는 과학이 아닌 감정적 발화일 뿐이라는 것이다. 이는 당시 학생들이 수업과 자유토론, 독서 과제에서 매일 마주치는 주제였다.

일부 학생은 철학 입문 수업에서 독서 과제로 자주 언급되었던 에이어의 『언어, 논리, 진리』에서 그 개념을 처음 접했다. 에이어는 이렇게 썼다. "(윤리적 판단은) 순전히 '정서적'이다. 그것은 특정 대상에 대한 감정을 표현하는 것일 뿐, 그 대상에 대한 단언은 아니다⋯⋯ 도덕적 판단을 표현하는 문장은 아무것도 말해주지 않는다. 그것은 단지 감정의 표현일 뿐이다."[18]

일부 학생은 "'X가 좋은 것이다'라는 문장은, '우리가 X를 좋아한다'라는 의미일 뿐이다"라고 했던 정서 이론의 창시자 찰스 L. 스티븐슨을 통해 직접 거기에 입문했다.[19] 또 일부는 신입생 대상 교양교육 영작문 수업의 참고 서적 『자유주의 교육을 향하여』에서 그 이론을 배웠는데, 이 책의 저자는 "논쟁 중에 도덕적 판단을 암시하는 단어를 쓰는 것은 일반적으로, 감정을 자극함으로써 진실에 대한 청자의 견해를 왜곡시키려는 시도다"라고 했다.[20]

그러니까 카진스키는 분명 취약했다. TAT 검사 결과만 보면 실험이 시작될 때 그는 제정신이었지만, 불안한 사회적 지위와 철학적 허무주의를 감안할 때, 머리의 실험은 그에게 나쁜 영향을 미칠 수밖에 없었다. 그리고 실제로 그랬다. 연구팀이 이원적 토론—상대(머리가 '타자'라고 부른)가 학생의 삶의 철학을 공격했던—에 대한 학생들의 반응을 직접 분석한 바에 따르면, 카진스키는 모든 면에서 가장 극단적인 결과를 보였다.

연구팀의 판단에 따르면 "로풀"은 세 가지 영역에서 가장 높은 수치를 보였다. (1) "타자의 철학에 담긴 비판의 강도" (2) "타자의 철학에 대한 비판 강도나 빈도" (3) "이원성에 대한 불화 정도"였다. 다른 말로 하자면, 카진스키는 모든 참가자 가운데 가장 심한 외상적 경험을 했다. "로풀"의 점수 옆에 머리는 "노골적으로 낮은 결과치를 보임. 로풀—낮은 점수, 반감과 경멸감이 잠재되어 있음"이라고 휘갈겼다.[21]

—

대학생활이 이어지면서 카진스키는 하버드에 적응하는 것처럼 보였다. 2학년 말, 엘리엇 하우스의 친구 존 핀리는 유난히 얕잡아보는 투로 카진스키에 대해 다음과 같이 적었다.

중간고사에서 A 세 개, B 하나를 받으면서 그를 이 기숙사에 입소시킨 의아했던 결정이 옳았던 것으로 밝혀지고 있다. 그는 5월 말에야 열아홉 살이 되었고, 미숙함과 단순했던 성장 과정을 극복해야만 했다. 탁월하게 향상된 성적은 그에게 상당한 내적인 힘이 있음을 보여준다. 그는 대학원에서 완성된 자신의 모습을 보게 될 것이다. 대단히 씩씩하고, 감동적이며, 기억할 만하다.[22]

핀리는 카진스키가 "상당한 내적인 힘"을 가지고 있다고 했지만, 이 학생은 내적으로 자신의 건강을 걱정하기 시작했다. 잠을 잘 자지 못했고 끔찍한 악몽을 꾸기 시작했다. 니체와 마찬가지로, 카진스키는 "종종 폭발하는 기계가 된 듯한" 느낌이 들었고, "강렬한 감정 때문에 몸이 떨리는 것 같다"고 했다.[23] 훗날 샐리 존슨에게 말한 것처럼, 그는 점점 더 사악하게 느껴졌던 사회, 심리 조종을 통해 순응주의를 강화하는 강박에 빠진 사회에 복수하는 환상을 품기 시작했다.

백일몽이 그의 무력함을 드러냈기 때문에 더 불안했다. 자신의 분노를 공개적으로 표현할 수 없었기 때문에 스스로에 대해서 끔찍하게 화가 났다. "그런 환상을 실현하려는 시도는 한 번도 하지 못했습니다"라고 그는 존슨에게 말했다. "왜냐하면 저는 권위에 도전하는 일은 해서는 안 된다는 교육을…… 너무 강하게 받았기 때문입니다…… 비교적 작은 범죄를 통해 복수를 할 수도 없었는데, 잡혀서 처벌받는 일에 대한 두려움이, 실제로 잡힐 위험보다 압도적으로 더 컸기 때문입니다."[24]

그는 착한 청년이었고, 착했기 때문에 자신의 분노를 쏟아낼 출구를 찾을 수 없었다. 과도하게 발달한 자의식의 압력이 너무 커졌고, 결국엔 자신이 터질 것만 같았다. 사회 규범에 맞춰 살려는 카진스키의 시도, 부모님과 선생님의 기대에 맞춰 살려는 시도가 그를 극단적으로 외롭고 비참한 지경으로 몰아넣었다. 조금씩 조금씩, 사회—체제—가 그를 파괴하고 있었다.

정의를 위해서라면 복수를 해야 했다. 하지만 그는 용기가 없었다. 그래서 도피처를 찾았다. 그는 사회에서 벗어나 원시적인 삶을 사는 백일몽을 꾸기 시작했다. 존슨에 따르면, 그는 "야생에 대해 공부하며" 시간을 보내게 되었다. 그리고 소로에서 에드워드 애비까지, 그보다 앞서 있었던 많은 미국 지식인처럼 자연 속에서 자신을 쇄신하려는 계획을 세웠다.

—

1999년, 카진스키는 『그린 아나키스트』에 "1962년, 하버드에서 보낸 마지막 해에…… 체제에 대한 환멸을 느끼기 시작했습니다" 라고 말했다(잡지사에서 정리한 표현).[25] 그리고 이때가 카진스키의 인생에서 결정적인 시기였다는 점에는 의심의 여지가 없다. 머리 실험이 그에게 강한 인상을 남겼다. 36년도 더 지난 시점에 그는 여전히 그 일이 "불쾌"했다고 기억했고, 그 실험에 대한 머리의 논문 사본도 가지고 있었다.

존슨이 적었듯이, 카진스키는 당시 감정적 압박을 느끼고, 반사회적인 견해를 키워나가기 시작했다. 카진스키의 고등학교 상담교사였던 로이스 스킬런은, 머리 실험이 결정적인 요소가 되었을 거라고 믿는 사람들 중 한 명이다.[26] 터크 카진스키의 오랜 친구이자 테드가 꼬마일 때부터 잘 알고 지냈던 은퇴한 심리학자 랠프 마이스터 역시 그런 가능성을 제기했다. 머리의 연구 동료 중 한 명도 내게 비슷한 의견을 전했다.[27]

두 물줄기가 하나로 합류하며 카진스키는 유나보머가 되었는데, 하나는 심리학이었고, 다른 하나는 철학이었다. 그리고 머리의 실험은 양쪽 모두에 기여했다. 한쪽 물줄기는 가족에 대한, 그리고 고등학교와 대학 시절—아마 머리와 그의 동료, 그리고 실험 참가자 집단에 있었던 다른 학생들에게서—느꼈던 냉대와 상처에 대한 분노를 먹고 자랐다. 다른 한쪽 물줄기는 카진스키가 하버드에서 처음 접한 절망 문화, 그리고 사회와 심리학을 포함한 사회 관습에 대한 철학적 비판에서 비롯되었다.

서서히 하버드의 독서 목록과 머리의 실험에 깊이 빠져들면서 카진스키는 자신의 불행과 분노를 표현할 이론을 조합했다. 기술과 과학은 자유를 파괴하는 것이었다. 하버드도 그 일부였던 체제는, 기술에 봉사했고, 기술은 다시 순응주의를 요구했다. 광고와 선전, 그밖의 다른 심리학 기술을 통해 이 체제는 사람들을 기계에 봉사하는 자동인형으로 변모시키려 했다.

머리의 실험 내내 괴로웠던 카진스키는 사회의 "심리 조종"을 걱정하기 시작했다. 맥락을 볼 때 이것은 편집증적 망상이 아니었다. 카진스키는 이성적일 뿐 아니라 바람직하기도 했다. 머리에게서 그는 행동 조절을 완결하려는 냉전 전사의 정수를 마주했다. 대학과 기성 심리학계는 사람을 아무것도 모르는 기니피그처럼 대하는 실험을 기꺼이 수행했고, 그들을 무신경하게 취급했다. 이것이 나중에 카진스키가 품게 된 확신, 즉 학자들—특히 과학자들—은 "체제"에 철저하게 타협한 하인이며, 인구의 행동을 조절하려는 기술 개발을 위해 고용된 사람들이라는 그 확신의 강력한 논리적 기반이 되었다.

카진스키의 글을 볼 때, 그는 인문학과 사회과학에서 발견한 복잡성과 상대주의를 거부한 것이 분명해 보인다. 그는 수학의 이원적 인지 유형과 교양교육의 자포자기식 메시지를 모두 받아들였다. 그리고 가장 중요하게, 그는 실증주의를 흡수했다. 가치중립적 이성을 요구하고, 카진스키 본인이 나중에 일기에 적었듯이, "도덕을 논리적으로 정당화할 수는 없다"고 설파한 이론이었다.

　카진스키는 『그린 아나키스트』 인터뷰에서, 1971년과 1972년에 자크 엘륄의 『기술사회』를 처음 읽었고, 사회가 기술에 봉사하는 것이지 그 반대가 아니라는 메시지도 접했다고 밝혔다.[28] 엘륄의 주장에 의하면 개인은, 이 목적에 봉사하는 정도에 따라서만 가치를 지닌다. 모든 사회활동, 특히 수학·교육·심리학은 오직 기술 진보를 위해서 형성되었고 거기에만 헌신한다. 하지만, 훗날 카진스키가 설명했듯이, 그런 생각들이 그에겐 놀랍지 않았다. 그는 이미 하버드에서 아주 유사한 생각들을 접한 바 있었다.

　"그 책에 담긴 생각의 절반은 이미 나 스스로 발전시키고 있었다"라고 그는 1998년에 회상했다. "그러다…… 처음 그 책을 읽었을 때 '내가 생각하던 것을 이야기하는 사람이 여기 있네'라는 생각이 들어서 기뻤다."[29]

　이렇게 카진스키의 하버드 경험은 그의 화에 형태를 부여하고, 분노를 정당화해주었다. 졸업과 함께, 궁극적으로 그를 유나보머로 변모시킬 요소가 모두 자리를 잡았다. 그 요소란 그의 철학을 구성하게 될 생각들, 수학과 심리학에 대한 혐오, 불행과 소외였다. 얼마 후에는 살인에 대한 의지도 생겼다. 실증주의의 가치중립적 메시지를 흡수하면서—도덕은 그저 감정에 불과했다—그는 자유롭게 살인을 저지를 수 있게 되었다. 하버드를 떠난 지 4년 만에 그의 인생 계획은 확고해졌다.

3부

카진스키의 혈통과 현대 테러리즘의 이데올로기

미국의 지도하에 서구 문명이 파괴되었다. 자유와 인권, 그리고 인간성을 대변하던 상징적 탑이 파괴되었다. 그것들은 연기 속에 사라졌다.
—오사마 빈 라덴, 2001년 10월

이런 사람들은…… 모순이나, 자신이 잘못되었다는 것을 받아들일 수 없다. 이런 면모가 신이나 슈퍼맨으로서 그들의 이미지를 위협한다.
—콜린 윌슨·데이먼 윌슨, 『우리 안의 살인자』

20.　심리학자에 대한 악몽

　카진스키는 1962년 6월, 스무 살 생일에서 한 달도 지나지 않은 시점에 하버드를 졸업했다. 국가로서는 새로운 시대의 시작이었고, 카진스키에게는 종말의 시작이었다.

　1960년대로 상징되는 두드러진 변화가 시작되었다. 우주 경쟁과 기술의 진보, 냉전의 격화, 성 혁명, 마약 문화의 탄생, 그리고 전국적 매체로서의 텔레비전의 등장. 시민권 혁명, 퍼져가는 폭력, 어디서나 볼 수 있는 소비주의, 환경과 관련된 자각, 이 모든 것이 국가의 의식에 변화를 일으키는 방아쇠가 되었다.

그해 존 글렌이 최초로 우주에 나간 미국인이 되었다. 제임스 메러디스가, 그를 입학시키라는 대법원 결정 후에, 무장 경비원의 보호를 받으며 미시시피대학에 등록했다. 텔레비전 방송국은 일주일에 3시간 30분씩 컬러 방송을 시작했다. 쿠바 미사일 위기가 터졌고, 수소폭탄 전쟁이 발발할 뻔했다. 미디어 학자 마셜 매클루언의 『구텐베르크 은하계』가 등장해, 텔레비전이 온 세계를 "지구촌"으로 변모시킬 거라고 예언했다. 앤서니 버지스의 『시계태엽 오렌지』와 켄 키지의 『뻐꾸기 둥지 위로 날아간 새』가 출간되었다. 반문화 심리치료센터인 에설런 인스티튜트가 캘리포니아주 빅서에 설립되었다.

세뇌와 심리 조종에 대한 가상의 영화 「만주 지원자」가 개봉됐다. 월마트 1호점이 문을 열었다. 레이철 카슨의 환경운동 고전 『침묵의 봄』이 출간됐다. 피임 알약이 언제든 구할 수 있는 것이 되었다. 대학 교정에서는 교수와 대학원생들이 티머시 리리를 따라하기 시작했지만, 하버드는 이듬해 봄 환각제를 무차별적으로 사용했다는 이유로 그를 해고했다. 같은 해인 1963년, 베티 프리던의 『여성성의 신화』가 출간되면서 여권 운동이 시작되었다.

하지만 카진스키는 이러한 일들을 무시하려고 애썼는데, 훗날 샐리 존슨에게 다음과 같이 이야기했다. "(정기적으로 신문을 읽었더라면) 정치인, 독재자, 사업가, 과학자, 공산주의자, 그 외 저를 위험에 빠뜨리거나 제가 혐오하는 이 세상을 만든 사람들에 대한 긴장감과 분노가 지나치게 커졌을 겁니다."[1]

그동안 그는 자신만의 고치 속에서 살았다. 이제 자기 삶을 꾸릴 때였다. 그는 수학 공부를 계속하기 위해 대학원 세 곳에 지원했다. 하지만 학점을 볼 때 딱히 수학에 크게 매혹된 것 같지는 않았다. 매혹에 대해 말하자면, 그는 역사나 진화론에 더 흥미를 느끼는 것 같았다. 하버드 졸업 성적은 명예롭지 못했는데, 수학 101에서 형편없는 C, "미적분"에서 C+, "실수 변수 함수"에서 고만고만한 B를 받았다.[2]

그럼에도 카진스키가 수학 공부를 계속하기로 결정한 것은 여전히 부모님을 기쁘게 해주고 싶었기 때문이다. 또한 그 시기 다른 많은 젊은이와 마찬가지로, 징집을 두려워했던 그가 대학원 진학을 통해 입영을 연기하려 했던 것일 수도 있다. 하지만 낮은 학점 때문에 지원한 대학원 중 한 곳에서만—미시간대학이었다—강사 장학금을 주겠다고 제안했다. 해당 대학원의 입학 관련 부서에서 일했던 직원은, 마침 그 학교에 방문교수로 와 있었고 카진스키에게 현대 고등대수학을 가르쳤던 존 G. 톰프슨의 강력한 추천이 없었다면 미시간도 그를 받지 않았을 거라고 했다.[3]

카진스키도 톰프슨을 좋게 기억하고 있다고 말했다. 나이 지긋한 톰프슨은 "진정한 수학 천재"였다고 그는 내게 말했다. 하지만 카진스키가 톰프슨에게서 봤던 가장 좋은 면모는, 그가 속물이 아니라는 점이었다. 카진스키는 이렇게 덧붙였다. "톰프슨은 전형적인 하버드 수학과 구성원들처럼 행동하지 않았습니다. 저와 마찬가지로 그분도 옷을 아무렇게나 입고 수염도 깎지 않고 돌아다녔습니다…… 저는 톰프슨이 '평범한 사람'이라서 아주 호감이 갔습니다. 다른 하버드 교수들은, 뭔가 설명하기 힘든 미묘한 방식으로, 자신들이 우월한 지위에 있다는 느낌을 노골적으로 풍겼던 반면, 톰프슨은 늘 동등한 입장에서 학생들을 대했습니다."[4]

그리고 톰프슨은 "너그럽게 학생들을 돕기도 했습니다. 제가 저의 첫 연구 계획을 보여주었을 때…… 그분은 너그럽게 칭찬해주었습니다." 바로 그 연구 계획에 깊은 인상을 받은 톰프슨이 미시간에 자신의 추천서를 써준 거라고 카진스키는 전했다. 1962년의 그 지지가 "몹시 너그러운 조치였기 때문에…… 저는 늘 그분을 좋은 모습으로 기억하고 있습니다".

—

1962년 가을에 도착한 미시간에서 카진스키는 이중생활을 했다. 겉보기에 그는 환하게 빛나는, 대부분의 대학원생이 꿈꾸는 학문적 성취를 이뤄가고 있었다. 하지만 내적으로 그는 절망했다. 하버드에서 뒤섞이기 시작한 여러 물살이 교차하기 시작했다. 학부 시절에 배웠던 교양교육은 산업사회 비판에 있어 기반이 되어주었고, 자신의 비참함에 책임이 있다고 여겨지는 사람들에게 복수할 만한 논리를 제공해주었다. 하지만 미시간에 도착하기 전에 그런 생각들은 어설픈 수준이었을 뿐, 충분히 발달하지 못했다. 그곳에서 카진스키는 그 생각들을 다듬었다. 그사이 개인적인 비극이 그를 한계점으로 몰아붙였다.

두 가지 깨달음이 있었다—하나는 감정적인 것, 다른 하나는 철학적인 것이었다. 감정적으로 그는 처음으로 "착한 아이"가 되려는 노력을 멈추기로 했다. 철학적으로 그는 자신의 소외와 사회의 병폐 둘 다를 설명할 수 있는 이론을 거의 완결했다. 그리고 자신의 개인적 고통과 사회 비판을 이어주는 고리는 심리학과 수학이었다. 그 둘은 그가 직접 경험한 학문 분야였다. 그 둘은 또한 카진스키가 증오하게 된 산업사회의 핵심에 있는 활동이기도 했다. 이러한 감정과 경험, 그리고 생각들이 복수와 혁명에 초점을 맞추면서, 그는 테러리즘과 살인에 대한 계획을 품게 되었다.

하지만 표면적으로는 그런 혼란이 눈에 띄지 않았다. 카진스키가 대학원생으로서 미시간에서 보인 성취는, 그저 좋은 수준이 아니라 아예 기준 자체를 넘어버린 것이었다. 학생들은 강의 조교로서 그를 높이 평가했다. 그는 필수 조건이었던 프랑스어와 독일어 시험을 가볍게 통과했다. 수학 이외의 필수과목을 택할 때, 형질인류학자 프랭크 B. 리빙스턴의 지도하에 인간 진화를 연구하기로 했다. 리빙스턴은 카진스키가 "매우 훌륭했다"고 『앤 아버 뉴스』와의 인터뷰에서 말했다. "그는 내가 처음으로 A+를 준 학생입니다."[5]

하지만 그의 천재성이 제대로 꽃피운 영역은 수학이었다. 카진스키에게 실해석학을 지도한 피터 듀런은 그에 대해 "내가 가르쳐본 학생들 중 최고 수준이었다. 그는 분석력이 대단히 강했다"라고 말했다.[6] 논문 지도교수였던 앨런 실즈(사망)는, 카진스키의 "높은 기준"과 "인상적인" 작업에 놀라움을 금치 못했다고 말했다. 실즈가 동료에게 쓴 편지에 따르면, 그는 "타고난 능력이 아주 많은" 학생이었다.[7] 또 다른 전직 수학 강사 조지 피래니언은 카진스키의 능력에 대해 "일류"라고 간단히 말했다.[8]

동료 대학원생 조엘 셔피로는 다음과 같이 말했다. "제가 기억하기로 카진스키는 조용하고, 혼자 있기를 좋아하고, 젠체하지 않는 사람이었습니다. 적어도 동료들 사이에서는 튀지 않는 사람이었던 거죠. 우리 사이의 대화는 종종 함께 맡고 있는 수업에 대해서만 제한적으로 이뤄졌습니다. 그런 대화들을 통해 테드가 대단히 영리한 사람이라는 건 확실히 알 수 있었습니다."[9]

그리고 카진스키는 대학원생에게는 흔히 주어지지 않는 영예, 즉 수학 학술지에 논문이 게재되는 기회를 얻었다. 하지만 기질적으로 겸손했던 그는 지도교수에게조차 그 성공을 이야기하지 않았다. 현재 미시간주립대학 교수로 있는 셔피로는 다음과 같이 기억하고 있다.

그 전에는 그가 얼마나 뛰어난지 알지 못했다…… 그러던 어느 날 수학과 도서관에서 막 도착한 학술지를 보다가 "T. J. 카진스키"가 쓴 논문을 발견했다. 우리 대부분이 논리적 명제들을 배열해 일관성 있는 논거를 만드는 법을 익히려고 애쓰는 동안, 테드는 이미 알려진 문제들을 조용히 풀며 새로운 수학을 만들어내고 있었다. 우리가 힘겹게 문법을 익히는 사이에 그는 시를 쓰고 있었던 셈이다!
그 일 이후로 나는 테드가 차분하게 드러내는 수학적 능력에 커다란 인상을 받았다.[10]

하지만 마침내 그의 탁월함과 성격을 드러낸 사건은 졸업 논문 제출, 그리고 그 과정에서 겪어야 했던 도전을 극복한 일이었다. 듀런에 따르면 "경계함수"라는 제목의 이 논문은 "비범한 논문이며, 대단한 문서"였다.[11] 실제로 이 논문은 최고의 두뇌들을 오랫동안 괴롭혀왔던 기본적인 수학 문제에 해결책을 제시했으며, 수학계에서 가장 탁월한 박사 논문에 수여하는 섬너 마이어스상을 1967년

에 수상했다.[12]

하지만 그 성공으로 가는 길은 험난했다. 시작은 카진스키도 학생으로 참석했던 피래니언의 수업이었다. 학생들의 관심을 불러일으키기 위해 교수는 아무도 해결하지 못한 경계함수 문제를 소개했다. 피래니언이 내게 해준 이야기에 따르면, 몇 주 후 카진스키가 자신의 연구실을 찾아와 손으로 쓴 100여 쪽의 노트를 책상에 내려놓았다고 한다.[13]

카진스키가 문제를 푼 것이다. 피래니언은 물론 아무에게도 알리지 않은 채 학술지에 그 해결책을 투고했고, 학술지는 그의 글을 받아들이고 실어주었다. 하지만 피래니언의 독촉에도 불구하고 카진스키는 그 글을 자신의 박사 논문으로는 제출하지 않으려 했다.

그사이 카진스키는 앨런 실즈의 수업에 등록했고, 실즈 역시 학생들에게 오래된 미해결 문제를 제시했다. 그리고 당연하다는 듯 1965년 9월의 어느 날, 카진스키는 해결책이 담긴 장문의 노트를 들고 실즈의 연구실을 찾았다. 그와 실즈는 그 내용을 졸업 논문으로 하기로 했다.

"그해 가을 그는 그 생각을 더 발전시켰다"라고 실즈는 회상했다. "그리고 1966년 초 어느 날, 이미 그 일은 끝났다며 슬픈 표정으로 선언했다." 스탠퍼드의 대학원생 한 명이 이미 그 문제를 해결했던 것이다. 하지만 그 학생은 자신의 연구 결과를 발표하지 않고 수학계를 영원히 떠났기 때문에 실즈는 카진스키의 논문이 여전히 졸업 논문으로 받아들여질 수 있다고 말했다.

하지만 실즈에 따르면, "(카진스키는) 그 문제에 휘말리고 싶어하지 않았다. 기준이 높았던 그는 그대로 그 일을 놔버렸다." 대신 카진스키는 다른 문제에 집중해서, 역시 풀어냈고, 실즈는 그것 역시 졸업 논문으로 제출 가능하다고 했다. 하지만 1966년 자신의 증거를 검토한 카진스키는, "증거들 사이에 큰 간극이 있다"며 그 논문도 고려 대상에서 제외했다. 그렇다면 연구 노트로 발표하자고 실즈는 제안했지만, 카진스키는 거절했다. "그는 그런 건 사소한 문제라고 생각했다."[14]

이런 잘못된 출발을 겪은 후에야 그는 피래니언을 위해 썼던 원래의 「경계함수」를 논문으로 제출하기로 했다.

"(카진스키는) 거의 혼자 작업했다"라고 실즈는 자신의 비망록에서 언급했다. "나는 그를 거의 보지 못했다. 그는 모든 것을 혼자 해야 한다고 믿었고, 다른 사람들이 개발한 정교한 기계들을 익히고 적용하는 것은 싫어했다. 나는 그를 소위 주류 쪽으로 이끌려고 애썼지만, 성공하지 못했던 것 같다."[15] 듀런은 카진스키가 "외톨이"였으며, "대단히 진지한 사람이어서 자유토론 같은 것에는 참여하지 않았다"고 말했다.[16]

"자신만의 방식으로 일했다"는 게 듀런의 설명이다. "아주 독립적이고, 대단히 섬세했다. 증명을 적을 때는, 가능한 모든 설명을 함께 적었다. 어떤 것도 상상의 영역으로 남겨두지 않았다. 그는 과할 정도로 모든 면에서 조심스러웠다."[17]

미시간에서 카진스키는 대부분의 성공한 사람이 공유하는 특성을 보였다. 지적 자존심, 완벽주의, 독립적인 생각, 그리고 무슨 일이 있든, 즉 사람들이 어떻게 생각하고 결과가 어떻게 되든 개의치 않고 한 가지 생각을 끝까지 파고들려는 의지 같은 것이었다. 학자들 사이에서 그런 집착과 독립성은 매우 칭찬할 만한 자질이며, 실제로 천재의 고유한 특징으로 여겨지기도 한다. 피래니언은 카진스키의 선언문에 담긴 그의 병적인 집착에 대해 다음과 같이 언급했다. "단 한 권의 책—그것이 성서든, 코란이든, 아니면 『자본론』이든—에 사로잡힌 사람은, 어떤 의미에서는, 미친 사람이다. 그런 의미에서 테드는 미쳤을 수 있다. 하지만 그런 의미에서라면 학자들의 절반도 마찬가지다."[18]

하지만 고대 그리스 극작가들이 경고했듯이, 바로 그런 자질, 극단적 집착은 비극으로 이어진다. 지적 자존심이 자기중심적인 교만으로, 혹은 집착이 그 대상에 대한 신성화로 변해가는 계기는 비록 사소할 수 있지만, 그럼에도 위험으로 가득하다. 카진스키와 다른 천재들의 차이가 그저 정도의 문제일 뿐이라고 해도, 그 작은 '정도'가 그를 위험한 길로 접어들게 하기에는 충분했다.

실즈가 말한 "높은 기준"을 보여주었다는 건, 카진스키가 여전히 선한 사람이 되려고 애쓰고 있었음을 뜻한다. 그는 겉으로는 여전히 "로풀lawful(합법적)"이었고, 지적으로 철저하게 솔직한 모습을 보였다. 하지만 그는 자신의 기준을 너무 높이 잡았고, 그런 기준을 계속 유지하는 것은 불가능했다. 굽히지 않는 것은 부러진다. 그리고 그곳 미시간에서 카진스키는 부러졌다.

—

미시간에서의 성공은 개인적으로는 어떤 만족도 주지 못했다. 그의 글을 읽거나 이해하지 못하는 사람들—말하자면 사실상 거의 모든 사람—에게 그는 철저하게 무의미한 존재였다. 심지어 그는 웃기게 보이기도 했는데, 나중에 『앤 아버 뉴스』가 보도한 바에 따르면 "스포츠 재킷에 타이를 맨 차림으로 수업에 들어가곤 했고, 학생들이 보기에는 대단히 기이한 차림이었다".[19]

카진스키는 지식과 학문이 사람을 어디까지 고립시킬 수 있는지, 사람을 얼마나 다른 이들로부터 떼어놓을 수 있는지 알게 되었다. 뭔가에 대해 알면 알수록, 자기 생각을 나눌 수 있는 사람의 수는 줄어들었다. 그가 정복한 수학이라는 영역은 너무 협소해서, 전 세계에서 오직 한 줌의 천재들만이 그가 이룬 것을 알아볼 수 있었다. 그런 애매한 승리에서는 어떤 만족도 느낄 수가 없었다.

절박할 정도로 혼자였던 카진스키는, 그럼에도 그 모든 것에서 벗어나기를 바라고 있었다. 그는 식용 야생식물을 공부했고, 여름이면 자주 쿡 카운티 보호림으로 산행을 떠나곤 했다.[20]

그에게는 자신의 건강부터 여성을 매혹하는 방법까지 모든 것이 걱정이었다. 잠을 제대로 잘 수가 없었다. 그의 고독은 거의 절대적이었고, 그는 하버드에서 품었던 생각을 계속 다듬어나갔다. 야생을 갈망했다. 정의를 갈망하고, 복수를 갈망했다.

그의 몸에 흐르는 분노는 진정될 줄 몰랐다. 하지만 그런 감정에 굴복하기에 그는 너무 양심적이고, 너무 내성적이었다. 그의 분노는 악몽 속에서만 온전히 표현되었다. 그리고 머리의 실험에 참가한 후로 그런 꿈들은 심리학과 심리학자들을 목표로 삼고 있는 것처럼 보였다.

훗날 샐리 존슨에게 그는 다음과 같이 설명했다.

미시간에서 지내는 동안 어떤 꿈을 꾸기 시작했고, 그후 7년 동안 반복해서 꾸었습니다. 그 꿈에서는 사회가 조직적으로 저를 추궁하며 쫓아오는 느낌이 들거나, 어떤 식으로든 제 정신을 포착하고 그것을 심리학적으로 묶어두려는 듯한 느낌이 듭니다. 둘 다일 때도 있고요. 가장 전형적인 꿈에서는 한 명 혹은 여러 명의 심리학자가(부모님 혹은 기타 체제의 앞잡이와 종종 관련이 있습니다) 제가 "병자"라고 설득하려 애쓰거나, 심리학 기술을 통해 제 생각을 조종하려고 합니다. 저는 피하려고 애씁니다, 물리적으로나 다른 방식으로, 심리학자에게서 도망가거나 그들을 피하려고 애쓰죠. 하지만 점점 더 화가 나고, 결국 그 심리학자와 동료들을 향해 물리적인 폭력을 행사하고 맙니다. 제가 폭력적으로 폭발하면서 심리학자나 그런 사람들을 죽이는 순간에는 엄청난 안도감과 해방감이 들었습니다.

하지만 아쉽게도 제가 죽인 사람들은 보통 금세 되살아나곤 했습니다. 그냥 죽은 채로 있는 법이 없었죠. 저는 폭력을 발산한 후에 유쾌한 해방감을 느끼며 잠에서 깨지만, 동시에 그 희생자들이 계속 죽은 채로 있지는 않을 거라는 사실 때문에 찝찝한 마음도 있습니다. 하지만 어떤 꿈에서는, 꿈속에서도 제가 강한 의지력을 발휘하고, 그렇게 제 희생자들을 계속 죽은 상태에 머물게 합니다. 시간이 지나면서 제 의지력은 커지고, 그렇게 희생자들을 죽은 상태로 머물게 하는 일이 더 많아졌습니다.[21]

미시간에 온 지 5년째 되던 1966년 가을, 카진스키의 폭력적인 꿈들은 복수를 위한 진짜 계획으로 변모했다. 매개는 섹스였다.

당시 그는 교정에서 떨어진 앤 아버 사우스포레스트가 524번지의 학생용 아파트에서 지내고 있었다. 이미 불면증에 시달리고 있던 카진스키는, 얇은 벽 너머로 옆방 커플의 시끄러운 섹스 소리를 자주 들어야 했다. 놀랄 일은 아닌 것이, 존슨의 보고서에 따르면, 당시 그는 "거의 항상 성적으로 흥분된 상태로 지내는 시기가 몇 주 동안 이어졌다……"고 했다. 그런 좌절감은 거의 견딜 수 없는 지경이 되었고, 그는 기괴한 치유책을 고안했다.[22]

접촉할 여성을 찾지 못한 그는 자신이 직접 여성이 되기로 했다. 이전의 어떤 경험이―하버드 시기 혹은 그보다 더 전에 있었던 동성애, 복장 도착, 혹은 트랜스젠더 경험 등―그런 결정을 내리게 한 것인지는 추측에 맡길 수밖에 없지만, 카진스키는 자신이 그런 결정을 내린 것은, 자신이 남성의 몸을 지닌 여성이라고 생각했기 때문이 아니라, 오직 여성이 됨으로써만 다른 여성과 접촉할 수 있을 걸로 생각했기 때문이라고 주장했다.[23]

성전환 수술을 받으려면 정신과 의사의 동의가 있어야만 한다는 것을 알게 된 카진스키는, 대학 보건소 의사와 약속을 잡았다. 존슨의 표현에 따르면, "(그는) 연기를 하면 정신과 의사를 속여 자신이 여성의 역할에 적합한 사람이라는 판정을 받을 수 있으리라 생각했다. 비록 그의 동기는 전적으로 성적인 것이었지만 말이다".

하지만 보건소에 앉아서 정신과 의사를 기다리는 동안 카진스키는 갑자기 자신의 계획이 얼마나 자기기만적인 것인지 깨달았다. 동시에 그는 자신이 그런 지경에까지 내몰렸다는 것도 자각했다. 다른 사람을 기쁘게 하려고 너무 노력한 것이다. 부모님과 학교, 수학과 교수들의 압박 때문에 그는, 말 그대로 스스로 거세를 고려하는 지경에까지 내몰렸다. 그런 깨달음에 이어 자기혐오가 밀려들었다.

"체제"에 대한 증오가 너무 커서 그런 한계까지 스스로를 밀어붙였던 것이다.

결국 의사를 만났을 때 그는 보건소를 찾은 진짜 이유는 말하지 않았다. 대신 논문 제출 때문에 부담감이 심하다는 이야기를 꾸며 냈다. 그런 다음 얼른 보건소에서 나왔고, "분노와 부끄러움, 그리고 모욕감"을 느꼈다.

그는 존슨에게 다음과 같이 설명했다.

건물에서 나올 때, 통제할 수 없는 저의 성적 갈망 때문에 일을 저지를 뻔했다는 사실에 구역질이 났고, 모욕감을 느꼈습니다. 그리고 정신과 의사가 너무나 미웠습니다. 바로 그 순간이 제 인생의 중요한 전환점이었습니다. 불사조처럼, 저는 저의 절망이라는 잿더미에서 새로운 희망을 향해 날아오른 것이죠. 저는 그 정신과 의사를 죽이고 싶었습니다. 이제 제게 미래는 완전히 공허한 것이었으니까요. 제가 죽어도 상관없다고 생각했습니다.

그리고 이런 생각이 들었다. 만약 지나치게 선하게 지내려고 애쓴 덕분에 결국 절망에 이른 거라면, 악해짐으로써 구원을 얻을 수도 있는 일이었다! 사회의 윤리적 기준을 따름으로써 그는 스스로 감옥을 만든 셈이었고, 그 기준도 실증주의의 가르침에 따르면 주관적인 것일 뿐이었다. 자유는 규칙을 내팽개치고 다른 사람의 생각 따위는 신경 쓰지 않는 것이었다. 그리고 그런 윤리적 속박을 벗어던짐으로써 그는 자신이 진정으로 원하는 것, 즉 자기 주변에 철창을 두른 모든 사람에 대한 복수를 실행할 수 있었다.

그런 생각 덕분에 카진스키는, 존슨의 표현에 따르면, "무책임하게 행동할 용기"를 가질 수 있었다.

그래서 저는 왜 정신과 의사를 비롯해 제가 미워하는 사람들을 실제로 죽이면 안 되는 거냐고 자문했습니다. 중요한 것은 제 머릿속에 떠오른 말이 아니라, 제가 그것들에 대해 어떤 감정을 느끼고 있는가 하는 것이었습니다. 완전히 새로웠던 건, 제가 정말로 사람을 죽일 수 있을 것만 같았다는 거죠. 제 절망이 저를 해방시켜주었는데, 왜냐하면 이제는 죽음에 대해 신경 쓰지 않게 되었기 때문입니다. 저는 더 이상 일의 결과를 신경 쓰지 않게 되었고, 삶에서 제 흔적을 지워버리고, 대담한 일, 무책임한 범죄를 저지를 수 있게 되었다고 스스로에게 말했습니다.

카진스키는 처음에는 미워하는 사람을 죽이고 자신도 죽을 생각이었지만, 이내 그렇게 쉽게 목숨을 포기할 수는 없다고 마음먹었다. 이 시점에서 그는 "살인을 저지르겠지만, 다시 살인하기 위해 적어도 잡히지 않는 노력도 할 것이다"라고 결심했다.

그때부터 그는 사회의 구속을 무시하고 자신이 원하는 일만 했다. 그가 원하는 것은 소총을 들고 캐나다의 외진 곳, 농사를 지으며 살 수 있는 어딘가로 떠나는 일이었다. 그리고 "만약 그 방법이 통하지 않고 굶어 죽기 전에 문명으로 돌아올 수 있다면, 그때는 이곳으로 돌아와 내가 증오하는 사람을 죽일 것이다".

존슨에 따르면, 이 모든 것은 "아주 짧은 시간 안에 그의 머릿속을 스쳤다". 이제 그에게는 계획이 있었다. 그는 버클리의 캘리포니아대학에서 제안한 종신 교수직을 받아들이기로 했지만, 그건 외진 곳에 땅을 살 돈을 마련하기 위한 수단일 뿐이었다. 그다음에는 야생으로 들어가 자신의 복수를 실행할 생각이었다.

21.   물병자리 시대의 여명

무력이 학생들에게 인기 있는 전술이 되고 있다. 그것이 효과가 있음을
학생들이 알아가고 있기 때문이다.
—『뉴욕타임스 매거진』, 1968년 5월 26일

역사는 [폭력이] 실제로 효과가 있었음을 자주 보여준다.
—테드 카진스키, 「진실 대 거짓」

1969년 5월 15일은 버클리에서 "피의 목요일"로 알려지게 된다. 하지만 손쓸 수 없는 지경에 이르기 전까지는 그저 또 하나의 학내 시위처럼 보일 뿐이었다.[1]

교정에서 세 블록 떨어진 텔레그래프 대로에 학생, 교직원, 그리고 자유발언 운동, 민주사회를 위한 학생연합SDS 등 외부 혁명 세력 3000여 명이 집결해 구호를 외치고, 현수막을 펼치고, 야유를 퍼붓고, 그들의 머리 위로 헬리콥터가 날아다니며 최루가스를 쏟아부었다. 총검을 든 군인과 경찰 부대가, 학생들이 "민중 광장"이라고 부르는 초라한 공터로 지저분한 시위대 무리를 몰아넣었다.

그 공터는 대학 소유의 땅이었다. 하지만 한 달 전, 『버클리 바

브』에서 사람들에게 해당 부지의 소유권을 주장하고 농사를 짓자고 촉구하기 전까지 대학은 그 땅에 아무런 관심이 없었다. 그 생각이 통했다. 학생, 교수, 그들의 가족, 그리고 거리의 사람들이 공터로 몰려들었고, 잔디와 꽃을 심으며 그 땅을 "강제 수용"하겠다고 주장했다. 하지만 땅의 개간이 이루어지자마자 대학은 소유권을 주장하기 시작했다. 운명의 목요일 새벽 4시, 대학은 건설업자를 보내 2.4미터의 철조망 담장을 두르는 작업을 시작했다. 몇 시간 만에 시위대 무리가 몰려들었고 텔레그래프 대로를 따라 행진하며 반격을 준비했다.

그에 대한 반응으로, 버클리 당국은 이웃 도시의 경찰에 무단 점거자들을 쫓아내달라고 요청했다. 로널드 레이건 주지사는 2200명의 주 방위군을 출동시켰다. 해당 지역은 금세 전시 구역이 되었다. 경찰 간부 한 명이 칼에 찔렸다. 학생 3명이 폐에 관통상을 입었고, 시위자 13명이 총상으로 병원에 입원했으며, 한 명이 경찰의 발포로 사망했다. 결과적으로 수천 명이 체포되었고, 200여 명이 중범죄로 기소되었다.

이 모든 사태가 테드 카진스키가 살고 있는 아파트에서 불과 몇 블록 떨어진 곳, 그가 학교 갈 때 지나는 길에서 발생했다.

하지만 소동을 목격했다고 해도 그는 아무런 관심을 보이지 않았다. 매일 지나치는 대학의 스프롤 광장에서 시위하는 활동가들에게도 그는 전혀 눈길을 주지 않았다. 사실 그는 주변에서 벌어지는 격동을 전혀 감지하지 못한 채 1960년대를 보냈다고 할 수 있다.

베트남 전쟁 추진에 대한 견해를 놓고 온 나라가 산산조각 나고 있었다. 학교에 적을 두고 있는 동안 입영을 연기해주는 제도 덕분에 대학 교정은 불만에 찬 젊은이들로 들끓는 곳이 되었고, 학문보다는 도피처를 찾아 들어온 학생들로 넘쳐났다. 그런 학생들은 전쟁과 정부, 그리고 본인들이 다니는 대학에 대한 반감으로 끓어올랐다.

카진스키의 미시간대학 논문 지도교수였던 앨런 실즈도 이미 반전운동에 깊이 관여하고 있었고, 전해에 있었던 시카고 민주당 전당대회의 가두시위에 참여하기도 했다.[2] 하지만 카진스키는 아니었다. 그는 자신이 속한 수학과의 정치활동에도 참여하지 않았는데, 학과장이던 존 W. 애디슨의 표현에 따르면 당시 수학과는 "학내에서 가장 급진적인 세 과 중 하나"였다.[3]

카진스키가 그런 소요를 무시한 것은 자신만의 의제가 있었기 때문이다. 그리고 그 의제에는 다른 행동 계획이 수반되었다.

불과 10주 전인 3월 2일, 카진스키는 애디슨에게 6월부터는 수학과의 부교수 자리를 그만두겠다고 통보했다. 애디슨은 크게 놀랐다. 카진스키가 "병적으로 내성적인" 사람이고 좋은 선생이 아니라는 것은 알고 있었지만, 그럼에도 그는 이 젊은이의 탁월함을 인정하고 있었다. 그리고 카진스키는 논문도 왕성하게 발표하고 있었다. 그런데 떠난다고?

카진스키의 결정을 듣고, 이전에 그를 가르쳤던 미시간대학의 피터 듀런은 전혀 놀라지 않았다. 듀런이 내게 말한 바에 따르면, 그건 카진스키의 커다란 약점, 즉 지적 자존심을 보여주는 일일 뿐이었다. 듀런을 비롯해 미시간에서 그를 지도했던 다른 스승들은, 수상 경력에 빛나는 그 학생이 버클리에 자리를 잡은 후에는 가지를 치면서 수학의 다른 영역을 개척해주길 바랐다. 카진스키가 명성을 얻은 경계함수는 매우 협소한 분야였다. 카진스키는 그 분야에서 이룰 수 있는 것은 이미 다 이룬 상태였다. 그의 성과를 알아볼 수 있는 사람은 너무 적었다. 그가 직업적으로 더 성장하려 한다면 새로운 도전 영역을 찾아야 했다.

하지만 카진스키는 자신의 전문 영역을 고집했다. 다른 사람의 조언을 받아들이기에는 그의 자존심이 너무 셌다고 듀런은 생각했다. 자연스럽게 그의 학문적 성취는 정체되었다. 수학은 더 이상 그를 자극하지 못했다. 학생들이 강사로서 그의 활동을 인정해주었던 미시간과 달리, 버클리의 학부생들은 그의 강의에 낙제점을 주었다. 일부 학생은 자신들이 질문을 해도 그가 무시한다고 했고, 다른 일부는 그의 강의가 "쓸모없다"고 평가했다.[4]

카진스키의 지적 자존심에 대한 듀런의 말은 옳을 수도 있지만, 그의 동기에 대한 듀런의 생각은 틀렸다. 카진스키는 수학이 지루해졌기 때문에 포기한 것이 아니다. 그가 체포된 후 수많은 언론에서 평론가들이 지적한 것처럼, 1960년대의 학생운동 때문에 그가 급진적으로 변한 것도 아니었다. 그보다는, 학계를 떠나기로 한 그의 결심은 1966년의 그 운명적이었던 가을, 미시간대학에서 보건소를 나오던 시점에 이미 이루어졌다. 그가 버클리의 일자리를 받아들인 것은 학문적 경력을 이어가기 위해서가 아니라, 훗날 야생에서 지내기에 충분한 물질적 자원을 확보하기 위해서였다. 1967년 버클리에 도착했을 때 그의 이념과 인생 계획은 이미 확립된 상태였다. 2~3년쯤 가르치는 일을 한 후에는 그곳을 떠나 어딘가 야생으로 들어갈 생각이었다.

따라서 카진스키는 그저 시간을 때우고 있었을 뿐이다. 정치에는 아무 관심도 없었다. 수학은 더 이상 그의 흥미를 끌지 못했다. 그는 강사로서 어떤 노력도 하지 않았다. 면바지에 타이를 매고, 트위드 재킷을 입은 채 일하러 나가는 그는, 학생 대부분이 빨지도 않은 청바지를 입고 다니는 하위문화에서는 물 밖에 나온 물고기 같았다. 그리고 그런 경멸에 대한 보복도 있었던 것으로 보인다. 버클리는 좌파들의 공간이었고, 그는 좌파들을 좋아하지 않았다.

하지만 아무리 고고하게 지냈다고 해도, 카진스키가 당시에 유행하던 이념에 아예 영향을 받지 않을 수는 없었다. 당시의 정치철학, 그리고 폭력에 대한 매혹이 간접적으로 영향을 미쳤다. 그런 이념들은 새로운 것이 아니었다. 그것들도 카진스키와 그의 세대가 1950년대에 대학에서 접했던 바로 그 절망 문화로부터 파생된 것이었다.

관습적 견해에 따르면 1961년에서 1970년까지는 혁명적인 10년이었다. 그리고 표면적으로는, 사건들에만 관심을 둔다면, 그런 통찰은 적절하다.

10년의 기간을 놓고 보면 잭과 바비 케네디, 맬컴 X, 마틴 루서 킹 주니어의 암살이 있었고, 위대한 사회,* 미시시피의 여름,** 그리고 민권법 제정, 헤이트 애시버리의 "사랑의 여름", 워싱턴과 전국 대학 교정에서의 베트남전 반대 시위, 수백 곳의 도시와 셀 수 없는 대학에서의 소요, 달 착륙과 우드스톡, 켄트주립대학 학살***과 지구의 날 제정 등이 있었다.

---

* 1960년대 린든 존슨 대통령이 주창한 사회개혁 비전.

** 1964년에 미시시피에서 있었던 흑인 민권운동.

*** 1970년 오하이오주 켄트주립대학에서 정부군 발포로 학생 네 명이 사망한 사건.

438

냉전은 뜨거운 전쟁으로 변모했다. 1961년 베를린 장벽이 세워지며 NATO와 소련 사이의 갈등이 점화되었다. 1년 후 피그스만 침공 실패 이후 쿠바 미사일 위기가 이어졌다. 1964년 의회는 통킹만 결의안을 통과시켰고, 베트남에서의 "경찰 활동"을 극적으로 고조시켰다. 1968년 소련이 체코슬로바키아 "프라하의 봄" 개혁가들을 탱크로 깔아뭉갰다. 1969년 미국이 처음으로 캄보디아를 폭격했고, 1970년 미군이 그 나라에 상륙하며 전국 대학 교정에서 시위가 불타올랐다.

하지만 이런 극적인 사건들은 더 깊은 진실을 가리고 있었다. 그러니까 정치적 혁명 속에서도 1960년대는, 철학적으로 말하자면, 여전히 1950년대에 뿌리를 두고 있었다는 점이다. 역사를 움직이는 건 이념이며, 앞선 10년간 대학에 스며든 철학들이 다음 10년 동안 텔레비전에 등장한 사건들을 촉발했다.

실제로 1960년대의 대혼란은 초기 비관론자들이 옳았음을 증명한 것처럼 보인다. 이성의 시대는 종말을 맞이했다. 실증주의가 이성의 도덕적 사용에 대한 믿음을 약화시킬 거라고 예측했던 인문주의자들을 비롯한 사람들은 자신들이 가장 두려워했던 상황이 실현되는 것을 목격했다. 민주사회를 위한 학생연합SDS과 그 동조자들은 이미 치명적으로 병든 서구 문명의 관에 마지막 못질을 한 것에 불과했다. 과학은 정부의 오만함을 부채질했고, 인문학과 권위에 대한 신뢰를 무너뜨렸다. 그리고 이제 야만적인 새로운 세대는 과학을 통해 스스로를 무너뜨리고 있었다.

1969년 카진스키가 버클리를 떠날 무렵, 하버드의 교양교육 과정과 그에 상응하는 다른 대학의 과정들은 내적 변화를 겪으며 결과적으로는 황급히 사라졌다.[5] 그런 교육철학에 반대하는 교직원들이 주도권을 잡았다. 학문에 대한 가치중립적 접근이 학계 내의 전투에서 승리했고, 교수들은 자신들의 역할이 좋은 시민을 기르는 것이 아니라, 자신들을 대체할 인물을 훈련시키는 것이라고 생각했다. 쏟아지는 베이비붐 세대를 가르쳐야 했던 대학들은 갓 학위를 받은 박사들을 고용하는 경쟁에 돌입했고, 교양과정이 아니라 자신들의 하부 전공을 가르치겠다는 새로운 교수들의 요구에 굴복했다.

학부 과정은 가치중립적인 세부 전공 과정이 되었고, 바로 그 시점에 국가는 민권, 베트남전, 환경운동, 페미니즘, 그리고 (얼마 후) 워터게이트 등 도덕적이고 정치적인 갈등의 소용돌이에 휘말렸다. 1960년대 중반, 학생들은 생기 없는 새로운 교육과정이 당시의 중요한 도덕적 문제들과 관련이 없음을 깨닫고는 거부했다. 그에 대한 반응으로, 대학은 진지한 학문을 추구하는 시늉을 그만두고 노골적으로 정치적인 과목을 제공함으로써 "시의성"에 대한 활동가들의 요구에 부응했다.

한 세대의 대학생들이 모든 가치는 주관적이라는 가르침을 받은 셈이었다. 따라서 많은 이가 국가의 권위 역시 주관적이라고 추론했다. 정부에는 객관적인 도덕적 기반이 없었다. 그것은 오직 권력에만 의존했다. 권력이 옳은 것이었다. 이어서 정치의 목적은 가치 혹은 정의를 진작하는 것이 아니라, 국가의 강압적인 권력을 획득하고 그것을 자기 이익을 위해 쓰는 것처럼 보였다. 로비, 공공 시위, 심지어 폭력마저 기존 질서를 무너뜨린다는 목적을 성취하기 위해 쓰이는 한 정당화되었다.

어렴풋이 마르크스주의자의 주장처럼 들린다면, 그렇다. 카를 마르크스는 국가란 부르주아 계급이 프롤레타리아 계급을 착취하기 위한 도구라고 가르쳤다. 따라서 이와 유사한, 의사quasi-마르크스주의를 포용한 많은 교수가 우리의 병폐는 "체제" 때문이라고 주장한 것은 놀랄 일이 아니다.

당시의 지식인 노먼 캔터는 다음과 같이 쓰고 있다.

그들이 어떤 구체적인 이념을 지니고 있든 상관없이, 이 새로운 세대는 권위와 체제의 권력이 개인의 양심과 가치에 반한다는 신념을 공유하고 있다. 이들은 개인에게는 문화적·지적·도덕적 구조가 각인되어 있고, 따라서 개인이란 최종 산물, 그 개인을 움직이는 체제의 대상이라고 믿고 있다. 이런 견해에 따르면, 개인은 체제 밖에서 별도의 정체성이나 사적 가치를 지닐 수 없다.[6]

캔터에 따르면 당시 학계에서 인기를 끌던 신흥 이론 가운데 구조주의가 있었는데, 이는 인간이 자신을 둘러싼 지적·물질적 환경 속의 장기 말—자유의지가 없는—에 불과하다고 주장한 학설이다. 그리고 구조주의를 한 단계 더 밀고 나간 해체주의는 정치적·사회적 기구, 예술, 문학—심지어 이성 자체—을 포함한 문화의 모든 면은 객관적 가치가 없다고 주장했다.

캔터에 따르면, 해체주의자들 중 가장 유명한 프랑스 철학자 미셸 푸코는 "도덕은 어디에도 없다는 결론에 이르렀다. 푸코의 문화는 정치적 절망 문화다. 그는 모든 시대, 사회의 모든 집단에게서 오직 권력을 위한 투쟁과 이념 및 윤리적 가치의 조작만을 봤고, 거기에는 현재도 포함된다".

개인에게서 그 개인이 속한 체제로 강조점이 옮겨가면서 무력감은 더 강해졌다. 체제가 지배하고 나머지는 모두 희생자였다. 푸코의 이론만 그렇게 말한 것도 아니다. 오래된 정전의 자리에 한 무리의 새로운 "체제"의 교리가 등장했다. 그런 교리들이 교수로부터 학생에게 전수되면서, 오직 하나의 투박한 생각만이 남았다. 즉 "체제"는 오직 권력에만 의존하고 있으며, 따라서 반드시 파괴되어야 한다는 생각이었다.

단순한 이념들이 널리 퍼지며, 각자 이런저런 "체제"를 파괴하는 일에 헌신했다. 물론 활동가들은 어떤 체제가 파괴되어야 하는지에 대해서는 의견이 분분했다. '자유를 위한 미국의 젊은이들' 같은 우파 단체에게 그 대상은 언론과 정부, 혹은 공교육이었다. 좌파에게 그것은 법 체제, 군산복합체, 남성 애국주의, 파시즘, 엘리트주의, 혹은—늘 인기 있는—자본주의였다. 실제로 마르크스주의 원칙이 미국 전역의 교정을 휩쓸며 국가의 도덕적 권위에 도전했다.

1962년 6월, 미시간의 포트 휴런에서 학생 활동가부터 전통적인 사회주의자, 그리고 '민주사회를 위한 학생연합'이라는 애매한 조직의 대표자들로 구성된 소규모의 진정한 신자 무리가 그러한 이념을 혁명적 선언문으로 발표했다. 포트 휴런 발표로 알려진 이 문서는 (리처드 노턴 스미스의 요약에 따르면) "현대 생활에서 대학만큼 인간적 가치를 맹렬히 해치고 있는 곳은 없다. 한때 인문학의 성지였던 곳이 이제는 최신 기기를 사업체와 정부, 군대에 공급하는 가판대가 되었다"고 주장했다.[7]

포트 휴런 선언의 참가자였던 데이비드 호로비츠는 다음과 같이 적었다. "혁명적 이념이란 기존 질서에서 새로운 자리를 얻는 것이 아니라, 세상 자체를 바꾸는 것이었다. 마르크스주의는 '새로운 남성'과 '새로운 여성'으로 시작하는 새로운 창조에 대한 사상이었다. 그것은 세상을 개조하는 사상, 에덴으로 돌아가 새로 시작하는 사상이었다. 그것은 모든 로맨스를 끝내는 최종적인 로맨스였다."[8]

호로비츠는 이렇게 덧붙였다. "우리는 사회주의자, 마르크스주의자, 혁명주의자인 것이 자랑스러웠다. 우리는 자유주의와 진보의 가면 뒤에 의제를 숨겼던 구舊좌파의 솔직하지 못한 태도를 경멸했다. 자유주의자들이 진정한 적이었다…… 우리는 스스로 보기에, 영적인 이상주의자가 아니라 사회 혁명을 수호하는 자의식 같은 존재였다."

극심한 세대 이동이라 할 만한 일이었다. 이런 베이비부머에 맞선 사람들은 존슨과 닉슨 행정부의 과거 냉전의 전사들이었고, 이들은 보편적 인간에 대한 신뢰를 잃었을 뿐 자신들에 대한 신뢰는 여전했다. 국가안보자문 맥조지 번디와 CIA에 있었던 그의 형 윌리엄, 국방장관 로버트 F. 맥너마라 등 다수가 하버드 출신이었고, 이들은 우리를 위한 것이 무엇인지 자신들이 가장 잘 알고 있다고 확신했다. 실제로 하버드는 전前 학생 활동가 존 트럼버가 "제국에 봉사하는 이성"이라고 부른 엘리트적 이상을 사수한 마지막 보루였다. 번디의 표현에 따르면, 그들은 "진리의 색은 회색이다"라는 완고한 실증주의를 믿었다.[9] 스스로 기술과 합리적 계획의 보호자라고 생각했던 이들이 추악하고 불필요한 전쟁을 밀어붙였다.

데이비드 핼버스탬은 이들을 "최고의 인재들"이라고 불렀다. "이들은 옳은 길을 알고 있었고, 그 길을 따라 한 걸음씩 옮길 때마다 얼마나 많은 것이 드러날지도 알고 있었다. 그들은 처음부터 대중과 의회, 언론을 조종했고, 왜 우리가 발을 담갔는지, 얼마나 많은 돈을 썼고, 얼마나 깊이, 오래 발을 담갔는지에 대해서는 절반의 진실만 이야기했다."[10]

일이 잘못되기 시작하자 기성 체제는 방어적 태세를 구축했다. 핼버스탬은 이렇게 지적했다. "그들의 예측이 절망적일 정도로 빗나갔다는 사실이 밝혀졌을 때, 그리고 대중과 의회가 조종당한 것에 대해 짜증을 내고 전쟁에 신물을 느꼈을 때 이 일에 가담했던 사람들은 억울해했다. 그들은 자신들이 한때 장악했던 민주사회의 가장 중요한 상징인 국민을 공격하기 시작했다. 그들은 국민의 정신력과 체력의 결핍, 믿음의 부재를 비판했다."

하지만 그들의 생각은 이미 낡은 것이었다. 오만이라는 자신들의 꾀에 빠진 엘리트들은 자신들의 권위에 기반이 되는 것들, 즉 과학의 최우선권, 전문 학자들의 중요성, 정부의 공정함 같은 것을 새로운 학생 세대와 젊은 교수진이 이미 폐기했다는 점을 깨닫지 못했다.

권위의 벽을 오르기 위해 실증주의를 활용했던 학생 혁명가들은, 이후에는 그 사다리를 치워버리고 남은 것들을 파괴할 체제 이론을 발동시켰다. 또 다른 이들은 이념이 아니라 감정—분노, 사랑, 자연을 위한 복수, 그리고 혼신의 필요성 같은—을 포용했다. 많은 이가 반항심의 징표로 마약에 빠져들었지만, 그렇게 함으로써 자신들의 도덕적 적, 즉 기성 체제가 기획한 행동 조절의 도구를 받아들이는 셈이라는 사실은 알지 못했다. 리처드 노턴 스미스가 말했듯이, "마약 흡입도 정치적 행위로 분류"되었다.[11]

오웰의 『동물농장』에 등장하는 돼지처럼, 혁명가들은 점점 더 자신들이 맞서는 반동주의자들을 닮아갔다. 비록 용감한 신세계를 약속하고 있었지만, 실제로 그들은 지배 엘리트의 이미지를 되비추고 있을 뿐이었다. 그들 역시 도덕은 주관적이며 오직 권력만이 중요하다고 믿었다. 그들 역시 진실의 이름으로 기꺼이 거짓을 말하려 했고, 미덕을 지킨다는 이유로 폭력에 호소했다. 양쪽 다 잊고 있었던 것은 인문학의 메시지, 고대 그리스 철학자들로부터 전해지다가 1960년대 대학 교육 과정에서 사라진 메시지, 즉 미덕이 없는 지식은 위험하며 미덕을 위해서는 겸손과 절제가 필요하다는 메시지였다.

—

도덕적 완충제 없이, 멈출 줄 모르는 힘이 움직이지 않는 대상에 힘껏 부딪혔다. 그리고 그 접촉에서 폭력이 발생했다. 항의가 거세졌고, 기성 체제도 자체적으로 맹렬하게 반응했다. 치명적인 상호 보복이 이어졌고, 하나의 극단적 행동이 다른 극단적 행동을 낳았다.

1967년, 약 15만 명이 뉴욕과 샌프란시스코에서 반베트남전 가두시위에 참여했다. 그해 말, 역시 15만 명이 펜타곤 앞에서 행진했다. 전쟁에 대한 반감이 커지면서, CIA는 "대혼란 작전"에 착수해 미국 시민을 사찰하며 30만 명의 명단을 확보했다. 그사이 127개 도시에서 인종 폭동이 발생해 적어도 77명이 사망하고, 4000명 이상이 부상을 입었다.[12]

1968년 1월 북베트남이 설 명절에 공세를 감행했고, 두 달 후 미

보병이 미라이에서 민간인을 학살했다. 3월, FBI 국장 J. 에드거 후버가 "흑인-민족주의자-증오-세력"에 대한 "반첩보 프로그램"을 개시했다. 2주 후, 마틴 루서 킹 주니어가 암살되면서 125개 도시에서 인종 폭동이 발생해 46명이 사망하고, 2만1270명이 체포되었으며, 5만5000명의 주 방위군과 연방 병력이 투입되었다. 4월, 뉴욕 컬럼비아대학 학생들이 다섯 곳의 건물을 점거하고, 무엇보다 대학 당국이 연방정부에서 지원하는 방위 관련 분석 기관과 협력하는 것에 항의했다. 6월, 로버트 케네디 상원의원이 캘리포니아 민주당 대선 후보 투표에서 승리한 후 살해되었다. 8월, SDS를 비롯한 학생 혁명가들이 시카고의 민주당 전당대회에서 가두시위를 펼쳤고, 시카고 경찰은 유혈 진압에 나섰다. 11월, 샌프란시스코주립대학 학생들이 다섯 달 이상 지속되던 전쟁에 반대하는 파업을 벌였다.

그런 상황은 1969년을 지나서도 계속됐고, 카진스키는 야생을 찾아 떠났다. 그 시기에 대해 테드 로버트 거는 『미국 폭력사』(카진스키의 오두막 서가에서 발견된 책이기도 하다)에서 "미국은 의심의 여지 없이 광범위하고 강력한 시민 투쟁을 경험하고 있었다…… 서구 민주주의 국가 중 극소수를 제외하곤 그 어느 곳보다 심했다"라고 기록했다.[13] 이 시기의 시위 가운데 20퍼센트 이상이 폭력 시위로 나아갔다.

종합하면 이 시기에 "600만 명 이상의 미국인이 시위, 폭동, 혹은 테러에 호소했다"라고 거는 덧붙였다. "350여 명이 사망하고 1만2000명 이상이 부상을 입은 것으로 보고되었다. 거의 10만 명이 체포되었고…… 인구 10만 명 중 하루 평균 약 5400명이 항의(시위 혹은 폭동)에 참여했다. 이런 숫자는 다른 서구 국가 평균의 여덟 배에 이르며, 87개국의 전체 조사 대상 국가 평균보다는 여섯 배 높다."[14]

—

1969년 4월 9일까지 기성 체제의 거점이라 할 수 있는 하버드는 그 폭풍우 속에서도 평온한 것처럼 보였다. 하지만 바로 그날 모든 것이 달라졌다. 아무런 예고 없이 300여 명의 학생이 학교 행정을 담당하던 유니버시티 홀 계단을 점거했다. 학생들은 이층의 창문 밖으로 건물의 네 면에 붉은색과 검은색의 SDS 현수막을 내걸었고, 학생처장과 부처장을 비롯해 직원들을 건물에서 쫓아냈다.[15]

당시 젊은 교수였던 로저 로젠블랫은, 로버트 B. 왓슨 학생처장이 "건물 밖으로 질질 끌려나왔다"라고 기록했다.[16] 60대에 허리가 좋지 않았던 신입생 담당 학장 F. 스키디 폰 스테이드, 신입생 담당 부학장이자 하버드 집행부에서 유일한 흑인이었던 아치 C. 엡스는 "잔뜩 혼이 난 채 허겁지겁 계단을 내려왔다". 부학장 제임스 E. 토머스는 "누군가에게 들쳐 업힌 채 건물 밖으로 옮겨졌다". 학장실이 있는 건물 벽에 "누군가 '권위는 엿 먹으라고 해'라고 휘갈겼고, 다른 이들이 흰색 스프레이로 그 메시지를 뭉개려고 애썼지만 부질없었다".

그런 사태에 대해 하버드 총장 네이선 퓨지는 지체 없이 반응했다. 이튿날 새벽 5시, 경찰이 다시 건물을 접수했다. 쇠망치로 문을 부순 다음 시위대를 곤봉으로 내려치고 머리채를 잡은 채 끌고 나왔다. 진압은 몇 분 만에 끝났다.

총 41명의 학생이 부상을 입었다. 시위에 참가한 것으로 밝혀진

학생 135명 중 16명이 제적되었고, 3명은 그보다 더 심한 "퇴학" 조치를 당했으며(이들은 교직원 3분의 2가 동의해야만 복학할 수 있었다), 나머지는 그보다 가벼운 징계를 받았다. 하지만 영원히 제적되거나 "삭제"(대학 기록에서 이름을 완전히 빼버리는 것)된 학생은 한 명도 없었다.

학생들은 전쟁을 멈추는 것을 목표로 삼았다. 하지만 알 수 없는 논리로 그들은 백악관이 아니라 대학을 공격했는데, 그들이 보기엔 대학도 "체제"의 일부였던 것이다. 그렇게 함으로써 그들은 목욕물은 그대로 둔 채 아이만 내던진 꼴이 되었다. 그들은 전쟁을 멈추게 하지 못했다. 대신 대학과 미국 문화를 영원히 바꿔버렸다.

로젠블랫은 1997년에 다음과 같이 탄식했다.

현대 대학의 역사에서 가장 파괴적이고 뒤틀린 시기였다…… 교정에서 단 한 번 있었던 폭발적 사건 때문에 세대 전체가 반발했고, 그때 생긴 반목이 지금까지도 치유되지 않고 있다. 국가 전체로 볼 때, "권위는 엿 먹으라고 해"라는 구호는 결국 사업 계약, 국가 기관에 대한 충성, 광범위한 인문학, 인문학적 전통 자체, 그리고 인종과 문화의 도가니라는 개념, 심지어 인간적 접촉까지 모두 엿 먹이는 결과를 낳았다. 결국엔…… "모두 엿 먹으라고 해"가 되어버렸다.[17]

그리고 처음으로 카진스키도 거기에 귀를 기울였다.

22.   두 이산^{離散}

이제 우리는 한 세대 안에 일어난 변화가, 그 세대의 주된 유산을
형성했던 기술과 기구 그리고 이념들을 미래에 쓸모없는 것으로
만들어버리는 단계에 다가가고 있는 것처럼 보인다.
—제프리 비커스 경, 『가치 체계와 사회적 절차』(1968)

미국 대학은 곤경에 빠졌다…… 컬럼비아, 미시간주립, 노스웨스턴,
스탠퍼드는 어쩌다 벼락을 맞은 것뿐이다. 이런 학교의 무질서 상태는
더 큰 사회의 무질서, 사회적 합의의 무질서, 우리가 그런 합의를
생각하는 방식의 무질서를 반영한 것일 뿐이다.
—찰스 프랭클, 『바리케이드에서의 교육』(1968)

로저 로젠블랫은 훗날 1969년 봄에 대해 다음과 같이 회상했다.

국가 앞에 켄트주립대학과 캄보디아의 크리스마스 공습, 워터게
이트를 비롯해 그 시기를 특징짓는 온갖 슬픔과 야만, 분열이 자
리 잡고 있었다…… 그 봄 이후 나는 절대 같은 감정을 느낄 수
없었는데, 그건 내가 했던 일이나 내게 일어난 일 때문이 아니었
다. 나는 내가 그 시대에 속했다는 느낌, 나의 조국을 알 것 같다

는 느낌을 더 이상 가질 수 없었다…… 지상에서 온갖 것이 분출
했고, 모든 곳에서 풀과 바위가 뒤집혔다. 그 땅을 아무리 매끈하
게 복구한다고 해도, 사람들은 이제 땅 밑에 뭐가 있는지 알아버
렸고, 사람들의 속은 들끓었다.[1]

많은 사람이 같은 느낌을 가졌다. 미국 대학가에서 침울함은 깊
어졌다. 경제가 살아나고 있었음에도 전쟁은 끝날 기미를 보이지 않
았다. 삶의 여건은 좋아졌지만 학생들은 앞날에 재앙이 기다리고 있
다고 확신했다. 모두들 매와 비둘기 사이에서, 학문과 정치 사이에
서 선택해야만 하는 것처럼 보였다. 중간 지대는 없었다. 전쟁에 반
대했지만 여전히 가르치거나 배우고 싶었던 교수와 학생들에게 그
건 끔찍한 시기였다. 베트남 갈등을 끝낼 수 없고, 마찬가지로 지성
의 전당이 무너지는 것을 막는 일에도 무력했던 그들은, 폭력과 무
지가 충돌하며 만들어내는 힘에 휩쓸려갔다.

절망 문화가 달라졌다. 1950년대가 과학과 기술이 문명을 파괴
하는 것을 두려워했다면, 1960년대는 과학과 기술이 자연을 파괴하
는 것에 초조해했다. 또 다른 체제 이론이 등장했고, "생태학"이라
불렀다. 그 주창자들은 지구 환경이 붕괴될 위험에 직면했다고 예측
했다.

개울에서 날도래를 박멸하면 연어의 수가 줄어들다 죽고 만다.
호수의 각다귀를 박멸하면, 그 독은 먹이사슬의 고리를 타고 흘
러가며 결국 호숫가의 새들이 피해자가 된다. 이건 기록과 관찰
의 문제이며, 우리를 둘러싼 세계의 일부가 직면한 문제다. 이는

과학자들이 생태학이라고 부르는 생명의—혹은 죽음의—그물을 반영하고 있다.[2]

1962년, 위의 문단이 실린 레이철 카슨의 기념비적인 책 『침묵의 봄』이 등장할 때까지 대부분의 미국인은 생태학이란 말을 들어본 적이 없었다. 이후로는 이 말이 일상적인 단어가 되었고, 영적인 마법, 혹은 놀랄 만큼 지치지 않는 정치적 권위를 갖게 되었다. 이는 현대 환경보호론의 자각을 알리는 단어였고, 스모그 감소부터 습지 보호까지 좋은 일을 많이 이루어냈다. 하지만 이는 또한 절망 문화, 냉전에서 탄생해 1950년대 내내 대학가에 퍼져나갔던 그 문화가 사라지지 않고 그저 변모할 수 있게 해주었다. 사회에 대한 걱정으로부터 자연에 대한 걱정으로의 변모였다. 그리고 놀랍게도, 심리 조종과 행동 조절 실험을 수행했던 바로 그 기관이나 재단들이 이 새롭고도 침울한 전망을 홍보하는 일에서도 주된 역할을 맡았다.

심리학과 마찬가지로 생태학도 제2차 세계대전 중에 시작되었다. 당시 MIT 교수였던 노버트 위너가 대공포와 미사일 설계를 지원하기 위해 사이버네틱스라는 새로운 수학을 개발했다. 이른바 자기통제 시스템, 피드백을 통해 시스템이 최초에 설정된 평형상태를 유지할 수 있게 하는 과학이었다. 따라서 그 기술은 가정의 자동온도조절기 등에도 적용될 수 있었다. 온도가 일정 수치를 넘어가면 보일러가 작동을 멈췄다가, 특정 온도 아래로 내려가면 다시 작동하는 것이다.

자연의 균형이란 오래된 개념이지만, 사이버네틱스 자체는 새롭고 흥미진진해 보였다.[3] 거의 즉시 정부와 여러 재단에 있는 동조자들은 이 자기통제 시스템이라는 새로운 수학의 다른 활용처, 특히 원자폭탄 전쟁 시대에 대규모 인구의 통제 및 동향과 관련된 활용처를 찾아 나섰다.

1946년, 조사이아 J. 메이시 재단—훗날 CIA가 LSD 조사를 위한 연구비를 제공하는 창구로 활용했던 바로 그 자선 단체—이 피드백 순환이란 개념을 다른 과학 영역에 적용하는 연구와 관련해 최초의 학술 회의를 개최했고, 이후 몇 년 동안 이어졌다.[4] 첫 번째 회의에서 예일대학의 생태학자 G. 에벌린 허친슨은 위너의 자기통제 시스템 모델을 자연에 적용해볼 것을 제안했다. 허친슨 본인이 "생태계ecosystems"라고 이름 붙인 이 가상의 산물은(옥스퍼드의 식물학자 A. G. 탠슬리가 만들어낸 용어를 빌린 것이었다), 위너가 고안한 자기통제 시스템 혹은 피드백 순환과 비슷하게 작동하는 것으로 여겨졌다. 생태계는 스스로 일종의 평형상태를 유지할 수 있는 대상이었다.[5]

위너의 수학 모델을 자연에 적용함으로써 허친슨은 체제들의 생태학이라는 새로운 영역을 만들어내는 데 일조했다. 생명의 공동체는, 이 견해에 따르면, 자기 규제라는 음의 피드백 순환으로 구성되며, 그 안에서 모든 부분은 체제의 균형을 유지하는 역할을 담당한다. 하지만 체제에서 일부가 사라지면—즉 종의 다양성을 잃으면—피드백 메커니즘에 결함이 생기고, 체제는 안정성을 잃으며, 심지어 "생태학적 붕괴"를 겪을 수도 있다.[6]

이런 추론에 따라 생태학자들은 자연에서 균형의 신호들을 찾아봤지만, 거의 찾을 수가 없었다. 거의 모든 곳에서 그들이 발견한 것은 균형이 아니라 불안정함이었다. 따라서 1960년대에 이르러 그들은 자연의 체제가 사실상 모든 부분에서 생태학적 붕괴에 직면해 있다고 결론지었다. 전 지구적인 위기가 눈앞에 있는 것처럼 보였다.

허친슨은 자기통제 개념이 생물학에서 유용하다고 봤지만, 정부는 다른 적용 분야를 염두에 두고 있었다. 정부는 동식물이 아니라 인구를 관리하길 원했다. 영국 역사가 피터 J. 바울러는 다음과 같이 썼다. "새로운 체제 이론은 인간 교류에 안정적인 피드백 순환을 구축함으로써 사회적 통제가 가능하리라는 전망을 내놓았다. 전후의 낙관적 분위기에서, 과학이 더 안정적인 새로운 사회를 만들어낼 거라는 전망을 제공하는 듯 보였다."[7]

연방정부가 생태학을 강력히 지원하기까지 시간은 오래 걸리지 않았다. 1946년부터 시작해, 미 원자력위원회는 테네시주 오크리지, 원자력 연구 시설, 뉴욕주 브룩헤이븐 국립연구소, 워싱턴주 핸퍼드의 핵 연구소, 그리고 조지아주 서배너강 핵 시설에서 생태계 연구에 착수했다. 서배너강에서는 조지아대학의 생태학자 유진 오덤을 고용해 원자력 시설이 주변 농지에 미치는 영향을 연구하게 했다. 그사이 해군조사국(냉전 시대 수많은 비밀 심리학 실험을 지원했던 바로 그 기관이다)이 유진의 동생 하워드와 계약하고 플로리다의 광천을 조사했다.[8] 그리고 1954년, 위원회는 오덤 형제를 태평양의 에니웨톡 환초에 보냈는데, 본인들 말에 따르면 "해당 지역 주민 전체와 생태계에 방사능이 미치는 영향"을 조사했다.[9]

연방정부의 국방비 지원을 넉넉하게 받은 이 분야는 어떤 역사가의 말처럼 1970년대에는 "거대 생태학"이 되어 있었다. 공공기관이 대학의 전략연구소와 협업하며 생태학 수업과 조사가 확장되었다. 민간 자선 기구에서도 이 분야를 진작시키기 위한 지원금을 제공했다.

1970년 리처드 M. 닉슨 대통령은 미국이 국제 생물학 계획에 자금을 지원하는 것을 승인했는데, 이는 여러 해에 걸쳐 생태계 이해를 위한 총체적 모델을 개발하려는 계획이었다.[10] 그리고 1974년, 국립과학재단은 생태학을 진작시키는 넉넉한 장기 지원 정책을 마련했다.

아쉽게도 스스로 통제하는 생태계라는 개념은 하나의 착각에 기반하고 있었다. 그것은 경험적 자료가 아니라 위너의 추상적 수학에서 파생된 것이었다. 그리고 1980년대가 되자 대부분의 생태학자는 수학의 이 기본적 가정—즉 자기통제라는 개념—이 오류임을 깨달았다. 자연에는 균형이 없었다.[11] 생명의 체계는 온도조절 장치와는 달랐다. 생물학자들이 자연에서 균형을 찾지 못했던 건, 생태계가 모든 곳에서 붕괴 직전이었기 때문이 아니라, 원래부터 균형이라는 게 존재하지 않았기 때문이다.

아무리 착각이었다고 해도 그 개념 자체는 여전히 인기가 있었고, 원치 않았던 비관론이 확산되었다.[12] 환경의 질이 나빠지고 있다는 사실—대기 오염과 수질 오염, 자원 고갈과 도시의 확장, 그리고 생물 종의 멸종—은 충분히 나쁜 소식이었다. 하지만 새로운 이론은 이런 우울함을 불필요하게 심화했고, 거의 형이상학적 수준의 절망에 이르게 했다. 결함 있는 이론이 영혼 없는 사실들에 덧씌워졌고, 그렇게 결합해 몰락의 감각을 만들어냈다.

그 불완전한 추론에 근거해 생태학은 자연의 종말을 예언하는 것처럼 보였다. 새로운 과학을 폭넓은 대중에게 소개하는 과정에는 레이철 카슨이 제기한 그런 황폐한 견해도 있었다. "군산복합체"에 전쟁을 선포했던 바로 그 젊은이들이 그 구호 아래 모여들었다. 하지만 마약과 마찬가지로, 그들은 자신들이 내세우는 의제가 부분적으로는 정부 안에 있는 자신들의 적이 뿌려놓은 것임을 깨닫지 못했다. 그들은 학군단 제도를 끝내기 위해서 시위를 벌였지만, 해군조사국에서 사회 통제를 위한 과학으로 생태학을 키워나갔던 장교들을 상대로는 피켓을 들지 않았다. 그들은 자연에 대한 자신들의 전망과 국방 기술이 발전시킨 수학 모델 사이의 관련성을 알아보지 못했다.[13]

—

겉으로는 고고하게 지내는 듯했지만, 카진스키는 이런 지적 흐름을 흡수했다. 그는 주변의 폭력을 의식하고 있었다. 이미 심리학에는 병적으로 집착하고 있었다. 그리고 선언문을 볼 때, 그는 사회 체제 이론도 신봉하고 있었다. 이 "체제"가 모든 비난을 받아 마땅한 것이라고 그는 판단했다. 체제는 도덕적 기반을 상실하고 오직 "권력"에만 의존했다. 그리고 체제의 최고 기술자, 사람들을 줄 세우는 역할을 맡은 이들이 심리학자들이었다. 선언문에는 "권력"이란 단어가 모두 193회, "체제"라는 단어가 210회 등장하고, "심리학"과 "심리학자"라는 단어도 65회 이상 등장한다. "자유란 권력 과정에 참여하는 것"이라고 카진스키는 정의했다. 그리고 직업적으로 좌파를 싫어했음에도, 개인의 자유는 오직 "체제"(즉 "권력 과정") 안에서만 획득할 수 있다는 그들의 견해는 공유했다. 좌파와 마찬가지로, 그는 개인을 기계의 부품으로 봤다.

카진스키는 1970년대 초반까지는 엘륄을 읽지 않았지만, 그 만남이 있기 전부터 이미 많은 부분에서 엘륄과 같은 결론에 이르렀다고 주장했다. 따라서 엘륄의 철학을 살피면 1960년대에 카진스키가 했던 생각을 엿볼 수 있다. 특히 엘륄이 구조주의를 신봉하지는 않았지만(구조주의는 일종의 무신론이었다), 그 역시 체제가 세상 악의 근원이라고 비난했다.

엘륄에게 기술—혹은 그의 표현에 따르면 '기교technique'—은 단순히 기계를 지칭하는 것이 아니었다. 오히려 그것은 어떤 사고방식—지식 체계라고 할 수도 있다—으로, 거기에는 종종 "수학의 포괄적인 적용"도 포함된다. 엘륄에게는 정치에서 홍보, 교육, 공학까지 모든 것이 기교였다. 그리고 엘륄의 핵심 주장은 원래 기교란 상품을 생산하기 위한 수단에 불과했지만, 이제는 그 자체가 목적으로 여겨지고 있다는 것이었다.

다른 말로 하면, 엘륄은 우리가 기교에 봉사하고 있다고 말했다. 기교가 우리에게 봉사하는 것이 아니다. 그리고 그런 기교들에 심리학도 포함되며, 그 "첫 번째 목적"은 사람들이 기술 체제에 계속 확실히 봉사하도록 돕는 것이다. 그는 "심리학적 수단을 통해 인간에게서 마지막 노력까지 끌어내고, 동시에 새로운 사회가 그에게 부여하는 불편함을 견디게 강제하는 것"도 가능하다고 썼다.[14]

이러한 종류의 행동 조절을 엘륄은 "선전"이라 불렀고, 그것은 광고, 대중 홍보, 혹은 교육을 통해 드러났다. 그리고 선전 자체는 "심리학과 사회학의 과학적 분석에 기반"하고 있었다.

이런 통찰은 카진스키의 편향과 정확히 일치했다. 그 메시지는 분명해 보였다. 그는 심리학적 기교를 통해 사람들을 변모시키는 데

헌신했던 교수를 가깝게, 그리고 행복하지 않게 접한 경험이 있었다. 그리고 이제 카진스키 본인도 수학 영역에서—엘륄이 사실상 모든 현대적 기교의 핵심에 놓인 학문이라고 했던—진보를 이루었다는 죄의식이 있었다. 선한 사람이 되려고 노력하는 과정에서 그는 의도치 않게 자신의 자유를 파괴하려는 바로 그 기계에 봉사했다. 월트 켈리의 만화 캐릭터 포고의 말을 빌리자면, 그는 적을 만났는데, 그 적이 바로 자신이었다.*

훗날 카진스키는 유나보머 편지에서 제프리 초서의 「방앗간 주인의 이야기」(『캔터베리 이야기』 중)에 등장하는 목수를 언급한 적이 있는데, 그 목수와 마찬가지로 카진스키도 자신이 속았음을 깨닫고는 "숲"으로 들어가버린다. 그 분노의 핵심에는 자신의 어리석음에 대한 분개도 있었다. "체제"가 그를 유혹했고, 그는 벗어나기를 원했다.

그는 혼자가 아니었다. 그 혼돈의 시기에 많은 이가 탈출구를 찾아 나섰다. 적지 않은 사람들은 환각제에 의존했다. 하지만 그것은 시작에 불과했다. 매릴린 퍼거슨이 『물병자리 음모론』에서 묘사한 바에 따르면, "그 입구를 지나면 많은 이가 또 다른 변신 기술에 빠져들었다".[15] 심리학 자체가 하나의 기술, 내적 도피의 과학이 되었기 때문이다. 그리고 그 폭력적인 시대에 도피는 점점 더 매력적으로 보였다. 군대와 사회과학의 협력이 낳은 산물이 한 국가의 문화에 스며들었고, 엘런 허먼이 "심리학에 대한 미국의 연애 감정"이라고 부른 현상을 낳았다.

---

* "적을 만났는데 그게 바로 우리였어"는 미국의 만화영화 「포고Pogo」에 나오는 유명한 대사다.

물병자리 시대가 여명을 맞이하고 있었다.* 많은 이가 고통을 줄이거나 "더 높은" 의식을 깨워주는 것이라면 뭐든—그리고 전부를—기꺼이 시도하려 했다. 퍼거슨이 전하듯이, 그들은 에설런으로 도피했고, 에르하르트 세미나의 훈련 과정에 등록했다.** 사람들은 "감각적 고립과 감각적 과부하", 생체 자기 제어, "자연 암시 훈련", 마취 혹은 자기 마취, 선禪 사상, 티베트, 불교, 초월 등 다양한 명상법, 히브리 신비주의, 요가 등에도 손을 댔다. 그들은 "정신 종합", 수피교, 공안公案, 데르비시 춤 등을 받아들였다. 그들은 실바 마인드 컨트롤을 공부하고, 재탄생 의식과 원초적 비명 치료를 수행하고, 꿈 일기를 쓰고, 아리카Arica, 접신술, 구르지예프 시스템, 로고세러피, 게슈탈트 치료, 라이히 심리학, 태극권, 합기도, 가라테, 러닝, 춤, 롤프식 마사지, 생체 에너지, 펠던크라이스 기법, 응용 운동학 등을 연구했다.

그리고 일부 사람이 내면을 파고들었다면, 다른 일부는 밖으로 눈을 돌려 자기 안이 아니라 자연에서 도피처를 찾았다. 1969년, 두 개의 커다란 이산離散이 시작되었다.

가장 유명한 것은 생태 낙원을 찾아 숲속으로 떠난 베이비부머 무리였다. 찰스 라이히가 『미국을 푸르게』에서 묘사한 신념에 따르면, 이 젊은이들은 스스로 "기업 국가"와 전쟁을 벌이고 있다고 생각했다.[16] 이상주의에 자극받고 자연에 대한 새로운 이념에 따라 행

---

* 물병자리는 점성술에서 '자유와 형제애'를 나타낸다.

** 에르하르트 세미나는 1971년 샌프란시스코에 설립된 사설 교육기관으로, '변화'를 강조하는 2주짜리 훈련 과정을 개설했다.

동했던 이들은 도피처를 찾는다기보다, 새로운 공동체 모델을 건설하길 바랐고, 그 경제적 기반은 마리화나였다. 헤이트 애시버리를 비롯한 다른 반문화 소굴을 버린 그들은 캘리포니아주 가버빌이나 오리건주 케이브 정크션 같은 시골 마을로 들어가 마리화나를 키우고 벌목을 멈추게 했다. 1973년 닉슨이 징집을 멈춘 후 남학생들은 입대를 미루기 위해 대학에 머무를 필요가 없어졌고, 야생으로의 도피는 가속화되었다. 한없이 낙관적이었던 그들은 투쟁심도 함께 가지고 떠났다. 몇 해 만에 그들은 "에코타주ecotage"*라는 형태의 테러리즘을 받아들이며, 자연을 구하는 일에 헌신했다.

두 번째, 덜 알려진 형태의 '땅으로 돌아가기' 움직임은 침묵 세대에 의해 이루어졌고, 나도 그중 한 명이었다. 1950년대, 우리 교수들은 유대-그리스도교 유산이 몰락에 직면해 있다고 경고했다. 본인 역시 침묵 세대였던 로젠블랫처럼, 1960년대 후반 우리는 그 몰락이 일어난 거라고 믿었다. 우리는 혼란을 맞을 준비가 되어 있지 않았다. 우리 세계는 그저 사라진 것이었다.

교정이 산산조각 나며 우리를 키워준 문학과 철학의 전통이 갑자기 멈췄고, 우리는 그런 사태를 따라가지 못했다. 우리가 준비했던 정신적 삶은 부적절한 것이 되었다. 우리 자신은 성년이 되자마자 부적절한 사람이 되었다. 1960년대는 우리의 전성기, 우리가 리더십의 바통을 이어받아야 하는 시기였다. 하지만 그 바통은 우리 머리 위로, 우리 앞에 있었던 제2차 세계대전 세대로부터 우리 뒤의 베이비부머 세대로 곧장 넘어갔다. 1950년대에 우리는 너무 어렸

---

* 환경보호를 목적으로 실력 행사를 통해 기업활동을 방해하는 행위.

고, 1960년대에는 너무 나이가 들어 있었다. 게일 시히가 적었듯이, 우리는 "세계가 아직 10대일 때 어른이 되었음을 알게 되었다".[17]

적응할 수 없었던 우리는 탈퇴하기로 했다. 일부는 계속 저자세로 일자리와 가족에 매달렸다. 다른 일부는 도피처를 찾았는데, 야생으로 이주하거나, 공적인 삶을 철저히 피할 수 있는 작은 틈새 혹은 전문 영역에서 새로운 경력을 쌓았다.

요컨대 땅으로 돌아간 이들 중 상대적으로 젊었던 무리는 자연에 가까이 가고, 생태학적으로 순수한 새로운 사회를 지으려는 욕망에 따라 그렇게 했다. 침묵 세대는 자신들이 보기에 붕괴되고 있던 사회에서 벗어나려는 충동에 끌려 그렇게 했다. 부머 세대는 과학과 권위, 과거를 거부했다. 침묵 세대는 고전 문명과 역사를 받아들였다. 부머 세대는 낙관적 활동가로 남았다. 침묵 세대는 너무 비관적이라 행동의 효과를 믿을 수 없었다.

카진스키의 출생 연도—1942년—는 인구학자들이 침묵 세대와 부머 세대의 분기점으로 보는 해다. 그리고 그는 두 세대의 관점을 결합한 것처럼 보인다. 다른 많은 침묵 세대처럼, 그는 기술이 사회에 제기하는 위험을 경고하는 대학 교육 과정을 흡수했다. 그는 야생에서 탈출구를 찾았다. 하지만 부머 세대와 마찬가지로 그는 행동도 원했다.

따라서 그는 절망과 헌신의 기묘한 결합을 대변했다. 이는 치명적인 결합이었다. 마치 펜터민과 펜플루라민*처럼, 이 두 세대의 서로 다른 전망은, 각각은 덜 해로웠지만 결합했을 때는 치명적이었다.

---

* 펜터민과 펜플루라민은 1990년대 미국의 식욕억제제.

460

23.   사탕과 폭탄

오늘날 학부생들 사이에는 자신들이 가라앉는 배, 미국 혹은 전
세계라는 타이태닉호의 승객이란 감각이 있다. 부분적으로는
1970년대 학생들의 사망 원인 중 사고사 다음으로 자살이 두 번째로
많은 것도 이 때문일지 모른다.
—아서 러빈, 『꿈과 영웅이 죽었을 때: 오늘날 대학생의 초상』(1980)

미래에 대한 확신이 부스러지며, 미국의 사회·정치적 짜임새가 파괴될
위협에 직면하고 있습니다.
—지미 카터 대통령, 1979년 7월 15일, 소위 '미국병' 연설

몬태나주 빅벨트 산악지대의 북쪽 끝에 있는 레인스퍼드는 인구
208명의 작은 점에 불과하다. 도로 끝, 실은 두 개의 도로 끝이라고
할 수 있는데, 모나크 교차로로 향하는 427번 주도, 그리고 그레이
트폴스와 루이스타운을 잇는 87번 고속도로가 만나는 곳이다. 동네
에는 키비코너 카페와 트럭 휴게소, 민트 술집, 지역 학교를 제외하
곤 별다른 것이 없었다.

1974년 가을의 바람 부는 어느 밤, 식당 종업원 낸시 헵번은 늦

게 일을 마쳤다. 밖은 춥고 어두웠으며, 그녀는 차에 시동이 걸리지 않을까봐 걱정이었다. 네 아이의 엄마였던 헵번은 컬러텔레비전 살 돈을 마련하기 위해 키비코너에서 일하기로 했다. 하지만 자신이 그렇게 늦게까지 일하는 동안 정작 텔레비전은 집에서 남편과 아이들이 보고 있었다.

자동차 정비소 직원들이 정말 도움이 되었다. 헵번은 도로 끝에 있는 벨트에서 자랐고, 어릴 때부터 정비소 직원들과 알고 지냈다. 그들은 퇴근 전까지 차를 고쳐놓겠다고 했다. 저녁 9시, 헵번은 운전석에 앉아 출발할 준비를 했다. 시동을 켜고 기어를 넣었다. 아무 기색이 없었다. 엔진은 돌았지만, 차가 움직이질 않았다.

얼마 후 헵번이 그들을 부르자 정비사 "친구"들은 히죽히죽 웃으며 자신들이 한 짓을 그녀가 알아차리기만을 기다렸다. 그들은 뒷바퀴를 조금 띄워서 마찰력이 생기지 않게 해놓았을 뿐이었다.

그냥 장난이었다. 벽에 기댄 채 그 상황을 가장 즐기고 있는 사람이 테드 카진스키였다. 정비소에서 일한 지 몇 주밖에 되지 않았고, 헵번이 그의 웃는 모습을 본 것은 처음이었다.[1]

그때쯤 카진스키는 3년째 몬태나에 살고 있었고, 야생에는 일자리가 거의 없다는 것은 이미 깨달은 상태였다. 누군가는 이를 낙원의 역설이라고 할 것이다. 해마다 교육을 잘 받은 수천 명의 20대가 풍경과 고독을 찾아 몬태나주로 들어오고 있었다. 하지만 이들은 이내 야생에는 할 일이 없음을 알게 되었다. 일부는 즉시 떠났다. 나머지는 자신들이 지내는 곳에서 블루칼라 일자리를 찾았는데, 그런 일을 하기에는 자격이 넘치거나 기술이 부족했다. 법학 학위 소지자가 낚시 안내를 하고, 풀브라이트 장학생이 웨이터를 하는 상황도 드물지 않았다.

하지만 그렇게 아래로 내려가려면 겸손함이 필요했고, 그건 카진스키에는 전혀 없는 자질이었다. 그는 자신이 할 수 있는 일자리에 비해 교육을 너무 많이 받았을 뿐 아니라, 그런 일자리에서 모욕감을 느꼈다. 지적 오만함은 여전했다. 그는 자존심이 지나치게 강했다.

나는 내가 특별히 중요한 인물이며, 나머지 인류들보다 우월하다고 생각하는 경향이 있었다[그의 일기 중 날짜가 없는 부분]. 내가 특별하다는 생각이 숨 쉬듯 자연스럽게 느껴졌다.[2]

아무도 자신의 탁월함을 알아주지 않는다는 사실이 그를 놀라게 했다. 그저 정비사나 짐꾼이 되기에는 그가 너무 우월했다. 무슨 일자리를 얻든 그는 금방 이성을 잃고 화를 냈으며, 해고당하거나 스스로 그만두었다.

"나는 내가 증오하는 이들의 사랑과 존경을 원했을 뿐이다"라고 말한 누구처럼, 카진스키는 세상에 "엿 먹어!"라고 말하면서 동시에 그 세상의 인정을 원했다. 그래서 그는 실업자였고, 대부분 빈털터리로 지냈다. 그는 사회와 자신을 무시하는 사람들에게 분노를 느꼈을 뿐 아니라, 가족에 대한 분노도 점점 더 커지고 있었다. 부모님이나 동생과의 관계는 단절될 지경에 이르렀다. 반항하는 10대처럼, 그는 가족에게 아무것도 원하지 않았지만, 여전히 그들이 주는 생활비에 의존하고 있었다. 1970년대가 깊어지면서 그는 점점 더 절박해졌다. 살인과 혁명에 대한 생각이 그를 사로잡았다. 그는 강박적으로 책을 읽었고, 한 달에 몇 번씩 도서관에 드나들었고, 복수에 대한 자신만의 합리화를 완성했다.

하지만 무엇에 대한 복수였을까? 궁극적으로는 자신에 대한 복수였다. 그는 과학적 수단을 존중했지만, 과학이 세상의 병폐라고 비난했다. 기술을 두려워했지만, 그 기술을 활용해 폭탄을 제조했다. 수학이 기술사회에 봉사한다며 개탄했지만, 본인부터가 수학자였다. 심리학을 두려워했지만, 자신을 이해하기 위해 심리학의 개념을 강박적으로 활용했다. 요컨대 그는 자신에 대해서라면 모든 것을 증오했다. 그리고 자신을 그렇게 혐오스러운 존재로 만든 것에 대해 부모와 "체제"를 비난했다.

—

카진스키의 인생 계획은 그의 희망대로 진행되지 않았다. 1969년 6월 버클리를 떠난 후 그와 데이비드는 차를 몰고 캐나다로 가서 땅을 살폈다. 둘은 브리티시컬럼비아 북부의 외진 땅을 빌리기 위해 캐나다 정부에 신청서를 제출했고, 일리노이주 롬바드에 있는 부모님의 새집으로 돌아왔다. 그해 가을 데이비드는 컬럼비아대학에서 학업을 마치기 위해 돌아갔고, 테드는 롬바드에 남아 캐나다의 대답을 기다렸다. 신청은 거부되었다. 실망한 그는 이듬해 여름 캐나다에 다시 가서 계속 부동산을 찾았다. 하지만, 훗날 「진실 대 거짓」에서 고백했듯이, 이미 의욕을 잃고 열심히 찾아보지 않았다.[3]

그사이 1970년 6월, 데이비드는 컬럼비아를 졸업하고 대학 친구들과 서부를 여행하며 여름을 보냈다. 그는 잠시 롬바드에 돌아왔다가, 몬태나로 이주해 그레이트폴스 북부의 6번 대로 1001번지에 비싸지 않은 아파트를 빌렸다. 미주리강 건너편의 블랙 이글에 있는 아나콘다사의 제련소에 일자리를 찾았고, 이듬해 봄 테드를 초청했다.

그레이트폴스에 도착한 직후 테드는 다시 땅을 찾는 활동을 시작했다. 얼마 후 링컨 남쪽으로 6.4킬로미터 떨어진 곳에서 5600제곱미터의 땅을 찾았다. 데이비드에게 그 땅을 보여주었고, 형제는 그 땅을 사기로 결정하고 각자 1050달러씩 냈다. 거래가 성사된 직후인 1971년 6월 19일, 테드는 오두막을 짓기 시작했다.

카진스키가 평화와 고요함을 원했다면, 링컨은 이상한 선택이었다. 그곳은 그가 갈망했던 고독을 거의 주지 못했다. 여름 별장 및 사냥용 오두막이 점점이 흩어져 있는 지역의 한복판에 위치한 그 땅은 스노모빌, 사냥꾼, 금광 투기꾼, 벌목꾼이 넘쳐나는 곳이었다. 그리고 상대적으로 비싸기도 했다. 조금 더 찾아봤더라면 10분의 1 가격으로 더 외진 곳도 발견할 수 있었을 것이다. 당시 몬태나에는 에이커당 100달러 미만의 땅도 아주 많았다.

그는 왜 땅을 샀을까? 카진스키는 그 땅이 "마음에 들 정도로 고립된 곳은 아니었다"라고 인정했다. 하지만 "······나는 이상에 조금 못 미치는 상황에 정착해야만 한다고 결정했다"고 설명했다.[4] 본인의 선택 때문에 그는 고독에서 위안을 즐기기보다는 점점 더 정신을 산만하게 만드는 상황과 마주해야 했다. 점차 평화를 찾기보다는 점점 더 분노했다. 위치 때문에 시끄러운 이웃들이 끊임없이 그를 짜증나게 했고, 감정적 상처의 딱지를 뜯어내 생생하게 드러냈고, 그렇게 열린 상처는 쓰라렸다.

하지만 한 가지 면에서 링컨은 이상적이었다. 테러를 기획하기에는 완벽한 장소였던 것이다. 그때쯤 카진스키의 반기술사회 철학은 이미 완성된 상태였다. 그는 제목 없는 에세이를 한 편 썼고, 거기서 엘륄의 『기술사회』를 칭찬했다. 또한 "심리 조종"의 위험성을 경고하고, "과학과 기술의 진보가 계속되면 결국 개인의 자유는 사라지고 말 것"이라고 예언했다.[5] 그리고 이미 그런 사태에 대해 뭔가를 하기로 결심하고 있었다.

하지만 테러를 하려면 이동할 필요가 있었다. 정말 외진 곳에서는 실천할 수 없었다. 링컨은 그런 면에서 편했다. 헬레나, 그레이트폴스, 미줄라까지 버스 연결편이 있었다. 따라서 그 땅을 사면서 카진스키는 살인을 향한 큰 걸음을 내딛은 것이다. 그곳은 자신의 분노를 설명할 이유뿐 아니라, 그것을 배출할 기회까지 제공했다.

베이비부머 이산자들 덕분에 1970년대 초반에 원시림은 근사한 곳이 되었고, 배관 시설도 없이 사는 생활은 높은 영적 자각을 나타내는 상징이 되었다. 이런 시대적 맥락 속에서 링컨에서 카진스키의 생활 방식은 딱히 특별한 것도 아니었다.

당시 땅으로 돌아간 다른 사람들과 마찬가지로 그는 시골생활에 자신을 던졌다. 하지만 대부분의 사람과 달리, 그는 자신의 원시생활도 과학적으로, 극단적으로 추구했다. 목공, 식물학, 유기화학 관련 서적을 읽었고, 해독제, 영양학, 살충제, 인디언 풍습, 소총 사격술, 응급처치, 야생 약초, 종자학, 잡초 관리, 나무 구분법, 관목, 동물의 흔적, 버섯, 식용 식물과 독초, 야생화와 꽃이 피지 않는 식물에 대한 책들도 읽었다.

그는 가로 3미터 세로 3.6미터의 오두막을 짓고, 지하 저장소를 팠으며, 텃밭을 가꾸었다. 우물은 파지 않고 캐니언 크리크에서 호스로 물을 끌어와 썼다. 그리고 V. S. 나이폴의 『어둠의 영역』에서 영감을 받아 옥외 화장실은 짓지 않았다. 대신 매일 신문지에 싼 배설물을 텃밭에 묻었다. 유일한 탈것이었던 짙은 파란색 세비 픽업이 고장났을 때, 수리하려 애쓰기보다는 그대로 처분해버렸다.[6]

그사이 데이비드는 1972년 제련소 일자리를 그만두고 그레이트 폴스 칼리지에서 교육학 공부를 시작했다. 1973년 학위를 받은 그는 롬바드로 돌아갔다.

하지만 형제는 떨어져 있는 상태에서도 우편을 통해 철학적 논쟁을—데이비드는 훗날 이에 대해 "토론과 논의—변증법"이었다고 FBI에 말했다—이어갔다. 테드는 동생의 생각이 낭만적이고, 모호하며, 과학적이지 않다고 비웃었다.[7]

그때쯤 엘륄의 『기술사회』는 테드의 성서가 되어 있었다고 데이비드는 FBI에 말했다. 그리고

토론 내용은, 과학이 예술보다는 진실에 더 가깝게 우주를 그릴 수 있다는 테드의 주장과 관련된 것이었다. 왜냐하면 과학은 "증명의 기준"을 가지고 있으니까. 테드는 그 기준에 대해, "사실"은 "참 혹은 거짓"으로 증명될 수 있는 한에서만 유효한 것이라고 주장했다. 한편 데이비드는 현실이 필연적으로 "흑 아니면 백"이어야 하는 것은 아니며, "미지의 신비"도 포함하는 거라고 믿었다. 쉽게 수량화되지 않는, 심지어 알아볼 수도 없는 그 부분까지가 인간 경험의 일부였다. 데이비드는 "예술"도 그런 경험의 일부에

포함시켰다. 데이비드는 테드가 오랫동안 합리성을 지침으로 삼아왔음을 강조했고, 자기주장을 유난히 강조하고 강요하는 것이 테드의 토론 유형이라고 지적했다. 그렇게 함으로써 테드는 자신의 생각이 "합리적 이상"에 기반하고 있기 때문에 그것을 뒷받침하는 행동은 무엇이든 정당화될 수 있다고 특별히 강조했다. 데이비드는 그런 사고방식을 통해 테드가 자신의 "합리적 목표"를 성취하기 위해 사람을 죽이는 것까지 완전히 정당화할 수 있었다며, 슬픈 어조로 말했다.[8]

카진스키는 이성을 믿었을 뿐 아니라 거기에 사로잡혀 있었다. 그것은 돈 리처드 리소와 러스 허드슨이 자신들의 책 『성격 유형』에서 서술한 "조사관" 유형, 즉 지식인의 정신 상태에 해당됐다.

저자들의 설명에 따르면, 이런 유형의 개인이 감정적으로 건강하다면 "정신이 깨어 있고, 호기심이 있으며, 뭔가를 탐색하는 지성이 있다". 그들은 "자신들이 흥미를 느끼는 분야를 능숙하게 섭렵하고, 그런 지식에 흥분하며, 종종 몇몇 영역에서 전문가가 된다".[9]

이러한 특징은 고대의 성격 분석 방법, 많이 알려지지 않은 에니어그램이라는 방식에 기반을 두고 있다. 과학적이지 않고 진단이나 치료와 관련해서 검증되지도 않았지만, 이 방식은 현대의 많은 성격 이론과 핵심적인 통찰을 공유하고 있는데, 바로 정신 건강에는 균형이 필요하다는 생각이다.

성격의 특정 면모—그것이 사고든, 감정이든, 아니면 직관이든—에 지배받는 사람은 서서히 쇠락하게 마련이다. 그들의 성격상 결함은 점차 극단적으로 된다. 특히 지식인이 균형을 잃으면, 이념과 이론에 대한 탐닉이 그들 자신을 고립시키게 된다.

리소와 허드슨에 따르면, 그런 학구적 기질의 인물은 다음과 같은 상황에 이를 수 있다. "복잡한 이념에 관여하면서 점차 초연한 사람이 된다…… 그들은 다른 이들이 보기에 끔찍하고, 받아들일 수 없고, 금기처럼 여겨지는 사상도 기꺼이 향유하려 한다. 그들은 자신들의 독립성을 대단히 높이 평가한다." 자신만의 생각에 완전히 빠져든 이들은 점점 "은둔"하게 되고, 몇몇은 "극심한 자기파괴 성향"을 보이기도 한다.[10]

몬태나에 도착했을 무렵 카진스키의 성격은 이미 이러한 지식인 유형의 정수를 보이고 있었다. 이후로 줄곧 그런 면모는 극단적으로 되었고, 결국엔 에니어그램의 불길했던 예측을 실현하게 된다.

—

1960년대가 끝나고 1970년대가 시작되면서, 야생으로 떠나는 전국적인 움직임은 계속되었다. 수천 명의 젊은이 혹은 중년 세대가 미국의 주류가 되길 포기하고 도피처를 찾았다. 작가와 소설가들은 단순한 생활을 격찬했다. 에드워드 애비의 『사막의 고독』, 유타주 아치스 국립공원의 단기 관리원으로 일했던 경험을 바탕으로 야생에서 홀로 지내는 삶을 시적으로 묘사한 그 작품이 전 국민의 상상력을 자극했다. E. F. 슈마허의 『작은 것이 아름답다』는 거대 기술을 거부하고 단순한 삶을 옹호하는 새로운 가치 체계를 제시했다.

그사이 종말에 대한 감각이 문학계와 학계, 그리고 대중문화를 가득 채웠다. 폴 R. 에를리히는 베스트셀러 『인구 폭발』에서

"1970년대와 1980년대에는 수백만 명이 굶어 죽을 것이다"라고 단호하게 (잘못) 예측했다.[11] 이와 비슷하게, 배리 카머너는 대성공작 『원은 닫혀야 한다』에서 지구는 이미 "환경 위기"를 겪고 있으며, "기술에 기반한 현대 사회가 자랑하는 생산성과 부의 이면에 끔찍한 사기극"이 숨어 있다고 선언했다.[12] 시어도어 로작은 1972년 작 『황무지가 끝나는 곳』에서, 자신의 "황폐한 냉소주의"에 대해 양해를 구하면서도, "과학적 심리학과 산업주의 문화"가 "야생으로부터의 이탈"을 촉발시키고 있다고 탄식했다.[13] 같은 해 로마 클럽은 『성장의 한계』라는 보고서에서 전 세계가 "인구 및 생산 능력 양쪽에서 통제할 수 없는 급격한 쇠락을 맞이할 것"이라고 예측했다.[14]

1980년 지미 카터 대통령에게 제출한 『글로벌 2000 보고서』에 따르면, "현재 추세가 지속된다면 2000년에 전 세계는 지금보다 인구가 더 많고, 오염이 심하며, 생태학적으로 더 불안정하고, 파멸에 취약할 것이다"라고 했다.[15]

대학가에서는 비관주의가 단핵증單核症처럼 퍼져나갔다. 카네기 재단 선임연구원 아서 러빈이 미시간 사회조사국의 경험적 자료에 대해 작성한 보고서에 따르면, "해가 갈수록 학생들은 국가에 대해 조금씩 비관적인 입장을 취했고, 1979년이 되자 비관주의 성향은 20퍼센트에 달했다".[16]

러빈은 이어서 다음과 같이 말했다.

무엇이 가장 염려되는가, 라는 질문에 대해 학부생들은 태양 아래 모든 것이 걱정스럽고, 만일 태양 에너지까지 포함한다면 태양도 걱정스럽다고 했다. 그들은 경제, 환경오염, 에너지, 범죄, 도

470

덕성, 그리고 핵전쟁이 두렵다고 했다. 또한 원자력과 대기업, 탐욕, 불법 이민, 우파들이 염려된다고 했다. 어니타 브라이언트와 그녀의 반동성애 활동, 필리스 슐래플리와 그녀의 반평등권법 제정 활동, 그리고 캘리포니아의 세금 저항과 주민발의 13호* 등에 대한 언급이 있었다. 마찬가지로 낭비, 빈곤, 대외 정책, 이기심, 이혼, 돈, 권위주의, 물가 등에 대한 이야기도 나왔다. 학생들은 마약, 규제 강화, 비관주의, 삶의 질 저하, 환경, 사법 체계 등을 걱정했다. 이뿐만 아니라 목록에는 훨씬 더 많은 것이 있었다.

1979년, 이같이 우울한 전망은 너무 짙어져 지미 카터 본인도—그의 『글로벌 2000 보고서』도 이런 전망에 일조했는데—더 이상 무시할 수 없었다. 7월 15일, 훗날 '미국병' 연설로 알려질 연설에서 (이 표현을 직접적으로 언급하지는 않았지만) 카터는 미국이 "확신의 위기"에 직면해 있다고 경고했다.

"우리의 국가적 의지라는 심장과 정신, 그리고 영혼을 강타하는 위기입니다. 우리 삶의 의미에 대한 의심이 커지며, 또한 통합된 국가적 목표가 사라지면서 이 위기가 드러나고 있습니다. 미래에 대한 확신이 부스러지며, 미국의 사회·정치적 짜임새가 파괴될 위협에 직면해 있습니다."[17]

실제로 짜임새가 무너지며 그 갈라진 틈을 테러리즘이 메우기 시작했다. 테드 로버트 거의 정의에 따르면, 테러리즘은 "정치적 혹은 사회적 목표를 추구하는 과정에서, 사람들에게 겁을 주거나 조종하

기 위해 예상치 못한 폭력을 사용하는 것"이다.[18] 그런 의미에서 테러리즘은 남북전쟁 직후 남부에서 KKK가 등장한 이후 줄곧 미국적 상황의 일부였다. 하지만 1960년대에 테러리즘은 만개했다. 남부의 백인 분리주의자, 흑인 민병대, 마르크스주의 혁명 단체 등 우파와 좌파 테러 단체가 살인 벌떼처럼 급증했다.

우파 쪽에서는 반공산주의를 주창하는 준군사 조직 미니트맨이 1960년대 초반에 등장했다. 미국 나치당은 지도자 조지 링컨 록웰이 1967년에 암살될 때까지 활개를 쳤다. 같은 해, KKK에는 700개의 지부와 1만7000명의 단원이 있었다. 1969년, 느슨하게 연결된 민병대 포스 코미타터스가 등장했다. 디 오더(포스 코미타터스의 분파였다), 캘리포니아 레인저스, 더 카브넌트, 더 스워드, 주님의 팔CSA, 아리안 국가의 예수그리스도 교회 등 다른 단체들도 속속 뒤따랐다. 이른바 이런 생존주의자 조직은 회원들에게 야생으로 돌아가 식량과 기타 생필품을 비축하라고 촉구했다. 자신들이 보기에 피할 수 없었던 혁명에 대비해, 이들은 정규군을 갖춘 자신들만의 "자치" 정부를 세우려 했다.

그사이 새로운 흑인 민병대와 마르크스주의 테러 단체도 거의 해마다 등장했다. 블랙 팬더스, 신리비아 흑인민족주의, 흑인 해방군, 혁명적 행동 운동, 신아프리카 공화국, 웨더 언더그라운드, 웨더 뷰로, 민주사회를 위한 급진 학생 요소, 신세계해방전선, 공생해방군SLA 등이었다.

거의 지적에 따르면 이런 단체는 대부분 단명했다. 1970년대와 1980년대에 걸쳐 "다른 집단이 계속 등장해 비슷한 환상을 이어갔지만, 언론의 관심은 훨씬 더 줄어들었다".[19] 1980년대와 1990년대,

이들은 낙태 병원 신고 단체, 폭파범, 방화범 등과 합류했고, 자신들은 "생명의 권리"를 옹호한다고 주장하는, 의도치 않았던 역설적 상황도 발생했다.

이들이 단지 테러리스트이기만 한 것은 아니었다. 1970년대 초에는 '멍키렌칭'이란 전략도 등장했는데, 그런 행동에 영감을 준 에드 애비의 소설 『멍키렌치 무리』(1975)에서는 매력적인 부적응자들이 서부를 배회하며 도로표지판을 훼손하고, 건설 기계를 망가뜨리고, 궁극적으로는 새로운 수력발전 댐을 폭파할 계획을 세운다.[20] 처음엔 이 난동꾼들도 순수해 보였지만, 시간이 흐르면서 점점 더 심각해졌다.

멍키렌칭은 베트남전에 반대하는 과정에서 학생 활동가들이 개발한 전략이었다. 전쟁이 끝나고 오지로 떠난 그들은 이 전략도 함께 가지고 떠났다. 그들은 무대 의상과 스스로 "게릴라 극장"이라고 부른 텔레비전용 무대를 선보이며 생생한 저항운동을 펼쳤다. 그리고 멍키렌칭을 고안했다. 불도저의 연료통에 설탕을 넣어 망가뜨리고, 토지조사용 말뚝을 뽑고, "빌보드 시위"(도로표지판 훼손)를 진행했다. 그리고 나무에 "못질"을 했다(10페니짜리 동전을 나무 둥치에 박아놓으면, 나중에 전기톱에 걸리고, 결국 치명적 파편이 사방으로 튀게 된다).[21]

1970년 "애리조나 유령"으로 알려진 누군가가 블랙 메사 광산의 중장비들을 망가뜨리기 시작했다. 일리노이주 케인 카운티에서는 "여우"가 공기 오염을 유발한다고 생각하고 굴뚝들을 막아버렸다. 애리조나주 투산에서는 자신들을 "환경돌격대"라고 부른 무리가 개발 예정지를 훼손했다. 동부 해안에서는 "로보"라는 신비에 싸인 인물이 도로표지판 훼손을 이어갔다. 그리고 아이다호주 블레인 카운

티에서는 이름 없는 활동가가 헤일리에서 케첨까지 따라가며 93번 도로의 모든 표지판을 잘라버렸다.[22]

『멍키렌치 무리』가 출간될 무렵, 그 생각은 특히 숲으로 돌아간 부머 세대 사이에서 인기를 끌었다. 그들은 자신들이 재산 피해를 입힐 뿐 사람은 해치지 않기 때문에 테러리스트가 아니라고 주장했다. 애비의 주도하에 전국 언론에서는 이 훼방꾼들을 사랑스러운 부랑아로 묘사했고, 그들의 약탈도 무해한 장난처럼 취급했다. 하지만 그런 순진함은 오래가지 못했다. 모든 역사적 운동이 그렇듯, 환경을 위한 방해활동에도 모방범들이 생겼고, 이들은 진짜 폭력도 마다하지 않았다.

—

이 무리를 통해 미국은 최초의 현대적 테러리스트를 접했다. 각자의 차이에도 불구하고 이들은 본질적 유사성을 공유하고 있었기 때문이다.

그들은 스스로를 큰 역사적 무대의 배우라고 생각했다. 민병대원들은 독립혁명과 남북전쟁을 재현하려 했고, 자신들이 중앙정부의 폭정이라고 생각한 것에 맞서 투쟁했다. 흑인 민병대는 자신들이 노예제의 잘못을 바로잡는다고 생각했다. 반전 활동가들은 마르크스주의의 횃불을 들고 역사의 변증법을 통해 제국주의와 자본주의를 제거할 방법을 모색했다. 환경보호론자들은 자신들의 목표가 "지구를 구하는 것"밖에 없다고 선언했다.

그들은 모두 오래전에 생긴 부당함에 복수할 방법을 찾으려 했다. 남북전쟁에서 연방주의자들의 패배(민병대), 노예 제도(흑인 민병대), 프랑스의 인도차이나 지배(반전 활동가), 미국 초기 정착민들에 의한 "대평원 수탈"(극단적 환경보호론자).

그들은 전부 미국을 포기했다. 실은 현대 및 서구와 관련된 것이라면 모두 경멸했다. 민병대와 환경보호론자들은 기술뿐 아니라 산업주의를 거부했고, 원시 시대의 원초적 삶을 받아들였다. 좌파 혁명가들은 "부르주아"(혹은 "백인, 앵글로색슨" "남성 애국주의" "자유시장 자본주의자" "제국주의자")에 맞서는 전쟁을 선포했다. 흑인 극단주의자들은 기독교가 노예주들의 종교라며 거부했고, 이슬람으로 개종하고 무슬림 이름으로 개명했다.

이들은 모두 이념의 이름으로 사람을 죽이고 테러를 자행했으며, 자신들의 피해자를 피와 살이 있는 사람이 아니라 추상적 존재로 변모시켰다. 그리고 그들은 모두 자신의 이론에 따르면 폭력은 인정될 뿐 아니라 필요하기도 한 것이라고 확신했다.

요컨대 폭력이 대기 중에 떠다녔다. 그리고 카진스키도 그것을 들이키고 있었다. 이미 소음에 예민했던 그였지만, 새로운 집 주변에도 소음이 넘쳐난다는 것을 알게 되었다. 전기톱 소리, 스노모빌, 제트기, 굴착기, 헬리콥터가 새로운 분노를 불러일으켰다. 그래서 그도 멍키렌칭을 시작했다. 산악자전거가 뒤집히기를 바라며 산길에 철사를 매고, 헬리콥터에 총을 쏘고, 벌목 및 건설 장비를 망가뜨렸다.

그는 암호화된 일기에 다음과 같이 적었다,

몇 해 전 어떤 개새끼가 스템플 패스로드에 여름 별장을 지었다.

오토바이와 스노모빌 악당들. 주말이면 놈들이 소리를 내며 오두막 앞을 지나다닌다, 여름이나 겨울이나. 지난여름에는 평소보다 더 심해서 최악이었다. 어떤 때는 주말 내내 사흘 동안 이어졌다. 도로를 달리지 않을 때면 그들의 집 앞에서 오토바이가 내뿜는 소리가 들린다. 온종일. 점점 더 견딜 수 없는 상황이 되고 있다. 심장이 나빠지고 있다. 운동을 하는 것은 좋다. 하지만 감정적 스트레스 그리고 무엇보다 분노 때문에 심장이 불규칙적으로 뛰고 있다.[23]

그래서 행동을 취하기로 결심했다.

집에서 가까운 곳에서 범죄를 저지르는 건 위험하다. 하지만 이 자들을 처리하지 않으면, 분노가 말 그대로 나를 죽여버릴 것 같다. 아무튼 어느 가을날 밤 그 집에 숨어들었다. 그들도 집에 있었지만, 전기톱을 훔쳐 늪지에 묻어버렸다. 그걸론 충분하지 않았다. 2주 후 그들이 집을 비웠을 때, 서둘러 들어가 집 안을 완전히 부숴놓았다. 정말 화려한 곳이었다. 이동식 주택도 한 채 있었다. 그것도 부수고 들어갔다. 안에 은색 오토바이가 있어서 본인들 도끼로 작살을 냈다. 집 앞에 스노모빌 네 대가 있었다. 도끼로 엔진을 완전히 작살냈다.

카진스키는 그런 재물 파손에 만족하지 않았다. 1977년 여름, 그는 다음과 같이 적었다.

누군가를 죽이기 위해 지뢰를 설치했지만, 장소는 밝힐 수 없다. 혹시라도 이 문서가 발견된다면 아무런 피해도 입히지 못한 채 덫이 제거될 수 있기 때문이다.

—

리소와 허드슨에 따르면, "조사관" 성격 유형이 **쇠락**하면 "지적으로 오만한" 사람이 된다. 그들은 "자신의 생각을 극단으로 밀고 가…… 자기 견해를 표출하는 일에, 그리고 세상에 반박하는 일에 삶 전체를 쓰게 된다. 그들은 세상에 '매도'되지 않기 위해 극단적으로 주변적인 삶을 살기로 선택하는데…… 세상에 대한 적극적인 참여가 전혀 없기 때문에 점점 더 '현실의 검증'을 덜 받게 된다". 결과적으로 "그들은 말이 줄어들고, 무뚝뚝하거나 아예 의사소통을 하지 않을 수 있다". 그들은 "존재 자체가 극단적으로 간소하게, 최소한으로 줄어든다."[24]

이는 카진스키에게 해당되는 말이었다. 그가 자신의 에덴에 정착하자마자 뱀들이 나타났다. 그는 잠을 잘 수 없었고 건강을 걱정하기 시작했다. 돈 문제도 도사리고 있었다. 물품들을 구입하기 위해 그는 1972년 가을 솔트레이크시티의 목수 보조 일자리를 구했다가, 이듬해 6월에 링컨으로 돌아왔다. 1974년 그는 키비 코너에서 일했다.

그리고 소음! 야생에 자신만의 "비밀 오두막"을 지은 후에도 그는 소음에서 벗어나지 못했고, 자신의 암호 일기에 다음과 같이 적었다.

지난여름 언덕 모든 곳에서 다이너마이트가 터졌다. 종종 내 오두막에서도 들렸다…… 엑손이 유전을 찾기 위한 지질 탐사를 하고 있는데, 언덕 위로는 헬리콥터 두 대가 날아다니고, 아래에서는 케이블에 연결된 다이너마이트가 폭발하고, 기계들이 그 진동을 측정했다. 해마다 8월이면 나는 밖으로 나가 대부분은 내가 사선 골짜기라고 부르는 곳에 매복해서 크레이터산 동쪽의 헬리콥터를 격추해보려고 애썼다. 생각했던 것보다 어려웠는데, 헬리콥터가 늘 움직이고 있었고, 다음에 어디로 향할지 예측할 수 없었기 때문이다. 키 큰 나무들이 시야를 가리고 있었다. 딱 한 번의 기회가 있었다. 재빨리 두 발을 쐈는데, 헬리콥터가 나무 두 그루 사이를 지날 때 대충 겨냥했다. 두 발 다 빗나갔다. 오두막에 돌아온 나는 울었다. 헬리콥터를 격추하지 못했다는 좌절감도 있었지만, 대부분은 이 나라에서 벌어지고 있는 일에 대한 슬픔 때문이었다. 너무 아름다운 나라다. 하지만 그들이 석유를 찾으면 재앙이다. 만약 석유를 찾지 못한다고 해도, 폭발과 헬리콥터가 나라를 망친다. 신성모독. 이제 어디서 평화와 고요함을 찾을 수 있단 말인가?[25]

1970년대에 링컨에서 카진스키의 삶은 오토바이와 스노모빌에 대한 분노, 종종 실행했던 멍키렌칭, 짧게 가졌던 어색한 일자리들, 데이비드와의 철학 논쟁, 그리고 테러 계획 수립 등이 섞여 있는 의문스러운 리듬을 띠게 되었다.

그리고 일리노이에서 수천 킬로미터 떨어진 곳에 살면서도 가족과의 다툼은 끊이지 않았다. 그는 부모님이 자신을 내버려두길 간절히 원했지만, 동시에 종종 그들에게 돈을 받으며 의존하고 있었다. 따라서 몇 번이나 위협을 하면서도 정작 가족과 완전히 단절할 수는 없었다. 대신 그는 우편을 통해 부모님께 비난을 퍼부으며, "청소년 시절 자신을 대했던 것"에 대해 사과할 것을 반복해서 요구했다.

터크는 거의 답을 하지 않았다. 하지만 아들이 학자로서 경력을 버린 것에 스트레스를 받고, 몬태나 야생에서 그가 직면한 위험이 걱정되었던 완다는 아들에게 집착하며 카진스키를 더 화나게 했다. 테드가 「진실 대 거짓」에서 기록한 바에 따르면, 1973년에서 1974년으로 넘어가는 겨울, 완다는 그가 편지를 더 자주 보내지 않으면 지자체와 연락하겠다고 협박했다. 격분한 그는 1년 동안 어머니와 연락하지 않았다.

하지만 완다의 사랑은 쉽게 거부할 수 있는 것이 아니었다. 그녀는 정기적으로 사탕과 과일, 잡지가 든 소포를 보냈지만, 이런 선물은 그를 더 화나게 할 뿐이었다. 그건 그가 원치 않는 것들―너무 달거나 건강에 좋지 않은 것들―이었다. 어머니가 너무 커서 우편함에 들어가지 않는 상자를 고집스레 보내고, 그래서 원하지도 않는 물건들을 찾으러 자전거를 타고 우체국에 나가야 했던 그는 거의 발작을 일으킬 지경이었다. 자신에게 보낼 소포의 규격을 엄격히 정해주고, 또 뭘 보내야 할지도 알려주었지만, 그녀는 그의 말을 따르지 않았다.

1972년 10월,

잡지는 더 이상 보내지 마세요. 진심입니다.

1975년 3월,

『리더스 다이제스트』를 보내셨군요. 보세요, 바쁩니까? 잡지를
보내지 말라고 몇 번이나 말했잖아요. 그것들을 보내지 말라고
계속 말했고, 보내지 않겠다고 약속도 하셨잖아요. 그런데 또 이
렇게 보내시다니요!

1975년 11월,

제발 소포 많이 보내지 마세요, 그리고 제발 훈제 굴도 보내지 마
세요…… 저 훈제 굴 안 좋아해요…… 어머니가 보낸 해바라기
씨도 염장한 것이더군요.

1976년 12월,

소포에 쿠키를 넣으셨더군요. 제가 음식은 말린 과일과 무염 견
과류만 보내달라고 했잖아요.

그리고 다시 1977년 11월,

소포를 보내실 때는 너비가 4.5인치를 넘기지 않게 해주세요. 그
리고 소포에 넣을 수 있는 물건은 말린 과일, 견과류, 치즈입니

다.[26]

청소년기의 자녀를 키워본 사람이라면 누구나 터크와 완다에게 공감할 것이다. 부모를 원망하는 것은, 마치 여드름처럼, 10대의 고통이다. 하지만 이는 좀처럼 정당화되지 않는다. 만약 자녀들의 모습에 대해 부모가 책임을 져야 한다면, 그 부모의 모습에 대해서는 그들의 부모가 책임을 져야 하고, 이어서 고조할아버지가 증조할아버지의 모습에 대해 책임을 져야 하고, 그렇게 계속된다. 이런 추론에 따르면, 그 누구도 무엇에 대해서든 책임질 일이 없다.

사실 병적으로 아픈 사람을 제외하면 자신의 행위에 대해 스스로 책임져야 한다. 책임을 배우는 것은 "성년에 이르는" 과정에서 거치는 통과의례라고 할 수 있다. 하지만 카진스키는 절대 성년에 이르지 못했다. 감정적으로 그는 10대에 머물러 있었다. 심리학을 혐오했지만, 그는 치료와 관련된 사고방식을 받아들이고, 부모님을 원망하는 과정에서 심리학 이론을 활용하며, 이를 통해 자신을 변명했다. 그는 부모님이 "감정적 학대" 혹은 "언어적 학대"를 자행했다고 계속해서 주장했다.

그리고 가족에 대한 개인적 분노와 사회에 대한 철학적 거부가 커지면서, 그는 점점 그 둘을 구분하기가 어려워졌다. 나중에 그는 자신이 "한 개념에서 다른 개념으로 아주 매끄럽게 자신의 분노를 옮겨갈 수 있다"고 한 샐리 존슨의 주장에 반박했지만, 실은 존슨이 옳았다. 카진스키의 일기에 따르면, 살인에 대한 자신의 동기를 설명하는 과정에서 실제로 그는 "개인적 복수"와 "체제에 대한 복수"라는 쌍둥이 욕망 사이를 매끄럽게 오갔다.

1971년 4월 6일, 링컨 땅을 사기 두 달 전에 그는 이렇게 썼다.

지금 하려는 일의 동기는 단순히 개인적 복수일 뿐이다. 그 일을 통해 뭔가를 성취할 거라고는 기대하지 않는다. 물론, 만약 나의 범죄가 (그리고 그 범죄를 행하는 나의 이유가) 대중의 관심을 끈다면, 이를 통해 기술에 대한 대중의 관심을 자극하고, 너무 늦기 전에 기술을 멈추는 변화를 촉진시킬 수도 있을 것이다. 하지만 대부분의 사람은 나의 범죄에 거부감을 느낄 것이고, 자유의 적들은 그런 거부감을 활용해 인간의 행동을 조절하려는 자신들의 주장을 뒷받침할 것이다. 나의 행동이 악한 영향보다 선한 영향을 더 많이 미칠 거라고 할 수 없다. 나 스스로 이타주의자이거나, 인류의 "선"을 (그게 뭐든) 위해 행동한다고 주장할 생각은 없다. 나는 단지 복수의 욕망에 따라 움직일 뿐이다. 물론 나는 과학 및 기존의 관료제 전반에 복수하고 싶을 뿐이며, 공산주의와 자유를 위협하는 다른 이들은 말할 것도 없지만, 그것이 불가능하기 때문에 작은 복수에 만족해야만 한다.[27]

—

1977년 가을 카진스키는 크게 좌절했는데, 복수에 실패한 자신에게 실망하고, 더 큰 고독을 찾아내지 못한 것에 대해 우울해했다. 그는 다시 캐나다 여행을 떠나 자신이 살 수 있는 더 외진 곳을 찾으려 했다. 하지만 여행에는 돈이 필요했고, 그에게는 돈이 없었다. 그는 시카고 인근으로 돌아가, 일을 하며 돈을 모으고, 그다음에 캐나다로 떠나려 했다.

그리고 마침내 그의 비밀 일기에 이렇게 적었다.

이제 나는 누군가를 죽일 수 있을 것 같다.[28]

일리노이에 있는 동안 그는 폭탄을 설치하려 했다.

나의 동기가 개인적 복수임을 강조하는 바다. 어떤 철학적 혹은 도덕적 정당화가 있는 것처럼 가장하지 않는다. 도덕이라는 개념은 사회가 개인의 행동을 통제하는 심리학적 수단의 하나에 불과하다. 나의 야망은 과학자, 거물 기업인, 정부 관료, 혹은 그 비슷한 사람을 살해하는 것이다. 그리고 공산주의자도 죽이기를 원한다.

1978년 2월 17일 터크에게 쓴 편지에서, 카진스키는 아버지와 동생이 일하고 있는 일리노이주 롬바드 인근의 폼 커팅 엔지니어스 사에 일자리를 알아봐달라며, "북부 여행"을 위해 돈이 필요하다고 덧붙였다. 편지를 보낸 그는 5월 버스를 타고 일리노이로 출발했고, 부모에게 알리지도 않은 채 그들이 예상했던 것보다 빨리 나타났다.

몬태나를 떠나기 전에 나는 상자 형태의 폭탄을 만들었다. 길고 가는 상자 형태인데 이걸 열면 폭발하게 되어 있다. 렌슬레어 폴리테크닉 인스티튜트의 공대 교수 목록에서 전기공학과 교수의 이름을 하나 찾은 후, 그 사람 앞으로 폭탄 소포를 보냈다.[29]

소포가 너무 커서 우편함에 넣을 수 없었기 때문에 카진스키는 그것을 일리노이대학 시카고 서클 캠퍼스에 들고 가, 과학/공학관 인근 주차장의 주차된 차량 두 대 사이에 내려놓았다.

내가 한 일이 자랑스럽다.[30]

하지만 신문에 폭발에 대한 기사가 실리지 않자 그는 씁쓸함과 실망감을 느꼈다. 그해 여름 그는 이렇게 적었다.

폭탄을 시도했지만, 성공 여부는 알 수 없다.

폭탄을 내려놓고, 그는 막 몬태나에서 도착한 것처럼 롬바드의 부모님 집에 나타났다. 그리고 6월부터 폼 커팅 엔지니어스사에서 일했다. 하지만 일자리를 오래 유지하지는 못했다. 7월 중순 그는 엘런 타마이클이라는 동료 직원과 사랑에 빠졌다. 하지만 몇 번 데이트를 한 후, 그녀는 그를 다시 보고 싶지 않다고 말했다. 큰 충격을 받은 카진스키는 8월 22일, 연구실과 공장 주변 담벼락에 그녀를 희화화한 글을 도배했다. 그리고 감독관이었던 데이비드가 멈추라고 요구한 후에도 멈추지 않았고, 결국 해고되었다.[31]

카진스키가 붙잡고 있던 밧줄이 끝에 이른 것처럼 보이지만, 사실 타마이클 소동은 그의 정신을 더 고양시켰다. 그 연애에 대해 일기에는 다음과 같이 적었다.

그 일이 내게 이상한 영향을 미쳤다. 처음에는 그 일 때문에 내 안에 어떤 희망이 생겨났다—가치 있는 희망이었다. 어쩌면 어리석은 일일 수 있지만, 나는 그녀의 사랑이 아니라면, 적어도 납득할 만큼의 아낌을 받을 수 있기를 바랐다. 거기엔 물론 신체적 섹스도 포함되지만, 내게는 그녀와의 섹스보다 그녀의 아낌이 더 중요했다. 정말 그녀가 나를 아낀다면, 손을 잡는 것만으로도 그걸 이룰 수 있었다. 물론 그녀와의 키스는 너무나 즐거웠지만……[32]

일주일도 지나지 않아 카진스키는 일리노이주 캐럴 스트림 인근의 주방용품 제조사 프린스 캐슬에서 새로운 일자리를 구했다. 그해 가을, 터크와 완다는 테드와 데이비드에게 처음으로 돈을 주었다. 상속세를 줄이기 위해 준 첫 선물이었고, 이후 해마다 이어졌다. 처음엔 각각 1000달러였고, 서서히 금액을 늘려 1990년대에는 1500달러였다. 이제 테드는 더 우수한 폭탄을 만들 수 있었다.

지난 몇 달 동안(1979년 5월 6일의 기록임)…… 짜증스러운 분노를 훨씬 더 적게 느꼈다. 내 안에 화가 끓어오르는 것을 느낄 때마다(예를 들면 헬리콥터가 낮게 날 때나, 신문에 바보 같은 공직자의 기사가 실릴 때), 그렇게 분노가 일어날 때마다, "여름까지만 기다리자! 그때는 죽일 수 있으니까"라는 생각으로 스스로를 진정시켰다.[33]

그리고 실제로 그는 1979년 5월 9일에 시도를 했다. 프린스 캐슬에서 일하면서, 일리노이주 에번스턴에 있는 노스웨스턴대학 기술

연구소의 대학원생 회의실에 폭탄을 설치했다.

성냥 머리를 화약으로 사용한 폭탄이었다…… 성냥갑에 담은 폭
탄은 상자를 열면 폭발하게 되어 있었다. 신문 보도에 따르면 노
스웨스턴의 대학원 연구생(존 해리스)이 "손에 자상과 눈 주위에
화상을 입고 입원"했다고 한다…… 아쉽게도 그 환자가 영구적
인 장애를 입었음을 암시하는 기사는 어디에도 없었다……[34]

—

카진스키는 1979년 여름까지 프린스 캐슬에서 일했다. 그때쯤
엔 3000달러를 모았고, 가족은 마침내 그가 캐나다 여행을 떠날
수 있게 되었다고 생각했다. 그해 가을, 그는 데이비드의 차를 빌려
8주 동안 집을 비웠다가—가족은 그가 서스캐처원에 갔을 거라 짐
작했다—롬바드로 돌아왔다. 그리고 12월 초, 그는 몬태나로 돌아
왔다.[35]

하지만 「진실 대 거짓」에서 카진스키는 "캐나다 야생 여행은 한
번도 없었다"고 말한다. 그러니까 그는 가족의 짐작처럼 서스캐처
원에 간 것이 아니라, 몬태나로 돌아와 또 다른 폭탄을 만들었던 것
이다. 폭탄을 완성한 후 아마 롬바드로 돌아왔고, 며칠 후 시카고에
서 폭탄을 부쳤을 것이다. 그것이 1979년 11월 15일, 아메리칸 에
어라인 444편을 추락시킬 뻔한 폭탄이었다.

비행 중인 항공기를 폭파할 계획.[36] 늦여름과 초가을에 그 장치를

만들었다. 기압계와 폭약을 담을 다량의 상자를 구입하기 위해 그레이트폴스까지 나가야 했기 때문에 비용이 많이 들었다. 캔에 950시시 이상의 무연 화약을 채워넣었고, 2000피트 고도에서 장치가 폭발하도록 기압계를 조정했다. 혹은 기압 변화를 고려해 3500피트에서도 작동하게 했다. 10월 말 시카고에서, 항공기로 보낼 수 있게 빠른우편으로 부쳤다. 신문에서 "저위력 장치"라고 표현해서 놀랐다……. 더 나은 화약을 구할 수 있다면 다시 시도할 것이다. 폭탄으로는 많은 것을 얻지 못했다. 우편 체계를 망가뜨리고…… 적어도 쓸 만한 피해를 입혔다…… 신문에서는 FBI가 조사할 사안이라고 했다. FBI는 좆 까라지. 12월 초 몬태나로 돌아와 지금은 다음 계획을 준비하고 있다.[37]

24.　성전聖戰

이것은 성전입니다, 친구들. 순진한 방관자 같은 건 없습니다⋯⋯
우리는 갈등에 대한 위협을 확대할 것입니다⋯⋯ 모든 것, 모든 가정과
모든 기관에 도전해야 합니다. 지금!⋯⋯ 나가서 그 애송이들을
처단하고, 그들에게 총알을 잔뜩 박아줘야 합니다.
—마이크 로셀, 『어스 퍼스트! 저널』(1994년 12월, 토머스 모서가 살해되었던 달)

사람이 방해받지 않고 견딜 수 있는 소음의 양은, 그 사람의 정신적
능력에 반비례하며, 따라서 이는 그의 정신적 능력을 측정하는 공정한
방법이 될 수 있다⋯⋯ 소음은 모든 지식인에게는 고문이다.
—아르투어 쇼펜하우어, 『의지와 표상으로서의 세계』

몬태나주 헬레나, 라스트 챈스 걸치의 파크 호텔은 이제 존재하지 않는다. 카진스키는 모르는 운명의 장난인지, 내 아들 시드니와 그의 파트너가 카진스키 체포 후에 그 건물을 사서는, 고속 인터넷과 기타 사업에 필요한 설비를 갖춘 예술 수준의 사무실 건물로 개조했다.

하지만 카진스키가 몬태나에서 지낼 당시 파크 호텔은 지역의 명물이었다. 오래된 변경邊境 분위기로 가득한 그곳은 비싸지 않고 평

범했지만, 깨끗하고 아주 단정했다. 방들은 침대와 책상, 의자, 세면대가 들어갈 만큼 충분히 컸다. 욕실은 복도 끝에 있었다. 그 단순함과 편의성 덕분에 뉴욕에 있는 하버드 클럽 방들과 비슷하고 전망은 더 좋은 느낌이 들었다.

카진스키는 자주 그 호텔에 묵었지만, 그건 시설 때문이 아니었다. 그보다는 교통이 편리했기 때문인데, 그곳은 폭파 여정의 탁월한 출발점이었다. FBI에 따르면, 일부 여정에서 그는 림록 트레일웨이스 버스를 타고 링컨에서 미줄라나 그레이트폴스까지 이동했다. 또 다른 여정에서는 집배원 딕 룬드버그의 차를 얻어 타고 곧장 헬레나로 가서는, 파크 호텔에서 묵었다.[1] 그런 도시들—그레이트폴스, 미줄라, 헬레나—에는 그가 폭탄을 설치했거나 우편으로 부쳤던 장소로 가는 교통편이 있었다.

1980년대가 시작되고, 카진스키는 실제로 매우 분주하게 여행을 다녔다.

—

1980년 4월 18일, 파크 호텔에서 네 밤을 보낸 후 카진스키는 시카고행 버스를 탔던 것으로 보인다.[2] 그는 여름 내내 집을 비웠다. 6월 3일, 시카고에서 슬론 윌슨의 『얼음 형제』의 속을 파내고, 폭탄을 넣은 다음 유나이티드 에어라인 사장 퍼시 우드에게 보냈다.

훗날 카진스키는 다음과 같이 적었다.

기분이 나아졌다. 여전히 꽤 화가 나 있다. 하지만 이제 보복할 수

있다! 내가 바라는 만큼의 보복은 불가능하겠지만, 그럼에도 이
제 완전히 무력한 느낌은 들지 않으며, 내 안의 분노도 이전처럼
들끓지 않는다.[3]

폭파범이 된다는 건 기분 좋은 일이었다! 이듬해 그는 이렇게 적
었다.

복수를 위한 범죄를 수행하는 능력을 얻은 후, 나는 이런 문제들
에서 벗어나는 커다란 안도감을 느꼈고, 이제 분노를 내 안에 담
아둘 필요가 없다. 또한 나의 태도도 달라졌다…… 복수를 위한
범죄, 이제 보복할 수 있기 때문이다.[4]

몬태나에 돌아온 카진스키는 멍키렌칭을 재개했다. 악해지기로
마음먹고 나니 뭐든 가능해 보였다. 9월 초, 그는 권총 제작을 완성
했다고 적었다.

이 권총을 살상 무기로 사용하고 싶다.[5]

경사지에 첫발을 내딛은 카진스키는 이제 바닥을 향해 길게 미끄
러지기 시작했다. 되돌아오는 길은 없었다. 살인을 향한 야망이 그
에게 삶의 목표를 제공했고, 기운을 북돋워주었으며, 뭔가 신기한
방식으로 그의 자아를 부풀게 했다. 살인은 그의 의지력의 승리를
대변했다. 그는 규칙을 어기고도 잡히지 않았다. 사회가 도덕이라
부르고, 그 자신은 '선전'이라 불렀던 것으로부터 스스로를 해방시

켰다. 그리고 폭탄이 누군가를 불구로 만들거나 목숨을 앗아갈 때, 복수는 무척 달콤했다.

하지만 카진스키는 이내 자신의 범죄가 안도감을 주지 않으며, 궁극적으로는 기분 좋게 하는 것이 아니라 나쁘게 하는 것임을 알게 되었다. 그는 폭력에 중독되었다. 살인과 상해는 일시적 쾌감을 줄 뿐이었다. 이내 그에게는 또 다른 작업이 필요했다. 그렇게 테러 활동은 그에게 활력을 주지 못했다. 오히려 그의 분노를 악화시키기만 했다. 그런 활동 때문에 이웃을 피하고 가족에게 거짓말을 했으며, 따라서 그는 더 고립되었다. 그리고 돈이 들면서, 가족과 헤어지려던 시점에 경제적으로는 그들에게 더 의존하게 되었다.

이 치유할 수 없는 갈등 때문에 결국 대가를 치르게 된다.

—

리소와 허드슨에 따르면, "조사관" 유형이 더 쇠락하면, "그들은 극단적으로 고립되어 점점 더 기행이나 허무주의적인 절망에 빠져들게 된다". 그들은 "다른 사람들이 영위하는 안락한 삶을 부르주아적 환상이라고 폄하하는 일에서 즐거움을 찾는다". 그들은 "'자신들 뒤의 다리를 태워버리고', 우정에 종지부를 찍고, 일을 그만두고, 가장 필수적인 것들을 제외하고는 삶을 비워버린다…… 그들은 신체적으로 자신을 방기하고, 외모에 신경 쓰지 않으며, 빈약한 식생활을 하고, 씻지도 않는다…… 그렇게 자신을 거부했다고 믿는 세상에 대한 분노로 가득 차게 된다".[6]

카진스키는 속도를 냈다. 1981년 10월, 그는 다섯 번째 폭탄을 유타대학 베니언 홀 경영대학 건물에 설치했지만, 학교 당국이 발견했다. 1982년 4월, 여섯 번째 폭탄을 밴더빌트대학 패트릭 피셔 교수에게 보냈고, 피셔의 비서 재닛 스미스가 중상을 입었다. 1982년 7월 2일, 7번 폭탄을 캘리포니아대학 코리 홀 수학관 빌딩에 설치했고, 디오게네스 앙겔라코스 교수를 불구로 만들었다.[7]

이러한 살인 편력이 이어지는 동안 이미 빡빡했던 가족과의 관계는 더 악화되었다. 1982년 5월에는 동생과의 관계가 소원해졌고, 그는 더 이상 동생과 사업 관련 협력을 하지 않기 위해 링컨 땅에 있던 데이비드의 지분을 사들였다.[8]

어머니와의 신랄한 서신 연락도 이어졌다. 어머니는 그가 원하지 않는 음식을 계속 보냈다. 1982년 5월, 어머니가 보낸 견과류와 말린 과일을 받은 그는 격분했다. 데이비드에게 설명한 바에 따르면, 그것들은 그가 "허용"한 물품이긴 했지만, "물건을 보낼 때는 사전에 허락을 받으라고 반복해서—수천 번이나!—이야기했기 때문에 그 소포를 받고 너무나 화가 났다"고 한다.[9]

테드는 10대 때 자신을 잘못 대했던 것에 대해 여전히 부모에게 사과를 요구하고 있었다. 하지만 터크는 아무 말이 없었고, 완다의 말은 그를 전혀 만족시키지 못했다. 1984년 크리스마스이브, 어머니는 그가 용서하는 법과 사랑을 유지하는 법을 배울 필요가 있다고 조심스럽게 조언했다. 하지만 이 말이 그를 다시 한번 분노케 했다. 카진스키는 어머니가 부모로서 그에게 퍼부었던 "사악한 모욕"을 한 번도 인정하지 않았다며 몰아붙였다. 어머니는 자신의 "심리적 학대"에 대한 책임을 인정하지 않을 핑계만 찾고 있었다.

완다는 아들을 지키고 계속 사랑하기를 원했다. 터크는 거리를 유지했다. 테드는 독립을 원했지만, 사과도 원했다. 데이비드가 평화를 유지하는 역할을 맡았다. 하지만 반복되는 위협에도 불구하고 테드는 관계를 깨끗하게 단절하지 못했다. 그는 폭탄을 제조하기 위해 가족이 주는 용돈을 필요로 했다.

—

리소와 허드슨에 따르면 "조사관" 유형이 바닥에 가까워지면, "그들의 활동이나 생활 조건은 더 물러설 곳이 없는 지경까지 줄어든다". 그들은 잠을 자지 못하고 "왜곡된 생각에서 비롯된 파괴적 힘을 멈출 수가 없는데, 엄청난 정신적 에너지를 방출할 건설적인 통로를 거의 모두 차단했기 때문이다". 그들은 "**모든 것**을 파괴하려 하는데, 그들의 눈에는 세상이 너무나 역겨운 것이 되어버렸고……삶이 견딜 수 없는 것이 되었기 때문이다…… 그들의 생각이 그들을 잠식하고…… 누군가 그들의 자기파괴적인 도피주의에 대해 의문을 제기하면, 그들은 난폭하고 유치한 반응을 보인다."(강조는 원문)[10]

카진스키의 삶은 살아 있는 지옥이 되었다. 이웃, 소음, 완다의 요청하지 않은 소포, 데이비드의 애매한 사고 등 모든 것이 그를 괴롭혔는데, 그가 바빴기 때문이다. 그는 폭탄을 만드느라 바빴다. 그런 요소들이 복수라는 그의 임무에 방해가 되었다. 그는 점점 더 적게 먹고, 갈수록 더 지저분해졌다. 불면증과 심장 부정맥이 악화되었다. 그는 항우울제를 복용했지만, 거의 효과가 없었다.[11]

1985년, 속도가 급속히 빨라졌다. 5월, 그는 버클리에 가서 코리 홀에 여덟 번째 폭탄을 설치했고, 공군 대위 존 하우저를 거의 죽일 뻔했다. 같은 달, 아홉 번째 폭탄을 오클랜드에서 워싱턴주 오번에 있는 보잉 항공사 제조 공장에 보냈지만, 폭탄은 폭발하지 않았다. 11월, 다시 솔트레이크시티로 간 그는, 12일에 열 번째 폭탄을 제임스 V. 매코널에게 보냈고, 매코널과 그의 조수 닉 수이노가 부상을 입었다. 그리고 매코널 폭탄이 피해자들에게 도착하기도 전에 카진스키는 더 큰 폭탄 제조에 착수했는데, 그의 암호 일기에 따르면, 살인이라는 자신의 꿈을 모두 실현할 수 있기를 바랐다.

그의 비밀 노트에 그가 시간을 어떻게 보냈는지 적혀 있다.

[1985년] 10월 3일, 점화선 아래에 3번 혼합물의 첫 번째 조각을 넣었다. 10월 6일 아침, 3번 혼합물을 조금 더 첨가했는데, 흑색 가루의 끝이 조금 더 점화선 가까이 놓이도록 조정했다.

8일 오후, 2번 혼합물 덩어리를 점화선 위에 붙였다. 9일 오후, 원뿔형 종이를 하나 더 점화장치 위에 정확히 붙였다. 화약 덩어리가 완성됐고, 원뿔 안에는 3번 혼합물을 채워넣었다.

11일 오후, 종이를 점화장치에서 떼어냈다. 24일 정오, 점화장치 위에 순간접착제를 한 겹 바르고, 이후에 갈색 포장지를 더 붙였다.

10월 25일 정오, 점화장치를 파라핀으로 덮었다. 그런 다음 면도칼로 파라핀을 깎아서 아주 얇은 막만 남겨둔다.

[10월 29일] 파이프에 점화장치가 달린 마개를 씌우고, 모든 장치를 접착제로 밀봉했다. 11월 15일 오후, 4번 혼합제 7639 단위를 준비해서 파이프 안에 넣었다.

[11월 16일] ······파이프의 열린 쪽에 마개를 씌우고, 장치 전체를 접작체로 밀봉했다······ 장치 자체(즉 내용물을 채우고 마개를 씌운 파이프)는 이제 완성되었다.

12월 8일, 오전 10시경(공식 시간) 마지막 연결 장치를 납땜했다. 이 장치는 1985년 12월 11일에 사용할 것이다.

1985년 12월 11일, 렌테크 폭탄을 새크라멘토에 설치했다.

[마지막 메모, 12월 27일] ······폭탄이 작동했고[12월 11일], 아주 좋은 결과가 나왔다.[12]

11번 폭탄은 렌테크 컴퓨터 대여점 주인 휴 스크러턴의 내장이 튀어나오게 만들었다. 1985년 12월 11일이었다.

—

완다, 터크, 그리고 데이비드만이 진정 테드를 사랑했던 사람들이다. 그들이 없으면 그는 철저히 혼자였다. 하지만 그는 그들을 거부했는데, 단순히 자신의 분노를 참지 못했기 때문이 아니라, 그의 범죄 때문에 그들에게 거짓말을 해야 했기 때문이다.

최근에 동생에게 편지를 한 통 썼다. 내가 배운 금지 사항이 너무나 강력해서 나는 심각한 범죄를 저지를 수 없다고 적었다. 이 노트에 적힌 내용을 본 독자들은 놀랄 수도 있지만, 나의 동기는 분명하다. 동생이 어떻게든 나를 의심하는 상황은 피하고 싶다.[13]

그의 고독에 죄의식이 추가되었다. 반복된 거부에도 불구하고 카진스키에게는 실제로 양심이 있었다. 그리고 매번 후회의 고통이 일어날 때마다 그는 그것들을 물리치기 위해 싸웠다. 후회는 약함의 신호라면서 그는 스스로를 다잡았다. 죄의식은 연약함이었고, 세뇌로 씻어내야만 하는 징후였다. 자신처럼 우월한 인간은, 지성과 의지력을 발휘함으로써 그런 감정을 극복해야만 한다. 과학적 인간으로서 그는 도덕 같은 건 없음을 알고 있었다.

하지만 아무리 노력해도 카진스키는 그런 감정을 완전히 제거할 수 없었다. 퍼시 우드 폭발 후에 그는 스스로에게 물었다.

죄의식? 그렇다, 조금 있다. 종종 경찰이 나를 쫓는 악몽을 꾼다. 다른 꿈에선 어떤 초월적인 곳에서 내린 처벌로 위협받기도 한다. 악마 같은. 하지만 문제가 될 만큼 그런 일이 자주 일어나지는 않는다.[14]

그의 폭탄으로 존 하우저 대위가 불구가 된 후에는 다음과 같이 기록했다.

이 남자의 팔을 불구로 만든 것에 대해 마음이 좋지 않다는 것은 인정해야만 할 것이다. 그런 감정이 나를 꽤나 괴롭혔다. 이는 부끄러운 일인데, 내 감정이 부분적으로는 동정심에서 오는 것이지만, 그런 감정 대부분은 우리가 받은 훈련과 선전, 세뇌에서 비롯된 것이며, 우리는 어떤 일들을 하는 데 겁먹도록 길들여진 것이 분명하기 때문이다. 이런 세뇌의 영향에서 벗어나지 못하는 것은 부끄러운 일이다. 하지만 내 행동을 후회하지는 않는다.[15]

1987년 2월, 카진스키는 다시 솔트레이크시티로 가서 20번가의 캠스 컴퓨터 상점에 12번 폭탄을 설치했다. 렌테크 폭탄과 거의 동일한 복제품이었고, 대단히 치명적이었다. 하지만 이번에 피해자가 될 뻔했던 캠스의 부사장 게리 라이트는 운이 좋았다. 라이트는 중상을 입었지만 사망하지 않았다. 거기에 더해, 이웃 상점의 점원이 폭탄을 두고 가는 카진스키를 목격했다.

CIA 보고서에 따르면 폭파범 "백인 남성, 25세에서 30세 사이, 신장 178센티미터에서 183센티미터, 체중 75킬로그램, 마르고 탄탄한 몸매, 붉은빛이 도는 거친 피부, 붉은빛의 금발 콧수염, 다른 부분에는 수염 없음"이라고 묘사했다.[16] 카진스키에 대한 훌륭한 초상이었고, 그는 겁을 먹었다.

외모 묘사(몇몇 버전이 있다). "종합한 몽타주"에는 턱수염이 없고, 작은 콧수염만 있다.[17]

그렇게 좁혀온 수사망에 정신을 차리고, 또한 더 완벽한 기폭 장치를 찾아보기로 결심한 카진스키는 1987년부터 1992년 여름까지 폭파와 관련해서는 안식년에 들어갔다. 오두막 뒤의 비밀 장소에서 새로운 혼합물과 장치들을 시험했다. 멍키렌칭은 계속했다. 그리고 데이비드 및 완다와 말싸움을 이어갔다.

1989년 데이비드가 장래 아내가 될 린다 패트릭과 함께 살기로 했다고 전했을 때 그는 분노에 찬 반응을 보였다. 테드는 답장에 비상 상황이 아니면 다시는 편지를 보내지 말라고 썼다. 비상 상황에는 봉투의 우표 밑에 빨간 줄을 그어서 중요한 내용임을 알려달라고 전했다. 읽지 않은 편지나 빨간 줄이 없는 편지는 태워버릴 작정이었다.[18]

1990년, 데이비드는 7월에 있을 결혼식 초청장을 테드에게 보냈다. 테드는 답장하지 않았다.[19] 9월, 데이비드는 다시 편지를 써서 터크가 많이 아프다고 전했다. 테드는 아버지의 병환은 빨간 줄에 적합하지 않은 일이라고 답장했다. 10월 2일, 암이 치명적인 상태에 이르렀던 터크가 권총으로 자살했을 때, 데이비드는 장례식에 와달라고 테드에게 편지를 보냈다. 테드는 오지 않았다.

열하루 후, 테드는 마침내 답장을 써서 아버지의 죽음에 대해 자신은 "전혀 눈물을 흘리지 않았다"고 전했다. 어머니가 안됐다는 말을 하면서 그는 "어머니는 아버지만큼 미워하지 않았다"고 고백했다.[20] 터크는 자신의 지성 때문에 삶에 부정적인 사람이 되었다. 그리고 테드는 그런 아버지가 큰아들을 괴롭힘으로써 자신의 황폐한 환상을 배출한 거라고 믿었다.

하지만 터크가 사망한 후에도 가족 사이의 언쟁은 끝나지 않았다. 테드는 가족과의 관계를 영원히 끊어버리겠다고 반복해서 선언하면서도 돈을 요구했다. 1991년 초, 그는 데이비드에게 편지를 써서 6만 달러를 주면 아버지의 유산에서 자기 몫을 포기하겠다고 제안했다. 데이비드는 거절했지만, FBI에 따르면, 완다가 7000달러를 보내주었다. 하지만 어머니에 대한 그의 태도는 나아지지 않았다.[21] 1991년 6월, 완다는 편지에서 그를 키우는 과정에서 있었던 자신의 실수가 뭐였든 사과하고 싶다고, 하지만 자신과 터크는 그를 사랑했다고 적었다. 테드는 자신을 대했던 부모님의 태도가 의도적인 것이 아니라 실수였다고 말하는 것에 분개했다.[22]

다시 한번, 테드는 가족과의 관계를 끝장내겠다고 강하게 말했다.

반드시, 반드시, 반드시, 반드시 이 역겨운 가족과 나를 이어주는 마지막 끈을 남김없이, **영원히** 끊어버리고, 가족 중 누구와도 **다시는** 소통하지 않을 것임을 분명히 하고 싶다…… **지금 당장** 그렇게 해야만 한다. 내가 얼마나 절박한지 말할 수 없을 지경이다…… 죽을 것만 같다.[23]

이제 카진스키와 가까운 사람들은 누구나 그가 변했음을 알 수 있었다. 그는 어느 때보다 철저하게 은둔생활을 이어갔다. 피아노 교사이자 벌목꾼이었던 이웃의 크리스 웨이츠는 그가 점점 마르고, 지저분해졌다고 지적했다. 심지어 도서관 친구들―셰리 우드와 메리 스펄린―도 여전히 그를 좋아하기는 했지만, 뭔가 나빠지고 있음을 감지했다. 그가 도서관에 오는 횟수는 줄어들었고, "끔찍한 모습"이었다고 스펄린은 내게 말했다.

"올 때마다 점점 더 말라갔어요", 우드가 말했다.

"뭔가 걱정이 있는 것 같았습니다", 스펄린이 말했다.[24]

—

리소와 허드슨에 따르면, 붕괴의 마지막 단계에 이른 건강하지 못한 조사관 유형은, "자신들에게 어떤 공간도 남지 않았다고 느끼고, 심지어 본인들의 머릿속에서도 마찬가지로 느낀다…… 그들은 끊임없이 고통과 두려움만 경험한다…… 자신들이 끔찍한 막다른 곳에 이르렀다는, 자신 혹은 다른 누군가에게 강제로 영원한 해를 끼칠지 모른다는 두려움이다".[25]

1992년 여름, 야생의 비밀 장소에서 수많은 실험을 거친 끝에 카진스키는 "완벽한 기폭 장치"를 개발했고, 이듬해인 1993년 6월, 샌프란시스코의 찰스 엡스타인 박사(13번 폭탄)와 예일의 데이비드 겔런터(14번)를 대상으로 실험하고, 두 사람을 거의 죽일 뻔했다. 일단 공식을 발견한 그는 폭탄 두 개를 동시에 만들었다. 그건 곧 비용이 더 들었다는 뜻이다. 재료비, 이동 경비, 그리고 변장을 위해 그나마 부족했던 돈을 써야 했고, 생활비는 거의 남아 있지 않았다.

1994년 5월, 카진스키는 15번 폭탄과 16번 폭탄을 동시에 만들기 시작했고, 이것들은 토머스 모서와 길버트 머리를 죽이게 된다. 10월에 두 폭탄은 완성되었다. 하지만 그에게는 현금이 바닥났고, 다시 한번 가족에게 돈을 요청할 수밖에 없었다.

11월, 그는 데이비드에게 편지를 써서 1000달러를 빌려달라고 했다.[26] 충직한 동생이 수표를 보내주자, 그는 다시 여정에 나섰다.

이번에는 샌프란시스코에서 우편을 부쳤고, 그 폭탄으로 12월 10일 버슨-마스텔러사의 부사장 토머스 모서가 사망했다.

이제 살인을 향한 그의 욕구는 통제를 벗어났다. 샌프란시스코에서 돌아온 카진스키는 데이비드에게 다시 편지를 썼고, 이번에는 2000달러를 빌려달라고 했다. 동생은 1995년 1월에 해당 금액의 수표를 보내주었다. 그리고 3월 27일, 테드는 데이비드가 이전에 보유하고 있던 링컨 땅의 지분 절반을 다시 넘겼는데, 이전에 빌렸던 돈에 대한 담보일 수도 있고, 추가로 더 빌리기 위한 구실이었을 수도 있다. FBI에 따르면, 그때쯤 카진스키는 1985년 이후 가족으로부터 모두 1만6000달러의 돈을 빌린 상태였다.[27]

필요한 돈을 받은 카진스키는 4월에 오클랜드로 이동했다. 20일에—맥베이와 니컬스가 오클라호마시티의 뮤러 연방 빌딩을 폭파한 다음 날이었다—폭탄을 부쳤고, 나흘 후 길 머리가 사망했다. 머리는 그가 원래 목표로 했던 인물이 아니었다는 사실은 중요하지 않았다. 어쨌든 그는 기뻤다. 그는 자신이 한 행동이 뿌듯했고, 그 일을 마음껏 자랑하고 싶었다.

이 시점에 카진스키는 신문과 저명한 과학자들에게 편지를 자주 쓰기 시작했는데, 약 올리고, 자랑하고, 협박하는 내용이었다. 1995년 6월, 그는 자신의 선언문을 『뉴욕타임스』『워싱턴포스트』『펜트하우스』에 보내며, 그 글을 실어주면 "테러리즘에서 영원히 손을 떼겠다"고 했다. 그리고 9월『워싱턴포스트』가 정말로 그의 에세이를 실었고, 그의 테러 행위가 마침내 끝난 것처럼 보였다.

하지만 1995년 6월 24일, 카진스키가 새 언론사에 "발표 아니면 파멸" 협박과 함께 선언문을 보냈던 바로 그날, 그는『샌프란시스코 크로니클』에 새로운 협박을 보냈다.

> **경고:** 테러 집단 FC, FBI가 유나보머라고 밝힌 그 집단이 앞으로 6일 이내에 로스앤젤레스 국제공항에서 출발하는 항공기를 폭파할 계획을 가지고 있다. 이 편지를 쓴 사람이 FC에 대한 정보를 가지고 있다는 증거를 말하자면, 그의 신분증 번호 첫 두 자리는 55이다[가짜 사회보장번호임].[28]

이 편지는 전국적인 뉴스가 되었고, 항공 당국이 극도의 보안 조치를 취하면서 운항은 늦어지고 여행에 차질을 빚었다. 우편물 감식반이 화물을 검사하는 동안 항공우편은 중단되었다.[29] 그리고 6월 28일, 선언문을 『뉴욕타임스』와 『워싱턴포스트』 『펜트하우스』에 보내고 나흘 후, 카진스키는 또 다른 편지를 보내 항공기 폭탄은 대중에게 "그들이 누구인지 깨우쳐주는 최후의 일격"이 될 거라고 위협했다.[30]

카진스키가 자신의 일을 끝내지 않을 것이 분명했다. 그는 오랫동안 갈구했던 "복수"와 인정을 마침내 얻어냈다. 사람들의 관심도 즐겼다. 동시에 신체적으로나 감정적으로 그는 한계에 이르렀다. 테러와 연쇄살인이 존재 이유가 되었다. 만약 그 일을 포기하면, 그는 스스로에게 어떤 짓을 저지르게 되었을까?

살인에 따른 보상은 지나치게 컸다. 약속을 했든 안 했든, 분명 그는 살인을 멈추지 않았을 것이다. 그에게는 약속을 깨는 것이 그렇게 어려운 일이 아니었다. 가족과 다른 사람들에게 줄곧 자신의 범죄에 대해 거짓말을 했다. 그리고 그 분석력으로 자신의 속임수와 폭력에 대한 기술적 평계—자신만 읽을 수 있는 세세한 부분이지만—를 찾는 일에도 능했다. 분명 신문에 했던 약속을 깨는 이유도 찾아낼 수 있었을 것이다.

1996년 4월 3일 당국이 카진스키를 체포했을 때, 그들은 침대 밑에서 완벽하게 준비된 폭탄을 발견했다. 머리를 살해한 것과 같은 종류였다. FBI 요원에 따르면, 포장까지 마친 그 폭탄에서 빠진 것은 "수신처 주소"뿐이었다.[31]

다음은 누구였을까? 체포 몇 주 전 카진스키는 다음과 같은 불길한 기록을 남겼다.

이제 기술사회에 대한 나의 반감은 이전처럼 쓸쓸하고 언짢은 개인적인 복수가 아니다. 나는 점점 더 사명감을 느끼고 있다.[32]

개인적 동기는 달라졌을지 모르지만, 정치적 목적은 그대로였다. 테드 카진스키는 자신의 소명을 발견했다.

25.　테드 카진스키와 현대 테러리즘의 발흥

따라서 우리는 산업 체제에 맞서는 혁명을 옹호한다. 이 혁명은 폭력을
사용할 수도 있고, 사용하지 않을 수도 있다. 갑작스러울 수도 있고,
몇십 년에 걸쳐 서서히 진행될 수도 있다.
─시어도어 카진스키, 『기술사회와 그 미래』

전투는 미국 내부로 이동했습니다. 우리는 이 전투를 이어가기 위해
애쓸 것입니다, 신이 허락하신다면, 승리할 때까지.
─오사마 빈 라덴, 알자지라 텔레비전 인터뷰, 2001년 10월

　현재 테드 카진스키는 콜로라도주 플로렌스에 있는 최고 보안
교도소에서 네 건의 연속 종신형을 살고 있다. 정부와의 유죄 인정
협상 결과로 항소권이 사라진 상태지만, 그는 1998년 5월 4일 판결
이 나오자마자 어쨌든 항소를 준비했다. 변호사를 찾을 수 없어 직
접 자료를 제출했고, 자신의 유죄 인정은 강압의 결과였다고 주장
했다.[1]
　카진스키는 변호사들이 자신의 의도에 반하는 "정신감정서"를
작성함으로써 자신의 정신 상태를 재판에 끌어들였고, 그런 상황을

견딜 수 없었던 그는 재판 자체를 피하기 위해 유죄를 인정할 수밖에 없었다고 말했다. 그리고 당시의 변호사를 해임하고, 다른 변호사를 찾거나 직접 변호하는 상황을 허용하지 않았던 법원도 자신의 변호권이라는 헌법상의 권리를 위반했다고 주장했다.[2]

이러한 탄원은 심리학에 대한 카진스키의 강한 불신은 물론, 심리가 아니라 이념으로 판단받으려는 카진스키의 욕망을 보여주었다. 만약 새로운 재판을 받게 된다면, 그는 자신의 살인이 세상을 더 큰 악—즉 점점 더 커지는 산업사회의 위협—으로부터 구원하기 위해 필요했다고 주장할 생각이었다. 대부분의 법률 전문가는 이런 전략이 설득력 없으며 곧장 유죄 판결, 어쩌면 사형으로 이어지는 자살에 가까운 변호 전략이라고 믿었지만, 카진스키는 남은 인생을 교도소에서 보내기보다는 순교자로 사망하는 쪽을 선호하는 듯 보였다.

하지만 그는 항소심을 얻을 수 없었다. 미국 제9순회 항소법원은 그의 이야기를 들어보겠다고 했지만, 판사가 최종적으로 그에게 새 재판을 허락하지 않았다. 그리고 2002년 3월, 대법원이 이 사건을 기각하자 그에게 더 이상의 선택지는 없었다.[3]

따라서 카진스키는 작은 감방, 창문이 좁아 그가 사랑해 마지않는 산들이 전혀 보이지 않는 그 감방에서 홀로 갇혀 지낼 수밖에 없다. 하지만 사람들 눈에 띄지 않게 되었다고 해서 그가 아무것도 하지 않은 것은 아니다. 편지를 통해 그는 체포 전에 알고 지내던 많은 사람과 관계를 유지하고 있다.

학자 대부분은 그의 선언문에 담긴 철학을 무시하지만, 카진스키는 정치 활동가들 사이에서 대규모의 추종자를 거느리게 되었다. 실제로 그는 급증하는 "녹색 무정부주의" 운동에서는 영감을 주는 일종의 망명 지도자 같은 인물이 되었다. 내게 보낸 편지에서 카진스키는 자신이 다른 무정부주의자들과 연락을 주고받고 있음을 분명히 밝혔다. 그중에는 오리건주 유진의 지적 지도자 존 저잔도 있는데, 저잔은 새크라멘토에서 재판을 기다리던 중 카진스키를 면회했던 몇 안 되는 사람 중 한 명이었다. 저잔의 동료 무정부주의자 테리사 킨츠는, 카진스키가 체포 후 가장 먼저 인터뷰를 허락한 작가로 알려져 있다. 런던에 있는 『그린 아나키스트』에 기고한 글에서 킨츠는 카진스키가 다음과 같이 말했다고 전했다. "기술 산업 체제에서 벗어날 필요가 있음을 깨달은 분들에게 전하고 싶은 말은, 그 체제의 붕괴를 위해 애쓰고 있다면, 사실상 많은 사람을 죽이고 있다는 것입니다."[4]

『로스앤젤레스 타임스』의 보도에 따르면, 1999년 6월 200여 명의 저잔 무리가 유진에서 폭동을 일으켜 컴퓨터를 부수고, 상점 진열장을 깨고, 자동차에 벽돌을 던지고, 8명의 경관에게 부상을 입혔다.[5] 『시애틀 타임스』에 따르면, 저잔의 추종자들은 1999년 12월 세계무역기구 회의에 맞춰 벌인 "시애틀 전투"에서 상점 진열장을 깨고, 타이어에 펑크를 내고, 거리의 쓰레기통을 뒤집어엎었다.[6] 카진스키는 급진적 환경보호론자들의 폭력적 약탈 행위에 대해 지속적으로 동의의 뜻을 전했다. 덴버의 텔레비전 기자 릭 샐린저에게 보낸 편지에서, 그는 지구해방전선이 1998년 베일 스키 리조트에서 일으켜 1200만 달러의 재산 피해를 낸 방화 사건에 대해 지지를 표했다.

"나는 [그 방화 사건을] 전적으로 지지합니다. 그리고 이런 과업을 수행한 분들께 축하의 말을 전하는 바입니다”라고 샐린저에게 적어 보냈다.[7] 또한 그는 킨츠가 『어스 퍼스트! 저널』에 기고한 논설도 칭 찬했는데, 킨츠는 “지구해방전선의 방해 활동은 의식 있는 정치적 행동이었다. 이는 어스 퍼스트!의 지지자들이 지닌 생명중심적 패 러다임을 진지하게 표현하는 행동과 결을 같이한다”고 적었다.[8]

따라서 카진스키는 일부 사람에게는 계속 정치범이었고, 다른 이 들에게는 정신적으로 불안정하거나 혹은 그저 사악한 사람이었다. 하지만 그러한 성격 규정이 아무리 문제적이었다고 해도 한 가지 사실만은 분명했다. 그는 한 명의 테러리스트였다.

—

1960년 『아메리칸 스콜라』에 실린 기사에서, 케네스 케니스턴은 머리가 카진스키와 동료 학생들에게 실행했던 실험을 지지하면서 다음과 같이 물었다.

왜 젊은이들은 점점 더 문화가 제공하는 것을 받아들이지 않으 려 하는가? 그리고 이와 관련하여 우리는 왜 미래에 대한 긍정 적 전망을 가질 수 없는가?⋯⋯ 심리학적 해석만으로는 많은 사 람의 특징이라고 할 수 있는 태도나 입장을 적절히 설명할 수 없 다. 이를 사회학적으로 이해하려면, 문화적 힘과 역사적 힘이 교 차하는 복잡한 경로를 추적해야만 한다. 이러한 힘들이 개별적 인 가정이나 기타 “사회화” 주체에게 영향을 미치면서, 자신들의 환경 중 특별한 면에 유난히 예민하게 반응하는 개인들이 탄생

한 것이다.[9]

카진스키의 삶과 심리가 전적으로 특이한 것이라면, 그를 이해하기 위해서는 순전히 그의 개인사만 분석하면 충분할 것이다. 하지만 그가 특이한 것이 아니었다. 심리적 압박만으로 그가 이 지경에 이른 것도 아니다. 그보다는, 테러리즘으로 전향한 그는 어떤 패턴을 따르고 있다. 그는 그의 시대가 낳은 산물이며, 분명 부분적으로는 개인사와 심지어 유전자에 의해 만들어진 인물이지만, 또한 자신의 자유의지로, 우리가 살고 있는 이 시대를 테러의 시대로 만든 이념들을 포용한 인물이기도 하다.

카진스키가 포용한 이념들은 두 가지 역사적 흐름, 즉 이성의 위기와 냉전이 낳은 산물이다. 그 둘이 겹치면서 절망 문화가 탄생했고, 이는 카진스키의 철학뿐 아니라 수없이 많은 분노의 이데올로기에 영감을 주었다.

이성의 위기는 독립선언서에서 "자명한 진리"라고 부른 것, 즉 개인의 권리와 정부의 정통성은 "자연법칙"에서 유래한다는 진리에 대한 신념을 잃어버린 것이다. 1950년대에 이 믿음은 특히 학계에서 기반을 잃었는데, (앞서 살펴봤듯이) 과학과, 그 과학의 짝이 되었던 철학, 즉 실증주의가 성공한 것이 이유였다. 그리고 이러한 철학은 많은 이에게—카진스키도 그중 한 명이었다—오직 경험적으로 검증 가능한 명제만이 의미를 지니며, 독립선언서에 표현된 것과 같은 도덕적이거나 정치적인 믿음은 검증 불가능할 뿐 아니라, 이성적이지도 않다는 확신을 심어주었다. 그들은 정부란 건국의 아버지들이 가정한 것처럼 "자연법칙"에 기반한 것이 아니라, 오직 권력에만 기반하고 있다고 결론지었다. 그 등식에서 윤리학을 제거함으로써, 실증주의는 "체제"에 정통성이 없으며 그것을 폭력적으로 전복하는 것도 인정할 수 있다고 주장하는 급진적 이념들의 기반을 마련해주었다.

냉전이 그러한 이념을 가속화시켰다. 냉전은 공포 분위기를 조성했다. 냉전이 기술 진보를 자극하며, 환경보호론자와 다양한 신앙을 지닌 종교적 근본주의자의 반현대적 반발을 불러왔다. 과학적 진보와 국가의 생존이 동일시되면서, 연구자들은 학생과 다른 사람들의 인권을 함부로 다룰 수 있었다. 냉전이 일부 심리학자의 오만함을 키웠고, 그들은 행동을 조절하고 사람들을 "더 나은" 시민으로 개조하는 방법을 모색했다. 냉전이 마약 문화를 낳았고, 미국과 그 정부에 대한 총체적 환멸을 낳았다.

카진스키의 명석한 두뇌는 이러한 생각들을 위한 비옥한 토양임이 밝혀졌다. 분명 신경증을 앓기는 했지만, 최선의 의학적 증거를 보면 그는 온전히 제정신이다. 그는 기꺼이 살인을 선택했고, 스스로 자랑스러워했던 지성으로 그 행동의 이유를 찾아냈다. 그 지성이 그가 가족과 자신을 무시한 사회에 대해 가지고 있던 적개심에 형태를 부여하고, 방향을 제시해주었다. 톰 울프가 지적했듯이, 인간 심리는 보일러실이 아니라 컴퓨터와 비슷하다. "증기를 배출"하면 분노가 감소하기보다는 더 자극을 받는다. 분노가 분노를 먹고 더 커지고, 피드백 순환이 이루어지며 컴퓨터가 점점 더 빨리 돌아가다가 결국은 망가진다.[10] 그리고 카진스키는 망가졌다.

그는 자신이 보기에 차갑고 서먹서먹하고 침울한 아버지와, 지배적이고 욕심 많은 어머니, 그리고 순응적이고 지성에 적대적이었던 고등학교 분위기, 탁월해야 한다는 압박과, 그에 이은 사회적 고립을 경멸했다. 수없이 많은 똑똑한 학생이 비슷한 상처로 힘들어했지만, 카진스키는 그중에서도 소수에 속했고, 대부분의 사람보다 더 명석했으며, 자신의 좌절을 이념으로 변모시킨 인물이었다. 그리고 하버드에서의 경험도 치명적이었다.

카진스키가 절망 문화를 접하고 자신이 선언서에 담을 이념을 발견한 것도 하버드에서였다. 그곳에서 그는 과학적 방법과 그 철학인 실증주의의 진정한 신자가 되었고, 덕분에 도덕은 의미 없다는 생각을 가질 수 있었다. 그곳에서, 본인도 인정했듯이, 점점 더 깊어지던 그의 소외는 사회에 대한 환멸로 만개했다. 그곳에서 그는 머리의 기만적인 실험을 견뎠고, 그 경험 때문에 심리학과 그 심리학이 속한 "체제"에 대한 의심이 피어났고, 곧이어 심리학자에 대한 악몽이 시작되었다.

그리고 이 교수—스스로 학생들에게 아버지 같은 존재라고 상상했던 기성 체제의 인물—는 개인들에 대한 카진스키의 분노가 산업사회 및 그 안에서 심리학이 가지는 중추적 역할에 대한 철학적 분개로 변모하는 촉매가 되었다.

실제로 이 매력적인 교수는 카진스키가 악몽에서 봤던 "아버지 왕 롬브로시스Big Daddy Lombrosis"였을 것이다. 카진스키의 묘사에 따르면 이 인물은 "친절하고, 가부장적이며, 품위가 있는, 존경받아 마땅한 인물"처럼 보였지만, 그럼에도 "일종의 속임수를 통해" 자신을 심리학적으로 지배하려 하는, 어딘가 무서운 인물이었다. 머리로 대변되는 롬브로시스에게서, 아버지에 대한 카진스키의 증오와 "체제"에 대한 불신은 하나가 되었다. 어쩌면 롬브로시스는, 도널드 포스터 교수의 지적처럼 터크를 대변하는 인물일 수도 있지만, 그보다는 터크(카진스키가 두려워하면서도 동시에 증오했던 아버지)와 머리(사회적 권위를 상징하는 아버지 같은 인물)가 함께 육화된 인물일 것이다. 선구적인 심리학자 중 카진스키가 유일하게 개인적으로도 알았던 머리는, 기성 체제를 대변했다. 그리고 이 기성 체제는, 자유를 위협한다고 카진스키는 생각했다. 롬브로시스처럼, 이 체제도 "굴종"을 요구한다고 그는 생각했다. 결국 그는 자신의 지성을 통해 익숙한 분노를 보복을 향한 장황한 철학적 문장으로 변모시켰다.

물론 복수는 하지 않을 수도 있었다. 흥미롭게도 카진스키는 조지프 콘래드와 자크 엘륄을 존경했는데, 둘 다 폭력을 혐오하고 영적인 삶을 옹호한 인물들이었다.

콘래드는 『노스트로모』에서, 행동은 "사고의 적이며 요란한 환상의 친구"라고 경고했다.[11] 『암흑의 핵심』의 화자 말로는, 커츠가 망각한 것은 생존은 지성이 아니라 신앙을 통해 얻을 수 있다는 사실이라고, 독자들에게 깨우쳐준다. "의도적인 믿음을 원하는 것"이라고 그는 조언한다. "……여러분의 힘은…… 헌신하는 능력, 여러분 자신이 아니라, 등골이 빠질 정도로 힘든 어떤 과업에 대한 헌신에서 나오는 것입니다."[12]

『혁명의 해부』(카진스키가 읽은 이 책의 영어판은 1971년, 그가 몬태나에 도착한 해에 출간되었다)에서 엘륄은 정치적 혁명은 기술을 쓰러뜨릴 수 없다고 주장했다. 심지어 혁명가들도 그 기술을 사용해야 하기 때문이다. 그런 혁명은, "여전히 기술에 봉사하는 것이며…… 기술을 통해 사회를 복구할 수밖에 없다"고 그는 적었다. 따라서 "'혁명'은 전혀 일어나지 않을 것이다".

엘륄은 다음과 같이 제안했다.

만약 여러분이 진정 혁명적이라면…… 명상적이 되어야 한다. 그
것이 체제를 부수는 개인적 힘의 원천이다. 명상이 광기 어린 활
동을 대신할 수 있다면, 그것이야말로 기술사회에서 중요한 단절
을 만들어내는, 진정한 혁명적인 태도다. 명상이 고독한 인간들로
가득한 우리 사회의 공백을 메워준다.[13]

이어서 엘륄은 노벨상을 수상한 멕시코 작가 옥타비오 파스를 인
용한다.

"나는 발견하기 위해서 쓴다. 명상은 과학과 기술이 드러내지 못
하는 것들을 발견하는 기술이기 때문이다. 명상을 통해 인간은
기술이 앗아간 자신의 영적인 영역을 되찾고, 사물은 그 의미를,
일은 그 기능적 역할을 되찾는다. 명상은 오늘날 개인의 생존에
필수적이다."

하지만 카진스키는 거기엔 아무 관심이 없었다. 과학지상주의
와 분노에 눈이 멀었던 그는 엘륄과 파스, 콘래드의 메시지를 놓쳤
다. 그의 동세대, 혹은 다음 세대의 많은 사람도 그랬다. 그에게 영
향을 미쳤던 사회적·지적 조건은 오늘날까지도 계속 위세를 떨치
고 있다.

오늘날의 똑똑한 젊은이들이 카진스키가 성장할 때보다 덜 소외
되고 있다고 말할 수 없다. 고등학교는 여전히 소외를 양성하고 있

으며, 카진스키 세대가 경험한 권위주의와 반지성적 분위기가 이어지면서 특히 똑똑한 학생들은 소외되고 있다. 대학, 고등학교, 심지어 초등학교에서도 절망 문화를 퍼뜨리고, 임박한 생태학적 종말을 이야기하며 젊은이들에게 겁을 주고 있다. 대학에서는 인문학의 전통적인 과목들—문학, 철학, 역사, 즉 엘륄과 파스가 인간 생존에 필수적인 요소라고 생각한 명상을 자극하는 과목들—이 정치적 방법론으로 왜곡되거나, 심리학, 사회학, 정치학과 같은 사회과학에 자리를 내어주고 있다. 이런 학문은 모두, 그 실행자들에 따르면, 인간 행동을 "예측하고 통제"하는 작업에 몰두하고 있다.[14]

카진스키가 경험한 기만적 심리학 연구는 머리의 시대보다 오늘날 더 흔하게 이루어지고 있으며, 최근 어떤 학술지에 따르면 여전히 "대단히 인기 있는 방법론적 도구"로 여겨지고 있다.[15] 이 분야에서 시행한 설문조사에 따르면, 1946년에는 인간을 대상으로 한 심리학 실험 중 18퍼센트가 속임수를 사용했다. 1963년 그 수치는 38퍼센트로 높아졌다. 최근 자료에 따르면 1996년에는 42퍼센트에 달했다.[16]

아마 우연은 아닐 텐데, 청소년 소외 문제도 더 흔해졌다. 과거에는 젊은이들의 무질서 상태가 광범위한 교육자들 사이에서 걱정거리였다. 오늘날은 대부분 별다른 언급 없이 지나간다. 그사이 고등학교는 이전보다 더 학습에 헌신하지 않게 되었고, 그 대신 학생들이 정치적으로, 혹은 행동과 관련된 올바름에 순종하게 만드는 것을 강조한다. 이 과정에서 리탈린이나 로북스* 등 소위 교사들이 말하

는 "행동 조절" 약물을 처방하기도 한다.[17]

카진스키를 움직인 화는 최근 미친 듯이 날뛰며 학교 친구들에게 총을 난사한 학생들의 분노와 무서울 정도로 닮아 있다.[18] 카진스키와 마찬가지로, 콜럼바인 고등학교 살인범 에릭 해리스와 딜런 클레볼드도 분노에서 동기를 찾았는데, 이는 단순히 자신들의 주변 환경을 앗아가는 사람들뿐 아니라, 자신들을 비웃는 지배적 학교 문화에 대한 분노이기도 했다.[19] 『뉴스위크』 보도에 따르면, 다르다는 이유로 친구들에게 괴롭힘을 당했던 둘은 복도를 지날 때면 "고개를 숙인 채 다녔는데, 행여 고개를 들면 로커에 갇힌 채 '동성애자'라는 놀림을 받았다"고 한다. 신체적 위협은 물론 "쓰레기통"이라는 놀림까지 받아야 했던 둘의 분노가 마침내 폭발한 것이다.[20]

많은 중산층 미국인, 특히 교육받은 엘리트 계층이 여전히 절망에 빠져 있는 것도 놀라운 일은 아니다. 소외의 철학, 폭력을 통한 신속한 해결이라는 잘못된 약속을 전하는 주장들이 만연해 있다.

그사이 많은 사람이 지척에서 벌어지는 폭력을 외면하고 있다. 자신들이 동의하지 않는 정치적 의제를 위해 자행되는 테러는 비난하면서도, 자신들이 공유하고 있는 이상 때문에 발생하는 야만성은 무시하는 것이다. 실제로 일부 사람은 자신들이 지지하는 목적을 위해 이루어지는 일이라면, 살인을 제외한 모든 만행을 편안히 받아들이는 것처럼 보인다. 보수주의자들이 낙태 반대를 위한 폭탄 테러나 무장 민병대의 등장에 아무런 문제를 느끼지 못하는 것처럼, 어떤 이들은 동물권이나 환경을 위해 행해진 폭력을 용인하고 있다. 극단적인 동물권 옹호 단체는 지속적으로 유명 인사들의 지지를 받고 있다. 전국 단위의 언론에서는 여전히 멍키렌칭을, 사랑스러운 이상주의자들이 행하는 장난스러운 "게릴라 공연"으로 묘사하고 있다. 그리고 유행에 민감한 박애주의자들은 일부 극단주의 단체를 지지하며, 그들을 존중할 만한 단체로 만들어주고 있다.[21]

이런 사회적 힘들이 작용하는 상황에서, 『월스트리트 저널』이 1996년 애틀랜타 올림픽에서 폭탄이 터진 후 "이제 미국에서 테러리즘은 다양한 얼굴을 가지고 있다"라고 쓴 것도 놀라운 일은 아니다.[22]

2001년 5월, FBI 국장 루이스 J. 프리는 의회에서 다음과 같이 말했다. "[지난 5년간] 미국 내에서 일어난 테러리스트 활동의 수준은 점점 더 높아지고 있습니다. 거기에는 [대량살상 무기]를 사용했거나, 사용하겠다고 협박하는 사건도 다수 포함되어 있습니다."[23]

FBI에 따르면, 1990년대의 처음 4년 동안 폭발물 혹은 발화성 물질에 의한 사고는 두 배로 증가했다. 그리고 FBI에서 "단일 쟁점" 테러라고 부르는 사건(카진스키 사건도 여기에 해당된다)이 점점 더 늘어나고 있다. 1999년 프리는 의회에서 다음과 같이 말했다. "현재 가장 눈에 띄는 단일 쟁점 테러리스트는 동물권 옹호 과격 단체, 낙태반대 단체, 그리고 환경보호론자입니다…… 테러리스트들이 피해를 최대화하는 대형 폭발물에 관심을 가지며 잠재적 위협이 증가하고 있습니다."[24]

환경 및 동물권에 대한 과도한 주장이 지속되고 있다. FBI 국내 반테러 부장 제임스 F. 자보는 2002년 2월의 의회 보고에서, 동물해방전선ALF과 지구해방전선ELF이 "가장 위험한 전국적인 극단주의 집단"이 되었다고 말하며, "두 단체가 1996년 이후 미국 내에서 600건 이상의 범죄 행위를 저질렀고, [그 결과] 4300만 달러 이상의

재산 피해를 입혔다"고 덧붙였다.[25]

심지어 카진스키의 재판이 진행 중일 때도, 로이터 통신에 따르면, 그의 집에서 몇 킬로미터 떨어진 곳에서는 "군복을 입은 무장 대원들이 숲과 산을 가로지르며, 본인들 표현에 따르면, 벌목과 광산 사업으로부터 땅을 지키기 위한 활동을 하고 있었다". 이 "환경 감시단"의 지도자 릭 발루아는 "9밀리 권총을 찬 채 몬태나의 블랙 풋강을 따라 이동하며, '외부인'이 침입한 흔적이 없는지 살피고 있었다".

"우리는 철저히 무장하고 있습니다", 그는 기자에게 말했다. "반드시 승리하겠다고 결심했기 때문에 반자동 소총과 전투용 산탄총을 휴대하고 다닙니다."[26]

이 현상을 열 달 동안 취재한 후 (포틀랜드의) 『오리거니언』은 1999년 기사에서 다음과 같은 결론을 내리고 있다.

환경을 지키기 위한 방해 활동이 늘어나면서, 수천만 달러의 피해가 발생하고 여러 삶이 위험에 빠졌다…… 지난 20년 동안 자연환경과 그 안의 생명을 구한다는 미명하에 방화, 폭파, 혹은 방해 행위가 미국 서부를 휩쓸었고, 오리건은 그런 활동의 중심지가 되고 있다. 1980년 이후 그런 폭력 활동이 적어도 100건 이상 발생했고, 4280만 달러의 재산 피해가 발생했다.[27]

『오리거니언』은 "지난 4년만 봐도 서부에서 33건의 중대 사건이 발생했고, 그 피해는 2880만 달러에 이른다"고 전했다. 이런 범죄는 거의 20년 전에 시작되었지만, "위험할 정도로 증가했고, 지난 6년 동안은 폭탄을 사용하는 경우도 종종 있었다".

실제로 『오리거니언』에 따르면, 1999년 1월부터 2002년 3월까지, 지구해방전선과 그 동조자들은 69건 이상의 대형 방화를 일으킨 것으로 의심된다. 그런 사건들 중에는 2001년 5월에 있었던 워싱턴대학 원예연구센터 훼손 사건, 2001년 7월 디트로이트 외곽의 정유사 건물 방화, 그리고 2002년 초 지구해방전선이 일으켜 63만 달러의 재산 피해가 난 미네소타 유전자 연구센터 건설 현장 훼손 사건 등이 있다.[28]

그리고 미국에서―카진스키의 피해자 세 명을 제외하고는―환경, 동물, 혹은 무정부주의 광신자에 의해 살해된 사람은 아무도 없지만, 수사관들은 단지 시간문제일 뿐이라고 보고 있다. FBI 요원 한 명은 『오리거니언』에서 다음과 같이 말했다. "그런 지점에 근접했다고 생각합니다. 이 문제를 해결하지 못하면 그 지점을 넘어서게 될 겁니다."[29]

―

법 집행 기구에서는 여전히 "국내"와 "국제" 테러리즘을 구분하지만, 이런 활동은 국경을 신경 쓰지 않는다. 동물해방전선과 지구해방전선은 영국에서 설립되었고, 미국 활동가의 다수가 그곳에서 훈련받았다. 1994년 수단에서 체포되어 프랑스 당국에 넘겨진 역사상 가장 악명 높았던 테러리스트 일리치 라미레스 산체스, 별칭 "카를로스 더 자칼"은 리비아, 이라크, 시리아, 쿠바, 팔레스타인해방전선, 이탈리아의 붉은 여단, 콜롬비아 M-19 운동, 독일 바더마인호프

단을 위해 일했다.[30]

인터넷과 무선전화, 항공 이동 덕에 많은 테러 조직이 실로 전 지구적인 존재감을 보이고 있다. 일부는 마약 및 무기 거래, 혹은 돈세탁을 위해 연합을 구성하고 있다. 카진스키의 공조자, 무정부주의자 같은 다른 부류는 이미 국제적인 네트워크를 구축했다. 오사마 빈 라덴의 심복들은 수많은 나라에서 몰려들고 있으며—거기에는, 존 워커 린드의 증언에 따르면, 미국도 포함된다.

이들을 하나로 묶어주는 힘은 놀랍게도 그 철학의 보편성이다. 모든 테러리스트는, 국내든 외국이든 상관없이, 스스로를 광대한 역사적 드라마의 배우라고 생각한다. 기독교에 맞서는 이슬람의 투쟁, 제국주의에 맞서는 프롤레타리아의 전쟁, 외국 압제자에 맞서는 민중 투쟁 등이다. 이들은 모두 오래된 기억을 지니고 있다. 알카에다는 십자군 시절까지 거슬러 올라가는 서구 제국주의의 행위에 복수를 꾀하고 있다. 아일랜드 공화국군IRA은 수 세기에 걸친 잉글랜드의 점령을 잊지 않고 있다. 남미의 게릴라들은 16세기에 있었던 코르테스와 피사로의 멕시코 및 페루 정벌을 무효로 만들기를 원한다.

물론 이런 철학들 사이에 구분을 지을 수도 있다. 일부는 민족 해방을 위해 혹은 코란이나 성서, 미국 헌법의 해석을 두고 싸우며, 다른 일부는 무정부주의, 마르크스주의, 혹은 동물이나 환경을 위해 싸운다. 하지만 그들 모두가 공유하는 하나의 이념이 있는데, 그것은 현대성에 대한 증오다. 이들은 모두 어떤 형태로든, 아서 러브조이와 조지 보아스가 말한 "문화적 원시주의"를 지지하는데, 두 사람은 그것이 "문명화된 사람이 그 문명에 대해, 혹은 문명의 음모론적 특징에 대해 갖는 불만"이라고 설명했다.

이것을 현대성의 위기라고 할 수도 있다. 학문의 문제—고대 서구의 이성 개념에 대한 확신을 상실한 것—로 시작된 것이, 현대 문명에 대한 거대한 정치적 공세로 변형되었다. 급진적 환경보호론자들의 잡지 『리브 와일드 오어 다이!』는 1998년 2월 26일 자 "산업 문명의 몰락" 특별호 사설에서, "산업주의는 하나의 체제, 구분할 수 없는 사회적 관계망 전체"라고 적었다. "모든 곳에 기계가 존재하거나, 곧 존재하게 될 것이다…… 지금 지구의 상태와 우리의 일상적 삶의 조건에 책임을 져야 할 것은 산업 제국이며, 그 기술적·기계적·정치적·사회적·심리학적·경제적 도구들이 하나로 결합한 **기계**다…… 그러니 이 잡지는 재활용하지 마시라, 제재소를 태우는 불씨로 사용하시라!"[31]

오사마 빈 라덴은 "말씀드리자면, 미국의 자유와 인권은 끝났습니다"라고 텔레비전 인터뷰에서 말했다. "미국 정부가 그 국민을—그리고 서구 전반을—견딜 수 없는 지옥, 숨 막히는 삶으로 이끌 것입니다."[32]

카진스키처럼 이들도 문명에 의해 위협받고 있다고 느꼈다. 그들은 현대적 국가를 경멸했는데, 그들이 보기에 그 국가는 너무 크고, 억압적이며, 민중의 요구를 모른 척했다. 그에 대한 반응으로, 이들은 모든 것을 파괴할 작정이었다. 그리고 그들은 정부뿐 아니라 사회 전체를 적으로 돌렸다. 따라서 그들의 눈에는 모두 공평한 사냥감이었다. 빈 라덴이 말했듯이, "군복을 입은 사람과 민간인 사이에는 아무 차이가 없다. 그들 모두 성전의 목표물이다".[33]

カ진스키와 현재의 테러리즘과 관련된 진짜 이야기는, 현대적 악이 지닌 본성에 관한 이야기다. 즉 지성 자체의 힘이 쇠약해지고, 보편적 인간성보다 이념을 더 중시하는 지적 오만함의 결과로 탄생한 악인 것이다. 이는 이론이나 철학을 생각해내는 우리의 능력에서 비롯된다. 그런 이론과 철학이 상상 속의 부당함이나 혼란을 막기 위해 폭력 혹은 살인을 조장하고, 역사적 필연성에 굴복하고, 세계의 문제에 대한 최종 해결책을 찾게 만든다. 그리고 이런 추상화 과정을 통해 우리의 적을 비인간화한다.

대규모 살인이나 무차별 살인이 지식인의 범죄인 이유는, 그들이 다른 사람들보다 더 나쁘기 때문이 아니라, 지성이 그중 일부를 오만함, 즉 지적 자만심이라는 죄로 이끌기 때문이다. 지성은 사람들로 하여금 자신이 타인들에게 최선의 것이 무엇인지 결정할 권리가 있다고 믿게 만든다. 지성은 사람들이 이마누엘 칸트의 조언—즉 "인간성을, 그것이 너 자신의 것이든 다른 사람의 것이든, 언제나 단순한 수단이 아니라 목적으로 대하라"라는—을 무시하도록 부추긴다.[34] 그 대신 이론은, 이론의 완성을 위해 타인을 단순한 수단으로 보라고 유혹한다.

그리고 대부분의 지식인은 전혀 범죄에 의존하지 않지만, 역사를 보면 실제로 지성은 대규모 살인을 수행하는 전제 조건이었다. 20세기를 통틀어, 지식인이 시작하거나 이끌었던 활동으로 2억 명 이상이 사망했다. 도조 히데키 장군과 그의 일본군은, 대부분 중국에서, 1500만 명을 살해했는데, 제국의 육군사관학교를 수석으로

졸업한 도조는 군대 내의 통제파, 즉 기술의 현대화를 추진했던 장교들 모임 소속이었다.[35]

4000만 명의 죽음에 책임이 있는 나치당은 독일에서 가장 머리가 좋은 사람들이 이끌었다. 종전 후 뉘른베르크 재판에서 그 지도자들을 대상으로 한 지능검사에서, 고위 장교 대부분—헤르만 괴링, 루돌프 헤스, 그리고 인종차별주의자 알프레트 로젠베르크 등이었다—은 90번째 백분위 수, 즉 열 명 중 아홉 명보다 높은 수치를 보였다.[36] 강제수용소에서 수용자들을 대상으로 가학적 실험을 진행했던 의사들도 과학에 헌신한 지식인들이었다.

20세기 공산주의 운동은—프랑스 학자들이 공산주의자들이 자행한 범죄만 모아서 발간한 『공산주의 흑서黑書』에 따르면 모두 1억 명 이상을 살해했다—모두 지식인 혹은 예외적으로 똑똑한 사람들이 시작하거나 이끌었다. 블라디미르 일리치 울리야노프, 혹은 레닌으로 알려진 이 인물이 이끈 러시아 공산당은 2000만 명의 자국민을 살해했다. 레닌은 모두가 인정하는 천재였고, 대단한 독서가였으며, 탁월한 언어학자였고, 고등학교를 수석으로 졸업했다. 형이 테러리스트로 처형된 후 대학 입학을 거절당한 레닌은 독학으로 법을 공부하고, 1년 만에 4년 과정을 모두 마친 후 사법시험에서 최고 점수를 받았다.

마오쩌둥과 그의 정부는 6500만 명의 중국인을 살해했다. 그는 명민한 독서가였고 전직 교사였으며, 역사가들에 따르면, 교육을 대단히 중시했다고 한다. 캄보디아에서 200만 명의 목숨을 앗아간 "킬링 필드"의 총지휘자인 폴 포트는 정부 장학금으로 파리에서 유학하던 중 마르크스주의로 전향했다.[37]

목록은 계속된다. "카를로스 더 자칼"은 모스크바의 파트리스 루뭄바 대학에서 학위를 받았는데, 이데올로기와 테러리즘을 가르치는 소련의 학교로 알려진 곳이다.[38] 오사마 빈 라덴은 경제학과 경영학 학위를 소지하고 있었다.[39] 심지어 재정적인 이유로 뉴욕의 브라이언트 앤드 스트래튼 비즈니스 칼리지를 중퇴한 티머시 맥베이도 대단히 똑똑한 학생이었고, 대학에서 마지막으로 봤던 시험에서 거의 기록적인 점수를 받았다.[40]

2001년 9월 11일, 자살 살인범들이 펜타곤과 뉴욕의 세계무역센터를 공격한 것은 분명 야만적인 행위였다. 하지만 대부분의 다른 테러 행위보다 규모 면에서 훨씬 더 컸던 그 행동도 독창적이라고 할 수는 없었다. 그리고 그들이 마지막도 아닐 것이다. 실제로 아직 최악의 사고는 일어나지 않았는지도 모른다. 이 모든 것이 무엇에 대한 갈등인지를 우리가 제대로 이해하고 있다고 확신할 수 없기 때문이다.

이는 전통적인 의미의 "전쟁"이 아니다. 군사력만으로, 혹은 선전이나 홍보만으로 이길 수는 없다. 적은 빈 라덴 한 명이 아니다. 진짜 적은 우리 주위에 잔뜩 있고, 어쩌면 우리 안에도 있다. 테러리즘은 그들뿐 아니라 우리의 역사, 이념, 가치가 낳은 산물이다. 그것은 우리가 교육, 지성, 윤리, 심지어 문명이라고 생각했던 것들이다. 이 적을 물리치려면 현대성 문제를 해결해야만 하는데, 단지 과학과 기술뿐 아니라 그 정치적 사고思考를 해결해야만 한다. 이성을 잘못 받아들인 것에서 절망 문화가 탄생했고, 그 문화가 다시 우리 시대를 이념의 시대로 만들었으며, 그 이념들이 이제 우리를 죽이고 있다. 모든 것을 정치화함으로써 우리는 스스로에게 성역을 남겨둘 수 없었다.

전 세계 국가가 외견상 보이는 정치적 합리화에 상관없이 모든 형태의 테러리즘을 규탄할 때까지, 외견상 보이는 의제의 차이에도 불구하고 테러리스트는 같은 논리와 유사한 목표를 공유하고 있음을 알아볼 때까지, 그들의 궁극적 목표가 현대적 삶의 파괴임을 보게 될 때까지 아무도 안전하지 않다. 그리고 이러한 범죄를 부추기는 인지 유형—도덕적 혼란, 절망, 도착적인 종교적 신념, 과학의 오만, 이데올로기의 만연 등—이 멈출 때까지 사람들은 더 많이 죽을 것이다.

요컨대 이 전쟁에서 이기기 위해 사회는 스스로를 바로잡아야 한다. 똑똑한 학생들이 반드시 보상을 받아야 한다. 교육자들은 사회적 순응주의를 꾀하려는 노력을 멈춰야 한다. 더 높은 이상에 대한 낙관적 믿음이 절망을 대체해야 하며, 최고의 문명을 대변하는 인문학이 대학 교육 과정에 다시 들어와야 한다. 대중과 언론이 현대적 삶에서 이념의 역할을 재고해야 한다. 그때까지 미국과 서구는 테러의 피해자이자 동시에 그 원천으로 계속 남아 있을 것이다.

안타깝게도 2001년 9월의 무시무시한 사건 이후로, 미국 정부는 역사에서 아무것도 배우지 못한 채, 우리를 비난하며 같은 역사를 반복하고 있다. 정부의 "테러와의 전쟁"은 냉전이 빠졌던 모든 함정에 다시 빠져들고 있다. 다시 한번 더 강한 정부의 첩보활동을 요구하고, 보통의 시민들의 사생활에 더 개입하고, 이동이나 공공 활동을 더 많이 제약하고, 군사적 해결책을 더 강조하고, '심리 전사'와 선전 전문가를 더 많이 길러내고, 정부 관료의 설명은 더 적어지고 있다. 이런 것들이 정확히 현대성이 소외를 낳은 함정들이었다. 그

길을 따름으로써 정부는 테러리즘을 줄이기는커녕 더 증가시키고 있다.

우리가 사회의 반응을 기다리는 사이, 카진스키가 선택한 이념─무정부주의─은 놀라운 속도로 추종자를 늘려가고 있다. 2002년 봄, 카진스키를 "전범"이라고 부르는 잡지『그린 아나키스트』가 그의 투고 기사를 실었다. 거기서 그는 무정부주의자들에게 "기술 산업 체제 전체를 끝장낼 것"을 촉구했다. "체제가 아파하는 곳을 치는 것", 전력망이나 통신, 컴퓨터 등 "체제의 핵심 조직을 공격하는 것"이 혁명적 행위가 될 것이라고 그는 조언했다. 또한 "연예 산업, 교육 체계, 언론, 광고, 홍보…… (그리고) 정신 건강 산업"을 포함하는 "선전 산업"도 그 대상이었다. 하지만 "최고의 목표물"은 생명과 학업계의 지도자들이 될 것이라고 말했다. "반드시 머리를 쳐야 합니다."[41]

그사이 카진스키의 반세계화 동지들은 이미 거리를 점령했다. 2001년 7월, 이탈리아 제노바에서 30만 명의 시위대가 경찰과 충돌했고,『가디언』은 이를 "피에 물든 G8 정상회의"라고 불렀다.[42] 2001년 9월, 지구온난화에 대한 교토 의정서의 후속 조치를 논의하기 위해 스웨덴 예테보리에서 열린 유럽연합과 미국 대표단의 회의는 "폭력의 밤"이 되어버렸고, 600여 명이 구금되었다. 2002년 3월, 바르셀로나에서 열린 유럽연합 장관 회의도 험악하게 끝났다.[43]

2001년 노동절은 프랑스, 독일, 호주, 영국을 비롯한 여러 나라에서 폭력적인 무정부주의자와 반세계화주의자들에게 기회였다. 그날 하루 런던에서만 1만 명의 경찰이 시위 진압에 동원되었다.[44]

따라서 카진스키는 여전히 선구자로 남아 있다. 1998년 9월 내게 보낸 편지에서 그는 다음과 같이 적었다.

내가 보기에 당신은 최근에 일어나는 산업 문명에 대한 반감의 위력과 깊이를 과소평가하고 있는 것 같습니다. 나는 사람들이 내게 보낸 편지를 보며 종종 놀라곤 합니다. 내게는 우리 사회가 마치 혁명 전 상황으로 치닫고 있는 것으로 보입니다. (혁명을 피할 수 없다는 의미는 아니지만, 그것이 꽤나 현실적인 가능성으로 존재하는 사회라는 뜻입니다.) 대다수의 사람이 현 제도에 대해 비관적이거나 냉소적인 태도를 보이고 있으며, 젊은이들 사이에 소외와 방향 감각 상실이 만연해 있습니다…… 아마도 이러한 세력에 필요한 것은 적절한 조직과 방향뿐일 것입니다.[45]

헨리 머리가 새로운 "세계인"을 만들어낼 필요가 있다고 했을 때, 그가 염두에 둔 것은 이런 모습이 아니었을 것이다.

감사의 말

이 책을 쓰는 동안 흥미진진했다. 동시에 고통스럽고 힘들기도 했다. 연쇄살인범의 전기로서 이 이야기는 내가 전할 거라고 기대하거나, 원했던 것이 전혀 아니다. 제2차 세계대전 후 미국 사회사라는 면에서는 내가 오랫동안 쓰길 원했던 책이다. 하지만 모든 면에서 볼 때 이 이야기는 내가 예상했던 것은 아니었다.

고등교육을 받은 전직 역사가로서 나는 오랫동안 1960년대에 대한 책을 쓰고 싶었다. 그 소란스러웠던 10년 동안 대학들이 어떻게 변모했는지, 이어서 그 변화들이 온 나라에 어떤 영향을 미쳤는지를 보이고 싶었다. 작업의 이름은 "1960년대는 미국을 어떻게 바꾸었는가"였다. 하지만 나는 출판사를 찾지 못했고, 글은 하나도 쓰지 못했다.

그러던 중 1996년 4월, 테드 카진스키가 악명 높은 "유나보머"로 체포되고 기소되었다. 언론은 강박적으로 이 이야기를 다루었다. 우리는 카진스키가 하버드 졸업생이며 캘리포니아대학의 전직 수학 교수였고, 1969년 교직을 떠난 후 몬태나에서 고립된 삶을 살면서 "기술사회"에 맞서는 살인 계획에 착수했음을 알게 되었다. 대부분의 전문가는 유나보머가 "1960년대의 산물"이라고 결론 내렸다. 그들에 따르면 카진스키는 버클리라는 급진적이기로 유명한 대학의 역사에서도, 가장 극단적이었던 시기에 그곳에서 학생들을 가르치는 동안 유나보머로 변모했다.

이 가정은 그럴듯해 보인다. 그리고 카진스키의 체포 직후, 내 친구이자 전직 편집자인 리처드 토드가 전화를 걸어 말했다. "이게 자네가 말했던 1960년대 책이야." 과연 그랬다, 우리 둘 다 그렇게 생각했다.

나는 출판사를 찾기도 전에 즉시 작업에 착수했다. 얼마 동안 카진스키 본인과도 연락을 주고받았다. 하지만 조사가 진행되면서 이 이야기는 1960년대에만 한정되지 않을 것임을 깨달았다. 카진스키가 유나보머로 변모하는 데 있어 더 핵심적이었던 것은 버클리에서 보낸 시기가 아니라, 그보다 앞선 시기, 그가 하버드에 다녔던 1958년에서 1962년임을 깨달았다. 그가 유나보머 철학에 녹여낸 이념을 처음 접한 곳도 하버드였고, 나중에 "기술사회"라는 말로 경멸하게 되는 대상과 관련해 처음으로 불행한 경험을 했던 곳도 하버드였다.

마찬가지로 미국을 가장 크게 변모시킨 시기는 1960년대가 아니라 1950년대이며, 그 변화를 가지고 온 매개체는 베트남전 반전 시위를 했던 급진적인 대학생들이 아니라(이 젊은이들은 이미 쓰여 있던 대본에 따라 연기를 했을 뿐이다), 냉전에 임했던 연방정부의 노력과, 그에 앞서 그 노력이 대학생활과 교과과정에 끼친 지속적인 영향이었다.

그렇게 긴 조사의 여정이 시작되었고, 궁극적으로 내가 예상했던 어떤 책과도 다른 결과물이 탄생했다. 많은 사람의 끈기 있고 너그러운 도움이 없었다면 나는 이 발견의 여정에서 한 발짝도 내딛지 못했을 것이다.

FBI 유나봄 전담팀 요원이자 지금은 은퇴한 제임스 C. "크리스" 로네이는 귀중한 정보와 통찰을 제공해줬고, 친절하게도 이 원고의 몇몇 장을 검토해주었다. 다수의 전현직 FBI 요원, 특히 FBI 폭탄처리반의 돈 색틀번과 토머스 모널이 유나보머 수사에 대해 본인들의 검증된 견해를 공유해주었다. 시카고에 있는 더 좋은 정부를 위한 모임의 전 사무국장 테리 브루너와 그의 동료 제임스 뉴컴은 내가 시카고에서 조사 활동을 벌이는 동안 사실상의 법률지원팀으로 대단히 중요한 역할을 했다.

하버드에서 내 조사는 친구와 가족, 그리고 전 동료들의 지원과 판단에 전적으로 의존했고 큰 혜택을 받았다. 가장 친한 오랜 친구 니컬러스와 루스 대닐로프는 그들의 케임브리지 아파트에 나를 몇 차례나 머물게 해주었을 뿐 아니라, 과거 자료 조사도 도와주었다. 전 동료이자 하버드 케네디 스쿨의 포드 교수인 조지프 P. 칼트는 조사와 관련해 핵심적인 조언을 해주었다. 큰아들과 며느리 데이비드와 엘런 고돌핀, 그리고 동생과 처제 리처드와 에비 체이스는 조사를 위해 보스턴 지역을 찾았을 때 내가 멀리 떨어진 곳에서도 집에서처럼 편히 지낼 수 있게 해주었고, 사랑과 감정적 지지, 훌륭한 요리를 통해 지친 나를 지탱해주었다.

새크라멘토에서 있었던 카진스키의 재판과 캘리포니아 베이 지역에서 있었던 그의 범죄 수사에 대한 조사는, 샌프란시스코의 친구들인 에바 오친클로스와 조 메익스, 그리고 너무나 너그러웠던 샐리 에드워즈의 호의가 없었다면 불가능했을 것이다. 에드워즈는 재판 중에 비어 있던 자신의 집을 내가 쓸 수 있게 해주었다.

몬태나에서는 둘째 아들과 며느리 시드니와 마거릿 고돌핀이 지속적인 사랑과 지원을 보내주었고, 조사 때문에 링컨과 헬레나를 방문했을 때도 잠자리를 제공해줬다.

핵심적인 정보를 제공하고, 개인사 조사를 돕고, 중요한 자료를 주고, 혹은 나의 수많은 질문을 인내심을 가지고 받아주었던 사람은 너무 많아서 언급하기도 어렵다. 그럼에도 헨리 A. 머리 교수의 아내 니나 머리 여사에게는 특별히 감사의 뜻을 전하고 싶다. 그녀는 너그럽게도 하버드대학 문서보관소에 있는, 고인이 된 남편의 문서를 활용하도록 허락해주었다.

새크라멘토 『데일리 레코더』의 전직 기자로 카진스키의 재판과 항소심에 관한 정보를 제공해준 톰 나도, 카진스키의 하버드 룸메이트 중 한 명으로 당시 하버드 학부생들의 생활상을 독자들과 공유할 수 있게 도와준 알래스카대학의 존 크로스먼 교수에게도 감사의 말을 전하고 싶다. 아메리칸대학의 언론학 교수 크리스토퍼 심프슨은 냉전 당시의 사회과학에 대한 문헌 자료와 관련해 도움을 주었다. 머리의 전직 조수이자 심리학사 연구자인 유진 테일러는, 개인으로서의 머리와 심리학 역사에서 그의 지위에 대한 지식을 너그럽게도 공유해주었다. 버클리 캘리포니아대학의 심리학 교수 다이애나 바움린드에게는, 기만적인 심리학 연구에 대한 윤리적 비판과 관련하여 빚을 졌다.

몇몇 기록보관소 직원, 특히 하버드 퓨지 도서관의 브라이언 설리번과 그의 동료들, 뉴욕주 테리타운에 있는 록펠러 기록보관센터의 다윈 스태플턴, 메릴랜드주 칼리지파크에 있는 국립기록보관소의 존 테일러와 개리 스턴이 보여준 세심하고 전문적인 업무에도 감사하는 바다.

일부 개인들은 손에 잡히는 도움은 아니지만 윤리적인 지원과 지적 자극을 주었고, 그런 것들이 없었다면 나는 이 책을 쓰거나 완성하지 못했을 것이다. 나의 전 편집자 리처드 토드는 맨 처음 이 계획을 제안해주었다. 나의 대리인 데버러 그로스브터는 처음부터 이 책의 가치를 믿고, 지속적으로 나를 지원하며 조언해주었다. 각각 『애틀랜틱』의 편집자와 편집 책임자였던 마이클 켈리와 컬렌 머피는 나의 유나보머 기사에 신뢰를 보내며 훌륭한 편집으로 잡지에 실어주었고, 귀중한 지원 및 편집과 관련된 조언을 해주었다. 탁월한 전문 편집자 스털링 로런스의 조언과 지혜, 판단력, 인내심이 없었다면 이 책은 만들어지지 못했을 것이다. 나의 친구이자 작가인 토비 톰프슨 교수는 등산 중에 오랜 시간 나와 이 주제에 대해 논의했고, 내가 기운이 빠졌을 때면 책에 대한 넘치는 확신으로 나를 북돋아주었다. 뉴욕대학 철학과 교수 스티븐 칸은 20년 이상 내 생각에 관심을 보이고 내 능력을 신뢰해주었으며, 이렇게 거대한 계획을 헤쳐나가는 데 필요한 확신을 갖도록 도움을 주었다.

크리스 로네를 포함해, 이 책의 초고 혹은 일부를 검토하며 사실관계의 오류를 확인하고, 여러 면에서 더 나은 책으로 만들어준 사람들에게 감사의 말을 충분히 전할 방도가 없다. 사회철학자이자 유나보머 전문가인 스콧 코리, 버지니아대학의 생물의학윤리 교수 조너선 D. 모레노, 변호사이자 인간 방사능 실험에 대한 연방자문위원회 전 위원장이었던 대니얼 거트먼, 버몬트 로스쿨 교수이자 테드 카진스키의 전 법률 자문이었던 마이클 멜로, 심리학자이자 과거 헨리 머리의 학생이었던 에릭 올슨, 그리고 저자이자 이웃이며 일급 편집자인 존 탈리아페로 등이 그런 분들이다.

아내 다이애나에 대한 감사의 마음을 어떻게 표현하면 좋을까? 30년간의 행복한 결혼생활 후에는 어떤 말도 적절하지 않다. 이 책이 나의 것일 뿐 아니라 아내의 것이기도 하다는 말이면 충분할 테다. 내가 말하지 않더라도 아내는 알 것이다. 그동안 함께해준 것, 그녀가 보여준 보살핌과 사랑, 인내, 용기, 지혜와 영감에 대해 내가 고마워하고 있다는 점 역시 아내는 알고 있을 것이다.

독자와 전문가, 그리고 역사에 의해 이 책이 좋은 평가를 받는다면, 그것은 다이애나를 비롯해 이 너그러운 사람들 덕분일 것이다. 이 책이 결함 있는 책이 될 운명이라면, 그 모든 비판은 나의 몫이다. 이 책에 제시된 의견과 사실은 모두 나의 것이며, 위의 사람들을 비롯해 다른 이들의 의견이 반드시 반영되었다고는 할 수 없다.

올스턴 체이스
몬태나주 파다다이스 밸리
2002년 8월 6일

1942	**시어도어 존 카진스키**, 시어도어 리처드 (터크) 카진스키와 완다 테리사 돔벡 카진스키의 첫째 아들로 태어남. 1942년 5월 22일 출생.
1947	가족이 시카고 카펜터가로 이주.
1949	둘째 아들 **데이비드**, 1949년 10월 3일 출생.
1952	가족이 일리노이주 에버그린 파크, 사우스 론데일 9209번지로 이주.
1955	**테드** 뉴 에버그린 파크 고등학교 입학.
1958	가을, **테드** 16세로 하버드 입학. 프레스콧가 8번지 거주.
1959	가을, **테드** 엘리엇하우스 N-43호로 이주. 하버드 1962년 졸업반 학부생 21명과 함께 헨리 A. 머리의 "인성 발달에 대한 다중적 접근" 실험에 참가.
1962	6월, **테드** 낮은 성적으로 하버드 졸업, 훗날 하버드 시기가 자신의 인생에서 결정적 시기였다고 회고. 테드 미시간대학 대학원에 진학하여 수학 연구.
1966	**테드** 돈을 모아 야생에 땅을 살 계획 세움. "만약 그 방법

이 통하지 않고 굶어 죽기 전에 문명으로 돌아올 수 있다면, 그때는 이곳으로 돌아와 내가 증오하는 사람을 죽일 것이다."

1967 **테드** 앤아버 사우스포레스트가 524번지에서 살며, "경계함수"에 대한 박사 논문으로 섬너 마이어스상 수상.

테드 미시간대학 박사 학위 취득, 버클리의 캘리포니아대학으로 이주해 수학을 가르침.

1968 **터크와 완다 카진스키** 아이오와주 리스본을 떠나 아이오와주 롬바드로 이주. 터크는 폼 커팅 엔지니어스사에 근무.

1969 6월, **테드** 버클리 수학과 사직.

여름, **테드와 데이비드** 캐나다에 가서 부지 탐색. 부지 임대를 위한 정부신청서 제출.

가을, **데이비드** 컬럼비아 4학년 복학. 테드 일리노이주 롬바드의 부모님 집에서 캐나다 정부 결정 기다림.

1970 6월 **데이비드** 컬럼비아 졸업, 친구와 서부를 여행하며 여름을 보냄.

여름, **테드** 땅에 대한 신청이 거부되었음을 알고, 다시 캐나다로 가 야생 부지 탐색하지만, 결국 낙담함.

늦여름, **데이비드** 잠시 롬바드에 돌아왔다가 몬태나주 그레이트폴스로 이주하고 아나콘다사에 근무 시작.

1971 **테드** 기술의 사악함에 대한 제목 없는 에세이 완성.

4월, **테드** 일기에 "개인적 복수"를 적음.

6월, **테드** 데이비드 방문, 부지 탐색 재개. 몬태나주 링컨 남쪽에서 5600제곱미터의 땅을 발견하고 함께 구매. **테드**

오두막 짓기 시작.

1972　　크리스마스, **테드** "과학자들을 죽이기로" 결심. 멍키렌칭 등 소소한 파손 행위 시작.

1978　　2월, **테드** 아버지가 일하는 일리노이주 애디슨의 폼 커팅 엔지니어스에 일자리 부탁.

5월 중순, **테드** 시카고 도착.

5월 25일, **테드** 1번 폭탄을 일리노이대학 시카고 서클 캠퍼스에 설치. 메리 구티에레즈가 폭탄을 발견하고 에번스턴으로 가지고 옴.

5월 26일, 에번스턴의 노스웨스턴대학 안전요원 테리 마커 경상.

6월, **테드** 일리노이주 롬바드의 부모님 집에서 지내며 폼 커팅 엔지니어스 근무.

6~8월, **테드** 엘런 타마이클과 사랑에 빠지지만, 버림받음. **테드** 외설적인 벽보를 붙였다가 해고당함. **테드** 프린스 캐슬에서 새 일자리 구함.

1979　　5월 9일, **테드** 2번 폭탄을 에번스턴의 노스웨스턴대학 기술연구소에 설치. 대학원생 존 해리스 경상.

11월 14일, **테드** 고도에 민감한 폭탄(3번)을 시카고에서 워싱턴 D.C.로 발송. 이튿날 아메리칸 에어라인 444편 화물칸에서 점화, 항공기는 덜레스 공항에 비상 착륙.

1980　　6월 10일, 4번 폭탄. 유나이티드 항공 사장 퍼시 우드가 일리노이주 레이크 포레스트의 자택에서 소포 수령. 중상.

1981　　10월 8일, 5번 폭탄. 솔트레이크시티 유타대학 베니언 홀

경영대학 건물에서 학생이 대형 소포 발견. 부상 없음.

1982   5월 5일, 6번 폭탄. 펜실베이니아대학의 잘못된 주소로 패트릭 피셔 교수의 우편물 도착. 테네시주 내슈빌의 밴더빌트대학에 있는 피셔에게 재전달. 피셔의 비서 재닛 스미스 심각한 부상.

7월 2일, 7번 폭탄. 버클리의 캘리포니아대학 전기연구소 감독관 디오게네스 앙겔라코스가 코리 홀 수학관 빌딩 411호에서 소포 발견. 중상.

1985   5월 15일, 8번 폭탄. 공군 대위 존 하우저는 같은 코리 홀 빌딩 264호에서 나선형 바인더를 발견. 심각한 중상.

6월, 9번 폭탄. 5월 8일 소인. 워싱턴주 오번의 보잉 항공기 제조사 공장에서 개봉. 폭탄은 폭발하지 않음.

11월 15일, 10번 폭탄. 앤아버의 미시간대학 교수 제임스 매코널 앞으로 도착. 조교 닉 수이노가 개봉. 두 사람 모두 부상.

12월 11일, 11번 폭탄. 캘리포니아주 새크라멘토의 컴퓨터 대여점 렌테크 뒤쪽 주차장에 설치. 상점 주인 휴 스크러턴이 폭탄을 집어들다 사망.

1987   2월 20일, 12번 폭탄. 솔트레이크시티 작은 컴퓨터 상점 캠스의 주차장에 설치. 상점 주인 게리 라이트가 폭탄을 집어들다 심각한 부상.

1987~1993   **카진스키** 강력한 폭발물을 사용해 새로운 유형의 폭탄 완성.

1990   10월 2일, 터크 카진스키 자살.

1993   6월 22일, 13번 폭탄. 캘리포니아주 마린 카운티 티뷰론,
세계적으로 저명한 유전학자 찰스 J. 엡스타인의 자택에
배달. 엡스타인은 심각한 부상.

6월 24일, 14번 폭탄. 예일대학 컴퓨터공학과 교수 데이
비드 겔런터에게 배달. 겔런터는 심각한 부상.

1994   12월 10일, 15번 폭탄. 뉴저지주 노스 콜드웰의 토머스
모서 자택에 배달. 버슨-마스텔러의 홍보 담당 임원이었
던 모서가 소포를 열었다가 사망.

1995   4월 24일, 16번 폭탄. 캘리포니아 산림조합의 전임 회장
윌리엄 데니슨 앞으로 배달. 그의 후임 길버트 머리가 열
었다가 사망.

6월 24일, 테드 "FC"가 작성한 「산업사회와 그 미래」, FBI
별칭 "선언문" 복사본을 『뉴욕타임스』『워싱턴포스트』
『펜트하우스』에 발송.

9월 19일, 『포스트』에서 선언문 발표.

1996   1월, 데이비드 변호인 앤서니 비세글리를 통해 FBI 접촉.
FBI 테드의 오두막 감시 시작.

4월 3일, FBI 테드 체포, 재판 절차를 위해 6월에 캘리포
니아로 이송.

1997   11월, 배심원 선정과 함께 테드 재판 개시.

1998   1월 8일, 테드 변호사 해고 및 직접 변론 허가 요청.

1월 22일, 테드 유죄 판결.

5월 4일, 테드 가석방 없는 종신형 판결.

1999   6월 16일, 테드 제9순회 항소법원에 항소.

| 2001 | 2001년 2월 12일, 제9순회 항소법원에서 테드의 항소 기각. 스티븐 라인하트 판사 반대 의견 제시. **테드** 대법원 항소. |
| 2002 | 3월 18일, 대법원 테드의 항소 기각. |

주

1장

1. Henry A. Murray, "Multiform Assessments of Personality Development Among Gifted College Men, 1941-1962", data set(made accessible in 1981, raw data files), Henry A. Murray Research Center of the Radcliffe Institute for Advanced Study, Harvard University, Cambridge, MA.

2. H. A. Murray, "Studies of Stressful Interpersonal Disputations", *American Psychologist*, vol. 18, no. 1(January 1963).

3. Sally C. Johnson, Psychiatric Competency Report. Submitted to the court on January 17, 1998; unsealed September 11, 1998.

4. Michael Rustigan, San Francisco State criminology professor, quoted by Karyn Hunt of Associated Press, April 4, 1996.

5. Various interviews with James C. Ronay between 1997 and 2001.

6. Government's Trial Brief, November 12, 1997; Government's Sentencing Memorandum, May 4, 1998.

7. Sentencing Memorandum, May 4, 1998. Kaczynski pled guilty on January 22, 1998, and was sentenced on May 4, 1998.

8. Sale's comments quoted in Steven Marcus, "Rebels Against the Future: The Luddites and Their War on the Industrial Revolution: Lessons for the Computer Age", book review, *The New Republic*, June 10, 1996.

9. James Q. Wilson, "In Search of Madness", *New York Times*, January 15, 1988.

10. See, for example, *Green Anarchy*, no. 8(Spring 2002), p. 20.

11. Tony Snow, "Unabomber 'Gores' Technology", *Detroit News*, September 21, 1995.

12. "Brilliant Misfit Caught in Changing Times", *Boston Globe*, April 6, 1996.

13. Stephen Budiansky, "Academic Roots of Paranoia", *U.S. News & World Report*, May 13, 1996.

14. Maria Puenta, "Berkeley May Have Radicalized Kaczynski. Unabomber Suspect Lived Near Hot Spot of Campus Activism", *USA Today*, November 13, 1996.

15. William J. Broad, "Did Antiwar Tumult in '60s Ignite Unabomber?", *New York Times News Service*, June 3, 1996.

16. Pierre Thomas and Serge F. Kovaleski, "FBI Itemizes Evidence from Kaczynski's Cabin", *Washington Post*, April 16, 1996.

17. David Gelernter, *Drawing Life* (New York: Free Press, 1997), p. 62.

18. See Robert I. Simon, *Bad Men Do What Good Men Dream* (Washington, DC: American Psychiatric Press, 1996), pp. 2, 11–12.

19. Ibid., p. 12.

20. Hannah Arendt, *Eichmann in Jerusalem: A Report on the Banality of Evil* (New York: Penguin Books, 1964).

21. Simon, *Bad Men Do What Good Men Dream*, p. 1; National Crime Victimization Survey, 1973–1995.

22. *The Harvard Guide*, 2001 available at: www.news.harvard.edu/guide/lore//lore9.html.

23. Suzannah Lessard, *The Architect of Desire: Beauty and Danger in the Stanford White Family* (New York: Bantam Doubleday Dell, 1996).

24. Steven Levy, *The Unicorn's Secret* (New York: Penguin Putnam, 1990); and Associated Press, "Einhorn back on U.S. Soil to Face Trial", *Bozeman Daily Chronicle*, July 21, 2001.

25. "Satan Goes to Harvard", book review by Mary Gaitskill of Melanie Thernstrom, *Halfway Heaven: Diary of a Harvard Murder*, *Salon*, October 13, 1997.

26. Colin Wilson, *The Outsider* (Boston: Houghton Mifflin, 1956), pp. 13–15, 20.

27. G. K. Chesterton, *Orthodoxy* (San Francisco: Ignatius Press, 1995), p. 25.

28. T. J. Kaczynski, letter to the author, September 17, 1998.

29. Kirsten G. Studlien, "Murray Center Seals Kaczynski Data", *Harvard Crimson*, July 14, 2000.

30. Robert Wright, "The Evolution of Despair", *Time magazine*, August 28, 1995.

2장

1. Interview with Don Sachtleben, April 30, 2001.

2. Patrick Hoge and Jane Meredith Adams, "Bomber Seen as Arrogant Crusader", *Sacramento Bee*, April 28, 1995.

3. Book list from author's files. Interview with Sherri Wood, Lincoln town librarian, May 22, 1997. Also interview with staff of Aunt Bonnie's Bookstore, May 25, 2000.

4. Donald Foster, "The Fictions of Ted Kaczynski", *Vassar Quarterly*(Winter 1998), pp. 14-17. See also, Don Foster, *Author Unknown*(New York: Henry Holt and Company, 2000), chap. 3, "A Professor Whodunit", pp. 95-142.

5. Interview with Tom Mohnal, April 30, 2001.

6. Interview with FBI agents Don Sachtleben and Tom Mohnal, April 30, 2001. See also Turchie Affidavit, submitted April 3, 1996, by FBI agent Terry D. Turchie in support of the government's request for a search warrant for Theodore Kaczynski's Montana cabin, and Sentencing Memorandum, May 4, 1998, exhibits attached to Appendix A.

7. Sentencing Memorandum, May 4, 1998, Exhibits 88 and 89.

8. Robert Graysmith, *Unabomber: A Desire to Kill*(Washington, DC: Regnery Publishing, 1997), pp. 321-322; Sachtleben, Mohnal interview.

9. William Monahan, "Ceci n'est pas une bombe", *New York Press*, vol. 8, no. 29(July 18-25, 1995).

10. Graysmith, *Unabomber*, pp. 173-174. John Douglas and Mark Olshaker, *Unabomber: On the Trail of America's Most-Wanted Serial Killer*(New York: Pocket Books, 1996), pp. 122-130.

11. "On the Internet, the Unabomber Is a Star", *New York Times*, April 6, 1996.

3장

1. Interviews with James C. "Chris" Ronay, October 10, 1997, and May 30, 2001.

2. Turchie Affidavit, April 3, 1996.

3. Government's Trial Brief.

4. See Louis Sheaffer, *O'Neill: Son and Playwright* (Boston: Little, Brown, 1968), p. 125.

5. Ibid.

6. Arthur and Barbara Gelb, *O'Neill* (New York: Harper & Bros., 1960), pp. 133ff.

7. Ibid., p. 690.

8. Sentencing Memorandum, Exhibit 15.

9. Sentencing Memorandum, Exhibit 23.

10. Sentencing Memorandum, Exhibit 25.

11. Theodore J. Kaczynski, untitled essay dated 1971, attached as exhibit to Turchie Affidavit.

12. Sentencing Memorandum, Exhibit 13.

13. Turchie Affidavit.

14. Interview with Sloan Wilson, May 31, 2001.

15. Sloan Wilson, *Ice Brothers* (New York: Arbor House, 1979), pp. 199-202.

16. Ronay interview, April 30, 2001.

17. Government's Motion in Limine for Admission of Evidence under Fed. R. Evid. 404(B), Exhibit B, p. 7.

18. Sentencing Memorandum, Exhibit 28.

19. Foster, "The Fictions of Ted Kaczynski", p. 16.

20. George Lordnes and Lorraine Adams, "To Unabomber Victims, a Deeper Mystery", *Washington Post*, April 14, 1996.

21. Sentencing Memorandum, Exhibit 29.

22. Sentencing Memorandum, Exhibit 30.

23. Government's Motion in Limine, Exhibit B, pp. 10-12.

24. Sentence Hearing, January 22, 1998. See also Sentencing Memorandum, Exhibit 32.

25. Theodore Roszak, *Where the Wasteland Ends* (New York: Doubleday, 1972), pp. 242-244.

26. Sentencing Memorandum, Exhibit 33.

27. Graysmith, *Unabomber*, p. 79; Frederick R. Karl, *A Reader's Guide to Joseph Conrad*(New York: Noonday Press, 1966), p. 199.

28. Joseph Conrad, *The Secret Agent*(New York: Doubleday, 1953), p. 40.

29. See Karl, *A Reader's Guide to Joseph Conrad*, p. 202.

30. Conrad, *The Secret Agent*, p. 13.

31. "The Unabomber Speaks", *Penthouse*, vol. 27, no. 2(October 1995), pp. 57-59.

4장

1. U.S. Department of Justice, *Ex Parte and in Camera*, documents submitted to court, November 7, 1997.

2. Cynthia Hubert, "Hugh Scrutton Led Life Full of Joy, Adventure", *Sacramento Bee*, December 20, 1985.

3. Sentencing Memorandum, Exhibit 34. Note this is one of the rare times Kaczynski gets his dates wrong. Scrutton was killed on December 11, 1985, not December 12.

4. Government's Motion in Limine, Exhibit B, p. 18.

5. Mara Bovsun, "Down Syndrome Mouse Points to Better Alzheimer Research Model", *Biotechnology Newswatch*, February 3, 1992; David Perlman, "UCSF Researchers Find New Clue to Treatment for Alzheimer's", *San Francisco Chronicle*, February 15, 1992; *Business Wire*, "Mouse Model for Down's Syndrome Suggests Possible Role for Growth Factors in Treating Alzheimer's", February 14, 1992.

6. U.S. Department of Justice, *Ex Parte and in Camera*, documents submitted to court, November 7, 1997.

7. Ibid.

8. David Hillel Gelernter, *Mirror Worlds: Or the Day Software Puts the Universe in a Shoebox······ How It Will Happen and What It Will Mean*(New York: Oxford University Press, 1991). See also Hugh Kenner, "The Ultimate Database Might Mirror Reality", *Byte*, March 1, 1992; Steve Courtney, "Author Sees Computer as Window to World", *Hartford Courant*, May 28, 1992;

and Jack Schofield, "Computer Book Reviews", *The Guardian* (London), January 21, 1993.

9. Gelernter, *Mirror Worlds*, pp. 216–220. Gelernter's italics.

10. U.S. Department of Justice, *Ex Parte and in Camera*, documents submitted to court, November 7, 1997.

11. Sentencing Memorandum, Exhibit 52.

12. Ronay interviews, October 10, 1997, and May 30, 2001. See also Graysmith, *Unabomber*, p. 259.

13. *Sacramento Bee*, "Text of Letter from Unabomber to Gelernter", April 24, 1995, at www.unabombertrial.com; Douglas and Olshaker, *Unabomber*, pp. 181–182. See also Graysmith, *Unabomber*, p. 301.

14. Native Forest Network Second International Temperate Forest Conference, "Focus on Multinationalism", University of Montana, Missoula, MT, November 9–13, 1994. See also Native Forest Network, *Native Forest News—Special Edition* (Winter 1993–1994), p. 1.

15. "Eco-Fucker Hit List", *Live Wild or Die!* (undated, but early 1990).

16. Scot Greacen, "B.C.", *Earth First! Journal*, June 21, 1993, p. 4.

17. *United States vs. Theodore Kaczynski*, Trial Transcript, January 22, 1998.

18. U.S. Department of Justice, *Ex Parte and in Camera*, November 7, 1997.

19. Sentencing Memorandum, Exhibit 40.

20. Sentencing Memorandum, Exhibits 37–38.

21. Cynthia Hubert and Patrick Hoge, "Rangers Comb Sierra for Unabom Test Sites", *Sacramento Bee*, May 16, 1995.

22. Sentencing Memorandum, Exhibits 90–92.

23. See Alston Chase, *In a Dark Wood: The Fight Over Forests and the Myths of Nature* (Boston: Houghton Mifflin, 1995), chap. 24.

24. Interview with Judi Bari, April 25, 1995, and Sachtleben interview, April 30, 2001.

25. Interview with Bob Taylor, October 22, 1997.

26. Sentencing Memorandum, Exhibits 37, 48.

27. Foster, "The Fictions of Ted Kaczynski", p. 17; and Serge F. Kovaleski, "Kaczynski's Letters Reveal Tormented Mind", *Washington Post*, January 20, 1997.

28. Quoted in Foster, "The Fictions of Ted Kaczynski", p. 17.

5장

1. Turchie Affidavit.

2. Ibid.; Corey, "On the Unabomber", p. 157.

3. "FC" to Tom Tyler, mailed June 24, 1995, received June 30, 1995, see Douglas and Olshaker, *Unabomber*, pp. 189-190. See also Turchie affidavit; and *San Francisco Chronicle*, July 4, 1995.

4. Author's files. Letter has also appeared from time to time in various redacted forms on the Internet. See also Turchie Affidavit.

5. "Industrial Society and Its Future", A Supplement to the *Washington Post*, September 19, 1995; Cynthia Hubert, "Treatise May be Unabomber's Undoing", *Sacramento Bee*, September 20, 1995.

6. by "FC." (Note: Kaczynski has never admitted to being FC. But by convicting him of FC's crimes, the court has determined that he is.) Theodore John Kaczynski, "Industrial Society and Its Future" (cited hereafter as Manifesto), paragraph 1, reproduced in Turchie Affidavit, Attachment 2.

7. Marc Fisher, "The Terrorist Tract That's Hot Reading", *Washington Post*, September 23, 1995.

8. Cynthia Hubert and Kate Rix, "Notorious Unabomber Draws Fascination—Even Fans", *Sacramento Bee*, July 11, 1996.

9. Robert Wright, "The Evolution of Despair", *Time* magazine, August 28, 1995.

10. Quoted in Marcus, "Rebels Against the Future", book review, June 10, 1996.

11. Cynthia Hubert, "Scientists: Unabomber Lacks Formal Schooling", *Sacramento Bee*, August 4, 1995.

12. Ibid.

13. Ibid.

14. Grant Buckler, "Unabomber Manifesto Draws Limited Comment Online", Newsbyte News Network, October 24, 1995, and Marc Fisher of *Washington Post*, "Manifesto Strikes Chord with Many Readers", in *Arizona Republic*, September 24, 1995.

15. Snow, "Unabomber 'Gores' Technology."

16. "Ecologists Tell Unabomber to Get Lost", *Washington Times*, July 9, 1995.

17. Tony Fremantle, "Arrest Thrusts Private Man, Private Town into Limelight", *Houston Chronicle*, April 10, 1996.

18. Walt Wentz, "Unabomber May Be Crazy, but the Points Made in His Manifesto Aren't", *The Oregonian*, October 11, 1995.

19. Ellen Goodman, "The Kaczynski Conundrum", *Boston Globe*, January 8, 1998.

20. Maggie Scarf, "The Mind of the Unabomber", *The New Republic*, June 10, 1996.

21. Grant Buckler, Newsbyte News Network, October 24, 1995.

22. Wentz, "Unabomber May Be Crazy", *The Oregonian*, October 11, 1995.

23. Helen Cowcher, *Rainforest* (New York: Farrar, Straus & Giroux, 1988).

24. Melvin Schwartz and John O'Connor, *Exploring a Changing World* (Englewood Cliffs, NJ: Globe Book Co., 1993), p. 490.

25. G. Tyler Miller, *Environmental Science: Sustaining the Earth* (Belmont, CA: Wadsworth Publishing Co., 1986), p.278.

26. Barry Commoner, *The Closing Circle* (New York: Knopf, 1971), p. 175.

27. E. F. Schumacher, *Small Is Beautiful: Economics As If People Mattered* (New York: Harper & Row, 1973), p. 155.

28. Fritjof Capra, *The Turning Point* (New York: Bantam Books, 1982), p. 218.

29. Bill Devall and George Sessions, *Deep Ecology* (Salt Lake City: Gibbs M. Smith, 1985), p. 48.

30. Kirkpatrick Sale, *Dwellers in the Land: The Bioregional Vision* (San Francisco: Sierra Club Books, 1985), pp. 20–21.

31. Arne Naess, *Ecology, Community and Lifestyle*, trans. and ed. David Rothenberg (New York: Cambridge University Press, 1989), p. 23.

32. Bill McKibben, *The End of Nature* (New York: Random House, 1989), pp. 186, 190, 204.

33. Jacques Ellul, *The Technological Society*, trans. John Wilkenson (New York: Knopf, 1964, French edn. publ. 1954).

34. T. J. Kaczynski's comments on Johnson Report, unpublished.

35. Scott Corey, "On the Unabomber", *Telos*, 118 (Winter 2000). See also Tim

Luke, "Re-Reading the Unabomber Manifesto", *Telos*, 107(Spring 1996).

36. Jacques Ellul, *Autopsy of Revolution*(New York: Knopf, 1965); Jacques El-
    lul, *Propaganda*, trans. Konrad Kellen and Jean Lerner(New York: Vintage
    Books, 1965); and Ellul, *The Ethics of Freedom*, trans. and ed. Geoffrey W.
    Bromiley(Grand Rapids, MI: William B. Eerdmans Publishing Company, 1976).

37. Corey, "On the Unabomber", p. 169.

38. Manifesto, paragraph 183.

39. Sentencing Memorandum, Exhibit 10.

40. Arthur O. Lovejoy and George Boas, *Primitivism and Related Ideas in
    Antiquity*(Baltimore: Johns Hopkins University Press, 1935), pp. 1, 11.

41. Ibid., pp. 1-7, 11ff.

42. Ibid., p. ix.

43. Ibid.

44. Leopold Kohr, *The Breakdown of Nations*(New York: Rinehart, 1957).

45. Interviews with John Papworth, Leopold Kohr, and Edward Goldsmith,
    November 1989.

46. For a full discussion of federal policies on "recreating the primitive
    scene", "restoring late-successional conditions", and "restoring pre-Co-
    lumbian conditions", see my books *Playing God in Yellowstone*(New
    York: Atlantic Monthly Press, 1986) and *In a Dark Wood*.

6장

1. Wallace Stegner, letter to Outdoor Recreation Resources Review Com-
   mission, December 3, 1960. Reprinted as "The Wilderness Idea", which
   appeared in *The Sound Of Mountain Water*(New York: Doubleday, 1969).

2. Sachtleben interview, April 30, 2001; Turchie interview, May 30, 2001. See
   also Candice DeLong, *Special Agent*(New York: Hyperion Books, 2001), pp.
   252ff.

3. Turchie Affidavit.

4. Kaczynski, unpublished autobiography, "Truth vs. Lies." Author's copy.

5. Ibid. See also FBI interview with David Kaczynski, February 24-25, 1996.

6. "Truth vs. Lies", Bill of sale for 1.4 acres more or less from Clifford D.

Gehring, Sr., to Theodore J. Kaczynski and David R. Kaczynski, brothers, dated June 19, 1971.

7. Ibid.

8. Richard Lacayo, "A Tale of Two Brothers", *Time* magazine, April 22, 1996.

9. Kaczynski, "Truth vs. Lies."

10. David Johnston and Janny Scott, "The Tortured Genius of Theodore Kaczynski", Promise to the Unabom Suspect", *New York Times*, May 26, 1996; "How David Kaczynski Came to Realize Brother Might Be Unabomber", Scripps-Howard News Service, April 10, 1996.

11. FBI interview with David Kaczynski, February 18, 1996.

12. "Blood Bond", *People* magazine, August 10, 1998.

13. Johnston and Scott, "The Tortured Genius of Theodore Kaczynski", *New York Times*, May 26, 1996.

14. "How David Kaczynski Came to Realize Brother Might Be Unabomber", Scripps-Howard.

15. FBI interview with David Kaczynski, February 24-25, 1996.

16. Ibid.

17. Turchie Affidavit; Graysmith, *Unabomber*, p. 367.

18. Ibid.

19. David Kaczynski to Mike Wallace, CBS, *60 Minutes*, September 15, 1996.

20. "Documents Portray Kaczynski's Troubled Relations With Family", Associated Press, November 3, 1997, taken from court documents. See also Graysmith, *Unabomber*, p. 365.

21. Interview with Anthony Bisceglie, October 10, 1997.

22. Cited in FBI interview with David Kaczynski, February 24-25, 1996.

23. Bisceglie interview, October 10, 1997; "How David Kaczynski Came to Realize Brother Might Be Unabomber", Scripps-Howard.

24. Tony Bisceglie letter to Milly Flynn, FBI, February 12, 1996.

25. Wanda Kaczynski on *60 Minutes*, September 15, 1996.

26. Ellen Beckor and Tom McPheeters, "A Tale of Intuition and Trust", *Journal of Family Life*, vol. 4, no. 3, 1998, pp. 7-13.

27. DeLong, *Secret Agent*, and Sachtleben and Turchie interviews.

28. Search Warrant, Attachment B, "Items to be Seized", April 15, 1996.

29. Ibid.

30. Ibid.

31. Sentencing Memorandum, Exhibit 18.

32. Theodore John Kaczynski, Warrant for Arrest, April 4, 1996.(Note: Warrant was filed the day after Kaczynski was apprehended.)

33. Len Iwanski, "Unabomber", *Independent Record*(Helena), April 4, 1996.

34. Brett French, "University Students Snap Photos of a Lifetime", *Independent Record*, April 5, 1996. Interview with Todd Fisher, former owner of the *Blackfoot Valley Dispatch*, May 21, 1997.

7장

1. "Hanging Tree", unsigned, *Independent Record*, October 24, 1996.

2. Fisher interview, May 21, 1997; Sidney Godolphin interview, March 4, 1998.

3. Nicholas K. Geranios, "Helena's Most Famous Prisoner", *Independent Record*, April 6, 1996.

4. Ibid.

5. Cynthia Hubert, "When Unabomb Probe Arrived, Few Asked Questions", *Sacramento Bee*, April 15, 1996.

6. Parick Hoge, "Rural Acquaintances Say Kaczynski Attracted Little Notice", *Sacramento Bee*, April 5, 1996.

7. Kaczynski, "Truth vs. Lies."

8. *Time* magazine, April 15, 1996.

9. Interview with Teresa Garland, May 22, 1997.

10. Interview with Irene Preston, May 22, 1997.

11. See Chris Waits and Dave Shorts, *Unabomber: The Secret Life of Ted Kaczynski*(Missoula, MT: Independent Record, 1999).

12. Interviews with Mary Spurlin and Sherri Wood, May 22, 1997.

13. Quentin Hardy, "Ted Kaczynski Sat Here, in the Library Sherri Wood Runs", *Wall Street Journal*, August 12, 1997.

14. Richard Perez Pena, "Unabomb Suspect: A Quiet Loner Whom Few Noticed", *New York Times*, April 4, 1996.

15. Patrick Hoge, "Rural Acquaintances Say Kaczynski Attracted Little No-

tice."

16. *Time* magazine, April 15, 1996.

17. *Newsweek*, April 22, 1996.

8장

1. Rich Harris of Associated Press, chairman of the Unabom Committee of Media Organizations, from letter, "Dear Fellow Journalist", September 23, 1997.

2. Unabom Trial Media Group, "General Guidelines for Credentials."

3. Official Trial Transcript of proceedings, *United States vs. Kaczynski*, January 5, 1998, 8:02 a.m., *In Camera, ex Parte* contacts with Defendant.

4. Cynthia Hubert and Denny Walsh, "Kaczynski Derails Start of Trial", *Sacramento Bee*, January 6, 1998; William Glaberson, "Disrupting Unabomber Trial—but to What End?" *New York Times*, January 11, 1998; Cynthia Hubert and Denny Walsh, "Is Kaczynski Manipulating Legal System? Experts Disagree", *Sacramento Bee*, January 11, 1998.

5. Indictment by U.S. Attorney Robert Steven Lapham, June 18, 1996; Cynthia Hubert and Denny Walsh, "Kaczynski Accused of Four Blasts", *Sacramento Bee*, June 19, 1996.

6. Cynthia Hubert, "Alleged Unabomber Arrives a Day Early", *Sacramento Bee*, June 24, 1996.

7. Howard Mintz, "'Complete Lawyer' in Kaczynski's Corner", *The Recorder*, June 18, 1996.

8. Howard Mintz, "NACDL President-Elect to Join Kaczynski Defense", *The Recorder*, July 16, 1996.

9. Notice of Motion to Suppress Evidence and Memorandum of Points and Authorities in Support of Defendant's Motion to Suppress, *United States vs. Kaczynski*, CR-D-96-0259 GEB(E.E. filed March 3, 1997). See also Michael Mello, *The United States vs. Theodore John Kaczynski*(New York: Context Books, 1999).

10. Quoted from Circuit Judge Stephen Reinhardt's dissenting opinion, Theodore J. Kaczynski appeal, filed February 12, 2001, p. 1887.

11. Ibid., p. 1889.

12. Serge F. Kovaleski, "Kaczynski Letters Reveal Tormented Mind", *Washington Post*, January 20, 1997.

13. Kaczynski, "Truth vs. Lies."

14. Stephen Chapman, "Needed by Needless Unabomber Trial", *Washington Times*, January 15, 1998; Michael J. Sniffen, "Opposition Grows to Death Penalty in Unabomber Trial", Associated Press, January 15, 1998.

15. Finnegan, "On the Unabomber", and Mello, *United States vs. Theodore John Kaczynski*, p. 52.

16. Scharlotte Holdman, e-mail to the author, October 9, 2000.

17. Sally C. Johnson, psychiatric competency report.

18. Declaration of Xavier F. Amador, Ph.D., November 16, 1997. See also Finnegan, "On the Unabomber", p. 55.

19. Declaration of Karen Bronk Froming, Ph.D., November 17, 1997.

20. Declarations of David Vernon Foster, M.D., November 12 and 17, 1997.

21. Finnegan, "On the Unabomber", p. 54.

22. Linda Deutsch, "Cabin Could Be Key in Kaczynski Defense", *Sacramento Bee*, November 10, 1997; Linda Deutsch, "Kaczynski Cabin to Be Trucked to Capital", *Sacramento Bee*, December 1, 1997; Linda Deutsch, "Kaczynski Cabin Arrives", *Sacramento Bee*, December 5, 1997.

23. Prosecution exhibit submitted into evidence, November 18, 1997.

24. Leslie Bennetts, "Wired at Heart", *Vanity Fair* (November 1997).

25. Trial transcript, January 7, 1998, Document 470.

26. Interview with Phillip J. Resnick, April 16, 1998.

27. Memorandum from John T. Kenny, Ph.D., ABPP, Neuropsychologist, to Ms. Kathleen Puckett, re. "Analysis of Neuropsychological Testing on Theodore J. Kaczynski", December 29, 1997.

28. Defense brief filed November 12, 1997, p. 9.

29. Declaration of Park Elliott Dietz, M.D., November 19, 1997.

30. Declaration of Phillip J. Resnick, M.D., November 19, 1997.

31. Theodore J. Kaczynski to Judge Garland E. Burrell, Jr., December 1, 1997, postscript dated December 17, 1997.

32. Bisceglie interview, October 10, 1997.

33. Kaczynski, "Truth vs. Lies."

34. Kenny to Puckett memorandum, December 29, 1997.

35. ABC Television, "The Unabomber: An Unprecedented Look at the Serial Killer", *20/20*, May 4, 1998.

36. "Case of Lawful", TAT. Group IV⟨ LAWFUL('62). "Blind" scoring of Ted Kaczynski's TAT answers given during the Harvard Murray Study, with notation from T. J. Kaczynski attached: "according to a note that Quin Denvir gave me on April 30, 1998, the blind scoring was done by Professor Bertram Karon of Michigan State University."

37. Linda Deutsch, "Kaczynski a No-Show as Jury Selection Continues", Associated Press, November 26, 1997; trial transcript for November 25, 1997.

38. Theodore John Kaczynski Appeal, filed with the Ninth Circuit Court, December 22, 1999.

39. Theodore J. Kaczynski to Judge Garland E. Burrell, Jr., December 1, 1997, postscript dated December 17, 1997.

40. Ibid.

41. Kaczynski Appeal, December 22, 1999.

42. Robert Cleary letter to the court, December 24, 1997, Docket 446; Denny Walsh, "Kaczynski Cites Defense Concerns: Unhappy with Team's Actions", *Sacramento Bee*, December 27, 1997.

43. Court transcript, January 8, 1998.

44. Ibid.

45. Johnson, Psychiatric Competency Report.

46. William Glaberson, "Lawyers for Kaczynski Agree He Is Competant to Stand Trial", *New York Times*, January 21, 1998.

47. Cynthia Hubert and Denny Walsh, "Kaczynski Competent, Doctor Says", *Sacramento Bee*, January 21, 1998.

48. "Kaczynski Diagnosed Fit to Stand Trial", Associated Press, January 21, 1998.

49. William Booth, "Kaczynski Pleads in Bombings", *Washington Post*, January 23, 1998.

50. Tamela Edwards, "Crazy Is as Crazy Does", *Time* magazine, February 2, 1998.

51. Editorial, "Justice in the Unabomber Case", *New York Times*, January 23, 1998.

52. Finnegan, "On the Unabomber", p. 62.

53. Mello, *United States vs. Theodore John Kaczynski*, p. 116.

54. Thomas Szasz, interview with the author. Quote from "The Unapatient Manifesto", *Liberty*, vol. 11, no. 4(March 1998), p. 9.

55. Mello, *United States vs. Theodore John Kaczynski*, p. 112.

56. Finnegan, "On the Unabomber", p. 60.

57. Trial transcript, January 22, 1998.

58. Ted Kaczynski, letter to the editor, *Live Wild or Die!* no. 7(Spring 1998).

59. "Kaczynski Pleads Guilty to Blasts", Associated Press, January 23, 1998; Cynthia Hubert and Denny Walsh, "Kaczynski Pleads Guilty to Blasts: Unabomber Will Spend Rest of His Life Behind Bars", *Sacramento Bee*, January 23, 1998.

60. Sentencing Memorandum, May 4, 1998.

61. Associated Press, "Widow Wants Unabomber Proof Released", *Las Vegas Review Journal*, January 25, 1998.

62. David Kaczynski, letter to the author, August 25, 1997.

63. Mello, *United States vs. Theodore John Kaczynski*, p. 46.

64. Corey, "On the Unabomber", p. 179.

9장

1. Interview with Howard Finkle, July 13, 1998. See also Robert D. McFadden, "From a Child of Promise to Unabomb Suspect", *New York Times*, May 26, 1996.

2. Interview with Paul Carlston, July 12, 1998.

3. Carlston interview, July 12, 1998; also interviews with Ralph Meister, March 19, 2000; Mike Conklin, July 15, 1998; and David Radl, March 25, 2001.

4. Lewis Mumford, *The Condition of Man*(New York: Harcourt, Brace, 1944), p. 394.

5. H. G. Wells, *Mind at the End of its Tether*(London: Heinemann, 1945), p. 1.

6. Interviews with Carlston, Meister, Radl, and Conklin.

7. Erich Fromm, *Escape from Freedom* (New York: Rinehart, 1941), p. 265.

8. CBS, *60 Minutes*, September 15, 1996.

9. Serge F. Kovaleski and Lorraine Adams, "A Stranger in the Family Picture", *Washington Post*, June 16, 1996.

10. CBS, *60 Minutes*, September 15, 1996.

11. Kovaleski and Adams, "A Stranger in the Family Picture."

12. Kaczynski, "Truth vs. Lies."

13. Ibid.

14. Kovaleski and Adams, "A Stranger in the Family Picture."

15. Kaczynski, "Truth vs. Lies."

16. Ibid.

17. Ibid.; also various interviews.

18. Kaczynski, "Truth vs. Lies."

19. Ibid.

20. Ibid.

21. Ibid.; and Kovaleski and Adams, "A Stranger in the Family Picture."

22. Kaczynski, "Truth vs. Lies."

23. Carlston interview, July 12, 1998.

10장

1. Finkle interview.

2. Kaczynski, "Truth vs. Lies."

3. Carlston interview, July 12, 1998.

4. William Manchester, *The Glory and the Dream* (Boston: Little, Brown, 1974), p. 576.

5. William Strauss and Neil Howe, *Generations* (New York: Morrow, 1991), p. 286.

6. Gail Sheehy, *New Passages* (New York: Ballantine Books, 1995), p.29.

7. Quoted in Strauss and Howe, *Generations*, p. 286.

8. Interviews with Eugene Howard, and Finkle, and with Spencer Gilmore, July 7, 1998. See also Evergreen Park Community High School *Student Handbook* (1958 and 1955), and dedication brochure (1955).

9. Interview with Paul Jenkins, November 20, 1997. For a sense of the

school's emphasis on scholarship, see Lois Skillen and Eugene Howard, "Community Support for a Scholarship Program", *The School Executive*, vol. 79, no. 4 (December 1959).

10. Eugene R. Howard, "There May Be No Fair Play in American Rigged Schools", *Changing Schools*, vol. 17, no. 1 (Winter 1989), p. 3.

11. Goodman, *Growing Up Absurd*, pp. ix, 10, 24, 34, 241.

12. Evergreen Park Community High School, "What will High School be like?", *Student Handbook* (1958).

13. Interview with Lois Skillen, April 5, 2000, and Jenkins interview, November 20, 1997.

14. Kaczynski, "Truth vs. Lies."

15. Ibid.

16. Lisa Black and Steve Mills, "Kacyznski's Past", *Chicago Tribune*, April 14, 1996.

17. Richard Cole, "Kaczynski's Spiral—Boy Genius to '60s Wallflower to Embittered Hermit", Associated Press, April 21, 1996.

18. Barry Witt, "Schoolmate's 'Funny Feeling,'" *San Jose Mercury News*, April 17, 1996.

19. Robert D. McFadden, "From a Child of Promise to the Unabomb Suspect."

20. Lisa Black and Steve Mills, *Chicago Tribune*, April 16, 1996.

21. Interview with Russell Mosny, July 7, 1998.

22. Jenkins interview, November 20, 1997.

23. Interview with James Oberto, July 12, 1998.

24. Interview with Robert Rippey, July 7, 1998.

25. Interview with Philip Pemberton, July 7, 1998.

26. Quote from Kaczynski, "Truth vs. Lies", confirmed by Skillen interview, April 5, 2000.

27. Oberto interview, July 12, 1998.

28. Johnson, Psychiatric Competency Report.

29. Mosny interview, July 7, 1998.

30. Oberto interview, July 12, 1998.

11장

1. Interview with Francis Murphy, September 2, 1998.

2. Interview with Michael Stucki, September 2, 1998.

3. Murphy interview, September 2, 1998.

4. Kaczynski, "Truth vs. Lies."

5. Ibid.

6. Gerald Burns, letter to the editor, *Fifth Estate*, vol. 32, no. 2(Fall 1997).

7. Kaczynski, "Truth vs. Lies." School records of Theodore John Kaczynski, Harvard University, p. 45.

8. See Alston Chase, "The Rise and Fall of General Education", *Academic Questions*, vol. 6, no. 2(Spring 1993); Frederick Rudolph, *Curriculum*(San Francisco: Jossey-Bass, 1977); Daniel Bell, *The Reforming of General Education*(New York: Columbia University Press, 1966); and Gerald Grant and David Riesman, *The Perpetual Dream*(Chicago: University of Chicago Press, 1978).

9. Dennison University *Bulletin*(1947-1948); University of Minnesota Committee on General Education, Report to the Dean of the College of Science, Literature and the Arts; and Gail Kennedy, *Education at Amherst*(New York: Harper & Row, 1955).

10. The President's Commission on Higher Education, *Higher Education for American Democracy: A Report of the President's Commission on Higher Education*(New York: Harper & Row, 1947), pp. 42-49.

11. Harvard Committee, *General Education in a Free Society*(Cambridge, MA: Harvard University Press, 1945), pp. viii-ix.

12. Rudolph, *Curriculum*, pp. 259-261.

13. See Bell, *The Reforming of General Education*, and Chase, "The Rise and Fall of General Education."

14. Rudolph, *Curriculum*, p. 257.

12장

1. Stephane Courtois et al., eds., *Black Book of Communism: Crimes, Terror, Repression*, trans. Jonathan Murphy and Mark Kramer(Cambridge, MA: Harvard University Press, 1999); Gerhard L. Weinberg, *A World at Arms: A Global*

History of World War II(New York: Cambridge University Press, 1994). For the official account of the Dresden bombing, see USAF Historical Division, Air University, "Historical Analysis of the 14–15 February 1945 Bombings of Dresden", available at: www.airforcehistory.hq.af.mil/PopTopcis/dresden.htm.

2. G. M. Trevelyan, *English Social History*(New York: Longmans, Green and Co., 1942), p. viii.

3. Cardinal John Henry Newman, *The Idea of a University*(New Haven, CT: Yale University Press, 1996), discourse 7, section 5.

4. Robert Maynard Hutchins, *The Higher Learning in America*(New Haven: Yale University Press, 1936) p. 67.

5. Plato, *The Republic*, trans. F. M. Cornford(Oxford: Oxford University Press, 1945), p. 215.

6. Aristotle, *The Nichomachean Ethics*, trans. H. Rackham(Cambridge, MA: Harvard University Press, 1947), p. 33.

7. See Heinrich A. Rommen, *Natural Law*(St. Louis: Herder Books, 1947); A. P. d'Entreves, *Natural Law*(London: Hutchinson University Library, 1961); and Otto Gierke, *Natural Law and the Theory of Society, 1500 to 1800*(Boston: Beacon Press, 1960).

8. Rudolph, *Curriculum*, p. 30.

9. Samuel Eliot Morison, *The Founding of Harvard College*(Cambridge, MA: Harvard University Press, 1935, pp. 12–17.

10. Francis Lord Bacon, "Of the Proficience and Advancement of Learning, Divine and Moral", in *The Works of Lord Bacon*(London: William Ball, 1837), p. 2.

11. Laurence Sterne, *Life and Opinions of Tristram Shandy, Gentleman*(New York: Knopf, 1991), book II, chap. 3.

12. See Johann Wolfgang von Goethe, *Faust*, parts One and Two, trans. George Madison Priest(New York: Knopf, 1959).

13. Jan Morris, ed., *The Oxford Book of Oxford*(Oxford: Oxford University Press, 1978), p. 78, "Laud's Code: Divine Truth."

14. "The Laws Liberties and order of Harvard College Confirmed by the Overseers and President of the College in the Years 1642, 1643, 1644,

1645, and 1646. And Published to the Scholars for the Perpetual Preservation of their Welfare and Government", in Samuel Eliot Morison, *The Founding of Harvard College*, pp. 333-337; See also Richard Hofstadter and Wilson Smith, eds., *American Higher Education: A Documentary History*(Chicago: University of Chicago Press, 1961).

15. Alasdair MacIntyre, *After Virtue*(South Bend, IN: University of Notre Dame Press, 1981), p. 48.

16. Oswald Spengler, *The Decline of the West*(New York: Knopf, 1926).

17. Karl, *Readers Guide*, p. 138.

18. Joseph Conrad, *Heart of Darkness*, in Dauwen Zabel Morton, ed., *The Portable Conrad*(New York: Viking, 1969), p. 561.

19. Wilson, *The Outsider*, p. 19.

20. Wells, *Mind at the End of its Tether*, pp. 4-5.

21. G. E. Moore, *Principia Ethica*(Cambridge: Cambridge University Press, 1903), p. 9.

22. Rudolf Carnap, *Philosophy and Logical Syntax*(London: Kegan Paul, 1935). See also A. J. Ayer, ed. *Logical Positivism*(Glencoe, IL: Free Press, 1959), pp. 3-9.

23. Thomas Mann, *Dr. Faustus*, trans. H. T. LowePorter(New York: Knopf, 1948), p. 394.

24. Derek Bok, "The President's Report", Harvard University, 1976-1977, reprinted in *Harvard Magazine*(May-June 1978).

25. Rudolph, *Curriculum*, p. 262.

26. Chesterton, *Orthodoxy*, p. 21.

13장

1. Henry Rosovsky, Dean of the Faculty, Harvard University, "The Report of The Task Force on College Life", October 1976.

2. Kaczynski, "Truth vs. Lies."

3. Sigmund Freud, *The Future of an Illusion*, trans. W. D. Robson-Scott(New York: Liveright, 1953), p. 84.

4. Karl Marx, *Capital*, trans. from the 4th German edn. by Eden and Cedar

Paul(New York: E. P. Dutton, 1957), vol. 1, p. 424.

5. Albert Camus, *The Myth of Sisyphus*, trans. Justin O'Brien(New York: Vintage Books, 1961), p. 23.

6. Jean-Paul Sartre, *Being and Nothingness*, trans. Hazel E. Barnes(New York: Philosophical Library, 1956), pp. 555-556.

7. Thorstein Veblen, *The Place of Science in Modern Civilization*(New Brunswick, NJ: Transaction Publishers, 1990), p. 30. See also Veblen, *The Engineers and the Price System*(New York: August M. Kelly, 1965); Veblen, "Pecuniary Canons of Taste", from *The Theory of the Leisure Class*(London: Allen & Unwin, 1949), reprinted in Louis G. Locke, William M. Gibson, and George Arms, eds., *Toward Liberal Education*(New York: Rinehart, 1953), pp. 533-544.

8. Erich Fromm, "The Illusion of Individuality", a selection from Fromm's *Escape from Freedom* reprinted in *Toward Liberal Education*, p. 551.

9. Norbert Wiener, "The First and Second Industrial Revolution", a selection from Wiener's *The Human Use of Human Beings*(New York: Houghton Mifflin, 1950), reprinted in *Toward Liberal Education*, p. 640.

10. Norman Cousins, "Modern Man Is Obsolete", originally published in the *Saturday Review of Literature*; reprinted in *Toward Liberal Education*, pp. 641-642.

11. Oswald Spengler, *Man and Technics*(New York, Knopf, 1932), p. 105.

12. Fyodor Dostoevsky, *Notes from Underground*, trans. C. J. Hogarth(New York: E. P. Dutton, 1953), pp. 1, 12.

13. Fyodor Dostoevsky, *Crime and Punishment*, trans. Constance Garnett(New York: Bantam Books, 1971), p. 238.

14. Mumford, *The Conduct of Life*, p. 181.

15. Mumford, "Looking Forward", a selection from Ruth Nana Anshen, ed., *Science and Man*(New York: Harcourt Brace, 1942), reprinted in *Toward Liberal Education*, pp. 480-488.

16. Lewis Mumford, *The Condition of Man*(New York: Harcourt, Brace, 1944), pp. 391, 395.

17. Eugene O'Neill, *Complete Plays, 1920-1931*(New York: Library of America, 1988), pp. 821-885.

14장

1. Interview with Patrick McIntosh, April 11, 1997.

2. "Harvard Class of 1962 10th Anniversary Report", and McIntosh interview.

3. ABC Television, "The Unabomber: An Unprecedented Look at the Serial Killer." *20/20*, May 4, 1998.

4. Tom Morganthau, "Probing the Mind of a Killer", *Newsweek*, April 15, 1996.

5. Johnston and Scott, "The Tortured Genius of Theodore Kaczynski", *New York Times*, May 26, 1996.

6. Susan Sword and Kevin Fagan, "The Solitude and the Fury", *San Francisco Chronicle*, April 12, 1996.

7. Interview with Keith Martin, May 6, 1997.

8. Interview with Professor Andrew Gleason, June 29, 1998.

9. Quoted in Kaczynski, "Truth vs. Lies", and confirmed by Gleason.

10. Interviews with Napoleon Williams, October 10, 2000.

11. David Riesman, *The Lonely Crowd*(New Haven: Yale University Press, 1953), p. 280.

12. Interview with Robert Crosman, January 23, 2001.

13. Robert Crosman, "Innocent Bystander: An Autobiografiction", chap. 3, "Letters Home", unpublished MS.

14. William G. Perry, Jr., *Forms of Intellectual and Ethical Development in College Years*(Cambridge, MA: Bureau of Study Counsel, Harvard University, 1968) pp. 103, 244-246, 283, 289-290.

15. Calvin Trillin, *Remembering Denny*(New York: Time Warner Books, 1993) pp. 7-8.

16. Jeff Baker, "Gerald F. Burns, Poet, Dies at Age 58", *The Oregonian*, July 24, 1997.

17. Gerald Burns, letter to the editor, *Fifth Estate*, vol. 32, no. 2(Fall 1997).

18. Interviews with Carmel High School classmates at the school's class of 1953 forty-fifth reunion, October 2-4, 1998.

19. "Carmel Man Listed as Missing Person", *Monterey Herald*, October 15, 1991.

20. Harvard College class of 1962, *Thirty-fifth Anniversary Report*(1997).

21. Williams interview, October 10, 2000.

15장

1. Consent Form, H. A. Murray, "Multiform Assessments of Personality Development Among Gifted College Men, 1941-1962."

2. H. A. Murray, "Brief Summary of Baleen Researches, 1959-1961", Harvard Archives. See also Murray, "Research Plan", Application for Research Grant, National Institute of Mental Health, Grant No. M-1287, September 1, 1959-August 31, 1960.

3. Alden E. Wessman interview, April 2, 2000.

4. Kenneth Keniston, *The Uncommitted*: *Alienated Youth in American Society*(New York: Dell Publishing, 1965), pp. 69, 72, 79, 95, 101, 125, 185, 193, 213-214, 423.

5. Murray, "Progress Report", Grant No. 1287, October 1958, Harvard Archives; Murray, "Brief Summary of Baleen Researches, 1959-1961"; Murray, "Research Plan", M-1287; Murray, "Studies of Stressful Interpersonal Disputations", *American Psychologist*, vol. 18, no. 1 (January 1963).

6. H. A. Murray, "Progress Report", Research Grant No. M-1287, October 1958, Harvard Archives.

7. Forrest Robinson, *Love's Story Told*: *A Life of Henry A. Murray*(Cambridge, MA: Harvard University Press, 1992), pp. 337-338.

8. Keniston, *The Uncommitted*, p. 15.

9. Interview with Alden E. Wessman, April 2, 2000.

10. See Jonathan D. Moreno, *Undue Risk*: *Secret State Experiments on Humans*(New York: Routledge, 2001).

11. *Final Report of the President's Advisory Committee on Human Radiation Experiments*(New York: Oxford University Press, 1996), pp. 89-91.

12. See Arthur G. Miller, *The Obedience Experiments*(New York: Praeger, 1986).

13. Murray, "Research Plan", M-1287.

14. Interviews with Keniston, February 25, March 26, and April 14, 2000.

15. H. A. Murray, "Notes on Dyadic Research(Tertiary Spout No. 7)", March 16,

1959.

16. Murray, "Notes on Dyadic Research", March 16, 1959, Harvard Archives.

17. H. A. Murray, "Brief Summary of Baleen Research", January 18, 1960, Harvard Archives.

18. Transcript of interview conducted by Forrest G. Robinson, Harvard Archives.

19. "Notes on Dyadic Research", March 16, 1959.

20. Forrest Robinson interview with Leopold Bellak, Harvard Archives.

21. Robinson, *Love's Story Told*, p. 245.

16장

1. Henry A. Murray et al., *Explorations in Personality*(New York: Oxford University Press, 1938). See also Edwin S. Shneidman, ed., *Endeavors in Psychology: Selections from the Personology of Henry A. Murray*(New York: Harper & Row, 1981); Eugene Taylor, "What Is Man, Psychologist, That Thou Art Unmindful of Him?': Henry A. Murray and the Historical Relation Between Classical Personality Theory and Humanistic Psychology", *Journal of Humanistic Psychology*, vol. 40, no 3(Summer 2000).

2. C. D. Morgan and H. A. Murray, "A Method of Investigating Fantasies: The Thematic Apperception Test", *Archives of Neurology and Psychiatry*, 34(1935), pp. 289–306. See also Christiana D. Morgan, "Thematic Apperception Test", in Murray et al., *Explorations in Personality*.

3. H. A. Murray and Morris Stein, "Note on the Selection of Combat Officers", *Psychosomatic Medicine*, vol. V, no. 4(October 1943).

4. Shneidman interview, October 1, 2001.

5. Claire Douglas, *Translate This Darkness: The Life of Christiana Morgan, the Veiled Woman in Jung's Circle*(Princeton: Princeton University Press, 1933).

6. Frank Barron, *No Rootless Flower*(Cresskill, NJ: Hampton Press, 1995), p. 19.

7. Robinson interview with David McClelland, June 18, 1970, Murray Papers, Harvard Archives.

8. Robinson, *Love's Story Told*, p. 287.

9. Interview with Henry Riecken March 25, 2001.

10. Robinson, *Love's Story Told*, p. viii.

11. Barron, *No Rootless Flower*, p. 199.

12. Christiana Morgan, Notebook, Cambridge, England, February 1925, Harvard Archives, cited in Claire Douglas, *Translate This Darkness*, p. 133.

13. Douglas, *Translate This Darkness*, p. 187.

14. Ibid., pp. 138–139.

15. Ibid., pp. 193, 204.

16. Robinson, *Love's Story Told*, p. 176.

17. Christiana Morgan, Chronological and Topical File, Murray Papers, Harvard Archives.

18. Robinson, *Love's Story Told*, p. 253.

19. Douglas, *Translate This Darkness*, p. 261.

20. Excerpted in Christiana Morgan, "Annuesta Notes", December 12, 1936, Murray Papers, Harvard Archives.

21. Robinson, *Love's Story Told*, p. 258; Murray Papers, Harvard Archives.

22. See Robinson, *Love's Story Told*, pp. 256–258; and Douglas, *Translate This Darkness*, pp. 222–227.

23. Forrest Robinson interview with Ina May Greer, June 27, 1970, Murray Papers, Harvard Archives.

24. Forrest Robinson interview with Carl Binger, April 15 and 18, 1970, Murray Papers, Harvard Archives.

25. Douglas, *Translate This Darkness*, p. 287.

26. Forrest Robinson interview with H. A. Murray, August 18, 1970. See also "Prospect for Psychology: A vision of the future, as reconstructed after one encounter with the hallucinogenic drug psilocybin", *Science* (May 1962), and Douglas, *Translate This Darkness*, p. 288.

27. Douglas, *Translate This Darkness*, pp. 287–288, 299.

28. Robinson interviews, Murray Papers, Harvard Archives.

29. Forrest Robinson interview with Conrad Aiken, July 28, 1971. See also Douglas, *Translate This Darkness*, pp. 314–315.

30. Douglas, *Translate This Darnkess*, p. 315.

31. Untitled document dated February 3, 1988, Murray Papers, Harvard Archives.

32. Robinson, *Love's Story Told*, p. 5.

33. Forrest Robinson interview with Alvin Barach, July 2, 1970, Murray Papers, Harvard Archives.

17장

1. Interview with Ralph Blum, January 21, 2001.

2. Interview with Charlie Platt, January 23, 2001.

3. Interview with Kiji Morimoto, January 24, 2001; Blum and Platt interviews.

4. Interviews with Morimoto, Platt, and Blum; interview with Sean Sweeney, January 29, 2001.

5. Robert Worth Bingham, Jr., personal communication with author, September 1955 and *passim*.

6. For a complete discussion of this effort to transform America's "national character", see Ellen Herman, *The Romance of American Psychology: Political Culture in the Age of Experts* (Berkeley: University of California Press, 1995); Christopher Simpson, *Science of Coercion: Communication Research and Psychological Warfare, 1945–1960* (New York: Oxford University Press, 1994); and Brett Gary, *The Nervous Liberals: Propaganda Anxieties from World War I to the Cold War* (New York: Columbia University Press, 1999).

7. See Herman, *Romance of American Psychology*, p. 49; Robinson, Love's Story Told, p. 276.

8. Robinson, *Love's Story Told*, p. 176.

9. Margaret Mead, *And Keep Your Powder Dry: An Anthropologist Looks at America* (New York: Morrow, 1942), p. 261.

10. Quoted in Herman, *Romance of American Psychology*, p. 17.

11. Sigmund Freud, *Civilization and its Discontents*, trans. James Strachey (New York: W. W. Norton, 1961), p. 111.

12. Herman, *Romance of American Psychology*, p. 55.

13. Edward A. Purcell, Jr., *The Crisis in Democratic Theory* (Lexington, KY: Univ. of Kentucky Press, 1973).

14. Quoted in Simpson, *Science of Coercion*, p. 18.

15. Quoted in ibid., p. 17

16. Murray et al., *Explorations in Personality*, pp. 1, 34–35.

17. Quoted in Robinson, *Love's Story Told*, p. 287. See also Henry A. Murray, "Time for a Positive Morality", *Survey Graphic* (March 1947); and Henry A. Murray, "America's Mission", *Survey Graphic* (October 1948).

18. Murray, "Prospect for Psychology", p. 487.

19. See Herman, *Romance of American Psychology*, p. 84.

20. Sigmund Diamond, *Compromised Campus* (New York: Oxford University Press, 1992), p. 52. See also Robin Winks, *Cloak and Gown: Scholars in the Secret War, 1939–1961* (New Haven: Yale University Press, 1987).

21. Diamond, *Compromised Campus*, p. 52.

22. John Marks, *The Search for the "Manchurian Candidate"* (New York: W. W. Norton, 1979), p. 19.

23. Henry A. Murray et al., *Selection of Personnel for Clandestine Operations* (Laguna Hills, CA: Aegean Park Press, 1948), pp. 134–135. See also Henry A. Murray, "Assessment of OSS Personnel", *Journal of Consulting Psychology*, vol. X, no. 2 (1946); and Henry A. Murray and Morris Stein, "Note on the Selection of Combat Officers", *Psychosomatic Medicine*, vol. V, no. 4 (October 1943).

24. Robinson, *Love's Story Told*, p. 266.

25. Ibid., p. 283; "H. A. Murray, Theatre Service Record, 31 July 1945" and "OSS Notice of Alert and Call to Report to Aerial Post of Embarkation, 16 May 1945", CIA classified documents, released April 2000. See also Robinson interviews with Murray, Harvard Archives.

26. See letter, January 8, 1982, from Doug Bray, inviting Murray to make a contribution to the tenth annual International Congress on the Assessment Center Method, Harvard Archives.

27. Murray did not begin to use the term "Dyad" until after his work with the OSS during World War II.

28. Henry A. Murray, "Analysis of the Personality of Adolph [sic] Hitler with Predictions of His Future Behavior and Suggestions for Dealing with Him Now and After Germany's Surrender", October 1943, OSS Confidential (copy 24 of 30), National Archives.

29. Memorandum to [redacted], Subject: Malenkov Test Case, from [redacted],

dated March 26, 1953.

30. See Simpson, *Science of Coercion*, p. 52.

31. Herman, *Romance of American Psychology*, p. 126.

32. Christopher Simpson, ed., *Universities and Empire* (New York: New Press, 1998), p. 83.

33. Letter to Henry A. Murray from Whitney Young, security officer, HumR-RO, George Washington University Human Resources office, "Operating under Contract with the Department of the Army", March 26, 1953, Harvard Archives.

34. Simpson (ed.) quotes Henry A. Murray, Mark A. May, and Hadley Cantril, "Some Glimpses of Soviet Psychology", *American Psychologist*, vol. 14, no. 6 (June 1959), in ibid., pp. 303–307. See also John M. Crewdson and Joseph Treaster, "Worldwide Propaganda Network Built by CIA", *New York Times*, December 26, 1977, and Hadley Cantril, *The Human Dimension: Experiences in Policy Research* (New Brunswick, NJ: Rutgers University Press, 1967).

35. Rough Draft, Army Application, Renewal of Contract No. DA 49–007–MD–213, "Psychological and Pituitary–Adrenal Responses to Stress", March 23, 1956. See S. Richardson Hill et al., "Studies on Adrenocortical and Psychological Response to Stress in Men", *Archives of Internal Medicine*, 97 (1956); Henry M. Fox et al., "Adrenal Steroid Excretion Patterns in Eighteen Healthy Subjects", *Psychosomatic Medicine*, vol. 23, no. 1 (1960), and Henry M. Fox and Sanford Gifford, "Psychological Responses to ACTH and Cortisone", *Psychosomatic Medicine*, vol. 15, no. 6 (1953).

36. "Psychological and Pituitary–Adrenal Responses to Stress."

37. Fox et al., "Adrenal Steroid Excretion Patterns."

38. Loch Johnson, *America's Secret Power: The CIA in a Democratic Society* (New York: Oxford University Press, 1989), pp. 157–159.

39. Victor Marchetti and John D. Marks, *The CIA and the Cult of Intelligence* (New York: Knopf, 1974), pp. 58–59, 232–233.

40. Quoted in Simpson, *Science of Coercion*, p. 60.

41. Herman, *Romance of American Psychology*, p. 136.

42. "CIA Secret Financing of Private Groups Disclosed", *Congressional Quar-*

terly Almanac, February 24, 1967.

43. Internal memorandum, MKULTRA, July 9, 1958, John Marks Papers, National Security Archive, George Washington University.

44. Richard Norton Smith, *The Harvard Century*(Cambridge, MA: Harvard University Press, 1986), p. 219.

45. Diamond, *Compromised Campus*, p. 95.

46. See ibid., p. 109; and John Trumpbour, ed., *How Harvard Rules: Reason in the Service of Empire*(Boston: South End Press, 1989).

47. Diamond, *Compromised Campus*, p. 109.

48. Interview with Humphrey Doermann, September 23, 2001. See also James Reston, "CIA Aid on Campus", *New York Times*, February 15, 1967; and Stanley K. Scheinbaum, "The University on the Make", *Ramparts* magazine, April 4, 1966, pp. 11–22.

49. "Harvard Learns of CIA Help", *Boston Globe*, April 15, 1967.

18장

1. Martin A. Lee and Bruce Shlain, *Acid Dreams: The Complete Social History of LSD: The CIA, the Sixties, and Beyond*(New York: Grove Press, 1985), p. 21.

2. See Marks, *The Search for the "Manchurian Candidate"*, p. 6.

3. Ibid., pp. 3–5.

4. Ibid., p. 4. See also Lee and Shlain, *Acid Dreams*, pp. 12ff.

5. Lee and Shlain, *Acid Dreams*, pp. 5–6.

6. Ibid., p. 6. See also Linda Hunt, *Secret Agenda: The United States Government, Nazi Scientists, and Operation Paperclip, 1945 to 1990*(New York: St. Martin's Press, 1991); and Tom Bower, *The Paperclip Conspiracy: The Hunt for Nazi Scientists*(Boston: Little, Brown, 1987).

7. Hunt, *Secret Agenda*, pp. 88ff.

8. Ibid., pp. 166ff.

9. Marks, *The Search for the "Manchurian Candidate"*, pp. 56–57.

10. Ibid., p. 58.

11. Ibid., p. 31.

12. Ibid., p. 23.

13. Central Intelligence Agency, "Affiliated Notifications", Artichoke–MKUL-
TRA, undated, John Marks Papers, National Security Archive, George
Washington University.

14. Marks, *The Search For the "Manchurian Candidate"*, p. 134.

15. *Los Angeles Times*, Sidney Gottlieb obituary, April 4, 1999. See also Select
Committee to Study Governmental Operations, with Respect to Intel-
ligence Activities, U.S. Senate, *Intelligence Activities and the Rights of
Americans* (Washington, DC: Government Printing Office, 1976).

16. Lee and Shlain, *Acid Dreams*, pp. 19–20.

17. Marks, *The Search for the "Manchurian Candidate"*, pp. 66, 129.

18. Lee and Shlain, *Acid Dreams*, p. xxiii.

19. Memorandum for Director of Central Intelligence, "IG Report on Inspec-
tion of MKULTRA", July 26, 1963.

20. See Lee and Shlain, *Acid Dreams*; Harvey Weinstein, *A Father, a Son and
the CIA* (Toronto: James Lorimer & Co., 1988); and Gordon Thomas, *Journey
into Madness* (New York: Bantam Books, 1989).

21. Lee and Shlain, *Acid Dreams*, pp. 123–124. See also Weinstein, *A Father,
a Son and the CIA*.

22. Ibid., pp. xxiv–xxv.

23. Marks, *The Search For the "Manchurian Candidate"*, p. 129.

24. Ibid.

25. Barron, *No Rootless Flower*, p. 196.

26. Timothy Leary, *Flashbacks* (New York: Putnam, 1983), p. 37.

27. Marks, *The Search For the "Manchurian Candidate"*, p. 127.

28. Lee and Shlain, *Acid Dreams*, p. 74. Murray confirmed that Leary intro-
duced Murray to psilocybin in his August 18, 1970, interview with Forrest
Robinson.

29. At a Macy Foundation conference on April 22–24, 1959, Bateson revealed
how Abramson introduced him to LSD. See Harold A. Abramson, ed., "The
Use of LSD in Psychotherapy: Transactions of a Conference on d–Lyser-
gic Acid Diethylamide (LSD-25)", April 22, 23, and 24, 1959, Princeton, NJ.

30. Forrest Robinson interview with David McClelland, June 18, 1970.

31. Robinson, *Love's Story Told*, p. 336; and Henry A. Murray, "Prospect for

Psychology."

32. *Final Report of the President's Advisory Committee on Human Radiation Experiments*, p. 79.

33. Lee and Shlain, *Acid Dreams*, pp. xxiv–xxv.

34. See Marks, *The Search for the "Manchurian Candidate"*; Lee and Shlain, *Acid Dreams*; and H. P. Albarelli, Jr., and John Kelly, "New Evidence in Army Scientist's Death", *Worldnet Daily*, July 6, 2001.

35. Albarelli and Kelly, "New Evidence in Army Scientist's Death"; interview with Eric Olson, May 3, 2001.

36. Interview with Eric Olson; Michael Ignatieff, "What Did the CIA Do to His Father?" *New York Times Magazine*, April 1, 2001.

37. Olson interview, H. P. Albarelli, Jr., and John Kelly, "The Strange Story of Frank Olson", *Tampa Weekly Planet*, December 2, 2000; and Albarelli and Kelly, "New Evidence in Army Scientist's Death."

38. Ignatieff, "What Did the CIA Do to His Father?"

39. Ibid.

40. Ibid.

41. Ibid.

42. Ibid.

43. Ibid. See also Marks, *The Search for the "Manchurian Candidate"*, and Lee and Shlain, *Acid Dreams*.

44. Ignatieff, "What Did the CIA Do to His Father?"

45. Herman, *Romance of American Psychology*, p. 122.

46. Ibid., p. 46.

47. Murray, "Analysis of the Personality of Adolph [sic] Hitler⋯⋯."

48. See Nina Burleigh, *A Very Private Woman* (New York: Bantam Books, 1998); and various personal papers of Cord Meyer, Library of Congress.

49. See Marks, *The Search for the "Manchurian Candidate"*; and Lee and Shlain, *Acid Dreams*.

50. Letter to Henry A. Murray from Whitney Young, security officer, HumRRO, George Washington University Human Resources office, "Operating under Contract with the Department of the Army", March 26, 1953, Harvard Archives.

51. Diamond, *Compromised Campus*, p. 73.

52. Letter from Walter V. Bingham, chief psychologist for Personnel Research and Procedures, to H. A. Murray, dated November 19, 1946, confirming Murray's appointment to the Clinical Psychology Advisory Board; letter from George S. Stevenson, medical director of the National Committee For Mental Hygiene, to H. A. Murray, dated August 22, 1946, Murray Papers, Harvard Archives.

19장

1. Henry A. Murray, Proposal, "A. Theory and Practice of Assessment", from Henry A. Murray to the Rockefeller Foundation, February 20, 1948.

2. Forrest Robinson interview with Murray, July 27, 1970.

3. All material quoted here and below is taken from the data sets, "Multiform Assessments of Personality Development Among Gifted College Men, 1941-1962."

4. American Psychological Association Draft Ethical Guidelines, Draft 7, "Ethical Principles of Psychologists and Code of Conduct", April 15, 2002.

5. Arthur G. Miller, *The Obedience Experiments*; interview with Arthur Miller, February 27, 2002.

6. See Steven S. Smith and Deborah Richardson, "Amelioration of Deception and Harm in Psychological Research: The Important Role of Debriefing", *Journal of Personality and Social Psychology*, vol. 4, no. 5(1983).

7. Diana Baumrind, "Research Using Intentional Deception", *American Psychologist*, vol. 40, no. 2(February 1985), pp. 168-169.

8. Diana Baumrind, "Principles of Ethical Conduct in the Treatment of Subjects", *American Psychologist*, vol. 26, no. 10(October 1971), p. 888.

9. Quoted in Baumrind, "Research Using Intentional Deception", p. 169.

10. Ibid., p. 168.

11. Interview with Robert Levine, April 19, 2002.

12. Interview with Paul Applebaum, April 22, 2002.

13. Forrest Robinson interview with Frederick Wyatt, August 27, 1970.

14. Forrest Robinson interview with Leopold Bellak, July 4, 1971.

15. Kaczynski, "Truth vs. Lies."

16. Miscellaneous note, "The philosophies", Murray Papers, Harvard Archives.

17. Paul Edwards, ed., *Enclyclopedia of Philosophy*(New York: Macmillan, 1967), p. 493.

18. A. J. Ayer, *Language, Truth and Logic*, 2nd ed.(London: Gollancz, 1946), p. 108.

19. Charles L. Stevenson, "The Emotive Meaning of Ethical Terms", *Mind*, 46(1937). See also Charles L. Stevenson, *Ethics and Language*(New Haven: Yale University Press, 1944).

20. Robert H. Thouless, "Emotional Meanings", in Toward Liberal Education, Locke, Gibson, and Arms, eds., *Toward Liberal Education*, p. 213.

21. Henry A. Murray, "Correlation of the Amount of Disagreement to the Dyad with that between Philosophies", Murray Papers, Harvard Archives.

22. John Finley's evaluation of T. J. Kaczynski at the end of the latter's junior year at Harvard, quoted in "Truth vs. Lies."

23. Friedrich Nietzsche, *Birth of Tragedy*, W. A. Hauseman(New York: Macmillan, 1909), p. 232.

24. Johnson, psychiatric competency report.

25. "Ted Speaks", *Green Anarchist*, no. 57-58(Autumn 1999), pp. 20-21.

26. Skillen interview, April 5, 2000.

27. Interview with Ralph Meister, March 19, 2000.

28. "Ted Speaks", *Green Anarchist*.

29. T. J. Kaczynski commentary on Johnson psychiatric competency report, Michael Mello copy.

20장

1. Johnson, psychiatric competency report.

2. T. J. Kaczynski, "Truth vs. Lies."

3. Interview with Peter Duren, December 6, 1997.

4. T. J. Kaczynski, letter to the author, September 26, 1998.

5. Stephen Cain, "Kaczynski Brilliant but a Loner at U-M", *Ann Arbor News*,

April 4, 1996.

6. Duren interview, December 6, 1997. See also Cain, "Kaczynski Brilliant but a Loner at U-M."

7. Allen Shields, Memorandum to Doctoral Committee, "Re: Thesis of Theodore John Kaczynski", undated.

8. Interview with George Piranian, December 6, 1997.

9. Interview with Joel Shapiro, July 8, 1998; and Shapiro e-mail to the author, July 9, 1998.

10. Shapiro e-mail to the author, July 9, 1998.

11. Theodore John Kaczynski, *Boundary Functions*(Ann Arbor, MI: University Microfilms, 1967).

12. Stephen Cain, "Career Abandonment Remains a Puzzle", *Ann Arbor News*, April 6, 1996.

13. Piranian interview, December 6, 1997.

14. Shields Memorandum to Doctoral Committee.

15. Ibid.

16. Duren interview, December 6, 1997.

17. Cain, "Kaczynski Brilliant but a Loner at U-M",; and Duren interview, December 6, 1997.

18. Piranian interview, December 6, 1997.

19. Cain, "Kaczynski Brilliant But a Loner at U-M."

20. Kaczynski, "Truth vs. Lies"; and the Johnson report.

21. Johnson, psychiatric competency report.

22. Ibid., and Kaczynski's commentary on the Johnson report.

23. Johnson, psychiatric competency report.

21장

1. "Berkeley Activism", from Berkeley Resource Web site maintained by New Student Services, University of California, Berkeley, available at: http://uga.berkeley.edu/resource/webfiles/r10_3.html.

2. Duren interview, December 6, 1997. See also William J. Broad, "Did Antiwar Tumult in '60s Ignite Unabomber?" *New York Times News Service*,

June 3, 1996.

3. Cited in "Brilliant Misfit Caught in Changing Times", *Boston Globe*, April 6, 1996.

4. *The Slate*(Berkeley's unofficial course guide): "MATH 135: Introduction to the theory of Sets. The six available questionnaires from the last year agreed that KACZYNSKI'S lectures were useless and right from the book. Three questionnaires from the Math 120A class last spring said he showed no concern for the students. 'He absolutely refuses to answer questions by completely ignoring the students.'"

5. See my articles, "Rise and Fall of General Education", *Academic Questions*(Spring 1993); "Skipping Through College: Reflections on the Decline of Liberal Arts Education", *The Atlantic*(September 1978); and *Group Memory: A Guide to College and Student Survival in the 1990s*(Boston: Atlantic Monthly Press, 1980). Also Christopher Jencks and David Riesman, *The Academic Revolution*(Garden City, NY: Doubleday, 1968).

6. Norman Cantor, "The Real Crisis in the Humanities Today", *The New Criterion*, vol 3, no. 10(June 1985), pp. 28-38.

7. David Horowitz, *Radical Son: A Generational Odyssey*(New York: Simon & Schuster, 1997), pp. 105-106.

8. Ibid., p. 102.

9. McGeorge Bundy speech at the Cosmos Club, Washington, DC, May 1967. Quoted in Kai Bird, *The Color of Truth*(New York: Simon & Schuster, 1998), p. 7.

10. David Halberstam, *The Best and the Brightest*(New York: Ballantine Books, 1969), p. 655.

11. Richard Norton Smith, *The Harvard Century*(Cambridge, MA: Harvard University Press, 1986), p. 237.

12. See James Trager, ed. *The People's Chronology*(New York: Henry Holt, 1992), p. 1008.

13. Ted Robert Gurr, *Violence in America*, 2 vols.(Newbury Park, CA: Sage Publications, 1989), vol. 2, p. 121.

14. Ibid., pp. 105, 109.

15. Roger Rosenblatt, *Coming Apart: A Memoir of the Harvard Wars of 1969*(Boston: Little, Brown, 1997), pp. 8ff.

16. Ibid., pp. 10-11, 16.

17. Ibid., pp. 212-213.

22장

1. Rosenblatt, *Coming Apart*, pp. 227-228.

2. Rachel Carson, *Silent Spring*(Boston: Houghton Mifflin, 1962), pp. 169-170.

3. See Walter David Hellman, "Norbert Wiener and the Growth of Negative Feedback in Scientific Explanation, with a Proposed Research Program of 'Cybernetic Analysis,'" Ph.D. dissertation, Oregon State University, 1982; and Frank Benjamin Golley, *A History of the Ecosystem Concept in Ecology: More Than the Sum of the Parts*(New Haven: Yale University Press, 1993).

4. Peter J. Bowler, *The Norton History of the Environmental Sciences*(New York: W. W. Norton, 1992). See especially p. 539: "He [Hutchinson] was also aware of the possibility that the same concept [i.e., the ecosystem] could be extended to the social sciences, and participated in conferences on this theme organized by the Macy Foundation between 1946 and 1953."

5. G. Evelyn Hutchinson, *The Kindly Fruits of the Earth: Recollections of an Embryo Ecologist*(New Haven: Yale University Press, 1979); G. Evelyn Hutchinson, "Circular Causal Systems in Ecology", *Annals of the New York Academy of Sciences*, 50(1948).

6. Barry Commoner first introduced this notion to lay readers in 1971. See Commoner, *The Closing Circle*.

7. Bowler, *Norton History of the Environmental Sciences*, p. 539.

8. See Golley, *History of the Ecosystem Concept in Ecology*.

9. Odum quote from Joel Hagen, *An Entangled Bank: The Origins of Ecosystem Ecology*(New Brunswick, NJ: Rutgers University Press, 1992), p. 102.

10. See Golley, *History of the Ecosystem Concept*; Bowler, *Norton History of the Environmental Sciences*.

11. See Donald Worster, *The Wealth of Nature*(New York: Oxford University Press, 1993). For a popular account of this new awareness among biologists of the importance of disturbance, see William K. Stevens, "New Eye on Nature: The Real Constant Is Eternal Turmoil", *New York Times*, July 31,

1990. And, for a more scholarly presentation of the same idea, P. S. White and S. T. A. Pickett, eds., *The Ecology of Natural Disturbance and Patch Dynamics: An Introduction* (Orlando, FL: Academic Press, 1985).

12. Although scientists abandoned the idea of the balance of nature by the early 1980s, most environmentalists, including writers who popularized ecology, still cling to it. For a history of this issue, see Chase, *In a Dark Wood: The Fight Over Forests and the Myths of Nature*.

13. For an excellent account of how the modern ecosystem idea was derived from a mechanical model, see Daniel B. Botkin, *Discordant Harmonies: A New Ecology for the 21st Century* (New York: Oxford University Press, 1990).

14. Ellul, *The Technological Society*, p. 324.

15. Marilyn Ferguson, *The Aquarian Conspiracy: Personal and Social Transformation in the 1980s* (Los Angeles: J. P. Tarcher, 1980), pp. 85–87.

16. Charles Reich, *The Greening of America* (New York: Bantam Books, 1970), pp. 277ff.

17. Gail Sheehy, *New Passages* (New York: Ballantine Books, 1995), p. 31.

23장

1. Interview with Nancy Hepburn, March 18, 2002.

2. Sentencing Memorandum, Exhibit 12.

3. Kaczynski, "Truth vs. Lies." See also Johnston and Scott, "The Tortured Genius of Theodore Kaczynski."

4. Kaczynski, "Truth vs. Lies."

5. Turchie Affidavit, Attachment 3.

6. Kaczynski, "Truth vs. Lies."

7. FBI interview with David Kaczynski, February 24–25, 1996.

8. Ibid.

9. Don Richard Riso with Russ Hudson, *Personality Types* (Boston: Houghton Mifflin, 1996). Interview with Dr. Ron Kirschner, March 18, 2002; interview with Dr. Hillel Zeitlin, April 2, 2002.

10. Riso with Hudson, *Personality Types*, pp. 173–174.

11. Paul R. Ehrlich, *Population Bomb*, revised edn. (New York: Ballantine, 1971), p.

xi.

12. Commoner, *The Closing Circle*, p. 1.

13. Roszak, *Where the Wasteland Ends*, pp. xxi, xxvii, 3ff.

14. Donella H. Meadows et al., *Limits to Growth* (New York: Signet, 1972), p. 29.

15. Gerald O. Barney, study director, Executive Office of the President, Council on Environmental Quality, *The Global 2000 Report to the President: Entering the 21st Century*, 1980.

16. Arthur Levine, *When Dreams and Heroes Died: A Portrait of Today's College Student* (San Francisco: Jossey-Bass, 1980), p. 104.

17. President Jimmy Carter, Address to the Nation, July 15, 1979.

18. Gurr, *Violence in America*, vol. 2, p. 201.

19. Ibid., p. 216.

20. Ed Abbey, *The Monkey Wrench Gang* (New York: Avon Books, 1975). See also Dave Foreman and Bill Haywood, *Ecodefense: A Field Guide to Monkey-wrenching* (Tucson, AZ: New Ludd Books, 1987).

21. For a history of monkeywrenching, see Chase, *In a Dark Wood*.

22. Chase, *In a Dark Wood*; interviews conducted with Marc Gaede between 1991 and 1995. Gaede admitted to the author that he was, indeed, the "Arizona Phantom."

23. T. J. Kaczynski coded diary, deciphered by FBI.

24. Riso with Hudson, *Personality Types*, pp. 191-192, 195-196.

25. Kaczynski coded diary, deciphered by FBI.

26. Ted Kaczynski to Wanda, quoted in Kaczynski, "Truth vs. Lies."

27. Sentencing Memorandum, Exhibit 8.

28. Sentencing Memorandum, Exhibits 3 and 17.

29. Sentencing Memorandum, Exhibit 15.

30. Sentencing Memorandum, Exhibits 15-16.

31. Kaczynski, "Truth vs. Lies." See also McFadden, "From Child of Promise to the Unabom Suspect."

32. Sentencing Memorandum, Exhibit 16.

33. Sentencing Memorandum, Exhibit 6.

34. Sentencing Memorandum, Exhibit 23.

35. 1979년 5월 9일 노스웨스턴대학에 설치한 두 번째 폭탄과 관련하여, 그는 그해

봄 몬태나에 돌아오지 않았다면 롬바드의 부모님 집에서 그 폭탄을 제작한 것이 분명하다. 어느 경우든 그가 이 두 번째 폭탄을 어디서 어떻게 제작했는지는 수수께끼다.

36. Government's Motion in Limine, Appendix B, p. 5.

37. 여기에는 아직 풀리지 않는 수수께끼가 있다. 카진스키의 비밀 일기에 따르면 항공기 폭탄은 10월 말에 부쳤다. 하지만 FBI에 따르면 11월 14일 시카고에서 부쳤고, 11월 15일 운항 중인 아메리칸 에어라인 444편에서 점화되었다. 이 불일치에 대한 명확한 설명은 없다. 드문 경우지만, 카진스키가 실수한 것으로 보인다.

24장

1. Turchie Affidavit.

2. Kaczynski stayed the nights of April 14-18 in Room 104. Author's interview with the hotel proprietors, Jack and Barbara McCabe, May 22, 1997.

3. Sentencing Memorandum, Exhibit 27.

4. Sentencing Memorandum, Exhibit 6.

5. Sentencing Memorandum, Exhibit 91.

6. Riso with Hudson, *Personality Types*, pp. 199-201.

7. Turchie Affidavit.

8. Kaczynski, "Truth vs. Lies." Quit Claim Deed 346016, May 12, 1982.

9. Quoted in Kaczynski, "Truth vs. Lies."

10. Riso with Hudson, *Personality Types*, pp. 201-207.

11. Spurlin and Wood, interviews; FBI interview with Carolyn Goren, M.D., March 6, 1996; and Waits, *Unabomber*.

12. Sentencing Memorandum, Exhibits 49-50.

13. Kaczynski coded diary, deciphered by FBI.

14. Sentencing Memorandum, Exhibit 27.

15. Government's Motion in Limine, Appendix B, p. 11.

16. Turchie Affidavit.

17. Ibid.

18. Kaczynski, "Truth vs. Lies"; McFadden, "From Child of Promise to the Unabom Suspect"; Turchie Affidavit.

576

19. Kaczynski, "Truth vs. Lies"; McFadden, "From Child of Promise to the Un-
abom Suspect."

20. Letter quoted from Kaczynski, "Truth vs. Lies."

21. Turchie Affidavit.

22. Kaczynski, "Truth vs. Lies."

23. Serge F. Kovaleski, "Kaczynski's Letters Reveal Tormented Mind", *Wash-
ington Post*, January 20, 1997. See also "Documents Portray Kaczynski's
Troubled Relations with Family", Associated Press, November 3, 1997.

24. Spurlin and Wood interviews.

25. Riso with Hudson, *Personality Types*, pp. 204-208.

26. Turchie Affidavit.

27. Kaczynski, "Truth vs. Lies"; Warranty Deed, Lewis and Clark County,
March 27, 1995, M 16, p. 7341.

28. Cynthia Hubert and Laura Mecoy, "Unabom Letter: Threat's a 'Prank,'"
Sacramento Bee, June 29, 1995.

29. Graysmith, *Unabomber*, pp. 323-331.

30. Hubert and Mecoy, "Unabom Letter."

31. Don Sachtleben and Tom Mohnal, interviews.

32. Sentencing Memorandum, Exhibit 9.

25장

1. T. J. Kaczynski letter to the author, January 11, 1999. Also, Michael Mello
interview, July 9, 1999.

2. John Howard, "Kaczynski Asks Permission for Appeals Court to Review
Case", *Sacramento Bee*, June 17, 1999; T. J. Kaczynski, "Brief Support-
ing Claim That Guilty Plea Was Involuntary", filed for Theodore John
Kaczynski, December 15, 1999.

3. Claire Cooper, "Kaczynski Appeal Will Be Heard", *Sacramento Bee*, Octo-
ber 23, 1999; "Unabomber Appeal Denied", CBS Worldwide, March 18,
2002.

4. "Ted Speaks", *Green Anarchist*, no. 57-58(Autumn 1999), pp. 201. See also
Brian McQuarrie, "Kaczynski Says Road Triggered 'Revenge,'" *Boston*

Globe, September 30, 1999.

5. Kim Murphy, "A Revolutionary Movement Hits Small-Town America", *Los Angeles Times*, August 4, 1999. See also Geov Parris, "The New Anarchists", *Seattle Weekly* (September 2-9, 1999).

6. David Postman, "Group Rejects Others' Pleas of 'No Violence,'" *Seattle Times*, December 1, 1999.

7. Interview with Rick Sallinger, January 26, 2000, who provided me with a photocopy of the note. See also Mark Eddy and Steve Lipsher, "Officials Rule Vail Fires Arson", *Denver Post*, October 23, 1998.

8. Theresa Kintz, "Fanning the Flames of Resistance", *Earth First!* (Yule 1999).

9. Kenneth Keniston, "Alienation and the Decline of Utopia", *The American Scholar* (Spring 1960), pp. 162-163.

10. Tom Wolfe, "The Boiler Room and the Computer", in *Mauve Gloves and Madmen, Clutter and Vine* (New York: Farrar, Straus & Giroux, 1976), pp. 188-193.

11. Joseph Conrad, *Nostromo* (New York: Doubleday, 1904), part I, chap. 6.

12. Conrad, *Heart of Darkness*, pp. 540, 560.

13. Ellul, *Autopsy of Revolution*, p. 585.

14. Many of today's college courses in the humanities, transformed by their professors into vehicles for promoting favored political ideologies, no longer cover literature and the arts and have become merely social science under another name.

15. Nicholas Epley and Chuck Huff, "Suspicion, Affective Response, and Educational Benefit as a Result of Deception in Psychology Research", *Personality and Social Psychology Bulletin*, vol. 24, no. 7 (July 1998), p. 759.

16. Ibid.

17. Peter R. Breggin, M.D., "Eric Harris Was Taking Luvox [a Prozac-like drug] at the Time of the Littleton Murders", *Talking Back to Ritalin: What Doctors Aren't Telling You About Stimulants and ADHD* (Cambridge, MA: Perseus, 2001); Jeff Jacoby, "The Classroom Culture That Spawned Kip Kinkel", *Boston Globe*, May 28, 1998; and Richard DeGrandpre, *Ritalin Nation* (New York: W. W. Norton, 1999).

18. See "Facts About Violence Among Youth and Violence in Schools", Cen-

ters for Disease Control and Prevention, April 21, 1999.

19. Nick Gillespie, "Schools of Alienation", *Reason Online*, October 17, 1998;
Deborah Mathis, "Nation Searches for Causes, Solutions to Youth Vio-
lence", Gannett News Service, May 11, 1999; and John Cloud, "The Leg-
acy of Columbine", *Time* magazine, March 19, 2001. For information on
what Klebold and Harris carried on their Web sites, see "Eric Harris and
Dylan Klebold", www.disastercenter.com/killers.html.

20. Quoted from Gillespie, "Schools of Alienation."

21. Valerie Richardson, "Law Catches Up to Ecoterrorist, *Washington Times*,
March 24, 2002. See also Natasha Clerihue, "The Philanthropy of the
Celebrity Left: Entertainers Embrace New Legal Rights, Faddish Causes",
Foundation Watch (January 2000).

22. John J. Fialka and Joe Davidson, "From Oklahoma to Atlanta, U. S. Strug-
gles to Deal with Diversity and Randomness of Terrorism", *Wall Street
Journal*, July 29, 1996.

23. Statement for the Record, Louis J. Freeh, Director, Federal Bureau of
Investigation, on the Threat of Terrorism to the United States, before the
U.S. Senate Committees on Appropriations, Armed Services, and Select
Committee on Intelligence, May 10, 2001.

24. Statement for the Record, Louis J. Freeh, Director, Federal Bureau of In-
vestigation, on President's Fiscal Year 2000 Budget, before the U.S. Sen-
ate Committee on Appropriations, Subcommittee for the Departments of
Commerce, Justice, and State, the Judiciary, and Related Agencies, Febru-
ary 4, 1999.

25. "Special Report: Law Catches Up to Eco-Terror", *Washington Times*,
March 24, 2002; Statement of James F. Jarboe, Domestic Terrorism Section
Chief, Counterterrorism Division, Federal Bureau of Investigation, before
the House Resources Committee, Subcommittee on Forests and Forest
Health, at a hearing on "Eco-terrorism and Lawlessness in the National
Forests", February 12, 2002.

26. Reuters Business Alert, "USA: International—Militant Ecologists Take
Arms to Save Wilderness", April 18, 1996.

27. Bryan Denson and James Long, "Eco-Terrorism Sweeps the West—Part I:

Crimes in the Name of the Environment", *The Oregonian*, September 26, 1999.

28. Bryan Denson, "Eco-Terror Acts Ease, but Reasons Are Unclear", *The Oregonian*, April 2, 2002; Sam Howe Verhovek and Carol Kaesuk Yoon, "Fires Believed Set as Protest Against Genetic Engineering", *New York Times*, May 23, 2001.

29. Denson and Long, "Eco-Terrorism Sweeps the West."

30. Clark Staten, "Carlos Captured; Revolutionary Terrorist", EmergencyNet News Service, October 10, 1994.

31. Mikal Jakubal, "Why I Did It, Why I'll Never Do It Again, . . ." *Live Wild or Die!*, "Industrial Civilization Collapse" First Pre-anniversary issue (February 16, 1998).

32. CNN News, "Bin Laden's Sole Post-September 11 TV Interview Aired", February 5, 2002.

33. John Miller, "Greetings America, My Name is Osama bin Laden . . . ", PBS Frontline Web site, pbs.org, excerpted from Miller's article published in *Esquire*, February 1, 1999.

34. Immanuel Kant, *Foundations of the Metaphysics of Morals*, trans. Lewis White Beck, ed. Robert Paul Wolf (Indianapolis, IN: Bobbs-Merrill, 1969), p. 54.

35. See Weinberg, *A World at Arms*, p. 894.

36. See Florence R. Miale and Michael Selzer, *The Nuremberg Mind: The Psychology of the Nazi Leaders* (New York: Quadrangle/The New York Times Book Co., 1975); and Leonard Mosley, *The Reich Marshal: A Biography of Hermann Goering* (Garden City, NY: Doubleday, 1974).

37. Stephane Courtois et al., eds., *Black Book of Communism: Crimes, Terror, Repression*, trans. Jonathan Murphy and Mark Kramer (Cambridge, MA: Harvard University Press, 1999), p. 4.

38. Staten, "Carlos Captured."

39. "Mujahid Usamah Bin Ladin Talks Exclusively to Nida'ul Islam About the New Powder Keg in the Middle East", *Nida'ul Islam Magazine* (October-November 1996).

40. See Lou Michel and Dan Herbeck, *American Terrorist* (New York: Regan Books, 2001).

41. Ted Kaczynski, "Hit Where It Hurts", *Green Anarchy*, no. 8(Spring 2002), pp. 1, 18-19.

42. Randy Carroll, "Italy to Study Genoa Violence", *The Guardian*(London), July 31, 2001.

43. Giles Tremlett, "Anti-Globalization Protesters Clash with Police", *The Guardian*, March 16, 2002.

44. Special Report, "The London May Day Protests at a Glance"; Sarah Left, Simon Jeffery, Jane Perrone, and agencies; and Mark Tran, "May Day Around the World", all in *The Guardian*, May 1, 2001.

45. T. K. Kaczynski, letter to the author, September 26, 1998.

살인자의 정신

초판인쇄 2026년 4월 13일
초판발행 2026년 4월 20일

지은이 올스턴 체이스
옮긴이 김현우
펴낸이 강성민 이은혜
편집 양나래 심예진
편집보조 관리 김유나 김지우
마케팅 정민호 한민아 이민경 한경화 박진희 황승현 김경언 양지연
브랜딩 함유지 이송이 박민재 김하연 신은서 이준희

펴낸곳 (주)글항아리 | 출판등록 2009년 1월 19일 제406-2009-000002호

주소 경기도 파주시 문발로 214-12, 4층
전자우편 bookpot@hanmail.net
전화번호 031-955-2690(마케팅) 031-941-5161(편집부)

ISBN 979-11-6909-549-5 03300

잘못된 책은 구입하신 서점에서 교환해드립니다.
기타 교환 문의 031-955-2661, 3580

www.geulhangari.com